외상후 스트레스장애

인지처리치료 매뉴얼

Patricia A. Resick · Candice M. Monson · Kathleen M. Chard 공저

이성직 역

COGNITIVE PROCESSING THERAPY FOR **PTSD**

A Comprehensive Manual

학지사

Cognitive Processing Therapy for PTSD: A Comprehensive Manual
by Patricia A. Resick, Candice M. Monson and Kathleen M. Chard

역자 서문

2014년에 『성폭행 생존자를 위한 인지처리치료 매뉴얼』이 한국어로 처음 출간되었다. 성폭행 피해자나 생존자를 위한 증거 기반의 심리치료 방식이 부족했던 당시의 상황에서 이 매뉴얼이 치료 발전에 크게 기여했다고 믿는다. 지금까지 현장에서 성폭행 피해자나 생존자를 상담하는 분들에게 이 책이 큰 도움이 되었다는 피드백을 자주 받는다. 귀국한 이후 역자는 일종의 '사명감'으로 손을 떼지 못하고 학술대회에서 이 책을 거의 매년 소개해 왔다. 최근 학술논문 연구지나 트라우마 전문가 사이에서 인지처리치료에 대한 인식이 생기는 것 같아 다행이고, 기쁜 마음이 든다.

현장에서 활동하는 상담심리사로서 성폭행은 우리 사회에 다소 만연한 것 같다. 도움의 손길을 내미는 피해자분들은 여전히 일부이고, 다수가 가슴에 묻고 살아가는 것처럼 보인다. 이에 대한 예방교육과 홍보를 통해서 잠재적인 피해자 발생을 줄이고, 이미 고통 가운데 있는 분들에게는 삶을 회복할 수 있다는 믿음이 생기기를 기대한다. 국내에서도 인지처리치료를 적용하고 임상적 효과를 검증하는 연구가 많이 필요해 보인다. 그리고 동시에 아직 관심과 연구가 미진한 친족 성폭력에 대한 전문가들의 관심을 촉구하고, 이에 대한 증거 기반의 치료가 개발되기를 기원한다. 인지처리치료가 개발된 지 거의 30년이 된 시점에서, 원개발자들은 치료의 핵심 원리를 다양한 분야의 트라우마 생존자를 대상으로 한 연구 결과를 바탕으로 이전 매뉴얼을 보강하여 『외상후 스트레스장애 인지처리치료 매뉴얼』이라는 제목으로 다시 출간했다. 이번 개정판은 성폭행 피해자와 생존자의 외상후 스트레스장애뿐만 아니라 전투에 참여한 군인, 위급하고 위험한 직무를 수행하는 소방관이나 경찰관이 업무를 수행하면서 경험하는 외상후 스트레스도 치료할 수 있도록 다양한 대상군의 트라우마치료 연구 결과를 기반으로 개정되었다.

지구온난화, 지진 등과 같은 자연재해와 예측하지 못한 다양한 재앙이 발생하는 시점에서 증거 기반의 트라우마치료 방식의 개발은 앞으로 더욱더 필요해 보인다. 귀한 책을 번역하여 국내에 보급할 수 있도록 도와주신 학지사 김진환 사장님과 관계자분들에게 진심으로 감사를 드린다. 그리고 현장에서 트라우마치료에 전념하는 모든 정신건강 전문가분들에게도 격려와 감사의 말씀을 드린다.

2023년

이성직 박사

차례

제2부 임상적인 단계 준비하기

제3부 CPT 매뉴얼

제1부

외상후 스트레스장애와 인지처리치료의 배경

제1장

인지처리치료의 기원

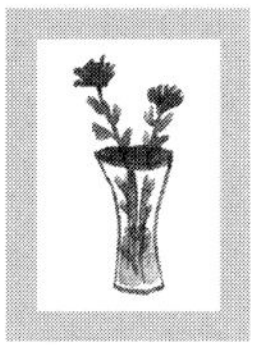

다른 곳들(Chard, Schuster, & Resick, 2012; Resick, Monson, & Rizvi, 2013; Monson, Friedman, & La Bash, 2014)에서 진술한 것처럼, 초기 학습 이론이 인지 및 구성주의 이론으로 발전되어 왔고, 인지처리치료(Cognitive Processing Therapy: CPT)의 발전에 영향을 주었거나 혹은 그렇지 않았을 수도 있는 외상후 스트레스장애(Posttraumatic Stress Disorder: PTSD)에 대한 이론들을 살펴보는 대신, 나(Patricia A. Resick)는 이 장을 일인칭의 시점에서 조금 더 자전적으로 작성하기로 마음먹었다. 그래서 내가 처음에 어떻게 CPT를 개발했는지, 어떤 영향을 받았는지, 그리고 공동 저자와 다른 많은 사람의 참여를 통해 어떻게 현재의 모습으로 발전을 해 왔는지를 독자들이 볼 수 있도록 했다. 이 장에서는 이론의 중요성을 강조한다. 이론은 치료사가 내담자에게 왜 PTSD가 그들에게 있는지, 무엇이 이것을 유지하게 만드는지, 그리고 어떻게 극복할 수 있는지뿐 아니라 CPT의 프로토콜 내에 머무르는 방법을 내담자에게 설명하도록 안내해 준다. 또한 치료사가 치료에 어려움을 겪을 때 트라우마 회복에 관하여 특별한 방식으로 사고하는 것도 알려 준다. 이 책의 여러 다른 지점에서도 CPT의 이론적 토대를 다루고 있다.

CPT의 기원

나는 사우스 캐롤라이나 의과대학(MUSC)과 Charleston Veterans Administration(VA, 현재 Veterans Affairs) Medical Center에서 인턴으로 일하며 트라우마 분야에서 경력을 쌓기 시작했다. 나는 1970년대 중반 미국에서 몇 안 되는 강간 위기 센터 중 한 곳에서 최초 강간 위기 상담원 가운데 한 명이 되었다. 내가 전화상담을 하던 첫날 밤, 자신에게 일어난 일의 충격으로 말을 거의 하지 못하는 여성을 만나기 위해 병원으로 향했다. 나는 대부분 그녀와 함께 조용히 앉아 간호사나 의사가 오기를 기다리고 있었다. 그녀의 남편이 응급실 문을 열며 들어오면서, "그들이 대체 네게 무슨 짓을 한 거야?"라고 소리쳤다. 그의 반응에 화들짝 놀란 것은 제쳐 두고, 나는 그녀가 겪고 있는 일뿐 아니라 어떻게 그녀를 도와야 하는지 전혀 모르고 있음을 깨달았다. 동료 상담사와 나는 그녀의 지지자로서, 그녀와 함께 응급실에 (매우 오랜 시간을) 있었으며, 그들이 원하면 검사실에 동행했다. 일부 (일반적으로 남성) 의사나 레지던트들은 종종 거칠게 의학적 검사를 진행하고 증거를 수집했으며, 어서 '진짜 환자'에게 돌아가길 원하는 것이 분명해 보였다.

일부 강간 위기 지지자들은 응급실에서의 강간 피해자의 인도적인 치료와 의료계 교육에 관하여 노력을 기울였다. 임상심리학 대학원생이었던 나는 전공 분야의 문헌을 공부했다. 즉, 도서관으로 가서 『심리학 초록(Psychological Abstracts)』의 모든 색인을 다 읽는 것이었다. 동료 학생인 Joan Jackson과 나는 권(volume) 단위로 검색하여 겨우 다섯 편의 논문을 찾아냈지만, 실질적으로 별로 쓸모는 없었다. 다른 사회학적 기사는 피해자의 강간 위험 요인에 초점을 맞추고 있었으며, 따라서 피해자를 비난하는 것과 연관되었다.

하지만 그 무렵에 많은 일이 일어났다. Susan Brownmiller(1975)는 『우리의 의지에 반하는(Against Our Will)』이라는 책을 썼는데, 이는 정치적 · 권력적 무기로서의 강간 역사를 연대순으로 기록했다. 또한 강간당한 여성들은 미국 국립여성기구(National Organization for Women)를 통해 '발언 운동(speak-out)'을 하고 있었고, 곧 많은 사람에게 강간 문제가 얼마나 흔하며 그 영향이 얼마나 심각한지가 밝혀졌다. Burgess와 Holmstrom(1976)은 응급실에서 92명의 강간 피해자와 면담하면서 관찰한 반응을 토대로 작성한 기사 중 한 편을 『미국 정신건강의학학회지(American Journal of Psychiatry)』에 게재했다. 마지막으로, 미국 국립정신보건연구소(National Institute of Mental Health: NIMH)는 강간에 관한 연구를 위해 300만 달러를 마련했고, 나는 두 개의 연구 보조금 신청서를 작성했다. 하나는 MUSC의 Dean Kilpatrick과 다른 하나는 내가 대학원 학위를 마치기 위해 조지아 대학교(University of George)로 돌아갔을 때 Karen Calhoun과 함께 작성했다. 그 결과 두 보조금 모두 지원받게 되었다.

MUSC에서의 첫 번째 연구는 마이켄바움(Meichenbaum)의 대처기술훈련(Meichenbaum & Cameron, 1983, 우리가 사용했을 당시 미발행 상태였던 1972년 지침서) 작업을 기반으로 한 강간 피해자들의 두려움과 불안에 대한 전향적 종단 연구와 간단한 행동 개입 및 스트레스 예방 접종 훈련(stress inoculation training)을 포함했다. 조지아 대학교의 연구는 애틀랜타의 Grady Memorial 병원에서 실시되었으며, 그 병원 응급실에는 1년에 약 1,000명의 강간 피해자 여성들이 찾아 온다. 차후의 초점은 우울증에 있었다. 우리의 목표는 간단했다. 강간이 두려움을 불러일으키는지, 아니면 우울 반응을 일으키는지(이 질문은 그 당시 연구된 적이 없었다), 그리고 만약 그런 반응을 일으킨다면 얼마나 오래 지속될 수 있는지를 확인하는 것이었다. 또한 우리는 강간 위기 센터에서 사용할 수 있는 치료법을 개발할 수 있는지를 확인하고 싶었다.

이러한 연구를 검토하고 수행하는 동안 나는 사우스 다코타 대학교의 교수직을 수락했고, 한 달에 한 번 찰스턴이나 애틀랜타로 통근했다. 그곳에서 4년 그리고 찰스턴으로 돌아와 1년을 보낸 후 세인트루이스에 있는 미주리 대학교의 교수직을 맡았다. 더 유명한 대학에서 자리를 제의받았지만 일을 계속할 수 있을 만큼 충분히 큰 도시에 있어야 했고, 세인트루이스가 그 조건에 맞았다.

NIMH와 국립사법연구소(National Institute of Justice)가 지원하는 첫 번째 보조금은 또 다른 전향적인 종단 연구에 대한 것이었다. 이번에는 여성 강간 또는 강도 피해자와 남성 강도 피해자를 비교했다. 그동안 나는 소규모 대학 보조금으로 치료 결과 연구를 진행하려고 했다. 내가 진행한 첫 번째 연구는 여전히 불안의 관점에서 집단 스트레스 예방 접종, 자기주장 훈련 (자기주장이 두려움에 대항하는 것으로 생각되었기 때문에) 및 지지적 심리치료와 비교하는 것이었다. 그 당시에는 『정신질환의 진단 및 통계 편람-제3판(Diagnostic and Statistical Manual of Mental Disorders: DSM-III)』(American Psychiatric Association, 1980)이 출판되었으며, 여기에서 불안장애의 범주에 새로운 진단인 PTSD가 포함되었다. DSM-III에서 정의한 트라우마성 스트레스 요인의 예로 강간을 들었지만, PTSD에 대한 측정 도구는 아직 부재했다. 동료들과 나는 다른 평가 도구 중에서 사건충격척도(Impact of Event Scale)

(Horowitz, Wilner, & Alvarez, 1979)와 간이정신진단검사(Derogatis Symptom Checklist-90)(Derogatis, 1977)를 사용했다. 이 소규모 연구를 통해 치료 후의 개선을 발견했으나, 세 가지 조건 간 차이는 없었다(Resick, Jordan, Girelli, Hutter, & Marhoeder-Dvorak, 1988). 집단을 구성하는 데에 걸리는 시간을 알 수 없어 무작위할당 방법은 사용할 수 없었다. 그러나 우리는 집단의 순서를 미리 결정했기 때문에 배정에서의 편향은 없었다. 나중에 나는 차이가 없다는 것이 최소한 부분적으로는 표본의 크기가 작고 검정력(power)의 부족 때문이라는 것을 깨달았지만, 연구에 대한 논의에서 치료의 공통점, 기대 이론, 심리교육 및 인지 변화에 초점을 맞추었다.

당시 강간 반응에 대한 이론은 일반적으로 공포 반응의 1차 고전적 조건화와 다른 유발 요인에 대한 반응을 일반화한 2차 조건화로 구성되어 있었다(Kilpatrick, Resick, & Veronen, 1981; Kilpatrick, Veronen, & Resick, 1979). 나중에 PTSD 진단이 도입되면서, PTSD의 주요 증상을 유지하는 데 있어 도피와 회피 학습의 중요성에 대한 인식이 생겼다. 누군가가 강한 조건화된 감정 반응을 경험하고 있다면, 이 사람은 위험하지 않은 상황으로 퍼진 트라우마의 상기(reminder) 요인을 회피하거나 도피할 가능성이 크다. Mowrer(1960)의 고전적 조건화와 조작적 회피에 대한 이중 요소 이론은 Foa와 Kozak(1986)의 PTSD에 대한 정서적 처리 이론과 함께 일반적으로 논의되었으며, 이는 결국 사람들이 자극, 반응 및 의미 요소를 가지고 공포 네트워크를 개발한다는 Lang(1977)의 이론을 기반으로 했다. "그가 날 죽이지 않을 거라는 건 알았지만 엄청난 배신이었고, 그가 나에게 한 일에 수치심과 혐오감을 느낀다."라고 말한 여성들이 많았기 때문에, 나는 강간 후 PTSD가 단순히 공포/불안장애라는 것에 의심이 들었다. 이론에 대한 한 가지 예외는 이론을 수정해야 함을 의미한다. 나는 PTSD에 대한 인지 이론의 방향으로 기울기 시작했다.

이론적 영향

우리는 강간 피해자들의 우울증에 대한 초기 개념화 단계(Kilpatrick, Veronen, & Resick, 1982)에서 현존하는 몇 개의 이론 중 이러한 우울증의 발달을 살펴보았다. 여기에는 낮은 수준의 긍정적 강화(Lewinsohn, 1974), 피해자의 경험이 예측할 수 없고 통제할 수 없다는 특성에서 기인한 학습된 무력감(Seligman, 1971)이 있었다. Paykel(1974)은 우울증이 대인관계의 부정적인 사건, 위협적인 사건 또는 자존감에 타격을 입은 후에 발생한다고 제안했다. 물론 강간 피해자들은 이 모든 것을 경험한다.

1960년대와 1970년대에 Aaron T. Beck은 우울증의 원인을 연구했고, 사람들이 사회로부터 어떻게 부정적이고 잘못된 신념을 흡수하여 수치심과 우울함을 느끼게 되는지에 초점을 둔 인지 이론을 개발했다. 그와 동료들(Beck, Rush, Shaw, & Emery, 1979)은 우울증의 인지치료를 위한 치료 지침서를 만들었다. 이것은 최초의 매뉴얼화된 치료법 중 하나였지만, 나는 치료사가 세션별로 어떻게 진행해야 하는지를 알려 주는 더 구체적이고 진보적인 것을 바랐다. 나는 치료사가 지침서를 집어 들고 치료를 진행할 수 있기를 바랐다. 또한 스트레스 예방 접종에서 그랬던 것처럼, 내담자에게 새롭고 균형 잡힌 방법으로 대처하고 생각하도록 가르쳐서 내담자가 자기 자신을 위한 치료사가 될 수 있도록 돕길 원했다. 나는 Beck과 동료들이 제안한 소크라테스식 질문치료법이 마음에 들었다. 이 질문법을 통해 치료사들은 내담자 스스로 답을 알아낼 수 있도록 질문을 던진다. 그러나 Beck과 동료들의 우울증에 대한 인지치료는 현재의 생각에 초점을 맞추었고, 나는 PTSD를 치료할 때 먼저 트라우마 사건을 다시 방문하여 내담자의 사고가 어디에서 발생했는지, 그리고 그들이 감정적으로 당시의 트라우마 사건을 처리했는지를 확인해야 한다고 믿었다. 나는 회복하지 못한 사람들이 트라우마 사건 이후 자신의 생각에 '교착'되어 있다는 개념을 주장했고, 그러한 내담자의 생각을 '교착점(stuck point)'이라고 부르기 시작했다.

추가적으로 트라우마적 희생(victmization)에 대한 구성주의적 자기계발 이론을 개발한 McCann과 동료들(McCann, Sakheim, & Abrahamson, 1988; McCann & Pearlman, 1990)의 논문과 책에서 영감을 얻었다. 이 이론은 새로운 경험을 사람들이 정한 '현실'에 맞도록 제한한다는, 다시 말해 사람은 적극적으로 개인적 현실을 만들어 낸다는 Mahoney(1981)의 구성주의적 관점에 기반을 두었다(Mahoney & Lyddon, 1988). McCann과 동료들은 사람들이 사건으로부터 의미를 구성한다는 구성주의적 트라우마 이론을 제안했다. 그들은 참조틀(경험을 이해하기 위한 안정적이고 일관된 틀에 대한 필요)을 제외하고, 트라우마의 영향을 받을 수 있는 스키마(정신 구조 및 필요)가 안전, 신뢰, 힘/통제, 존중 그리고 친밀감에 관한 것임을 이론화했다. 이러한 생각은 자기 또는 타인 주도적일 수 있다. 이러한 생각들이 내담자들과의 토론에서 너무 자주 나타났기 때문에, 동료들과 나는 McCann 등의 작업을 보다 단기적인 인지행동치료에 사용할 수 있다고 생각하기 시작했다.

또한 나는 Hollon과 Garber(1988)의 저서 중 한 장(chapter)에서 영향을 받았는데, 그들은 누군가가 스키마–불일치 정보에 노출될 때 다음의 두 가지 중 하나가 발생한다고 제안했다. 첫째, 이전의 신념을 변경하지 않고 개인의 기존 신념/스키마에 동화될 수 있도록 정보가 변경된다(예: '강간이 아니었고 오해였다. 내가 허락했다고 그 사람이 오해할 만한 무언가를 내가 했는지도 모른다.'). 둘째, 기존의 신념(예: '오직 낯선 사람만이 강간한다.')을 변경하여 새로운 불일치 정보(예: '당신이 아는 누군가로부터 강간당하는 일도 가능하다.')를 포함한다. 이런 새로운 학습은 수용을 나타내며 이것이 바로 치료의 목표이다. 물론 Hollon과 Garber의 제안은 Piaget(1971)의 연구에 기반을 두었지만, 나는 전에 이것을 치료나 트라우마의 맥락 속에서 생각해 본 적이 없었다.

나는 트라우마 생존자들과 작업하면서 이후에 사람들이 트라우마 사건을 왜곡하고 동화하기 위해 노력하는 중에도 자신의 신념을 너무나 많이 변경한다는 것을 알게 되었다. 그들은 자신의 신념을 전체의 스키마에 과도하게 일반화시켰다(예: '나는 항상 나쁜 결정을 내린다.' '아무도 신뢰할 수 없다.' '내 주위 모든 사람을 통제해야만 한다.'). 우리는 이것을 "과수용(overaccomodation)"(Resick & Schnicke, 1992, 1993)이라고 불렀다. 우리(대학원생인 Monica Schnicke와 나)가 CPT를 개발하는 초기 단계에 있었을 때, 먼저 트라우마의 동화(assimilation)를 연구하고 지표 트라우마(index trauma)가 해결될 때까지 지나치게 수용된 신념으로 이동하지 않는 것이 중요함을 깨달았다. 예를 들어, 일단 내담자가 트라우마 사건의 발생에 대해 자신을 탓하는 것을 멈추게 되면 올바른 결정을 내릴 수 없다는 생각을 해결하는 것이 보다 쉬워진다. 따라서 우리는 과수용에 관한 주제를 치료 후반부에 배치한다.

CPT의 초기 개발

CPT에 대한 나의 첫 번째 연구는 다시 세인트루이스 미주리 대학교에서 소액 지원금을 받았다. 나는 개인치료보다 집단치료 내담자들에게서 더 많은 자료를 수집할 수 있다는 실용적인 이유로 집단 CPT를 진행했다. 그러나 NIMH로부터 무작위 통제 시험(RCT)을 수행하기 위한 자금을 지원받았을 때 84건의 예비(Pilot) 사례 연구를 진행했고, 첫 번째 CPT 지침서가 출판되었다. 여기에는 집단치료에 참여한 첫 35명의 참가자와 첫 9명의 개인치료 참가자들의 결과가 포함되었다(Resick & Schnicke, 1993).

1994년 나의 첫 박사후과정 연구원이었던 Katheleen M. Chard가 대학원생이었을 때, 아동 성학대 경험이 있는 사람을 대상으로 하는 집단 및 개인 회기를 결합한 CPT 버전을 만들었다. 그녀가 CPT에 장기간 노출된 참여자 및 대기자 통제집단을 비교하는 연구의 치료사로 일하는 동안(이 연구에 대한 논의는 제2장 참조), CPT의 수정(CPT-SA)에 관한 보조금 신청서를 제출했다. 집단 및 개인 치료를 결합하는 것 외에도 CPT-SA는 다음 주제를 다루는 여러 회기를 포함했다. 즉, 가족 '규칙'(예: "무엇이든 잘못되면 당신의 잘못이다."), 아동이 발달적으로 가능한 것들(예: 4세 아동에게 5시에 집에 오라고 말하는 것은 아동에게 너무 많은 기대를 하는 것이다), 단호한 의사소통, 힘을 주고받는 방법 그리고 사회적 지지이다.

CPT-SA를 개발하는 과정에서 Chard는 모든 사람의 신념이 트라우마로 산산조각 나는 것은 아니었다고 지적했고(Janoff-Bulman, 1992), 이는 곧 우리가 PTSD를 계속 연구하고 치료하면서 때로는 트라우마가 스키마와 일치한다는 사실이 분명해졌다. 우리는 내담자가 어렸을 때 (정서적, 육체적 또는 성적으로) 학대를 당했거나 이전에 다른 트라우마를 겪었다면, 아마도 이미(그리고 아마도 항상) 자기 자신에 대하여, 그리고 트라우마 사건에서 자신의 역할에 대하여 부정적인 신념(예: '나는 그런 나쁜 일을 겪어야 했을 만했다.')을 가지고 있었을지도 모른다는 것을 보았다. 어떠한 새로운 트라우마조차도 변형되지 않고 동화될 것이다. 왜냐하면 트라우마가 불일치해서가 아니라 트라우마가 스키마와 일치하기 때문이다. 그런 후에 질문이 생겼다. 그들의 신념이 이미 새로운 사건과 일치한다면, 왜 그런 사람들에게 PTSD가 있을까? 이 사람들은 새로운 PTSD를 갖게 된 것이 아닐 가능성이 있다. 즉, 이미 PTSD가 있었을 것이다. 그러나 새로운 사건이 자신과 타인에 대한 왜곡된 신념과 트라우마적 사건에서 자신의 역할에 대한 왜곡된 신념을 강화한 것일 수 있다. 다른 말로 하자면, 이전의 신념이 정확하다는 '증거'로 새로운 사건을 사용할지도 모른다는 것이다. PTSD는 더 심해지고, 신념은 더욱 확고해질 것이다(Resick, 2001; Resick, Monson, & Chard, 2007). 반면에 자신이나 타인에 대한 부정적인 도식이 있더라도 사람들은 여전히 "왜 나야?" 또는 "왜 또?"라고 물을 수 있다. 이전 트라우마의 원인으로 인식된 것을 바꾸기 위해 할 수 있는 모든 것을 했기 때문에("나는 완벽해지려고 노력합니다."), 또는 다른 가족의 구성원들이 서로에게 어떻게 행동하는지를 볼 수 있으나 무엇을 잘못하고 있었는지는 알 수 없었기 때문에 여전히 새로운 트라우마 사건이 도식적 불일치라는 것을 발견할지도 모른다.

CPT로 이어진 이론적 접근 방식과 다른 치료법의 기반이 되는 이론 간의 또 다른 차이는 CPT에서 다루는 감정의 범위와 유형에 있다. PTSD는 DSM-5(APA, 2013)가 발표될 때까지 불안장애로 분류되었으므로, PTSD에 대한 현존하는 이론 대부분은 공포와 불안에 초점을 맞추었다. 나는 불안장애에 대한 학문적 배경이 없었기 때문에 내담자에게서 발견한 '잘못된' 죄책감, 수치심, 혐오감, 슬픔 등의 양에 깊은 인상을 받았다. 우리가 진행한 종단 연구에서 거의 모든 사람이 트라우마 사건 동안 두려움에 떨었다고 말했다. 그러나 대부분은 그 두려움에서 회복했으며, 그 두려움이 항상 우리가 관찰한 플래시백, 침습적 기억, 악몽과 회피를 낳은 원동력처럼 보이지는 않았다. 더욱이, PTSD가 단지 두려움의 조건화 반응에 관한 것이라면 트라우마가 무엇인지는 그리 중요치 않았을 것이다. 만일 그렇다면 PTSD의 발병률(rates)은 동일해야 한다. PTSD에 대한 역학 연구(예: Kessler, Sonnega, Bromet, Hughes, & Nelson, 1995)는 모든 트라우마가 같은 영향을 미치지 않는다는 것을 분명히 보여 주었다. 자연재해나 사고와 같은 특정 개인과 상관없는 트라우마 사건보다 강간이나 다른 대인관계적 트라우마 사건이 PTSD 발병률이 더 높았다. 이런 트라우마 사건을 경험한 사람들은 그들의 신념과 이전 경험과 관련하여 이 사건들을 평가하기 때문에 두려움 조건화 반응 외의 무언가도 일어나고 있었다.

덧붙여, 죄책감이나 수치심으로 이어지는 자기 비난 그리고/또는 잘못된 타인 비난은 PTSD가 있는 사람들 사이에서 거의 보편적이었다. 그 당시 나는 CPT의 일반 버전(Resick, 2001)의 미발행 지침서를 작성하고 있었고, 911테러 이후 '자연스러운' 감정과 '만들어진' 감정을 구분하고 있었다. '자연스러운' 감정은 인간에게 내재된 것으로 그에 대해 생각할 필요가 없는 것이다(예: 투쟁-도피는 두려움이나 분노로 이어진다, 상실은 슬픔을 일으킨다). '만들어진'이라고 표현된 감정은 트라우마 사건에 대한 잘못된 인식의 결과이다. 자연스러운 감정이 사라지는 데 시간이 걸릴 수 있지만, 피하지만 않는다면 생각으로 생겨난 감정(예: '이런 일은 좋은 사람들에게 일어나지 않으니까, 이건 분명히 내 잘못일 것이다.')은 이 생각이 더 정확한 정보에 의해 바뀌게 될 때 즉각 사라질 것이다.

제2장에 자세히 논의하고 있는데, CPT의 첫 번째 RCT는 강간당한 여성을 대상으로 CPT 장기 노출과 최소한의 접촉인 대기자 명단 간을 비교한 것이었다. 참가자의 대다수(85%)는 다른 대인관계적 트라우마를 경험했으며, 41%는 어린 시절 성적 학대를 경험했다(Resick, Nishith, Weaver, Astin, & Feuer, 2002). 두 번째 RCT에서는 치료를 시작하기 위한 주요 (지표) 트라우마로 성인기나 아동기에 대인관계 폭력을 경험한 여성이 포함되었다(Resick et al., 2008). 우리가 그 연구를 진행하는 동안 Candice M. Monson은 퇴역군인

을 대상으로 한 첫 CPT 연구에 대해 VA로부터 보조금을 받았다. 참가자 대부분은 베트남 전쟁에 참전했던 남성 군인이었다(Monson et al., 2006). 그들 대부분이 수년 동안 치료를 받았으며 모두 약물남용의 이력이 있다는 점을 감안할 때, 이 퇴역군인의 40%가 12회기에서 PTSD 진단을 상실했다는 점은 이 분야에 즉각적인 영향력을 가져 왔다. 또한 Monson은 트라우마 생존자 간에 차이점보다는 공통점이 더 많으며, 퇴역군인이 가진 트라우마에 관한 해석이 이전 연구에서 대인관계 폭력 피해자의 해석과 매우 유사하다는 점을 언급했다.

2003년, 나는 세인트루이스와 학계를 떠나 VA의 PTSD 국립센터에서 여성 건강 과학 부문 책임자로 일하게 되었다. 이듬해에 Monson은 나의 대리 책임자가 되기 위해 Boston으로 옮겨 갔고, Chard는 켄터키 대학교에서 신시내티 VA 의료센터로 옮겨 그곳에서 PTSD 프로그램의 책임자가 되었다. 그 후 몇 년 동안 Chard는 신시내티의 외래 환자 클리닉을 확장했을 뿐만 아니라 PTSD를 위한 세 가지 주거 프로그램(남성용, 여성용, 트라우마성 뇌손상으로 고통받는 사람들을 위한 프로그램)을 개발했다. 또한 주거센터에서 치료를 받는 퇴역군인을 위해 개인 및 집단 프로그램의 프로토콜을 개정했다. Monson은 CPT의 측면들을 통합하여 PTSD를 위한 부부치료 연구를 계속 이어나갔다.

CPT 보급

2006년 우리 세 사람은 VA 중앙 사무소로부터 자금을 받아 VA 시스템 전체에 CPT를 보급하기 위한 자료를 개발하기 시작했다. 우리는 현역군인과 퇴역군인을 위한 치료 지침서를 작성했다. 교육 자료를 개발(노트, 비디오, 강사 지침서, 컨설턴트 지침서가 포함된 슬라이드)했고, 그런 다음 첫 번째 전국적 트레이너 집단을 훈련했다. VA 시스템에는 CPT를 실시해 본 사람이 너무 적었기 때문에, 많은 트레이너가 세인트루이스 출신(전 교수진, 박사후 연구원 또는 나의 대학원생)이었다. 그때까지는 후속의 사례 상담 없이 1일 워크숍만을 진행했다. Monson이 치료의 가장 까다로운 부분인 소크라테스식 기법을 가르치는 것을 강조해야 한다고 제안한 것은 정당했으나, 우리는 그 당시 결코 질문해서는 안 되고 이것들을 바꾸기보다는 그냥 놔두라고 배웠을지도 모르는 다른 치료사들에게 기법을 가르치기 위해 우리가 당연하게 하고 있던 것들이 무엇인지를 생각해야 했다. 그리고 우리는 내담자가 그 당시 실제로 알고 있었던 것, 정말로 그들이 가지고 있었던 선택지들 그리고 (선택지가 있었다면) 왜 그것을 선택했었는지에 대한 맥락 속으로 이것들을 다시 집어넣을 수 있도록 자신의 교착점(앞서 설명했던 것처럼 트라우마의 시점에서부터 시작된 잘못된 사고와 신념들)을 조사하도록 돕는 질문 방법 뒤에 있는 추론을 가르쳐야 했다. 또한 내담자가 고의성, 책임 그리고 예측 불가능을 구별하도록 도와야 했다. 마지막으로, Chard는 치료 전반에 걸쳐 '살아 있는' 문서 역할을 할 교착점일지(Stuck Point Log)를 포함해야 한다고 말했다. 이 일지는 내담자와 치료사 모두 건강에 해로운 인지에 집중하게 할 뿐 아니라, 더욱 지지적 형태의 치료에서 탈선하지 않는 데에도 도움이 될 것이다.

보급 프로젝트의 첫 2년 동안은 매년 22개의 워크숍을 진행했으며, 더 많은 VA 치료사가 워크숍 및 사례 상담을 포함하는 교육을 완료함에 따라 이 프로젝트는 차차 축소되었다. 그 과정에서 우리는 트레이너들로부터 유인물을 간소화하고, 교육 수준이 낮은 사람들이나 트라우마성 뇌 손상이 있는 사람들이 더 쉽게 접근할 수 있는 방법에 대해 좋은 피드백을 받았다. 또한 교착점을 이해하고 어려운 질문에 답할 수 있게 하는 '도움 시트(help sheet)'를 개발했다. VA의 맥락을 넘어, CPT는 현재 미국뿐만 아니라 여러 국가의 정신건강 센터를 통해 전파되고 있다.

CPT 지침서는 지금까지 12개의 언어로 번역되었으며, 치료법은 문화 전반에 걸쳐 잘 작용하는 것으로 보인다(제14장 참조). 트라우마 사건의 인지적 영향성은 매우 개별적이기 때문에 다양한 문화의 내담자들이 이 사건이 왜 일어났는지, 그리고 그 사건들이 그들에게 어떤 의미인지를 설명할 수 있다. 일부 개념상 차이가 있을 수 있더라도 대부분 잘 번역되어 있고, 엄격한 전통문화에서도 모든 사람이 동일한 신념을 가지는 것은 아니며 신념에서 어느 정도의 유연성이 있다는 요점을 잘 이끌어 낼 수 있다. 사람은 자신의 생각을 변화시킬 수 있다.

PTSD 및 CPT의 생물학적 모델

우리의 훈련과 개념화에서 가장 최근에 추가된 내용은 PTSD의 생물학적 토대와 CPT 효과성의 원인 간의 연결점에 관한 것이다. 이 새로운 내용의 대부분은 강한 감정을 유발하고 위기 반응들을 활성화하기 위해 뇌 전체에 신경전달물질을 보내는 편도체의 활성화에 관한 연구를 반영한다. 즉각 주목받은 것은 아니나 실제로 연구에서 더 자주 발견된 이외 요소들은 바로 PTSD가 있는 사람의 반응성이 감소하고 전두엽 피질의 크기가 더 작다는 점이다(Shin, Rauch, & Pitman, 2006).

정상적인 투쟁-도피 반응에서는 도망치거나 싸우기 위한 모든 가용 자원을 사용할 수 있도록 음식물을 소화하는 것 같은 정상적인 물리적 과정과 다른 면역 기능들과 함께 전두엽 피질(편도체에 대한 의사 결정 및 통제의 위치)의 활동이 감소한다. 투쟁과 도피에 수반되는 자연스러운 감정은 공포와 분노이다. 생명을 위협하는 긴급 상황에서, 저녁 식사로 무엇을 먹어야 하는지 또는 이직을 할 것인지를 생각하는 것보다 투쟁-도피 대응을 돕기 위해 뇌간과 신경전달물질을 활성화하는 것이 더 중요하다. 그러나 조절이 잘된 위기반응([그림 1-1] 참조)에서 전두엽 피질은 위험이 끝났음을 인식하여 편도체에 투쟁-도피의 반응을 멈추고 정상적인 부교감 기능으로 돌아가라는 메시지를 전달하기에 충분히 활성화되어 있다. 다른 말로 하면, 전두엽 피질과 편도체는 상호적 관계에 있다.

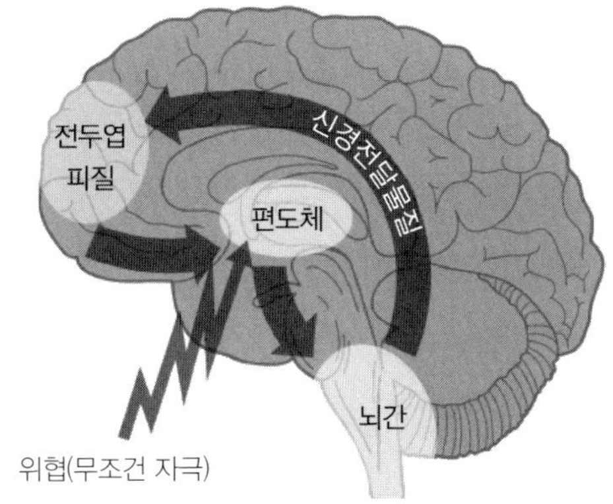

[그림 1-1] 잘 조절된 비상 대응

이와는 반대로, PTSD가 있는 사람들을 대상으로 한 연구에서 연구자들은 편도체가 높은 반응성을 보이지만 전두엽 피질은 활동성이 많이 감소했고, 둘 사이에 기능적 관계가 있음을 발견했다(Shin et al., 2004). 편도체가 너무 많이 활성화되면 전두엽 피질의 활동이 감소하기 때문에([그림 1-2] 참조), PTSD가 있는 사람은 감지된 위험이 끝났음을 인식하고 진정하는 데에 훨씬 많은 시간이 걸린다.

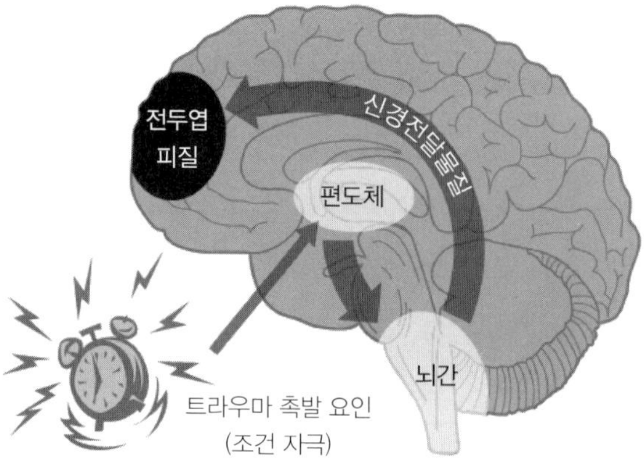

[그림 1-2] PTSD에서의 비상 대응

출처: Liberzon & Sripada (2008); Milad et al. (2009); Rauch et al. (2000); Shin et al. (2001).

영상 연구에서 Hariri와 동료들(Hariri, Bookheimer, & Mazziotta, 2000; Hariri, Mattay, Tessitore, Fera, & Weinberger, 2003)은 참가자들에게 감정적인 얼굴이나 위험한 물체의 사진을 보여 주고, ① 원본 사진과 일치하는 사진을 고르거나, ② 감정 또는 사물을 명명하도록 요청했다. 첫 번째 경우에 편도체의 활성화에서 변화가 없었음을 발견했다. 그러나 참가자들에게 사물을 명명하거나 각 사진이 자연적으로 또는 인위적으로 발생한 위험인지 설명하라고 요청했을 때, 단어를 사용하라는 지시 사항에서 전두엽 피질(언어 영역인 브로카 영역을 포함)이 활성화된 반면에 편도체는 진정되었다.

단순히 사물이나 그림을 명명하는 것만으로 전두엽 피질이 활성화되고 편도체를 진정시키는 데 충분하다면, 내담자가 트라우마 사건의 이미지를 재경험하는 것보다는 인지 요법을 통한 조절 영향, 특히 내담자가 트라우마에 관해 이야기하고, 그에 관한 질문에 답하는 것으로 훨씬 더 많은 것을 이룰 수 있다는 생각이 들었다. 즉, 이러한 발견은 내담자가 트라우마 사건을 반복하여 상상하는 것보다 인지치료가 변화에 더 직접적인 경로가 될 수 있다는 생각을 뒷받침했다([그림 1-3] 참조). 또한 어린이집 교사들은 이를 직관적으로 알고 있다는 점을 상기해 보았다. 속상해하는 아이를 다룰 때, 교사들은 "너의 말로 설명해 주렴."이라고 말한다. 이는 어린이집 교사들이 전두엽 피질과 편도체 간의 상호관계는 모를 수도 있으나, 속상해하는 아이들이 무엇이 자신을 속상하게 만들었는지를 스스로 말하게 되면 진정될 수 있음을 알고 있는 것이다.

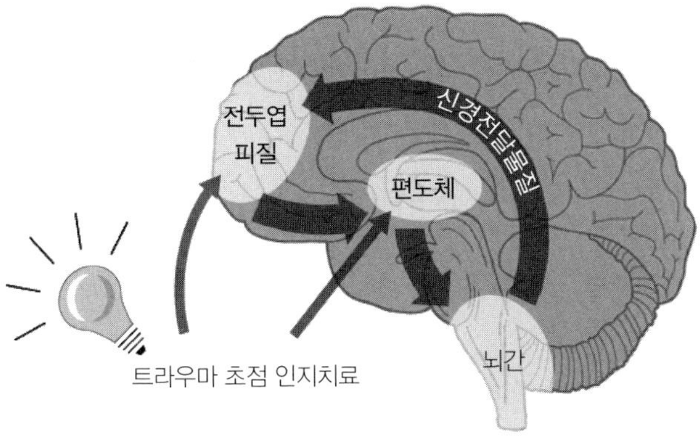

[그림 1-3] 인지치료가 작용하는 방법: 전두엽이 작동되도록 강요하는데, 이는 트라우마 회로가 동시에 충분히 활성화되어 있는 동안조차도 편도체를 억제하고 극적인 감정적 반응을 막는다.

신경생물학은 신체 및 성적 학대, 강간, 폭행, 교통사고 및 전투가 온전히 성인이 되지 않은 사람들에게 모두 발생할 수 있다는 가능성과 왜 젊은 사람들이 PTSD 발병 가능성이 큰지를 설명해 준다. 전두엽 피질은 사람이 20대가 될 때까지 완전히 발달하지 않기 때문에, 젊은 사람들이 트라우마를 겪을 가능성이 더 클 뿐 아니라 트라우마가 일어난 뒤에 이를 다룰 자원도 더 적다(Johnson, Blum, & Giedd, 2009). Johnson 등(2009)은 논문에서 다음과 같이 개관했다.

> 전두엽 피질은 고차원적 인지과정과 실행 기능을 조정한다. 실행 기능은 계획, 반응 억제, 작동 기억 및 주의를 포함하여 목표 지향적 행동에 필요한 일련의 감독 인지 기술이다. 이러한 기술을 통해 개인은 상황을 파악하고, 선택지를 평가하며, 행동과정을 계획하고, 실행할 수 있을 만큼 충분히 오랫동안 멈출 수 있게 한다. 실행 기능이 부족하면 계획, 주의, 피드백 활용 및 정신적 유연성에 어려움을 가져오며, 이는 모두 판단과 의사 결정을 저해시킬 수 있다(p. 218).

아동·청소년 트라우마 피해자가 성인이 되어 치료를 받을 즈음에는 아마도 실행 기능이 완전히 발달하지 않았을 때 구성된 인지에 자리를 잡았을지도 모른다. 이것이 아마도 PTSD가 있는 많은 내담자가 극단적인 신념을 가지고 있고, 반복적으로 트라우마를 입은 이유일 것이다. CPT는 이와 같은 내담자가 정서를 조절하고, 인지적 유연성을 높이며, 인지가 미성숙했던 시기에 발생했던, 그리고 회피 증상 때문에 전혀 재검토되지 않았던 많은 가정과 신념을 바꾸는 데에 도움이 될 수 있다. CPT의 목표 중 하나는 이런 내담자가 사고의 유연성을 높일 수 있도록 돕는 것이다. 특히 이런 트라우마 사건이 발생한 이유 그리고 이 사건이 자신과 타인에게 가지는 영향에 대해 자기 자신에게 계속 말해 왔던 것들을 비판적으로 사고하는 방법을 가르쳐 주는 것이다.

이름의 변경 및 용어에 대한 설명

1988년 이래 CPT는 처음에 인지치료와 '서면 노출'이 포함된 12회기 치료를 적용했다. 그러나 초기 '서면 노출'은 당시의 노출 중재 기준을 충족하지 못했기 때문에(즉, 회기 중 그리고 회기 간의 습관화를 모니터링하기 위한 통증의 평점을 사용하여 강한 감정을 조장하기 위해 45~60분 동안 트라우마를 반복), 이 용어는 기술을 더욱 정확하게 설명하는 용어인 '진술문(written account)'으로 바뀌었다. 이 프로토콜 부분은 제11장에서 설명한다.

CPT 치료효과 연구를 하고 있을 당시(Resick et al., 2008; 제2장 참조)에 CPT 버전을 CPT-C라고 불렀는데, 인지치료만 있는 CPT라는 뜻이다. 치료효과 연구는 CPT-C가 CPT만큼 효과적이며, 진술문이 결과에 보탬이 되지 않음을 알게 하였다. 실제로 CPT-C는 CPT의 34% 중도 탈락률과 비교하여 22%의 중도 탈락률을 보였고 더 빠른 개선 궤도를 나타냈다. 또한, Walter, Dickstein, Barnes와 Chard(2014)는 미국 VA 병원의 프로그램 평가 자료를 조사한 결과, CPT와 CPT-C의 결과가 통계적으로 서로 다르지 않다는 것을 알아냈다. CPT-C라는 이름이 단일 연구에는 적합했을 수도 있지만 다소 불필요한 것임을 깨달았다. 연구를 통한 이러한 발견과 요인들 그리고 다른 CPT-C의 긍정적인 결과를 통해 인지 버전의 CPT를 주요 버전으로 삼았다. 따라서 이 책에서는 **인지치료만 포함되는 버전을 CPT, 진술문이 있는 버전을 CPT+A라고 한다.** 제3부(제5~10장)에서 치료의 주요 설명은 CPT에 관한 것이고, 제11장에서는 CPT+A를 다룬다. 이 책에서는 Resick 등(2008)의 치료효과 연구에서 진행한 진술문만 포함된 프로토콜을 설명하지 않지만, 관심 있는 독자들을 위해 이 프로토콜 지침서를 제공할 수 있다.

이 책에서 사용하는 두 가지 용어에 대한 사항도 언급하고자 한다. CPT 내담자를 지칭하기 위해 '피해자'와 '생존자'라는 용어를 모두 사용했으며, '피해자'를 더 자주 사용했다. 한편, CPT를 찾거나 추천받은 PTSD가 있는 많은 사람은 여전히 '피해자'이며, 아직 '생존자'가 아니다. 또한 '생존자'라는 용어는 트라우마 사건의 결과로 사람이 죽었을 수도 있었음을 함축할 수 있으나, (자주 있긴 있더라도) 항상 그러한 것은 아니다. 반면, '생존자'라는 용어는 어떤 맥락에서 더 많은 권능(empowerment)을 부여하는 것일 수 있다.

제2장

CPT에 관한 연구

다양한 형태 및 인구집단에서 CPT의 효능과 효과를 뒷받침하는 강력한 실증 자료들이 있다. 실제로 최근 진행된 다양한 증거 기반의 인지행동치료와 약물을 비교하는 PTSD 치료에 관한 두 건의 메타 분석(Haagen, Smid, Knipscheer, & Kleber, 2015; Watts et al., 2013)에서, 조사된 모든 개입법의 평균 효과 크기가 CPT+A(트라우마 진술문 포함)에서 가장 높았다.

이 장에서 우리는 CPT의 경험적 기반을 살펴본다. 현재까지 CPT를 실험하는 14개의 RCT(무작위 대조군 연구)가 발표되었으며, 현재 더 많은 것이 진행되고 있다. 또한 임상 환경에서 CPT의 효과성을 실험하는 대규모의 비통제 연구가 진행되고 있다. CPT에 대한 저작물들의 상황을 고려하여, 초반 CPT의 효과성과 특유의 트라우마 및 동반 장애에 대한 적용을 기록하고 있는 중요한 사례 연구들과 소규모의 비통제 실험 연구들이 있었음에도, 우리는 앞선 두 유형의 연구를 검토하는 것으로 이 장에서의 논의를 제한하고 있다. 먼저, RCT의 1차 결과를 검토하고 CPT 효과성의 2차적 결과 및 치료에서의 그 잠재적 영향에 관하여 기록한 RCT에서 파생된 연구들을 살펴본다. 그리고 인지 변화 연구들을 살펴보고, 인지의 변화가 PTSD에서 어떻게 변화의 메커니즘이 되는지를 논의하며, 효과성 연구를 검토하여 결론에 도달할 것이다.

무작위 대조군 연구

최초의 무작위 대조군 연구는 여성 강간 피해자를 대상으로 CPT+A와 지속적인 노출 기법(Prolonged Exposure: PE)(Foa, Rothbaum, Riggs, & Murdock, 1991)과 대기자 통제 조건(Resick et al., 2002)을 비교했다. PE는 트라우마에 대한 두 가지 유형의 노출을 포함한다. 내담자는 회기에서 상상적 노출(즉, 내담자는 자신의 지표 트라우마를 치료사에게 1인칭 및 현재 시제로 반복해서 큰 소리로 말함)에 참여하게 되고, 각 상상적 노출은 치료사와 함께 말하는 것의 감정적 처리로 이어진다. 이 내담자는 녹음해 둔 상상적 노출을 매일 집에서 듣는 과제를 하게 된다. 이에 더하여, 회기 사이의 일상생활에서 점차 고통의 강도가 높아지는 트라우마와 관련된 단서(cue)에 대한 45분의 실제적(in vivo) 노출을 하는 과제를 한다.

두 치료 모두 대기자 명단 대조군과 비교하여 치료 후 PTSD와 우울증 개선에 매우 효과가 있었지만, 어떤 평가에서도 직접 치료에서의 통계적 차이는 없었다. 실제로 CPT+A를 받은 참가자들이 죄책감(Resick et al., 2002), 건강 관련 우려(Galovski, Monson, Bruce, & Resick, 2009), 무력감(Gallagher & Resick, 2012) 그리고 자살 사고(Gradus, Suvak, Wisco, Marx, & Resick, 2013)에서 훨씬 더 많이 개선되었다고 보고한 것을 제외하면, 두 유형의 직접 치료 간에는 차이가 거의 없었다. 3개월 및 9개월의 추적 시점에서도 이와 같은 개선은 계속되었다. 대기 명단에 따라 참가자들에게 무작위 치료 중 한 가지를 제공했고, 이들도 CPT+A 및 PE에 대한 첫 표본과 같은 응답을 했다.

이 연구에 참여한 참가자들에게 장기적 추적 평가를 진행했다(Resick, Williams, Suvak, Monson, & Gradus, 2012). 치료 5~10년 후 추적 평가를 위해 대기자 명단/치료 집단을 두 집단 표본에 들어가도록 하면서, 모든 참여자가 연구의 세 조건 중 하나(즉, 치료를 받도록 의도된 표본)에 할당되도록 노력했다. 할당된 사람들(144/171)의 88%(n=126)가 재평가되었다. PTSD와 우울증 결과에서 CPT+A와 PE 간 차이는 없었으며 두 치료의 모든 참가자는 치료 이후에도 호전 상태를 유지했다. 추가 치료나 차후의 트라우마들은 호전 상태를 유지하는 것과 유의미한 관련성이 없었다.

Chard(2005)는 아동 성학대의 성인 생존자를 대상으로 CPT 대기자 통제 시험을 실시했다. 그녀는 트라우마를 개별적으로 다룰 뿐 아니라, 아동 성학대에 뒤따르는 전형적인 문제들을 정상화하고 집단응집력를 경험할 수 있도록 집단 및 개인 치료를 결합하여 CPT+A

를 확장했다. 그녀는 수정된 버전의 CPT를 받은 사람과 대기자 집단에 있던 사람 간 임상가 평가에서의 PTSD 증상, 우울증 그리고 분열(dissociation) 증상이 통계적으로 유의미한 차이가 있음을 발견했다. 또한 치료 중도 탈락률이 매우 낮았다(모든 회기에 참여하지 않은 비율은 18%뿐이었다). CPT를 받은 사람 중 치료 후 PTSD 진단에 부합한 사람은 7%, 3개월 후 추적 시점에서는 3%, 1년 추적 시점에서는 6%였다.

Monson 등(2006)은 미국 VA 병원을 통해 모집된 퇴역군인을 대상으로 첫 CPT+A 연구를 진행했다. 60명의 퇴역군인(80%가 베트남 전쟁 퇴역군인)을 무작위로 CPT+A나 일반 치료에 배정했다. CPT+A를 받은 사람들을 일반 조건의 치료를 받은 사람들과 비교했을 때, 치료 후 및 1년 뒤 추적 관찰에서 만성 PTSD와 동반 장애의 범위에서 유의미한 호전을 보였다. 치료 후 CPT+A를 받은 표본의 40%는 PTSD 진단에서 차도를 보였다. 게다가 군 복무 관련 장애 상태(service-connected disability status)는 치료 결과나 PTSD 진단 상태와 관련이 없었다.

Resick 등(2008)은 성적 및 신체적 폭력의 여성 피해자를 대상으로 CPT+A 치료효과(dismantling) 연구를 진행했다. 이 연구에서는 CPT+A, CPT 트라우마 진술문을 각각 비교했다. CPT 와 WA 간에 전반적 집단의 차이가 있었으나, 모든 참가자가 치료 후 및 추적 시점에서 유의미하게 개선되었다. 그러나 내담자의 자가보고에 따르면, CPT가 WA보다 치료 진행 중 증상 감소가 더 빨랐으며, CPT 참가자는 CPT+A보다 2회기, WA보다 4회기 더 빠르게 임상적으로 상당한 개선을 보였다([그림 2-1] 참조). 이러한 차이가 통계적으로 유의미하지는 않았으나, CPT+A 참가자의 34%, WA 참가자의 26%에 비해 CPT의 참가자 22%가 치료를 중단한 것은 임상적으로 의미가 있다. 비록 이 책에서는 CPT와 CPT+A에 관해 설명하고 있으나, WA는 제외되었다. 제1장에서 언급했듯이, WA 지침서는 공저자 중 한 사람(Patricia A. Resick)을 통해 얻을 수 있다.

Forbes 등(2012)은 호주 퇴역군인 의료 시스템 내에서 관리되는 퇴역군인을 대상으로 CPT+A의 RCT를 진행했다. 그들은 CPT+A를 전달하기 위해 전문 치료사를 활용하는 대신, 이 시스템 내에서 치료사를 교육하여 치료를 제공함으로써 결과의 일반화 가능성을 높였다. Monson 등(2006)의 연구에서와 마찬가지로, CPT+A를 일반 치료와 비교했다. Forbes 등은 치료사의 경험 수준이나 치료의 방향 및 임상 배경이 서로 다르더라도, CPT+A가 PTSD, 불안, 우울증, 사회적 관계 및 양자(2인) 관계와 관련하여 일반적인 치료보다 우수하다는 것을 발견했다.

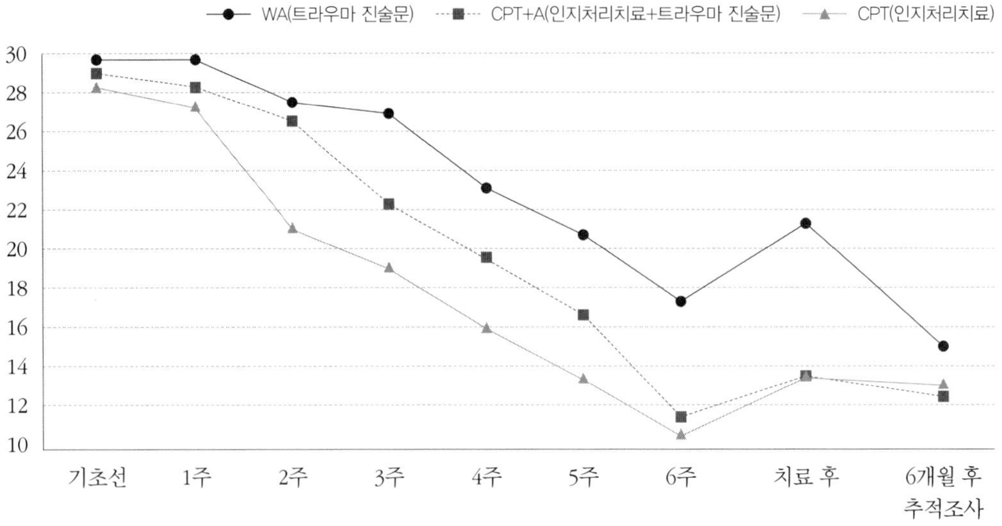

[그림 2-1] 치료 조건에 따라 치료 및 추적에 걸쳐 내담자가 자가보고한 외상후 진단 척도상 PTSD 증상 변화
출처: Resick et al. (2008).

Galovski, Blain, Mott, Elwood와 Houle(2012)은 고정된 12회기 프로토콜과 비교하여 결과 기준에 따라 치료의 완료를 결정하는 것이 목적인 중요한 CPT+A 연구를 진행했다. 이 연구(지연된 증상 모니터링을 통제 조건으로 하는 RCT)에서 '치료 완료자'는 CPT+A 프로토콜의 12회기를 모두 참석한 사람이 아니라, 12회기 전 또는 이후에 '우수한 최종 상태의 기능'의 정의에 부합하는 사람이었다. 우수한 최종 상태의 기능은 외상후 진단 척도(PDS; Foa, Cashman, Jaycox, & Perry, 1997) 20점 이하, 벡 우울증 척도-II(BDI-II; Beck, Steer, & Brown, 1996) 18점 이하, 치료 목표에 도달했다는 내담자와 치료사 간의 동의 그리고 내담자가 더는 PTSD 진단 기준에 충족하지 않는다는 독립적 평가자의 평가로 정의되었다. 내담자는 빠르면 4회기에 치료 중단에 관해 평가받을 수 있고, 만일 12회기 이전 중단에 동의하는 경우 최종 CPT 충격보고서(Impact Statement)를 작성했으며, 마지막 CPT+A 회기에 포함된 치료 개입을 받았다. 12회기가 끝났을 때 내담자가 여전히 PTSD가 있고 자가보고 척도에서 더 높은 점수를 받았다고 판단되었다면, 총 18회기의 치료를 받을 수 있었다. 그 시점에서도 여전히 우수한 최종 상태의 기능에 도달하지 못했다면 '치료 무반응자'로 간주했다.

이 연구 참가자의 27%가 치료를 중단했다. 나머지 50명 중 8%만이 정확히 12회기에 치료를 완료했으며, 58%는 12회기보다 일찍 치료를 완료했다. 26%는 12회 이상의 회기가 필요했으며, 8%는 치료 후 무반응으로 간주되었다. 그러나 3개월 후 추적조사에서 여전히

PTSD 진단에 부합하는 참가자는 1명뿐이었다.

Suris, Link-Malcolm, Chard, Ahn과 North(2013)는 미국 VA 병원에서 군부대 성폭력 트라우마에 2차적 PTSD가 있는 남성 및 여성 퇴역군인들의 표본을 모집하여, CPT+A를 현재의 증상 및 문제 해결에 초점을 두는 현재중심치료(PCT; Schnurr et al., 2007)와 비교했다. Forbes 등(2012)의 연구와 같이, 이전에 CPT+A 교육을 받지 않은 치료사가 치료를 제공했다. PTSD 및 우울 증상은 두 치료 모두에서 줄어들었으나, CPT+A를 받은 퇴역군인은 PCT를 받은 환자에 비해 자가보고된 PTSD 증상에서 유의미하게 더 큰 감소를 나타냈다. 6개월의 추적조사에서도 두 조건 모두 이러한 개선 상태가 유지되었다. 상대적으로 표본이 작은 이 연구에서 중도 탈락률은 통계적으로 차이가 없었으나, PCT의 중도 탈락률은 18%였고, CPT는 35%였다. 논문 저자들은 이 연구가 치료 충실도(fidelity) 문제의 영향을 받았음을 언급했다. 한 치료사가 CPT 제공에서 낮은 만족도의 치료 역량 평점을 받았고, 따라서 해당 치료사의 내담자 자료는 제외되었다. 따라서 이 연구는 치료에 대한 치료사 충실도의 중요성을 강조한다.

Bass 등(2013)은 자원이 부족하고 폭력이 끊이지 않는 나라인 콩고 민주 공화국에서 CPT의 무작위 대조군 연구를 실시했다. 연구자들은 마을별로 참가자를 치료에 무작위로 배정했다. 7개 마을의 여성은 CPT(n=157) 집단, 8개 마을의 여성(n=248)은 개별적 지지와 물질적 자원을 받았다. 치료사는 기껏해야 고등학교 수준의 교육을 받았고, 내담자 대부분은 문맹이었다. Bass 등은 CPT가 PTSD, 불안 및 우울증을 줄이고 기능 손상을 개선하는 데 지지나 물질적 자원보다 우수함을 발견했다. 6개월의 추적 조사에서 CPT 참가자 중 9%만이 PTSD, 불안 또는 우울증 가능성에 대한 기준을 충족했으며, 이는 지지치료 참가자의 42%와 대조되었다. 이 연구가 발표되었을 때 Bass는 『뉴욕타임즈(The New York Times)』의 문구인 "콩고에서 할 수 있다면 어디서든 할 수 있다(Grady, 2013)."라는 말을 인용했다.

Morland와 동료들(Morland, Hynes, Mackintosh, Resick, & Chard, 2011; Morland et al., 2015)은 두 차례의 무작위 대조군 연구를 실시했다. 하나는 남성 퇴역군인을, 다른 하나는 여성 퇴역군인과 민간인을 대상으로 했다. 남성 퇴역군인을 대상으로 한 연구에서 CPT+A는 화상회의와 대면 집단을 비교하여 진행되었다. 두 가지 전달 방식은 '비열등성(noninferiority)' 설계로 실험했고, 이는 화상회의로 집단 CPT+A를 전달하는 것이 대면으로 전달하는 것보다 질이 낮지 않았음을 의미한다. 또한 두 전달 방식에서 나타난 PTSD의 유의미한 감소가 두 집단에서 차이 없이 추적 평가까지 유지되는 결과를 보였다. 게다가 두 유형의 전달 형식 모두 치료적 동맹, 치료 순응도 및 만족도의 수준이 높았으며, 차이가 없었다. 여성을 대상으로 한 연구에서 Morland 등(2015)은 개별적 직접 전달 및 원격의료 전달법을 비교했고, 또한 퇴역군인과 민간 여성도 비교할 수 있었다. 두 치료 형식은 동등했으나, 민간 여성이 퇴역군인보다 더 나은 결과를 보였다.

Maieritsch 등(2016)은 원격의료 전달 방식과 대면치료를 비교한 세 번째 연구를 진행했고, 다른 점은 이라크와 아프가니스탄의 최근 전쟁 퇴역군인에 초점을 맞추었다. 두 가지 치료 방식은 동일한 것으로 나타났으나, 젊은 집단의 경우 두 조건 모두에서 중도 탈락률이 상당히 높았다(예상 중도 탈락율은 20%였으나, 실제는 43%). 젊은 집단을 대상으로 하는 다른 연구에서와 마찬가지로, 이후의 연구들은 치료의 참여 및 유지를 강조해야 한다고 제안했다. 최근 퇴역군인이 처해 있는 발달적 단계로 인해 그들의 관심은 직업, 관계 및 자녀에 더 집중될 수 있다.

Bolton 등(2014)은 이라크 북부 쿠르디스탄의 농촌 보건소에서 일하는 지역사회 정신건강 종사자들과 함께 RCT를 실시했다. 그들은 우울증에 대한 행동활성화 치료(BATD; Lejuez, Hopko, & Hopko, 2001; Lejuez, Hopko, Acierno, Daughters, & Pagoto, 2011) 및 CPT 훈련을 받았고, 대기자 집단도 포함했다. 모든 참가자는 체계적인 폭력을 경험했으며, 우울증 증상의 심각성에 따라 배정되었다. 또한 세 가지 조건 중 하나에 무작위로 배정되었다. BATD는 우울증과 기능적 손상에 유의미한 영향을 미치는 반면, CPT는 기능적 손상에서만 유의미한 영향을 미쳤다. 이러한 결과는 우울증과 PTSD의 비교에 초점을 둔 포함 기준에서 기인하는 것일 수도 있다(예: Hinton et al., 2004; Schulz, Resick , Huber, & Griffin, 2006). 왜냐하면 PTSD에 대해 특별히 모집된 고문 생존자와 난민을 대상으로 한 이전 연구가 PTSD와 다른 동반 장애에 유의미한 효과가 있다고 밝혀졌기 때문이다.

Butollo, Karl, König와 Rosner(2015)가 독일에서 실시한 RCT는 CPT를 게슈탈트치료에 기반한 대화노출치료(DET)와 비교했다. 시험 연구에는 PTSD가 있는 141명의 남성 및 여성 내담자가 포함되었다. 트라우마 유형은 섞여 있었다. 두 조건은 모두 최대 24회기로, 그 기간은 가변적이었다. 중도 탈락률은 두 조건 모두 매우 낮았다(치료를 시작하지 않은 사람들을 포함하여 DET에서 12.2 %, CPT에서 14.95%, 치료 시작 후 DET는 8%, CPT는 9%의 참가자가 중도 탈락). 두 유형의 치료 모두 PTSD 증상이 크게 줄어들었으나, CPT는 치료 후 훨씬 더 나은 결과를 보였으며 효과 크기도 더 컸다(DET의 경우 g=1.14, CPT의 경우 1.57). 최근

Resick 등(2015)은 미국 현역군인들을 대상으로 집단 형식의 CPT와 PCT를 비교했다. 두 치료 모두 PTSD 증상이 호전되었으나, CPT에서 PTSD가 훨씬 더 많이 호전되었다. 더욱이, CPT는 우울증에서도 유의미한 개선을 가져왔고, 이는 추적 평가에서도 유지되고 있었다. PCT 집단은 우울증 증상이 기초선부터 첫 회기 이전까지만 개선을 보였는데, 이는 아마도 기대 효과 때문으로 보인다.

치료의 2차적 조건과 잠재적 조절변인

아동학대의 경험

일부 임상가와 연구자들은 아동학대 경험이 있는 사람들에게 단기 CPT 또는 CPT+A 과정 그 이상의 것이 필요할 수도 있다고 우려한다. 이로 인해 대면식 CPT+A의 후속 연구와 PE는 PTSD 증상 및 해리, 성기능 장애, 손상된 자기 참조 및 긴장 감소 행동과 같은 기타 증상을 포함하는 트라우마 증상 목록(Trauma Sympton Inventory: TSI; Briere, 1995)을 사용하여 더욱 광범위한 증상을 조사했다. 치료 표본은 성인 강간 외에 아동 성학대 경험이 있는 사람(41%)과 아동 성학대 경험이 없는 성인 강간 피해자로 나누었다. 두 집단 모두 PTSD, 우울증 및 TSI 하위 척도의 측정된 모든 문제에서 상당히 개선(효과 크기도 컸다)되었다. 9개월 추적조사에서도 이러한 개선 상태는 유지되었고, 아동 성학대 경험이 있는 사람과 그렇지 않은 사람 간의 결과에는 차이가 없었다.

Resick, Suvak과 Wells(2014)는 아동 성학대 또는 아동 폭력 경험이 결과에서의 차이를 가져오는지를 조사하기 위해 CPT+A와 PE의 대면 연구 그리고 치료 효과 요인 연구에서 얻은 자료를 2차 분석하였다. 대면 연구를 통해 아동 성학대의 빈도가 모든 치료에서의 중도 탈락률을 예측한다는 것을 발견했다. 아동 신체학대의 심각성은 CPT+A보다 PE에서 더 높은 중도 탈락률과 관련되었다. 치료 결과와 관련하여 아동학대의 형태나 양은 PTSD 치료 결과에 영향이 없었다. 치료 효과 요인 연구에서 아동학대의 경험은 세 조건에서 중도 탈락률의 차이를 나타내지 않았다. 그러나 아동학대 경험이 없는 환자는 CPT+A 또는 WA보다 CPT에서 더 잘 반응했다. 아동학대를 더 빈번하게 경험했던 사람들은 WA보다 CPT와 CPT+A에 더 잘 반응했다.

치료 효과 요인 연구의 자료를 이용하여, Resick, Suvak, Johnides, Mitchell과 Iverson(2012)은 해리 수준이 높은 사람들이 CPT, CPT+A 및 WA에 다르게 반응하는지를 조사했다. 세 가지 치료법 모두 해리 증상이 현저하게 감소했고, 통계적 차이는 없었다. 그러나 해리의 치료 전 수준은 서로 다른 PTSD 결과를 가져왔다. 해리의 치료 전 수준이 낮은 여성은 CPT에 가장 잘 반응한 반면, 해리 수준이 가장 높은 여성은 CPT+A에서 더 이득을 보았다. 이들은 WA 조건에서 트라우마 진술문을 단순히 반복하는 것에 잘 반응하지 못했기 때문에, 저자들은 해리 수준이 높은 사람들은 인치치료로 도움을 받기 전에 트라우마적 기억들을 일관되게 말할 수 있도록 트라우마 진술문을 작성하는 과정이 필요하다는 결론을 내렸다.

이런 결과는 군대에서의 성적 트라우마 경험을 보고하는 110명의 여성 퇴역군인(61명은 아동 성학대 경험도 있었고, 49명은 그렇지 않았다)을 대상으로 CPT 이후 결과뿐 아니라 치료 전 인구학적 및 증상적 측정에서 비교를 진행했던 연구를 통해 더욱 뒷받침되었다(Walter, Buckley, Simpson, & Chard, 2014). 이 연구 결과에 따르면, 이 두 집단은 치료 전 변수나 치료 결과에서는 그 차이가 유의미하지 않았다. 이러한 결과는 거주형 치료 프로그램으로 진행된 CPT가 군대 관련 성적 트라우마와 연관된 PTSD가 있는 여성 퇴역군인(아동 성학대의 경험 유무와 관계없이)에게 효과적이었음을 시사한다.

경계선과 기타 성격장애 특성

Clarke, Rizvi와 Resick(2008)은 CPT+A 및 PE의 대면시험 연구에서 경계선 성격 특성이 치료 결과에 미치는 영향을 조사했다. 이 연구는 표본들을 비적응적 및 적응적 성격표(Schedule for Nonadaptive and Adaptive Personality)(Clark, 1993)로 측정하여 높거나 낮은 경계선 성격 특성으로 구분했다. 경계선 성격 특성이 낮은 사람들에 비해 높은 사람들이 기저선 평가에서 더 높은 PTSD와 우울 증상을 보였으나, 치료 중도 탈락률은 더 높지 않았다. 중요한 점은 치료 전 경계선 성격 특성의 수준이 치료 결과를 예측하지 못했다는 것이다. 사실, 더 심각하고 우울한 증상을 가져서 이런 특성들이 더 높았던 집단이 치료과정에 걸쳐 더 많이 호전되었고, 경계선 특성들이 낮은 집단과 비슷한 수준의 PTSD의 상태를 가지고 종결하게 되었다.

이런 결과는 집단 및 개별 CPT+A를 결합한 퇴역군인을 위한 주거형 치료 프로그램에서 치료를 받고자 하는, 성격장애가 있거나 없는 내담자들을 조사한 Walter, Bolte, Owens과 Chard(2012)의 경계선 및 기타 성격장애 연구와 같았다. 두 집단 간 PTSD 치료에서의 호전은 통계적으로 유의미한 차이가 없었다. 실제로 경계선 성격장애가 있는 사람들이 경계선 성격장애가 없는 사람들보다 치료 전과 치료 후 우울증이 더 많이 개선되었다.

자살

Gradus 등(2013)은 PTSD 환자들 사이에서 매우 흔한 자살 사고에 대한 PTSD 치료 효과를 조사하기 위해 CPT+A 대면실험 연구와 PE를 비교했다. 두 치료에서 자살 사고가 급격히 감소했으며, 이런 효과가 추적 기간 동안 미묘하게 감소했으나 계속 유지되었음을 발견했다. 그러나 PE보다 CPT에서 자살 사고가 더 많이 감소했다. 자살 사고의 감소는 두 치료 과정에서의 PTSD 증상 개선과 관련이 있었고, PE보다는 CPT+A와의 그 관계가 더 강력하다는 증거가 몇 가지 있었다. 이런 연관성은 연구 시작 시점의 우울증 진단이나 치료과정 동안 나타난 절망의 변화로 설명될 수 없었다.

Bryan 등(2016)은 Resick 등(2015)의 CPT와 PCT 집단의 비교 연구의 2차 분석으로서, 현역군인 간의 의원성(iatrogenic) 자살 위험과 CPT가 연관이 있는지 조사했다. 두 가지 유형의 치료 모두에서 자살 사고의 비율이 감소한다는 것을 발견했다. 치료 전 자살 사고가 있었던 군인들은 두 치료 모두에서 자살 사고의 심각성이 유의미하게 감소했고, 치료 12개월 후 계속 유지되었다. 기존의 자살 사고가 악화하는 경우는 PCT 집단(37.5%)보다 CPT 집단(9%)에서 더 적었다.

건강 관련 상태와 수면

Galovski 등(2009)은 PTSD로 고통받는 사람들에서 건강 관련 문제와 수면장애가 높은 비율로 동시 발생하는 것을 고려하여, 지각된 건강 문제 및 수면장애에 관한 CPT+A 및 PE 대면실험 연구의 효과성을 조사했다. 두 치료법 모두 건강 관련 문제가 호전되었으나, PE보다 CPT+A에서 더 많은 호전을 보였다. 수면장애와 관련하여 두 치료 모두 치료와 추적조사에 걸쳐 개선이 있었으나 그 차이는 크지 않았다. 그러나 수면장애는 참가자 대부분이 '숙면을 하는 자'가 될 정도로 개선되지는 않았다. 이들은 신체 건강에서의 불편함에 대해 PE보다 CPT+A가 가지는 이점을 CPT+A에서 사용하는 인지적 개입으로 설명할 수 있을 것이라 언급했다. 이는 인지된 건강 상태를 포함하는, 다양한 경험에 대한 해석으로 일반화될 수도 있다.

치료 효과 요인 연구에서 얻은 자료를 통해 Mitchell, Wells, Mendes와 Resick(2012)은 세 가지 치료가 섭식장애의 증상을 개선하는지를 연구했다. 연구의 부표본에서 문제가 있는 식사 행동을 측정하는 데 섭식장애 목록-2(Eating Disorders Inventory-2)(Garner, 1991)을 사용했다. 이 목록은 날씬함, 폭식, 신체 불만족, 비효율성, 완벽주의, 대인관계 불신, 내수용성 인식(interoceptive awareness), 성숙에 대한 두려움, 충동 조절, 금욕주의 및 사회적 불안정성에 대한 충동 하위척도를 포함하고 있다. 이 연구는 세 가지 치료과정에서 일부 섭식장애 증상(예: 신체 불만족, 내수용성 인식, 대인관계 불신, 충동 조절, 비효율성, 성숙)이 개선되었음을 발견했다. 더욱이 신체 불만족을 제외하고, 이런 증상들의 개선은 치료과정에 걸친 PTSD 증상의 변화와 관련이 있었다. 이 연구자들은 섭식장애와 PTSD에서 가장 밀접하게 공통되는 증상이 CPT+A의 다양한 구성 요소에 가장 잘 반응하는 것일 수 있다고 말했다.

정신생리학적 기능

치료 효과 요인 연구의 후속 연구에서는 치료 결과로 생리적 반응성, 특히 큰 소리에 대한 놀람 반응의 변화를 조사했다(Griffin, Resick, & Galovski, 2012). 치료를 완료한 참가자는 PTSD 진단 및 증상의 중증도에 따라 '반응자'(72 %)와 '비반응자'(28%)로 분류되었다. 반응자와 비반응자는 치료 전 눈 깜박임 근전도, 심박수 또는 피부 전도성의 생리학적 측정에서 차이가 없었다. 치료를 통해 반응자들은 모든 측정에서 놀람 반응이 유의미하게 감소한 것으로 나타났다. 또한 치료 후 시끄러운 소리에 대한 근전도 및 심박수 반응은 비반응자보다 반응자들에게서 유의미하게 더 작았다. 연구의 크기 때문에 치료 유형별 잠재적 차이를 연구할 수 없었다. 이 연구는 다양한 형태의 CPT는 치료의 완료 시, 일반적으로(트라우마 관련 단서뿐만 아니라) 놀람을 줄이는 데 효과적임을 보여 준다. 따라서 이 연구는 치료 효과에 대한 보다 객관적인 자료를 제공하고 있다.

심리사회적 기능

개인의 정신건강 증상과 생리학을 넘어서 연구를 확장한 Galovski, Sobel, Phipps와 Resick(2005)은 치료를 완료한 참가자들을 대상으로 한 대면실험의 CPT+A 및 PE 결과로 나타난 심리사회적 기능의 변화를 평가했다. 이 연구에서는 치료 후 다양한 측정도구의 직업적, 사회적 여가, 대가족, 가족 단위, 친밀감에 대한 두려움, 성적 우려, 성기능 장애 영역에서의 개선을 포함하여 측정되었던 모든 유형의 심리사회적 기능이 개선되었다.

Wachen, Jimenez, Smith와 Resick(2014)은 CPT+A와 PE를 비교한 연구에서 참가자 154명의 사회적 기능을 조사했다. 사회적 적응척도-자가보고(Social Adjustment Scale-Self-Report)(Weissman & Paykel, 1974)를 사용하여 전체적인 사회적 기능, 사교 및 여가, 일, 가족 단위 내 관계 그리고 경제적 상황을 치료 전부터 장기간의 추적 시점까지 위계선형 모델을 사용하여 조사했다. 모든 측정 영역에서 큰 개선을 발견했고, 두 치료 유형 간의 차이는 없었다.

Monson 등(Monson et al., 2012)은 Monson 등(2006)의 미국 퇴역군인을 대상으로 한 CPT+A 대기자 집단 연구를 추적 분석했다. CPT+A 과정 후 개선된 다른 영역의 사회적 기능들 그리고 이런 변화들이 치료에 따른 PTSD 증상에서의 변화와 어떻게 관련이 있는지 조사했다. 대기자 집단에 비해 CPT+A에서 전반적인 사회적 적응, 대가족 관계 기능 및 가사일 완료의 기능이 향상되었다. 특히 정서적 마비에서의 개선은 이러한 모든 영역의 개선과 관련이 있었다.

유사하게, 회피 증상의 개선은 가사의 개선과 관련되었으나 대가족 적응이 감소한 것과도 연관되었다. 후자의 결과와 관련하여 연구자들은 이러한 관계에서 상호작용하기 위해 필요한 대인관계 기술의 개선 없이 회피가 줄어들어 가족 구성원과의 접촉이 늘어나는 것은 오히려 대가족에서의 적응을 낮게 보도록 했을 것이라고 제안한다.

마찬가지로, Shnaider 등(2014)의 치료 효과 요인 연구 내에서 치료 후 나타나는 심리사회적 기능(즉, 일상생활, 가사, 일, 여가/오락, 가족 관계 및 비가족 관계)의 영역과 PTSD의 증상 변화와 기능 변화 간의 연관성을 조사했다. 세 유형의 치료 모두에서 심리사회적 기능이 개선되었으며, 치료 후 또는 후속 조치의 치료 간 차이는 없었다. 치료에 따른 차이가 없었기 때문에 심리사회적 기능과 네 가지 PTSD 증상 군집(즉, 재경험, 회피, 무감각 및 각성)의 변화 관련성을 조사하기 위해 표본을 결합했다. 무감각 증상의 개선은 비가족적 관계의 개선과 더 구체적으로 연관되었고, 각성 증상에서의 개선은 전반적인 기능, 일상생활 및 가사의 개선과 더욱 연관되었다.

사회적 기능과 관련하여 Iverson 등(2011)의 치료 효과 요인 연구는 친밀한 파트너 폭력(Intimate-Partenr Violence: IPV)을 조사했다(Resick et al., 2008). 치료에 참가하고자 하는 150명의 참가자 중 61%가 생애 내 IPV 경험이 있음을 보고했고, 16%는 기초선 평가 전 1년 이내의 기간 중 현재 파트너에 의한 IPV를 경험했으며, 지표 사건으로서 IPV를 보고했다. 6개월 추적조사에서 22%는 치료 후 기간에 새로운 IPV 희생을 경험했다고 보고했다. Iverson 등은 PTSD 및/또는 우울증과 관련하여 치료에 더 강력한 반응을 보인 사람들이 치료 후 IPV를 경험할 가능성이 훨씬 적다는 것을 발견했다. 이 결과는 현재 IPV를 저지르는 파트너와 관계를 맺고 있는 여성뿐 아니라 일생의 어느 시점에서 IPV를 경험한 여성을 대상으로 했다.

성차

불행히도 CPT 연구 대부분은 대인관계 폭력의 여성 생존자 또는 남성 퇴역군인을 대상으로 진행했다. 그러나 Galovski 등(2012)이 진행한 대인관계 트라우마를 경험한 PTSD 환자 대상의 가변 기간(variable length) 연구의 2차 분석에서 Galovski, Blain, Chappuis와 Fletcher(2013)는 CPT+A 결과의 잠재적 성차를 조사했다. 이 연구는 여성이 성폭행을 당할 가능성이 더 크고 남성은 내향적인 분노를 보일 가능성이 더 크다는 점을 제외하고, 치료 전에 트라우마 병력이나 증상의 성차가 작다는 것을 발견했다. 제공된 회기의 총 횟수 또는 PTSD의 변화 정도나 치료에 따른 우울 증상의 남녀 간 차이는 없었다. 그러나 3개월 후 추적조사에서 남자와 비교하여 여성은 PTSD, 우울, 죄책감, 분노/과민성 및 해리 증상의 수준이 낮은 것으로 나타났다. 이 연구자들은 PTSD가 있는 남성에게 보다 효과적으로 치료를 제공하도록 기존 치료법을 변경하거나 새로운 치료법을 개발해야 할 수도 있다고 결론지었다.

인지

결과로서의 인지

CPT는 인지치료로, 내담자의 신념에 영향을 끼쳐야 하기 때문에 다른 유형의 인지를 그 결과로 조사해 왔다. 인지의 변화가 PTSD 증상 개선의 잠재적인 매커니즘의 역할을 하는지를 살펴보기 위해 PTSD 증상 개선과 관련하여 인지의 변화를 함께 연구해 왔다. 앞에서 언급했듯, CPT+A를 PE와 비교하는 RCT는 치료 전, 치료 후 및 9개월 추적에서 측정한 결과로 죄책감 인지를 포함했다(Resick et al., 2002). 대기자 집단 조건과 비교했을 때 CPT+A는 효과 크기에서 큰 차이를 보였고, PE의 치료 전과 후의 효과 크기 차이는 작거나 중간 정도였다. 두 가지의 적극적 치료는 두 가지 죄책감 하위척도(후판단 편향 및 정당화의 결여)에서 유의미하게 달랐으며, CPT+A와 PE 사이의 추적 시점에서 네 가지 죄책감 척도의 효과 크기 차이는 작거나 중간 정도였다.

아동 성학대의 성인 생존자에 대한 Chard(2005)의 연구 자료를 활용하여, Owens, Pike와 Chard(2001)는 트라우마와 PTSD와 관련된 인지 왜곡을 조사하기 위해 개발된 개인적 신념 및 반응 척도(Personal Beliefs and Reactions Scale: PBRS)(Resick, Schnicke, & Markway, 1991)와 세계관 척도(World Assumptions Scale: WAS)(Janoff-Bulman, 1989)를 조사했다. WAS 하위 척도 중 어느 것도 어느 시점(치료 전, 치료 후, 3개월 추적 및 1년 추적)에서도 PTSD 증상과 상관관계가 없었지만, PBRS 안전, 신뢰, 힘/통제, 존중 및 친밀감은 한 번 또는 그 이상의 시점에서 PTSD와 상관관계를 나타냈고, 모두 추적 평가에서 그 상관관계가 강력하게 나타났다. PBRS 하위 척도인 취소, 자기비난, 안전, 신뢰, 힘/통제, 존중 및 친밀감에서 치료 전에서부터 치료 후까지 상당한 차이가 발견되었다. 치료 후부터 두 번의 추적 평가까지 더 이상의 변화는 없었다. 비록 PTSD와 상관관계는 없었지만, WAS는 치료 전부터 후까지 상당한 차이가 있었는데, 이는 세 가지 하위 척도 중 두 가지인 세상에 대한 박애와 자기가치감에서 유지되었다.

여러 연구에서 CPT+A 및 CPT의 한 가지 인지 요소인 충격진술문(Impact Statement)을 조사했다. 어떤 형태의 CPT로든 첫 치료 회기 후, 첫 번째 연습과제는 지표 트라우마 사건의 원인과 결과에 관하여 한 페이지 이상의 글을 적는 것이다. 이 과제는 내담자가 지표 사건을 어떻게 바라보는지를 판단하고 내담자와 치료사가 치료 중에 작업할 교착점(Stuck Point)을 규정하기 위해 사용된다. 마지막 회기에서 내담자는 지표 사건에 대해 현재 어떻게 생각하고 있는지에 관한 다른 트라우마 진술문을 작성하게 된다(자세한 내용은 제5, 6, 10장 참조).

여러 집단의 연구자들이 내담자의 신념이 변화해 왔는지, 그리고 그 변화가 PTSD의 개선과 관련이 있는지를 판단하기 위해 이런 트라우마 진술문을 부호화해 왔다. Sobel, Resick과 Rabalais(2009)가 진행한 첫 번째 연구는 동화, 수용, 과수용과 정보라는 네 가지 범주 중 하나의 사고 군집과 관련하여 트라우마 진술문을 부호화했다. 트라우마 진술문의 길이가 다양하기에, 저자들은 전체의 빈도뿐 아니라 전체 보고서의 비율을 분석했다. 이 연구를 통해 치료의 시작부터 끝까지 내담자들이 수용에서는 유의미한 증가를, 그리고 과수용과 동화에서는 감소를 나타낸다는 것을 발견했다.

Iverson, King, Cunningham과 Resick(2015)은 치료 5~10년 후의 인지를 조사하는 추적 연구를 했다. 그들은 동일한 기초선 측정을 포함하는 것 외에도 참가자들에게 또 다른 트라우마 진술문을 작성하도록 요청하는 장기적 추적조사를 진행했다. 또한 이 연구는 단순히 PTSD를 검사하는 것보다 인지가 증상의 유지 또는 증가를 예측하는지를 보기 위해 우울증 증상을 조사했다. 50명의 여성이 첫 번째와 마지막 치료 트라우마 진술문 및 장기 트라우마 진술문의 작성을 완료했다. 전체적인 PTSD 및 우울증 점수는 장기 추적조사에서 낮은 수준으로 유지되었으나(Resick, Williams, et al., 2012), 치료 종료와 장기 추적 사이에 트라우마 관련 신념의 변화는 PTSD와 우울증 증상의 변화와 유의미하게 연관되었다. 수용된 사고에서의 개선과 과수용된 사고의 감소는 이 기간 동안 낮은 수준의 PTSD 및 우울증 증상과 관련이 있었다. Iverson 등은 내담자가 치료 종료 후에도 균형 잡힌 수용적 사고를 계속 연습할 것을 강력히 권장해야 한다는 결론을 내렸다.

Dondanville 등(2016)도 현역군인을 대상으로 트라우마 진술문을 부호화했지만, 이 연구는 집단 또는 개별 CPT의 맥락에서 진행되었다. 치료 시작과 종결 시 63명이 트라우마 진술문을 작성했다. 이 조사자들 역시 치료를 통해 동화된 사고와 과수용된 사고 단위에서의 감소와 수용된 사고에서의 증가를 발견했다. PTSD와 우울증, 수용된 사고에서는 역관계를 예상했고, PTSD 및 우울증 점수는 과수용된 사고와의 정적 관계를 예상했다. CPT에 잘 참여한 참가자들은 치료 종결 시 과수용된 사고는 적었고 수용된 사고는 더 많았다. 동화된 사고들은 PTSD 및 우울증과 관련이 없었다. 비록 동화 사고가 치료과정 동안 줄어들었으나, 이는 아마도 치료의 시작 시점에서 작성한 트라우마 진술문에 동화와 관련한 진술을 적었기 때문일 것이다. 일부 내담자들은 PTSD에서 빠져나갈 수 없게 하고, 통계상

바닥 효과를 가져오는 단 하나의 동화 사고(예: '모든 것은 내 잘못이다.')를 가지고 있을 수도 있다.

Price, Macdonald, Adair, Koerner와 Monson(2016)은 앞에서 설명한 퇴역군인을 대상으로, RCT에서 두 트라우마 진술문을 모두 완료한 퇴역군인 15명의 트라우마 진술문을 가지고 질적 연구(주제 분석)를 했다(Monson et al., 2006). 여기에서 등장한 주제는 안전, 신뢰, 힘/통제, 존중, 친밀감, 감정/증상, 관점, 교육/일 그리고 치료에 대한 긍정적인 진술(치료 후 발생)이다. 주제 대부분은 마지막 트라우마 진술문에서 개선된 것으로 나타났으나, 일부 참여자는 여전히 치료 이전에 회피되어 왔을 수 있는 감정(예: 슬픔)과 구체적인 주제(예: 안전, 신뢰)에 대한 교착점으로 계속해서 고군분투하는 것을 기술하거나 주의를 표현했다.

변화의 매개변인으로서의 인지

Resick 등의 연구 자료를 활용하여 Gallagher와 Resick(2012)은 지표 사건으로서 강간을 경험한 여성들을 대상으로 PTSD에서 변화의 매개변인과 결과로 절망감을 조사했다. CPT+A에 배정된 참가자는 PE에 배정된 참가자보다 치료 전/후 절망의 감소가 더 컸으며, PE 참가자보다 CPT+A 참가자에게서 절망의 변화가 PTSD 증상 변화를 더 많이 예측했다. Gilman, Schumm과 Chard(2011)는 PTSD 치료를 원하는 퇴역군인들을 대상으로 희망(절망이 아니라, Gallagher와 Resick이 사용하는 것과 다른 측정법으로)을 조사했다. PTSD 증상, 우울 및 희망은 주거형 프로그램의 치료과정 전반에 측정되어 수집되었다. Gilman 등은 치료 중반 시점의 더 높은 수준의 희망이 치료 중반부터 치료 후의 PTSD와 우울증 감소에 관련이 있다는 것을 발견했으며, 그 반대의 경우는 아니었다. 따라서 이 결과는 희망이 증상 감소의 변화 메커니즘이라는 생각을 뒷받침한다.

Schumm, Dickstein, Walter, Owens와 Chard(2015)는 CPT를 받는 남성과 여성 퇴역군인의 치료 전부터 중반에서 치료 후까지, 인지(자신에 대한 부정적인 신념, 세상에 대한 부정적인 신념, 자기 비난), PTSD 그리고 우울증 간의 종단적 관계를 판단하기 위해 교차지연 패널분석을 했다.

치료과정에 걸쳐 모든 척도의 점수가 유의미하게 개선됨을 발견했다. 그리고 자기 비난과 자신에 대한 부정적 신념의 치료 전-중반 변화가 PTSD 증상 변화를 긍정적으로 예측하고, 치료 중반에서 치료 후의 변화에 선행한다는 것을 발견했다. 또한 자기에 대한 부정적인 신념의 변화가 우울증의 변화에 선행했지만, 우울증의 치료 전-중반 변화가 자기 비난과 PTSD의 변화에 앞선다는 것을 발견했다. 이러한 결과는 부정적인 인식의 개선이 PTSD의 중요한 변화 메커니즘이라는 생각을 뒷받침해 준다.

프로그램 평가/효과성 연구

한 치료가 대기자 조건과 다른 치료와 비교하여 효과적인지, 치료가 PTSD에만 영향을 미치는지 또는 다른 증상과 기능에 도움이 되는지를 판단하기 위해 RCT를 진행하는 것이 중요하기는 하나, 그 궁극적인 시험은 이 치료가 실제 지역사회에서도 효과가 있고 채택이 되는가이다. 참가자를 조건에 무작위 할당하지 않은 여러 연구가 있었지만, 임상 환경, 특히 VA 병원에서 CPT+A 실행에 대한 프로그램 평가 자료를 조사했다. CPT+A와 CPT는 1987년부터 수천 명의 치료사에게 보급되었으며, 실행 프로그램은 PTSD 체크리스트(PCL; Weathers, Litz, Herman, Huska, & Keane, 1993; [유인물 3-1] 참조)에서 내담자의 점수를 추적해 오고 있다. CPT+A를 사용한 첫 번째 치료 사례의 검사(Chard, Ricksecker, Healy, Karlin, & Resick, 2012)에서 327명의 치료사가 374명의 퇴역군인에 대한 치료 전과 후 PCL 점수를 제공했다. 12회기 프로토콜에 따라 퇴역군인들은 PCL에서 평균 19점의 변화를 보고했다(10점이 임상적으로 유의미함을 나타냄).

Kaysen 등(2014)은 알코올 사용 장애가 PTSD에 미치는 영향을 확인하기 위해, CPT+A나 CPT 회기에 최소 한 번 이상 참석한 중서부 지역 VA 병원의 퇴역군인 536명의 VA기록을 조사했다. 49%가 현재 또는 과거의 알코올 사용 장애 진단을 보고했음을 발견했다. 퇴역군인들은 평균 9회의 CPT+A 회기에 참여했고, 알코올 사용 장애 병력이 없는 집단과 병력이 있는 집단, 현재 알코올 사용 장애가 있는 집단 간에 치료 결과에는 차이가 없었다. 모든 집단의 PTSD와 우울증은 모두 현저히 감소했다.

호주에서 실행된 연구에서 Lloyd 등(2015)은 CPT+A 훈련을 받은 치료사 중에서 100건의 국립 재향군인 치료 서비스(National Veterans Treatment Service)를 연구했다. CPT+A 치료사들은 치료에 대한 충실도가 높았고, 이 연구자들의 RCT에서 얻은 것과 비교하여 더 큰 효과 크기를 보여 주었다. 사례의 63%가 평균 8회기에 임상적으로 의미 있는 개선을 보고했다. 이 연구는 CPT+A가 일상적인 임상치료로 잘 옮겨진다는 것을 보여 준다.

Dickstein, Walter, Schumm과 Chard(2013)는 VA 외래환자 클리닉에서 CPT를 받았을 때, PTSD의 진단역치 아래에 있던 퇴역군인들뿐 아니라, PTSD의 전체 기준에 충족했던 사람들도 이와 마찬가지였음을 발견했다. PTSD에 대한 전체 기준을 충족하지 않는 참가자를 조사한 연구는 매우 적었고, 이러한 참가자는 일반적으로 RCT에서 제외된다. 그러나 Dickstein 등의 연구 결과는 부분적인 PTSD가 있는 내담자가 CPT의 도움을 받을 수 있음을 치료사가 이해하는 데 도움을 준다.

Walter와 Dickstein 등(2014)은 트라우마성 뇌 손상과 PTSD가 있는 사람들을 위한 VA 주거 프로그램에서 CPT 또는 CPT+A를 받은 사람들을 비교했다. 이 프로그램은 집단 및 개별 치료가 결합해 있다. PTSD 결과나 중도 탈락률에는 차이가 없었지만, CPT+A 참여자들에게서 더 많은 호전이 나타났기 때문에 우울증에서 차이가 있을 수 있음을 보여 주었다. 그러나 알파 수정(alpha correction)을 적용했을 때 이런 결과가 사라졌기 때문에 유사한 결과가 외래환자 환경에서 나타날 수 있는지는 분명하지 않다. Chard, Schumm, Owens와 Cottingham(2010)은 이라크와 아프가니스탄의 100명 이상의 최근 퇴역군인을 외래환자 VA PTSD 클리닉에서 치료받은 베트남전 참전 퇴역군인과 비교했다. 그들은 인구통계(연령 제외)나 군복무 관련 장애에서 베트남전 참전 퇴역군인들과 다르지 않은 최근 퇴역군인들이 노인 퇴역군인들보다 더 적은 수의 회기에 참여할 가능성이 있음을 발견했다. 그러나 치료 전 점수에는 차이가 없었으며, 치료를 마친 사람들은 치료 후 더 많이 호전되었다. 흥미롭게도 더 많은 회기에 참석한 사람들이 치료 전후에서 PTSD 점수가 더 높을 가능성이 더 컸다. 적은 수의 회기에 참석한 사람들은 목표를 달성하자 중도에 그만두었을 수도 있을 것이다.

Voelkel, Pukay-Martin, Walter와 Chard(2015)는 군대 내 성적 트라우마로 PTSD가 있는 남성과 여성 퇴역군인과 이런 트라우마의 경험이 없는 사람들을 비교하여 CPT의 효과를 조사했다. 481명의 퇴역군인 중 41%가 주요 트라우마로 군 관련 성적 트라우마의 경험을 적었고, 치료 후 점수는 CPT를 받은 후 두 집단에서 상당히 개선되었다. 이는 성별을 불문하고 이런 유형의 트라우마가 있는 사람들에게 CPT가 효과적일 수 있음을 시사한다.

퇴역군인에 대한 또 다른 연구에서 Asamsama, Dickstein과 Chard(2015)는 757명의 퇴역군인을 대상으로 CPT의 결과가 우울증에 미치는 영향을 평가했다. 참가자의 60.7%가 치료 전 주요우울장애 기준에 충족했으며, 75%는 CPT를 받은 후 증상이 임상적으로 유의미하게 감소했다. BDI-II 집단에 기반을 둔 치료 반응에서 차이는 없었고, 이는 심각한 우울증이 공존 이환하는 사례에서도 CPT가 효과적인 치료 방법임을 보여 준다.

퇴역군인이 아닌 사람들을 대상으로 한 연구에서 Schulz, Huber와 Resick(2006)은 CPT+A가 모국어로 전달되었을 때(모국어로 말하는 치료사 또는 통역사를 통해) 미국으로 온 외국인 난민의 PTSD를 치료하는 데 효과적임을 발견했다. 이 연구가 RCT가 아닌 프로그램 결과에 대한 보고서이기 때문에, 회기의 횟수는 통제되지 않았다. 난민에게 치료를 시작하기 전 여러 번의 평가 회기를 포함하여 평균 17회기를 진행했다. PTSD 증상에 대한 치료 전후의 효과 크기는 통역사가 있는 경우 d=2.0, 모국어를 사용하는 치료사가 있는 경우 d=3.4였다. 두 효과 크기는 모두 상당히 큰 것으로, 난민이 자가보고한 PTSD 증상이 크게 개선되었음을 나타낸다.

제2부

임상적인 단계 준비하기

제3장

치료의 고려 사항

이 장에서는 치료사들이 CPT 시작 시기, 내담자 유형, PTSD와 동반 장애를 평가하는 방법, CPT에서 개별 사례를 개념화하는 방법에 관하여 자주 하는 질문을 다룬다. 최근에 많은 치료사와 연구자들은 광범위한 라포의 형성과 대처기술의 개발이 필요하다는 증거가 부재했음에도 이것들 없이는 트라우마 중심 치료를 시작할 수 없다고 제안했다. 또한 물질 오용, 성격장애 특성, 정신증적 또는 양극성 증상을 포함한 동반 장애가 있는 내담자에게는 트라우마 중심 치료를 제공하지 않는 경우가 많았다. 제2장에서 검토하였듯이, 우리가 진행한 CPT 연구는 다양한 트라우마 이력과 다양한 증상을 가진 사람들을 포함했으며, 내담자는 접수 평가를 끝낸 후 바로 치료를 시작했다. 다음에서 설명할 지침은 다양한 통제 및 프로그램 평가 연구뿐 아니라, 우리가 CPT를 제공하면서 얻는 임상 경험을 기반으로 한다.

CPT는 어떤 내담자에게 적합한가

CPT는 원래 PTSD가 있는 사람뿐만 아니라 추가적인 장애와 문제가 있는 사람들을 위해 개발되었다. CPT는 Beck의 인지치료(Beck et al., 1979; Beck & Greenberg, 1984)에 기반을 두고 있으며, 이 인지치료가 우울증, 불안, 정신질환을 포함한 여러 장애에 효과적이라는 사실을 기억하면 도움이 될 것이다. 우리는 연구와 임상 현장에서 트라우마 후 3개월에서 60년 내의 시기에 있는 사람들에게 성공적으로 CPT를 적용했으며, 일부 치료사는 전투, 가정폭력, 난민 노역, 성폭력와 같은 위기 상황에서 더 빠르게 CPT를 적용하고 있다(Nixon, 2012). 또한 CPT는 최소한의 정규교육을 받은 사람(예: 4학년)과 지능(IQ)이 75점 정도로 낮은 사람들에게도 적용될 수 있다(원본 워크시트를 하는 것이 너무 복잡하다고 느끼는 사람을 위하여 우리는 수정/간소화 버전의 워크시트를 몇 가지 만들어 두었다; 제13장 참조)

PTSD 외에도 내담자 대부분은 우울장애, 불안장애, 성격장애 및 물질사용장애의 진단과 같은 여러 동반 장애의 기준을 충족시킨다. 또한 CPT는 PTSD 진단에 대한 전체 기준에 충족하지 않는 사람에게도 시행할 수 있다(Dickstein et al., 2013). 후자의 경우 유일하게 주의해야 할 점은 만일 그 사람이 적어도 PTSD의 한계치 이하(subthreshold)의 기준에 부합하지 않고 그보다 주요우울장애나 공황장애와 같은 다른 진단명을 가지고 있다면 CPT를 제공해서는 안 되며, 해당 장애를 위해 개발된 치료를 받아야 한다는 것이다. 흔히 PTSD가 트라우마 사건 이후 나타나는 유일한 장애라고 오해한다. 실제로 일부 사람들에게서는 전혀 PTSD가 발생하지 않으며, 다른 장애가 나타날 수도 있다.

치료사들은 종종 CPT에서 내담자를 제외하는 엄격하면서도 신속한 규칙이 있는지를 묻는다. 우리는 임상가들에게 임상 연구에서 CPT의 제공을 지연하는 것, 또는 아예 제공하지 않는 것이 최선일 수 있는 경우를 판단하기 위해 적용하는 기준을 동일하게 따를 것을 권장한다. 어떤 사람이 자신이나 타인을 향한 긴박한 위험 요소를 가졌는지를 고려하는 것이 가장 중요하다. 이런 경우에 안전 계획이 CPT에 선행되어야 한다. 죽음에 대해 생각하는 내담자(예: 사고)와 확고한 자살 의도나 계획이 있는 것을 구별하는 것이 핵심이다. 내담자 대부분은 자살 또는 살인 사고를 가지고 있으나 CPT를 잘 수행했다. 이런 사고는 내담자가 고통에서 벗어나고자 하는 수동 회피 행동으로 가장 잘 개념화된다.

추가적 트라우마의 잠재적 위험과 관련하여 우리는 전투 상황에 배치된 사람들을 포함하여 군대에서 CPT를 제공하는 많은 치료사를 보유하고 있으며, 종종 주정부 군인을 대상으로 다음 배치 전에 CPT를 제공할 것을 요청받기도 한다. 이와 유사하게, CPT는 초기 안전 계획이 완료된 후 친밀한 파트너 폭력(Intimate Partner Violence: IPV)을 경험한 사람들을 위한 보호센터에서 흔히 사용된다. 또한 최근의 국제 연구는 전쟁과 대량 학살 상황에 있는 사람들(예: 콩고 민주 공화국 거주자)을 대상으로 하는 CPT의 사용을 뒷받침하고 있다. 이런 경우에 교착점을 주의 깊게 확인하고, 이를 객관적으로 사실일 수 있는 신념이나 위협에 대한 평가와 구분하는 것이 중요하다. 예를 들어, 전쟁 지역에 거주하는 내담자는 '나는 언제든지 죽임을 당할 수 있다.'는 믿음을 가질 수 있으며, 이는 잠재적인 사실이다. 따라서 치료사는 내담자에게 이것이 무엇을 의미하는지, 그리고 비교적 안전한 상황이 있는지를 확인하기 위해 내담자와 더 깊게 협력할 것이다. 치료사는 '나는 곧 죽을 것이기 때문에 사는 것은 의미가 없다.'라는 교착점을 발견할 수도 있다. 이 후자의 신념을 통해 비록 위험이 있더라도 더 온전한 기능을 재개하도록 돕기 위해 도전해 볼 수 있다.

내담자가 치료를 성공적으로 완료하는 것을 방해할 수 있는 다른 정신건강 상태는 CPT의 사용에 관한 또 다른 잠재적 금지 사항이다. 가장 심각하게 걱정이 되는 두 가지는 약을 먹지 않은 조증이나 정신증이다. 효과적인 약물치료로 이러한 상태가 안정화되면, 이런 내담자가 심리치료를 완료하는 것은 더 쉬워질 것이다. 집을 떠나거나 기본적인 필요를 돌보는 것을 방해하는 우울장애가 있는 사람들은 CPT를 시작하기 전에 약물이나 행동활성화 전략이 필요할 수 있다. 금단 증상을 방지하기 위해 입원 또는 외래 해독치료가 필요한 약물사용장애가 있는 사람들은 초기 해독과정이 완료될 때(주로 7~10일)까지 CPT 시작을 연기해야 한다. 트라우마에 관한 생각을 말로 꺼낼 수조차 없는 심각한 공황장애가 있는 내담자는 CPT를 받는 동안 공황 조절치료를 받는 것이 더 나을 수 있다. 다중채널 노출치료(multiple-channel exposure therapy)(Falsetti, Resnick, & Davis, 2008)는 CPT 요소들을 포함하는 PTSD 및 공황장애 치료뿐 아니라 공황에 대한 내부감각 수용치료법을 결합하여 개발되었다(Barlow & Craske, 1994).

해리 증상이 매우 심각하여 치료에 참여할 수 없는 경우에도 비슷하게 적용할 수 있다. 일반적으로 내담자가 치료를 받고 있고, 해리를 경험하는 것 같으면, 이런 삽화가 얼마나 자주, 그리고 얼마나 오랫동안 발생하는지 묻는다. 이러한 해리가 단서에 의해서 일어나는가? 그리고 내담자는 회기 전, 도중 또는 후에 해리가 발생하는 것을 막을 충분한 통제력이 있는가? 해리 증상이 나타날 때 내담자가 자신 또는 타인을 위험하게 만든다면, 우리는 보통 CPT를 시작하기 전 기초 기술의 단기 훈련과정을 추천한다(Kennerley, 1996). 반대로 내담자가 자신이나 타인을 위험에 빠뜨리지 않고 자신에게 집중할 수 있는 기술이 있는 것 같으면, 바로 CPT를 시작하는 것을 권장한다. 덧붙여서, 제2장에 설명된 CPT 연구 중에서 해리의 수준이 치료 전에 더 높았던 내담자가 CPT보다 CPT+A에서 더 잘 수행한다는 것을 발견했다. 이는 트라우마를 더 자세히 처리하고, 트라우마 사건 동안 상당한 해리를 겪었던 사람들에게 조각난 기억들을 이야기로 표현할 필요가 있기 때문일 수 있다(Resick, Suvak, et al., 2012).

PTSD 증상을 해결하려는 내담자의 동기가 CPT를 계속 이어 나가기로 하는 데에 고려해야 할 가장 중요한 요소일지도 모른다. 대처기술이 거의 없고, 심각한 트라우마 이력과 다양한 동반 장애가 있는 내담자조차도 다양한 버전의 CPT를 매우 잘 마쳤다. 요약하자면, 접수 회기가 끝나자마자 CPT를 시작하지 않는 유일한 이유는 자살 또는 살해 의도, 즉각적인 개입이 필요한 심각한 자해, 회기 동안 내담자가 현재에 머물 수 없는 심각한 해리, 약을 먹지 않은 정신증 또는 조증, 또는 해독이 필요한 물질의 사용 때문이다. 우리는 내담자의 준비성만큼 내담자를 트라우마 중심 치료에 참여시키기 위해 치료사들이 준비가 되어 있는 것이 중요함을 자주 발견한다. 이에 대해서는 후에 다시 논의할 것이다.

CPT 프로토콜은 언제 시작해야 하는가

다음으로 우리에게 자주 하는 질문은 CPT 프로토콜을 시작하기 전에 얼마나 많은 치료 회기가 있어야 하는지, 그리고 트라우마 처리과정을 시작하기 전 내담자와 신뢰관계를 쌓기 위해 시간을 보내는 것이 중요한지에 관한 부분이다. 두 질문에 대한 대답은 이러하다. CPT 치료사가 아닌 임상가가 평가와 심리사회적 접수 면접을 진행했을 때조차도, 단지 신뢰를 쌓기 위한 회기는 필요하지 않다는 것이다. 치료사가 트라우마 처리를 시작하기 전에 몇 주 또는 몇 달을 기다리게 되면, 내담자는 치료사가 CPT를 사용할 준비가 되지 않았거나 CPT를 사용할 능력이 없다고 생각한다고 추론할지도 모른다. 치료사 쪽에서 머뭇거리는 것은 PTSD 회피 증상으로 인해 트라우마를 다루는 것을 피하려는 내담자의 자연스러운 욕구를 강화할 수 있다. 우리는 내담자가 PTSD와 모든 동반 증상 개선을 위한 작업이 지연되고 있다는 점에서 트라우마 중심 치료를 미리 막는 것은 윤리적으로 문제가 있다고 주장한다.

우리는 임상 작업과 조사 연구에서 치료사가 소크라테스식 대화법으로 내담자와 상호작용할 때 매우 빠르게 치료적 동맹이 형성된다는 것을 발견했다. 이런 식의 대화를 통해 치료사는 내담자가 자신의 세계를 일반적으로 어떻게 생각하고 느끼는지, 특히 트라우마 사건을 이해하려는 데에 집중된 관심을 전달할 수 있다. CPT를 받기 전에 다른 유형의 치료를 받은 많은 내담자는 이전에 그렇게 자신들이 '경청되고 있다.'고 느꼈던 적이 없었다고 말하곤 한다. 마지막으로, 치료사가 더 개방적이고 지지적인 상담 방식으로 진행되는 치료 전 회기에 참여한다면 내담자는 치료는 이래야 한다고 믿게 될 것이며, 이는 CPT와 같은 매뉴얼화된 치료에서 요구되는 것들에 맞추어 치료 상호작용을 재규정하는 것을 어렵게 할 것이다.

새로운 내담자와 CPT를 하는 치료사라면, CPT를 시작하기 전에 평가와 정보 수집을 위해 내담자에게 (회기 기간 및 사용되는 평가 접근 방식에 따라) 1~3회기를 먼저 제공해야 한다. 이 회기들은 CPT를 진행하게 될 치료사 또는 센터에서 접수 평가를 담당하는 다른 임상가가 진행할 수 있을 것이다. 평가는 내담자의 장점과 잠재적 대처 결함, 내담자의 트라우마 이력을 판단하고, PTSD에 접근하기 위한 지표 사건을 끌어내는 것 그리고 표준평가척도에 따라 내담자가 실제로 PTSD가 있는지, 내담자에게 다른 동반 장애가 있는지(특히 치료를 복잡하게 하거나 방해할 수 있는 증상의 장애가 있는지; 앞의 내용 참조)를 판단하는 데에 초점을 두어야 한다. 내담자에게 PTSD가 있고 치료를 시작할 준비가 되었다고 판단되면, 치료사는 바로 다음 회기에서 CPT를 시작할 수 있다.

치료사가 기존의 내담자와 함께 CPT를 시작하는 경우 앞에서 언급한 것과 같이 다른 유형의 치료에서 매뉴얼화된 치료로 전환하는 것이 다소 어려울 수 있다. 우리는 이러한 상황에서 치료사가 CPT 시작에 대한 선택을 내담자와 매우 솔직하게 논의하는 게 가장 좋다는 것을 발견했다. 치료사가 내담자를 몇 달 또는 몇 년 동안 만났을 경우 치료 목표에 대해 논의하며, 그 목표를 향한 진전이 거의 또는 전혀 없었다는 점을 지적하면서 이 대화를 시작하는 것이 가장 수월하다. 내담자의 증상을 재평가하고 새로운 접근 방식을 조심스럽게 제공할 좋은 기회이다. 치료사는 다양한 유형의 트라우마 사건으로 고통받는 많은 사람에게 CPT가 얼마나 효과적인지에 관한 정보를 제시할 수 있다. 그러면 치료사는 자신이 치료법에 대한 훈련을 받았으며, 이런 증상에 치료가 매우 도움이 될 것이라고 말할 수 있다. 내담자는 치료사가 새로운 교육을 받고 있으며, 최상의 치료를 제공하기 위해 계속 새로운 접근 방식을 배우는 데 관심이 있다는 소식을 들으면 고맙게 여긴다. 동시에 CPT를 내담자에게 '효과가 있을지도 모르는' '새로운 방법'으로 언급하므로, CPT를 의도치 않게 깎아내리지 않아야 한다. 그보다 치료사는 CPT가 약 25년 이상의 역사가 있고, 다양한 내담자 집단에서 효과성을 나타내는 광범위한 연구 자료가 있다는 것을 강조하며 CPT를

'납득'시켜야 한다. 내담자와 유사한 트라우마가 있는 CPT 연구에 수록된 일부 그래프를 제공하는 것이 도움이 될 수도 있다[예: [그림 2-1] 참조; 기타 정보는 www.guilford.com/cpt-ptsd 및 PILOTS 데이터베이스(www.ptsd.va.gov)에서 확인할 수 있다].

내담자와 대화하면서, 다른 것을 시도하는 이유뿐 아니라 회기의 구조나 회기 밖의 과제 요구에 대한 면에서 CPT의 과정이 다른 유형의 치료들과 어떻게 다른지에 대한 설명도 반드시 포함되어야 한다. 치료사가 치료 동안 인지행동 개입을 사용하거나, 회기 중 안건(agenda)을 따르거나, 과제를 제시하거나, 구체적인 트라우마 사건에 대한 초점을 맞추는 것을 이전에는 하지 않았다면, CPT로 바꾸는 것이 상당히 극적일 수 있고, 치료사는 내담자가 이러한 변화를 인식하고 있는지, 또한 이러한 변화를 편안하게 받아들이는지를 반드시 확인하고 싶을 것이다. 우리는 치료사가 내담자에게 솔직하고 명확하게 말할 때, 이런 변화를 어려워하는 사람은 극히 적고 매우 많은 환자가 PTSD에서 더욱 많이 회복되도록 도와줄지도 모르는 새로운 무언가를 시도한다는 것에 매우 흥분한다. CPT를 시작하기로 한 후에는 치료사가 새로운 치료과정에서 일관성을 유지하기 위해 노력하는 것이 매우 중요하다. PTSD의 회피 증상은 계속 내담자를 트라우마 중심 치료가 아닌 치료로 되돌아가길 바라도록 몰아붙일 것이다. 그렇기 때문에 치료 초반의 회기 동안 CPT로 바꾸는 것에 대한 근거를 내담자에게 상기하는 것이 중요할 수 있다.

치료사 또는 내담자 중 한 명이 함께 CPT로 바꾸는 것을 해낼 수 없다고 생각한다면, 다른 대안으로 CPT를 배운 다른 치료사에게 내담자를 의뢰할 수 있다. 의뢰하는 치료사는 내담자가 자신과 함께 훌륭한 진전을 이루어 왔으나, 어떤 새로운 관점이나 개입이 회복을 촉진하는 데 필요할 수 있다는 것을 강조할 수 있다. 치료사에게 매우 애착이 있는 내담자는 필요한 경우 이 치료적 관계가 여전히 예비적으로 활용될 수 있다는 사실을 알고 있다면 더 안전하게 느낄지도 모른다. 그러나 우리는 대부분의 내담자가 그 시점에 새로운 치료사와 CPT를 완료하고 치료를 종결할 준비를 마친다는 것을 발견했다. 치료사가 신규 또는 장기 내담자와 CPT를 시작하는지와는 관계없이, CPT 치료 계약(나중에 논의함)이 치료사와 내담자 모두에게 기대에 대한 윤곽을 알려 주고 프로토콜을 준수하도록 돕는 유용한 도구라는 것을 발견했다.

CPT 형식 선택하기

CPT는 CPT, CPT+A 또는 기간 가변적 CPT를 사용하는 개인, 집단 또는 집단+개별 치료의 아홉 가지 형식으로 제공될 수 있다. (제1장과 제2장에서 언급했듯이, 개인적 트라우마 진술문만을 사용하는 치료 또한 가능하지만, 이 형식에 대해서는 이 책에서 다루지 않고 있다.) 치료사가 특정 내담자와 어떤 치료 형식을 적용할지 결정할 때, 아마도 고려해야 할 가장 중요한 정보는 내담자의 선호일 것이다. 치료사가 다양한 CPT 형식을 모두 제공할 수 없는 여건이라면, 적어도 집단 또는 개별 형식으로 CPT 및 CPT+A를 제공할 수 있는 것이 가장 유리하다. 이런 방법은 트라우마 사건에 대한 트라우마 진술서를 작성할 수 없거나 하길 원치 않는 내담자도 CPT에 참여할 수 있게 해 준다. 트라우마 진술서를 통해 트라우마를 상세히 논하려는 욕구를 표현하는 내담자의 경우, CPT+A 프로토콜을 통해 가능할 수 있다. 일부 내담자는 집단치료를 선호하는 반면, 다른 내담자는 거부한다. 일부 클리닉은 집단치료를 선택사항으로만 제공하는 곳도 있다.

치료 전 평가

내담자의 트라우마 이력 수집하기

CPT가 시작되기 전, 반드시 해야 하는 것이 몇 가지 있다. 먼저, 치료사(또는 접수 평가자)는 내담자에게 PTSD가 있는지 확인해야 한다. '지표 트라우마'의 판단과 더불어 트라우마 사건에 관한 완전한 이력이 반드시 접수 절차의 일부로 포함되어야 한다. 이 책 전체에 걸쳐 언급되는 '지표 트라우마'는 내담자가 PTSD 증상을 가장 많이 겪고 있는 트라우마 사건을 의미한다. PTSD 치료를 위해 오는 사람 대부분은 여러 트라우마가 있다. CPT에서는 지표 트라우마를 먼저 다루도록 조언한다. 해당 트라우마에 대해 PTSD 증상이 더 빠르게 개선되고 다른 트라우마, 특히 주제가 비슷한 트라우마(예: 성인기 및 아동기의 대인관계 트라우마)로 일반화될 수 있기 때문에 치료에 도움이 된다. 지표 트라우마를 결정할 때, 임상가에게 구체적인 침습의 내용, 트라우마에 대한 부정적 인지, 회피하는 사람, 장소와 사건과 같은 단서에 주의를 기울일 것을 권장한다. 이런 것들이 불안 및 우울장애와 구별되는 PTSD의 증상이다. CPT 프로토콜 전반에 걸쳐 논의했듯이(제5~10장 참조), 다른 트라우마에 대한 동화된 교착점이 있다면, 이것도 지표 트라우마를 만든 주변의 인지에 대한 충분한 진전이 이루어진 후 다루어져야 한다.

지표 사건을 판단하기는 항상 쉽지만은 않다. 때때로 내담자가 기억하는 한에서 학대가 발생했거나, 사건이 연속적이기 때문에 가장 고통스러운 사건을 정확히 찾아내는 데 어려움을 겪는다. 때때로 내담자는 가장 최근의 사건에 초점을 맞추고, 이전의 트라우마 사건이 더 최근 사건 이후의 증상에 대한 발판을 만들어 두지 않았다면, 그 사건 이후 PTSD가 발달하지 않았을지도 모른다는 사실을 깨닫지 못한다. 치료사가 "당신을 가장 괴롭히는 사건은 무엇입니까?"라고 물으면, 내담자는 자연 발생적인 사별, 이혼 또는 현재 마음속에 있는 최근의 부정적인 사건을 꼽을 수 있다. 치료사는 기준 A 사건(Criterion A events)을 결정하기 위해 DSM-5(APA, 2013) 또는 국제질병분류의 10차 개정판(ICD-10; World Health Organization, 1992)을 참조해야 한다. 만일 내담자가 자신을 가장 많이 괴롭히는 사건으로 기준 A 사건이 아닌 자신에게 다른 기준 A 사건이 있다고 말한다면, 내담자에게 '가장 괴롭히는' 사건이 치료 동안 다루어질 수 있다고 안심시켜야 하지만, CPT는 PTSD를 충족시키는 한정된 사건으로 시작해야 한다.

이 문제는 트라우마 사건에 관한 내담자의 연대표를 검토하는 것으로 해결할 수 있다. 그 사람의 일생 연대표를 만들고 중요한 사건을 표시하는 것이 하나의 방법이다. 치료사는 특정 사건이 트라우마 사건의 기준을 충족하는지를 판단할 수 있겠지만, 연대표를 구성하는 것은 발생된 중대한 스트레스 요인에 대해 알도록 도와줄 것이다. 트라우마 사건이 사실상 연속적인 경우[예: 아동학대, IPV(친밀한 파트너 폭력), 전투], 즉 일정 기간 반복적으로 발생했음을 의미한다면 연대표에는 해당 유형 트라우마의 시작과 종료를 포함하고 그중

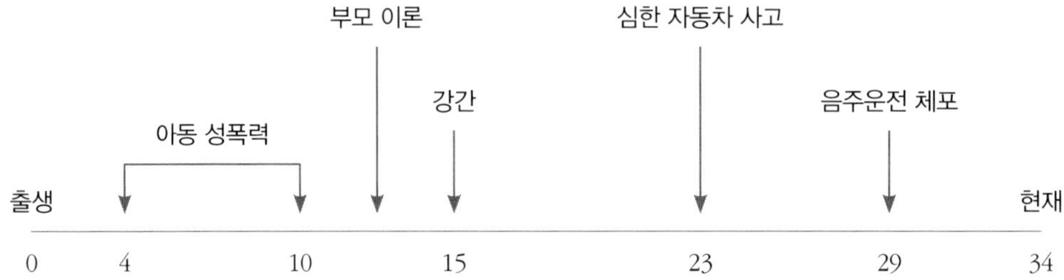

[그림 3-1] 주요한 삶의 사건 연대표 예시

특히 불쾌한 사건을 기술할 수 있다. [그림 3-1]은 연대표의 예이다.

트라우마 사건에 대해 내담자를 처음 면담할 때 치료사는 내담자가 스스로 적용하지 않았을 수도 있는 용어('강간' '아동학대' 등)를 사용하지 않아야 한다. 대신 행동적 설명을 사용하여 질문해야 한다. "원하지 않았을 때 누군가와 성적인 접촉을 하도록 강요받은 적이 있습니까?" "어렸을 때 성인(또는 최소한 그 당시 당신보다 다섯 살 이상인 사람)과 성적인 접촉을 한 적이 있습니까?" "어렸을 때 어떻게 벌을 받았습니까, 부상을 당한 적이 있습니까?" (연대표에서, 그리고 이후 치료에서는 명확한 용어를 사용할 수 있다.) 이러한 유형의 질문은 어떤 일이 발생했고 언제 일어났는지, 가해자가 있었는지(만약 있다면 가해자와 내담자의 관계가 어떠했는지), 트라우마가 일련의 사건들로 발생했는지, 얼마나 오래 지속되었는지, 그리고 다른 것들보다 더 두드러지는 하나의 사건이 있는지에 대해 자세히 묻는 질문으로 이어져야 한다. 지표 사건을 확인하기 위한 질문에는 "어떤 것이 가장 괴롭습니까?"보다 다음과 같은 내용이 포함될 수 있다. "어떤 것에 대해 가장 침습적인 기억이나 악몽을 경험합니까?" "피곤하거나 아프거나 또는 방어력이 떨어졌을 때 어떤 사건이 당신의 마음에 떠오릅니까?" "치료 중에 이야기할 필요가 없었으면 하거나 말하고 싶지 않다고 생각하는 사건은 무엇입니까?" 또는 "어떤 대가를 치르더라도 생각하고 싶지 않은 사건은 무엇입니까?" [그림 3-1]에서 내담자는 자신이 죽게 되리라 생각했기 때문에 강간을 지표 사건이라고 말했지만, 치료 중 그녀의 많은 교착점이 아버지로부터 받은 학대의 결과로 더 이른 어린 시절에 발달한 핵심 신념들이라는 것이 명확해졌다.

이러한 질문 중 어느 것도 지표 사건을 밝혀 주지 않는다면, 치료사는 첫 번째 PTSD 삽화를 끌어낸 사건을 택해야 한다. PTSD가 발병하고 나면, 그 상황에 적용되는 자신과 세상에 대한 사고와 가정들이 미래의 트라우마 사건에 적용될 가능성이 있다. 예를 들면, 어렸을 때 부모에게 학대를 당한 내담자들은 종종 '다 내 잘못이야. 나는 벌을 받는 거야.' '아무도 믿을 수 없어.'와 같이 생각한다. 그 후 다른 트라우마가 이어지고, 트라우마 상황에서 그들의 잘못일 리 없거나 신뢰에 관한 것이 전혀 아니더라도, 그것이 어떻게 자신의 잘못인지에 초점을 맞추거나, 상황에 대한 통제력을 잃었다고 인지하는 순간을 갑작스레 회상하거나, 또는 아무도 믿을 수 없다는 사고를 재가동하게 될 수 있다.

PTSD 평가하기

지표 사건이 정해지고 나면, 치료사는 면담과 자가보고 척도를 사용하여 PTSD를 평가해야 한다. 치료사 주도 PTSD 척도(Clinician-administered PTSD Scale)(Weathers, Marx, Friedman, & Schnurr, 2014)가 업데이트되고 DSM-5로 실험되었다. 새 버전은 이전 버전보다 작성 시간이 더 짧다[국립센터(National Center for PTSD) 웹 사이트(www.ptsd.va.gov)를 통해 주문할 수 있다]. 내담자가 지표 사건을 일반적인 고통의 척도로 사용하는 경향이 있거나 트라우마와 그 영향을 혼동하기 시작할 때 내담자가 지표 사건에 다시 집중하도록 안내할 수 있기에 면접을 활용하여 시작하는 것이 중요하다. 또한 치료사는 내담자가 실제로 단일 항목에 대한 진단 기준을 충족하는지를 확인하기 위해 조사하는 질문을 할 수 있으며, 예를 요청할 수 있다. 그런 다음 내담자가 최소 한 달 동안 PTSD에 대한 모든 기준을 충족하여 현재 장애가 있는지를 정확히 파악할 수 있다. 내담자가 명시된 초기 지표 사건에 대한 PTSD가 없는 것이 분명해지면, 치료사는 다른 사건을 평가해야 할 수도 있다. 공식적인 진단이 필요하지 않은 경우에 면접할 필요가 없을 수도 있다. 그러나 항목이 무엇을 의미하는지, 그리고 내담자가 지표 사건을 어떻게 언급하는지를 말로 명확하게 하는 월간 PCL-5(다음 내용 참조)을 검토하면 내담자가 PTSD가 있는지를 분명하게 해 줄 수 있다.

자가보고 척도를 사용하는 목적은 내담자가 일반적인 삶의 스트레스 요인이 아닌 지표 트라우마 사건에 같은 방식으로 초점을 맞추는 질문에 답할 수 있게 훈련하는 것이다. 의사가 몸이 아픈 사람들의 혈압을 재거나 체온을 측정하는 것처럼, 지표 사건의 처리를 평가하기 위해 치료의 전반에 걸쳐서 자가보고 척도를 사용한다.

자가보고 PTSD 척도에는 여러 가지가 있다. PTSD 체크리스트(PCL)는 공유되고 있는 권장 척도이다. 이 척도도 DSM-5에 맞춰 업데이트되었다(PCL-5; Weathers et al., 2013, 2014). PCL-5는 0점(전혀 아님)부터 4점(매우 그러함)까지의 20개 항목으로 구성되어 있다. 내담자에게 지난주 또는 지난 한 달 동안 증상의 심각성을 보고하도록 요청하는 PCL-5 버전도 있다. 이 두 가지를 [유인물 3-1]에서 제시한다. 우리는 DSM-5 진단 기간과 일치하도록 초기 평가에서 월별 버전을, 그리고 치료과정에 걸쳐서는 주별 버전을 사용할 것을 권장한다.

개별 증상 군집에 점수를 매기는 것이 가능하긴 하나, 치료과정에 걸쳐 전체 점수를 사용하는 것이 가장 일반적이다. PCL-5에서 한 가지 주의해야 할 점은 자신 또는 타인의 비난에 대한 10번 문항과 관련된다. DSM-5에서 잘못된 또는 왜곡된 자기 비난에 관한 문항은 자신이 의도하지 않았고, 유발하지 않았으며, 막을 수 없었던 사건에 대해 스스로 비난하는 사람들의 일반적인 경향을 알아보기 위해 설계된 것이다. 치료사들은 종종 이러한 자기 비난을 "아버지와 싸울 수 있었어야 했어." 또는 "내가 프로토콜을 위반했다면 친구를 구할 수 있었을 것이다."와 같은 말에서 분명히 알게 된다. 진술의 결정적인 본질(예: '~했었어야 한다.' '~했었을 것이다.')은 그것이 사실일 가능성이 없다는 지표이다.

반면에 잘못된 타인 비난은 자가보고 척도로 알아내는 것이 조금 더 까다롭다. 잘못된 타인 비난은 실제로 해를 입힐 의도가 있었거나 사건을 저지른 사람이라기보다는, 내담자가 트라우마 사건에 근접해 있었던 사람을 비난할 때 발생한다. 예를 들어, PTSD가 있는 군인이 폭탄으로 트럭을 폭파한 사람을 비난하는 대신에 마치 지휘관이 무슨 일이 일어날지 알고도 군대를 길 아래로 보낸 것처럼 비난할 수도 있다. 비록 어머니가 학대를 알지 못했더라도, 남성 친척에 의한 성적 학대에 대해 어머니를 그만큼 더 비난하는 것(예: "어머니가 직장에 있었더라도, 그래도 알았어야 했어요.")도 그리 드문 일은 아니다. 사건이나 피해자 근처에 있었던 누군가를 비난하는 것은 내담자가 그 사건을 막을 수 있었다는 착각을 유지하게 하고, 실제로 해를 의도하지 않은 누군가에게 초점을 맞춘다. 따라서 치료사가 PCL-5의 10번 문항을 주의 깊게 설명하지 않고, 따라서 무고한 방관자를 비난하는 것에서 실제 가해자를 비난하는 것으로 바뀌지 않는다면 내담자의 점수가 변화하지 않을 가능성이 있다. 자가보고 측정을 관리하는 사람은 치료과정에 걸쳐서 내담자가 사건에 대해 비난하는 대상에 변화가 있는지를 확인해야 할 수 있다.

동반 장애 및 기타 임상적 고려 사항 평가하기

PTSD가 있는 대부분의 사람이 적어도 하나의 동반 장애 또는 임상 문제를 가지고 있다(Kessler et al., 1995). 제2장에서 설명하였듯이, CPT는 이러한 동반 장애의 문제가 있는 다양한 범위의 사람들을 대상으로 실험을 거쳐 왔다. 즉, 치료사는 주어진 내담자의 개별 사례개념화에서 이와 같은 기타 조건을 고려하고, CPT를 통해 충분히 도움을 받을 수 있게 내담자가 이런 상태를 다루도록 돕는 것이 중요하다. 대부분 이러한 문제는 PTSD가 성공적으로 개선되면서 함께 나아지지만, 치료의 성공을 막지 않도록 치료과정 동안 이런 질환들을 다뤄야 할 필요가 있을 수 있다. 또한 치료사는 내담자가 가진 심리사회적 강점이나 한계를 통해 CPT에서 최대한의 이득을 얻을 수 있도록 이를 활용하거나 강조하도록 도와줄 수 있다(예: 가족 기능). 또한 치료사는 개별 내담자와 작업할 때 생애 발달적 문제를 고려해야 한다. 이 문제는 이 장의 후반부에서 다룰 것이다.

우울증

우울장애는 PTSD에서 가장 흔한 동반 장애이다. 우울증은 CPT에서 배제되는 요인이 아니며, 제2장에서 언급하였듯이 CPT 치료 결과 연구에서는 PTSD 증상 개선과 함께 우울 증상에서도 상당하고 지속적인 변화를 발견했다. 더 긴 버전의 환자건강질문지(Patient Health Questionnaire: PHQ) 모듈인 환자건강질문지-9(PHQ-9; Kroenke, Spitzer, & Williams, 2001)은 우울증을 선별하고 모니터링하는 간단한 도구이다. 환자에게 PTSD와 우울증이 있는 경우에 사용해야 한다. PHQ-9는 [유인물 3-2]에 제시해 두었다.

최소한의 일상생활 활동에서도 어려움을 겪는 일부 내담자는 앞에서 언급하였듯이 트라우마 치료를 시작하기 전 항우울제 및/또는 행동활성화가 필요할 수 있다. 그렇지만 PTSD 및 우울증이 있는 내담자 대부분이 초기 평가 직후 CPT를 시작할 수 있다. 일부 내담자와 치료사에게 "많을수록 좋다."라는 격언을 마음에 품고 CPT와 항우울제를 동시에 시작하고 싶은 유혹이 있을 수 있다. 그러나 내담자가 심리치료를 시작하는 동안 약물을 시작하거나 늘리면, 내담자나 치료사는 어느 치료 요소가 더 효과적인지 알 수 없게 된다. 따라서 자신의 기분이 나아지기 시작하면 내담자는 행여 그렇지 않더라도 변화의 원인을 약물에 기인하고, CPT에서 자신의 노력을 변화의 원인으로 생각하지 않을지도 모른다. 이런 상황은 내담자가 증상을 관리하는 데에 필요한 것은 약물이라고 생각하게 하므로, 치료의 중단을 결심하게 만들 수 있다. 우리는 내담자가 약물과 동시에 CPT를 시작할 때 개선의 모든 것이 약물의 결과라고 가정하여 치료를 중단해서는 안 된다고 주의를 시키는 게 도움이 된다는 것을 발견했다. 대신 CPT 프로토콜을 완료한 다음, 치료가 끝날 때 PTSD 및 우울 증상을 공식적으로 평가해야 한다.

또한 내담자가 CPT 동안 증상이 늘어나기 시작하면 내담자의 약물 처방자와 협력하는 것이 도움이 된다. 일부 약물 처방자가 치료 동안 일부 내담자가 증상의 악화(예: 더 많은 악몽 또는 트라우마 사건에 대한 반추)를 경험할 가능성이 있다는 것을 알지 못하면, 이와 같은 내담자들에게 더 많은 용량의 약물이 필요하다고 가정하여 기계적으로 용량을 늘릴 것이다. 안타깝게도 이 부분에 대해 우리에게 지침이 될 수 있는 PTSD에 대한 약물과 심리치료의 결합 또는 순서에 대한 문헌은 많지 않다. 그러나 심리치료가 약물치료보다 PTSD에 더 효과적인 것으로 여겨진다는 점은 알고 있다(예: Watts et al., 2013). 치료를 제공하는 사람들이 개방적으로 의사소통하는 것이 CPT와 약물치료의 타당성과 순서를 결정하는 것에 도움이 된다.

약물사용장애

우리는 약물 사용 내담자가 특히 성공 가능성을 높이려고 조치하는 경우, CPT에서 매우 잘할 수 있음을 발견했다. 첫째, 약물 사용에 대한 철저한 평가를 통해 내담자가 치료를 시작하기 전 의학적인 해독이 필요한지를 결정해야 한다. 둘째, 치료사는 내담자가 치료 회기 전, 도중, 후 또는 연습과제 완료를 위해 배정된 시간에 약물을 사용하지 않기로 약속하는 데 도움이 되는 동기강화상담 기술을 사용할 수 있다. 즉, 회기 사이에 폭음하거나 재발할 때 내담자를 벌주거나, 치료를 멈추거나, 사용을 완전히 제한하지 않음으로써 알코올, 헤로인, 코카인 및 마리화나 사용을 포함한 상당한 약물사용장애가 있는 내담자를 성공적으로 치료해 왔다. 그보다 일반적으로 물질 사용을 회피의 한 형태로 여기고, 내담자와 함께 물질을 사용하게 만든 교착점뿐 아니라 내담자의 회복을 어렵게 하는 물질 사용에 관한 구체적인 교착점을 확인한다. 더하여, 약물남용 치료 프로그램 완료 직후 CPT를 시작하는 것도 배제하지 않는다. 사실 많은 약물남용 치료센터에서 치료 프로그램의 일부로 CPT를 채택하고 있다. 종종 내담자가 약물 사용을 줄이거나 중단하면 약물로 치료되지 않는 악몽, 플래시백 및 고통스러운 감정이 증가한다. 바로 이 시점이 환자가 동기 부여되어 있고, PTSD 증상이 재발이나 건강하지 않은 다른 회피 행동으로 이동하기 전으로, 치료를 시작하기에 이상적인 시간이 될 수 있다.

정신증 및 양극성 장애

잘 관리된 정신증 및 양극성 장애가 있는 사람들은 CPT에 성공적으로 참여했다. 치료사는 이러한 내담자의 정신약리학자 및 기타 치료 제공자와 상의하면서 CPT의 시작을 알리고, 내담자가 정신 상태의 변화를 경험할 가능성이 있는 예상 밖의 사건을 모니터링하는 데에 참여시키는 것이 중요하다. 또한 CPT의 연구 결과를 인용하면서 다른 치료 제공자들에게 심각하고 지속적인 심리적 장애가 있는 내담자를 대상으로 하는 CPT의 안전성에 관하여 안심시켜 줄 필요가 있다. 이러한 내담자의 PTSD 증상 부담을 줄이는 것이 다른 심각한 정신건강 상태의 재발 취약성을 낮출 수 있음을 강조하는 것이 중요하다.

우리의 경험을 따르자면, 정신장애가 있는 내담자는 다른 내담자보다 사고의 측면에서 더 경직될 수 있다. PTSD의 과다 감시 증상은 이런 내담자들이 경험하는 편집증과 겹치거나 악화시킬 수 있다. 따라서 치료사는 소크라테스식 대화를 사용할 때 방어성을 최소화하도록 주의를 기울여야 한다. 만일 내담자가 생각에 대한 도전에 직면하면서 증상이 심해지기 시작하면, 치료사는 내담자의 사고가 더 확고해질 가능성을 낮추기 위해 즉시 물러나야 한다. 인지 워크시트를 사용하여 내담자가 스스로 생각에 도전해 보도록 장려하는 것이 가장 유익할 수 있다. 이 과정 동안 치료사는 내담자의 편집증을 탐색하기 위해 내담자와 합류하여 강력한 작업 동맹관계를 발달시켜야 한다.

자신과 타인에게 해를 끼칠 위험

CPT에 참여하는 PTSD가 있는 많은 내담자가 자살 및 타살 사고에 대해 말한다. 앞에서 언급했듯이, 자신이나 타인을 해칠 계획이나 의도가 없는 한 이런 내담자가 CPT를 계속하는 것은 적절하다. 치료사는 이런 부분의 위험에서 어떠한 변화가 있는지를 계속 모니터링해야 하며, 안전 계획을 세워 내담자의 치료 자료 바인더의 맨 앞에 두어야 한다(각 내담자는 치료 중에 사용되는 워크시트, 정보 유인물 및 기타 자료를 보관할 바인더 또는 워크북을 가지고 있어야 한다). 마찬가지로 내담자는 자해 행동 이력이 있을 수 있다. 통제실험에서는 일반적으로 내담자가 자해하지 않은 3개월의 기간이 요구되었다. 임상 실습에서 우리는 더 최근의 자해 이력을 가진 내담자를 치료했으며, 지난 3개월 동안 자해하지 않았으나 치료 동안 자해 행동을 했던 내담자들도 연구 실험에 참여했다. 우리 중 한 명은 어린 시절부터 시작된 심한 발모광 환자를 치료했다. 환자는 불안관리/주의 환기 전략으로 머리카락을 뽑는 것을 사용했다. 자해 행동을 하는 내담자가 잠재적으로 치명적인 자해 행동을 하지 않는 한, CPT의 과정에서 이런 탈출 행동의 필요성을 줄이려고 시도하는 것은 안전하다(그리고 궁극적으로는 내담자에게 더 낫다)고 생각한다. 물론 자해는 직접 다루어지고 감찰되어야 한다.

DSM-5(APA, 2013)의 PTSD에 대한 새로운 기준에 따라 다른 사람에 대한 무모하고 공격적인 행동이 장애의 잠재적 증상으로 인식되었다. 이것은 교감신경계의 투쟁-도피-부동화 반응에서 '투쟁' 측면을 더욱 인정하고 있음을 나타낸다. 무모한 행동은 지나치게 과속 운전하거나 무모한 성행위를 하거나 그 밖의 충동적인 행동을 하는 청소년 및 청년 내담자에게서 볼 수 있다. 우리는 이런 행동들을 보이는 남성 퇴역군인을 치료한 경험이 매우 많다. 자해 행동과 마찬가지로 타인에 대한 공격적인 행동은 역기능적인 감정 조절 전략의 역할을 할 수 있다. 공격적인 행동의 가능성은 종종 PTSD와 동반되는 물질 사용을 통해 강화될 수 있다(앞의 내용 참조). 따라서 CPT 치료사는 약물 사용과 다른 사람에 대한 공격 또는 기타 무모한 행동의 가능성을 주의 깊게 평가하고 모니터링해야 한다. 우리 중 한 명에게는 약물 사용 이력, 다른 사람들과의 광범위한 싸움 이력, 아내와 자녀에 대한 폭력 이력을 가진 내담자가 있었다. 이 내담자는 공격적인 행동이 자신이 원하는 자기 이미지와 일치하지 않는다는 것을 발견했으며, PTSD, 약물 사용 및 공격적인 행동을 줄이는 것을 목표로 CPT에 기꺼이 참여했다.

내담자뿐만 아니라 치료사도 자신과 타인을 해치는 것을 비롯하여 자살/공격적/타살 사고가 감정을 피하고 도피하려는 노력을 나타낸다는 것을 이해해야 한다. 정서적 고통에 대한 반응으로 내담자는 심리적 고통을 피하려고 그러한 사고 및/또는 행동을 할 수 있다. 그렇게 하는 것은 감정의 회피를 강화하는 역할을 하며, 결과적으로 자연스럽거나 만들어진 감정을 견딜 수 없다는 내담자의 인식이 유지된다. 내담자가 트라우마 사건에서 발생하는 자연스러운 감정을 포용하고 그에 몰두하도록 격려해야 하는데, 왜냐하면 이러한 감정은 피하기보다 자연스럽게 경험하게 되면 자연스러운 과정을 거쳐 완화되기 때문이다. 트라우마 동화의 산물인 만들어진 감정들과 트라우마의 결과로 과수용된 신념들은 인지 워크시트를 사용하여 직접 다루어져야 한다.

CPT 치료사는 감정이 자신을 압도하고 자신과 타인에 대한 파괴적인 행동과 사고의 위험이 고조될 것이라는 내담자의 걱정을 다루기 위하여 소크라테스식 대화를 사용하고 인지 워크시트를 제시하여야 한다. 도전이 필요한 교착점의 예로 '감정을 느끼게 되면 나는 압도될 것이다.' '트라우마에 대해 생각하면 자살 충동을 느끼게 될 것이다.' 또는 '내가 감정과 접촉하게 되면 누군가가 다치게 될 것이다.'와 같은 것이 있다. 성공적인 CPT 과정에서 중요한 부분은 트라우마와 그 결과에 대한 내담자의 생각으로 생겨난 감정들뿐 아니라 내담자가 트라우마 기억으로 암호화된 자연스러운 감정들을 느끼면서 이를 견뎌 내고 숙달하게 되는 것이다.

성격장애 특성

제2장에서 설명하였듯이, 성격장애를 함께 가지고 있는 사람은 CPT의 임상 연구나 실험에서 배제된 적이 없었다. 사실 이러한 특성이 CPT 과정에서 개선된다는 증거가 있다.

즉, 성격장애 또는 이러한 장애 특성을 가진 사람의 경우에 그 특유의 사고, 감정과 행동을 다루기 위해 치료사가 더 많은 작업을 해야 할 수 있다.

치료사가 CPT에서 관리하기 어렵거나 그럴 것이라 예상하는 가장 일반적인 성격장애 특성은 경계선 성격장애이다. 감정 조절의 어려움 및 관련된 충동적 행동(예: 자해, 자살)은 치료를 방해할 수 있다. 우리는 CPT 프로토콜의 구조와 명확한 기대가 이런 내담자들을 감정적으로 억제한다고 생각한다. 만일 이런 내담자가 위기에 취약하다면, 치료사는 내담자가 치료과정 동안 사용할 수 있는 특정 수의 비-프로토콜(nonprotocol) 또는 '긴급' 회기(일반적으로 2회기)를 할 것에 대해 내담자와 계약하도록 권장한다. 긴급한 문제를 가지고 왔을 경우 내담자에게 계약된 비-프로토콜 회기 중 하나를 이용하여 그 문제를 논의할 것인지를 묻는다. 내담자가 이러한 비-프로토콜 회기의 횟수가 제한되어 있다는 것을 미리 알고 있고, 회기를 활용하는 것에 통제권을 가지고 있다면 만성적으로 긴급한 문제를 제시하는 경향성이 감소한다. 내담자가 계약된 회기를 활용하지 않기로 선택한 경우 치료사는 트라우마 중심의 작업이 완료되는 것을 돕고, 특정 회기에서 배운 기술에 그 문제를 통합할 수 있도록 회기의 끝에 그 문제를 다룰 수 있다[예: 치료사는 문제와 관련된 교착점을 확인하고, 이를 도전질문지 워크시트(Challenging Question Worksheet)의 주제로 배정할 수 있다]. 주제와 관계없이 치료사는 인지적 틀을 벗어나지 않고 내담자의 치료 단계에 적합한 CPT 자료를 사용해야 한다.

치료사는 치료과정에 영향을 미칠 수 있는 다른 성격장애 특성에 대해서도 알고 있어야 한다. 예를 들어, 회피성 성격장애의 특성을 가진 사람들은 특히 회피보다 접근에 저항할 수 있다. 자기애적 성격장애 특성을 가진 사람은 심리치료의 필수적인 일반 요소(예: 작업 동맹, 공감)를 개발하는 것이 더 어려울 수 있고, 다른 내담자들에 비해 소크라테스식 대화에 참여할 때 상대적으로 더 방어적일 수 있다. 강박적 성격장애의 특성을 가진 사람들은 상대적으로 사고가 더 경직되어 있고, 일상의 사건이나 트라우마 사건에 대한 대안적 사고를 개발하도록 돕는 데에 인지 워크시트를 사용(워크시트가 작성되고 제시된 이유처럼)하기보다 그것을 정확하게 하는 과정에 사로잡혀 있을 수 있다. 파트너에게 학대당하고 자존감이 손상되어 스스로 어떤 결정을 하거나 생존할 수 없을 것이라 믿는 여성들에게서 의존적 성격 특성을 발견하는 것은 그리 드문 일이 아니다.

다음의 사례개념화 부분에서 논의하겠지만, 우리는 치료사들이 초기 삶에서 개발된 자신, 타인 및 세계에 대한 정보를 처리하는 방법을 안내하는 도식/핵심 신념의 결과로 성격장애 특성을 생각하도록 권장한다. 이런 식으로 생각하면 성격 특성은 수정이 가능하다. 손상된 기능을 영구적인 것으로 여기지 않게 된다. 또한 CPT가 성격 특성을 변화시키는 이유를 설명한다. 비록 치료사는 이런 내담자가 CPT 프로토콜에 충실도를 유지할 수 있도록 더 큰 노력을 해야 할 수도 있으나, 이런 내담자들에게서 PTSD, 동반 장애 그리고 전반적인 기능이 상당히 개선되었음을 봐 왔다.

수면장애

CPT 프로토콜에는 수면장애(예: 수면 위생, 수면 제한)를 다루기 위한 구체적인 개입이 포함되어 있지 않다. 제2장에서 언급하였듯이 CPT는 수면을 개선하는 것으로 밝혀졌지만 반드시 내담자가 '잠을 잘 자는 수면자'가 되는 정도는 아니다(Galovski, Monson, Bruce, & Resick, 2009; Pruiksma et al., 2016). 그리고 CPT 전에 자기최면을 추가하는 것이 치료의 효과를 높이진 않았다(Galovski et al., 2016). 따라서 우리는 비록 CPT 전과 후의 불면증에 대한 단기과정의 인지행동치료가 수면과 PTSD 증상 모두를 개선하는지를 연구하고 있으나(Edinger & Carney, 2008; Taylor & Pruiksma, 2014), 현재 특정 수면 중재를 CPT에 통합하는 것을 권장하지 않는다(Taylor, 2016 개인적 교신).

수면장애와 관련된 인지는 연습과제를 통해 도전해 볼 수 있다. 예를 들어, 수면장애가 있는 사람들은 종종 이를 수면의 상실로 재앙화하곤 한다(예: "최소 7시간 잠을 자지 않으면 내일 제 기능을 할 수 없게 될 것이다." 또는 "불면증 때문에 신체가 영구적인 손상을 입고 있다."). 치료사는 트라우마 관련 내용을 회피하려는 전략으로 수면장애가 역할을 할 수 있다는 점을 염두에 두어야 하고, 따라서 우리는 회기 밖 워크시트를 사용하여 도전해 볼 것을 권장한다. 내담자가 CPT 과정을 성공적으로 마친 후 수면장애가 남아 있는 경우, 우리는 불면증에 대한 인지행동치료 과정을 내담자와 계약하거나 이 구체적인 개입에 전문성을 가진 치료사에게 내담자를 의뢰할 것을 권한다. 한 사례 연구(Pruiksma, Molino, Taylor, Resick, & Peterson, 2016)는 CPT가 끝날 때 더는 PTSD가 없었음에도 4회기의 수면치료를 통해 악몽, 불면증, PTSD 및 우울증이 더욱 개선되었음을 보여 주었다.

약물

내담자는 약물의 시작이나 변경이 PTSD나 동반 장애의 변화에 대한 이유가 될지도 모르는 가능성을 배제하기 위해 임상 실험 시 심리약리학적 치료를 동일하게 유지해야 한다. 임상치료에서 우리는 CPT 과정 동안 어떤 약물치료든 이를 유지하도록 임상가가 내담자와 계약을 맺고 내담자의 약물 처방자와 협의할 것을 권장한다. 앞서 언급했듯이, 심리치료 중 약물 변화가 있을 때 내담자는 증상에서의 변화를 심리치료보다는 약물 변화의 결과로 생각하기 쉬우며, 이는 내담자의 자기 효능감과 치료의 성취감을 저해할 수 있다. 일반적으로 변화는 노력의 결과이며, 내담자에게 약물, 약물처방자 또는 CPT 치료사에 의한 게 아니라는 생각을 심어 주는 것이 중요하다. 다른 한편으로, 내담자가 약물 복용을 '돌연' 중단하지 않는 것도 중요하다. 이것은 반동 효과를 초래하여 치료를 방해하고 오해하게 만들 수 있기 때문이다. 마지막으로, 내담자와 CPT 치료사는 (가능한 경우 언제든지) 약물 처방자와 약물의 사용, 특히 필요에 따라 처방될 수도 있는 항불안제의 사용에 대해 상의해야 한다. 이러한 약물은 자연스러운 감정이 나타나는 것을 방해할 수 있으며, 치료 회기 직전 또는 내담자가 연습과제를 할 때 복용하면 중독되거나 회피의 수단이 될 수 있다.

가족 참여

지금까지 여러 연구가 PTSD에 대한 개별치료 결과에서 가족 기능을 포함한 대인관계 요인의 중요성을 뒷받침했다. PTSD에서 개인적 상상 노출치료와 인지치료를 비교하는 초기 연구들에서, Tarrier, Sommerfield와 Pilgrim(1999)는 높은 수준의 비판이나 적대감(즉, 많은 '표현된 감정')을 보이는 친척이 있는 환자들이 낮은 수준에서 이런 행동들을 표현하는 친척들이 있는 환자들에 비해 상대적으로 치료 후 PTSD 증상, 우울 증상 및 일반적인 불안의 개선이 덜하였다는 것을 알게 되었다. 마찬가지로 Monson, Rodriguez와 Warner(2005)는 PTSD가 있는 퇴역군인으로 구성된 두 형태의 집단 인지행동치료에서 대인관계 변수의 역할을 연구했다. 이 두 형태는 트라우마 중심의 인지행동치료(즉, 트라우마 기억에 대한 노출 및 트라우마 관련 신념의 인지적 재구조화)와 기술 중심의 치료(즉, 트라우마 기억과 상기 요인들에 초점을 맞추지 않는 증상관리 기술)였다. 두 치료의 PTSD 결과에는 차이가 없었지만, 치료 전의 친밀한 관계 기능은 기술 중심의 치료보다 트라우마 중심 치료에서 치료 결과와 더 강한 관련성을 보였다. 트라우마 중심 집단에서는 치료 전 친밀한 관계 기능과 IPV 범행의 결과 사이에 더 강한 관계를 보였다. 트라우마 중심 치료와 기술 중심 치료를 받은 퇴역군인의 추적조사에서 치료 전의 더 나은 친밀관계가 더 낮은 수준의 IPV 범행과 관련되었다.

이와 관련하여 두 연구는 PTSD 치료 결과에서 치료 전 사회적 지원의 역할을 조사했다

(Price, Gros, Strachan, Ruggiero, & Acierno, 2013; Thrasher, Power, Morant, Marks, & Dalgleish, 2010). 만성 PTSD가 있는 민간인을 대상으로 노출 및/또는 인지 재구조화를 이완 훈련과 비교한 RCT의 자료를 사용하여, Thrasher와 동료들은 트라우마의 영향에 대처하는 데 특정한 사회적 지원, 즉 각 참여자가 지목한 평균 두 명 정도의 중요한 타인(이들 대부분은 가족 구성원이었다)이 미치는 영향을 조사했다. 치료 전 사회적 지원은 해당 조건 전체에 걸쳐 PTSD 치료 결과와 정적 연관성을 나타냈다. 그러나 치료 전 사회적 지원의 효과는 이완 상태에 있는 사람들보다 노출 및/또는 인지 재구조화를 받은 집단에서 더 강하게 나타났다. 유사하게, 노출치료를 받는 PTSD 또는 한계치 이하의 PTSD가 있는 퇴역군인 표본에서 Price 등(2013)은 지각된 사회적 지지[즉, 긍정적인 사회적 상호작용, 정서/정보의 지원, 실재(tangible)의 지원, 애정 어린 지원]의 각 네 영역과 치료 전 PTSD 증상의 심각도 간의 연관성뿐 아니라, 사회적 지지가 치료에 미치는 영향을 조사했다. 치료 전의 더 큰 정서/정보의 지원은 치료에 대한 더 나은 반응과 관련이 있었다.

요약하면, 이러한 연구는 가족 구성원이 내담자의 CPT 성공에 중요한 역할을 할 수 있음을 시사한다. 결과적으로, 우리는 치료사에게 내담자 평가에서 가족 구성원이나 가까운 중요한 타인을 포함할 것을 고려해 보라고 제안한다. 일부 내담자는 PTSD 증상에 대해 잘 알지 못할 수 있다. 그렇기에 이러한 증상에 대한 2차적인 보고가 증상의 유형과 심각성을 전체적으로 파악하는 데에 도움이 될 수 있다. 또한 2차적 평가는 가능성이 있는 다양한 동반 장애에 매우 중요할 수 있다. 예를 들어, 내담자는 충동 관련 장애나 증상들(약물 사용, 섭식장애 증상, 음란물 사용 등)에 대해 말하지 않거나 축소할 수 있다. 해리성 증상이 있는 내담자는 증상의 정도를 덜 인지하고 있을 수도 있다.

평가과정에서 2차적 정보원으로 중요한 타인들을 포함하는 것은 CPT에 이 사람들을 포함하게 하는 관문의 역할을 할 수 있다. 우리는 가능하다면 이 중요한 타인들이 치료사로부터 치료에 대한 이론적 근거와 개요를 들을 것을 추천한다. 만일 가능하지 않다면, 내담자에게 이에 대해 이해한 내용을 중요한 타인들과 공유하도록 권유해야 한다. PTSD 국립센터 웹사이트(www.ptsd.va.gov)에는 가족을 위한 PTSD 관련 정보뿐 아니라 CPT에 관한 훌륭한 정보들이 있다. 또한 내담자는 사랑하는 사람이 고의든 아니든 치료를 방해할 수도 있다는 점을 인지하고 있어야 한다. 예를 들어, 우리 중 한 명에게는 트라우마 사건에 대한 진술문을 작성하기 전에 아내가 와인 한 잔을 주어서 트라우마 기록을 작성하는 데에 "도움이 된다."라고 말하던 내담자가 있었다.

배우자나 파트너와 같은 일부 중요한 타인들이 혼잡한 가게에서 장보기를 온전히 도맡아 하거나 운전을 모두 대신에 해 줌으로써(또는 반대로 내담자가 통제권을 가질 수 있도록 운전을 절대로 해 주지 않거나) 회피 행동을 하는 데에 공모할 수 있다. 내담자의 회피가 줄어들고 결과적으로 더 많은 악몽이나 플래시백이 나타나면 내담자에게 조기에 치료를 중단하라고 말할지도 모른다. 치료가 내담자를 더 심각하게 만든다고 인식할지도 모르며, 내담자가 트라우마 사건의 의미에 대한 자연스러운 감정과 생각을 마침내 처리하고 있다는 것을 알아채지 못할 수도 있다. 일부 배우자/파트너 또는 다른 가족 구성원은 내담자와의 관계에서 중요한 역할을 잃고 있다는 위협을 느끼거나 자신이 더는 필요하지 않다는 두려움을 느낄 수 있다. 치료사는 치료의 초기, 가급적 CPT가 시작되기 전에 이런 문제들을 다루어야 한다. 중요한 타인들은 내담자에게 과제를 수행하라고 잔소리하는 것이 아니라, 내담자에게 시간과 공간을 제공하면서 지원자가 될 수 있다. 가족 구성원이나 친구들이 트라우마의 유혈이 낭자한 세부 내용을 들을 필요는 없으나, 내담자가 워크시트를 완료하는 것에 관심을 보일 수 있으며 스스로 하는 질문이 트라우마 사건과 관련된 상황뿐 아니라 다른 일상의 상황에서도 어떻게 사용될 수 있는지를 볼 수 있다.

지속적인 평가

평가는 내담자가 PTSD 및 동반 장애에 대한 기준에 충족하는지를 결정하는 초기 판단에 관한 것만은 아니다. 평가는 치료 내내 이루어져야 한다. 내담자가 일주일에 두 번 방문하는 경우에 PCL-5(또는 기타 PTSD 자가보고 척도)를 매주 한 번씩 제공해야 한다. 내담자가 일주일에 한 번 방문하는 경우에도 마찬가지로 매주 한 번씩 제공해야 한다. 내담자가 회복되고 있는지, 그리고 어떤 증상이 개선되었는지를 판단하기 위해 주기적으로 PCL-5를 해야 한다. 내담자의 PTSD 점수가 6회기나 7회기 후(즉, 내담자가 여러 회기에서 지표 사건을 처리하는 시점까지)에도 전혀 낮아지지 않을 경우, 치료사는 내담자가 확인되지 않은 다른 외상 사건에 관련된 교착점이 있는지, 치료사와의 논의 중 내담자가 PTSD를 유지시키는 사건의 중요한 부분을 빠뜨렸는지, 핵심 신념을 유지할 수 있도록 더 무서운 생각으로 신념을 보호하고 있지는 않은지(예: '세상은 예측할 수 있고 제어할 수 있다.')를 반드시 질문해야 한다. 이러한 문제는 제7장에서 다시 논의할 것이다.

사례개념화

비록 CPT가 규정된 회기 내용과 회기 외의 과제를 포함하는 프로토콜 기반 치료이지만, CPT 치료사가 내담자의 회복에 대한 잠재적 장애물을 파악하기 위해 각 내담자 사례를 개념화할 필요가 없는 단순한 기술자라는 의미는 아니다. 치료사들은 CPT의 기초가 되는 인지 이론이 각 내담자의 발달 역사 그리고 학습 역사와 트라우마 경험의 교차점을 고려한다는 점을 높이 평가한다고 말한다.

우리는 치료사에게 필요한 가장 중요한 사례개념화 기술을 동화된 신념과 과수용된 신념의 구별이라고 여긴다. 이런 구분을 통해 교착점이 치료과정의 우선 목표가 되게 해 주기 때문이다. CPT에서 동화된 교착점은 회복을 방해하는 부정적인 트라우마 관련 평가이다. 다른 말로 하자면, 내담자는 지표 사건을 '뒤돌아' 보는 방법에 문제가 있다. 이러한 생각은 일반적으로 사건을 '실행 취소'하려는 뒤늦은 편견과 노력이 포함된다. 여기에는 그들에게 사건이 일어난 이유를 궁금해하는 시도가 포함될 수 있으며, 이는 '정의로운 세계관 신념'(즉, 세계가 근본적으로 타당하고 공정해야 한다는 신념)으로 돌아가려 하고 세계는 예측 가능하고 제어 가능하다는 의식으로 돌아가려는 시도를 포함한다.

이러한 교착점을 발견하는 열쇠는 내담자가 지표 사건을 예측하고 제어하기 위해 얼마나 전지전능했었어야 한다고 믿는가를 파악하는 것이다. 예를 들어, 우리 중 한 명은 두 아이가 익사하는 것을 목격한 경찰관을 대한 적이 있었다. 그녀가 가진 동화된 신념은 아이들의 익사를 막기 위해 다르게 행동했었어야 한다는 것이었다. 특히 그녀는 경찰 벨트의 무게 때문에 저수지 얼음이 부서지지 않았었더라면, 반응할 때 두려움이 없었다면(그녀는 다른 사람들이 무엇을 해야 할지 모르는 상황에서 비록 '신참'이었음에도 행동했다), 그리고 그녀가 단 몇 초 전에 거기에 도착했었더라면 아이들은 죽지 않았을 것이라고 평가했다. 자신의 경찰 파트너(내담자와 비슷한 체격)는 벨트 없이도 얼음이 깨졌다는 것, 그 아이 중 한 명은 회복되었으나 다음 날 사망했다는 것 그리고 두려웠으나 용감하게 행동을 했다는 사실적인 증거에도 불구하고 그녀는 이러한 신념을 고수했다.

내담자의 동화된 교착점을 파악할 때 내담자가 이전에 가지고 있던 신념과 이 사건이 일치하는지 또는 그렇지 않은지를 고려하는 것이 중요하다. 앞서 설명한 경찰관의 경우처럼 이전의 신념은 비교적 긍정적일 수 있으며, 트라우마는 이러한 신념과 일치하지 않거나 조화되지 않을 수 있다. 경찰관은 유난히 강인한 사람이었다. 어린 시절과 성인기에 심각한 역경을 극복하고 경찰관이 된 사람이었다. 익사 사건 전 그녀는 자신이 특히 압박감 속에서도 문제를 잘 해결할 수 있고, 상대적으로 혼란스러운 가정에서 재정적 · 사회적 · 정서적으로 다른 사람들을 돌보는 사람이라고 믿었다. 또한 아이들이 죽어서는 안 된다는 흔한 신념뿐 아니라 좋은 노력은 좋은 결과를 가져와야 한다는 추론(즉, 사건 후에) 사고도 가지고 있었다. 그녀는 영웅적인 노력(많은 찬사와 상을 받았음)에도 불구하고 모든 나쁜 일이 예측 가능하거나 예방 가능한 것은 아니라는 사실을 받아들이는 것이 어려웠다. 이 경우에 경찰관은 트라우마로 인해 자신이 무능력하다고 생각하거나, 압박 속에서 과도하게 감정적으로 되거나, 나쁜 결과를 끌어들이는 '자석' 역할을 했다고 믿고 있을지도 모른다. 그녀가 트라우마 이전에 이러한 신념을 가지고 있었다면, 트라우마는 이러한 부정적인 사고방식을 확인시켜 주었을 것이다.

치료 전 트라우마 평가는 내담자의 트라우마 이력과 내담자가 이를 어떻게 이해했는지에 대한 상당한 정보를 제공한다. 예를 들어, 어린 시절에 트라우마를 겪은 내담자가 이후 성인기에도 트라우마를 겪은 경우에 이 성인기의 트라우마를 어린 시절에서 비롯된 부정적인 신념을 뒷받침하는 증거로 사용할 수 있을 것이다. 내담자가 어린 시절에는 DSM-5 기준 A 트라우마 사건을 겪지 않았더라도 일반적으로 부정적인 양육을 경험했을 수 있고, 이는 이후 트라우마 경험의 해석에서 스스로 강화된 부정적인 신념으로 이어진다. 우리는 기존의 부정적 스키마를 가지는 내담자의 치료가 세상과 그 사건에 대한 더 오래 지속되고 자동적인 방식 때문에 상대적으로 더 어렵다는 것을 경험했다. 이런 내담자와 함께 치료사는 부정적인 해석 편견이 어디에서 왔는지를 상기하고, 그 기원에 도전하는 치료 회기를 구성해야 할 것이다.

'스키마'와 '핵심 신념'은 둘 다 사람이 근본적으로 당연하게 받아들이는 깊고 오래된, 그리고 폭넓게 적용되는 신념을 뜻한다. 모든 유형의 새로운 정보(새로운 경험 등)는 변경 없이 이런 핵심 신념에 적합하거나, 스키마에 맞게 왜곡되거나 무시된다. 과수용된 교착점과 함께 이런 핵심 신념은 치료의 후반부에서 다루어질 가능성이 크지만, 자기 또는 타인 비난이라는 친숙한 방식과 함께 치료에서 즉각 나타날 수도 있다. 자신이 '나쁘거나' '무가치'하므로 트라우마 사건을 '당할 만했다'고 생각하는 내담자는 핵심 신념이 지표 사건 이전에 형성되었거나, 이후 트라우마를 통해 강화되었을 수 있다. 핵심 신념의 자동적 특성 때문에 치료사가 이런 패턴을 알아채는 데에 여러 회기가 걸릴 수도 있고, 결국 자동적 사고를 변화시키는 사실 기반의 정보를 통해 핵심 신념에 대응하는 구체적인 사건에 대한 여러 장의 워크시트 작업이 필요할 수도 있다. 정의로운 세계관은 어릴 때부터 그렇게 배워 왔기 때문에 질문의 여지없이 받아들여진 핵심 신념일지도 모른다.

1회기 이후에 주어지는 트라우마 충격진술문(Impact Statement)도 치료사에게 교착점 및 회복의 장애물과 관련된 사례개념화 정보를 제공한다. 특히 지표 트라우마 사건이 왜 발생했는지와 관련된 일부 과제는 동화된 신념을 밝히는 데에 도움이 될 것이다. 때때로 내담자는 이 질문에 답하지 못하는데, 왜 그 일이 일어났는지에 대해 묘사를 할 수 있을 만큼 충분히 그 트라우마 사건에 대해 생각해 보지 못했기 때문이다. 반대로 내담자 이야기는 누군가가 사건을 예측하고 발생하는 것을 막기 원하는 욕구 때문에, 특히 자신이나 타인을 비난할 수 있다. 전자의 경우에 치료사는 내담자가 사건에 대한 균형이 있는 건강한 평가를 할 수 있게 돕는 것이 원칙이다. 후자의 경우에 치료사는 내담자가 구체적인 맥락에서 현실적으로 그 시점에 어떤 일을 할 수 있었을지를 고려해 보고 내담자가 그 사건을 막을 수 없었다는 점(특히, 이후에)을 받아들이도록 도와줌으로써, 건강하지 않은 평가(인식)를 수정하도록 돕는 것이 원칙이다.

사례개념화에 관여하는 치료사가 내담자에게 "회복을 위해 이 사건에 대해 어떻게 생각해야 할까요?"와 같이 질문하는 것은 유용하다. 앞서 언급한 경찰관의 사례에서 다음과 같이 생각해 볼 수 있다.

> "나는 극히 예측할 수 없는 상황에 최선을 다했습니다. 사실 저는 가장 신참이었고, 나를 훈련하는 다른 사람들도 어떻게 해야 할지 모를 때 어떻게 할 수 있는가에 대한 많은 의견을 떠올리고 있었습니다. 우리의 절차를 조사하는 사람들은 나에게 찬사를 보냈습니다. 그리고 내가 잡으려고 했던 그 소년을 잡았다 하더라도, 그가 필연적으로 살았을지는 알 수 없습니다. 왜냐하면, 그 소년은 다음 날 죽었기 때문입니다. 그 당시 내가 가지고 있던 최고의 절차와 지식을 사용했더라도, 여전히 효과가 없었을 수도 있습니다. 나는 초인적인 사람이 아닙니다. 그저 사회를 보호하려는 한 사람일 뿐이며, 이후 무전에서 내가 다시 던져질 수 있는 불확실성 속에 있어야 합니다."

이런 것들이 치료 종료 시 치료사가 트라우마 충격진술문에서 보기를 기대하는 수용된 신념 유형이다.

치료사로서 동화된 교착점을 수정하는 것이 과수용된 신념에 대한 효과로 이어져 오기 때문에, 먼저 동화된 교착점을 찾고 작업하는 것이 핵심이다. 트라우마 사건은 분명히 내담자의 신념에 중대한 영향을 미치는 전초 사건이다. 만일 내담자가 이 핵심 사건에 대한 신념을 바꾼다면, 그 평가의 결과인 인지에 영향을 미치게 될 것이다. 따라서 치료사와 내담자는 이러한 감정이 가득한 신념이 결과적으로 형성될 수 있는 다른 신념(안전, 신뢰, 힘/통제, 존중 및 친밀감과 관련된 신념)에 영향을 미치도록 우선순위를 정하는 것이 중요하다. 예를 들어, 내담자가 '나는 불가능하고 예측할 수 없는 무력한 상황에서 최선을 다했다.'고 믿게 된다면, 이런 새로운 신념은 어떤 주어진 상황에서든지와 내담자가 얼마나 많은 힘/통제를 가지는지에 영향을 미칠 것이다. 내담자가 자신과 다른 사람들이 그 상황에서 할 수 있는 최대한의 일을 했다는 점을 받아들이게 되면, 내담자는 자기와 타인에 대한 존중과 관련된 관점을 모든 사람은 인간이고 그 정도의 것만 할 수 있다는 새로운 신념과 순응하도록 조정할 것이다.

CPT의 과수용된 교착점과 관련된 주제의 시기로 인해, 내담자는 더 많은 인지적 기술을 가지고 이 영역에 대한 자신의 사고에 도전하는 책임감을 더 많이 느끼게 된다. 그럼에도 치료의 효율성을 위해서 치료사는 과수용된 교착점에 초점을 맞추기 전에 내담자의 결단력이 증가할 때까지 동화된 교착점을 목표로 해야 한다.

[유인물 3-1]

PTSD 체크리스트-5(PCL-5): 척도 및 채점

날짜: __________ 내담자: ______________________________

PTSD 체크리스트(PCL)는 최근 DSM-5(이 버전은 PCL-5로 알려짐)에 맞추어 수정되었습니다.

이 도구만으로 PTSD를 진단하는 것은 충분하지 않지만, PTSD 증상을 겪고 있는지, 그리고 증상은 얼마나 심각한지에 대해 알아볼 수 있습니다.

당신의 목적에 따라 20개 항목의 내담자 점수를 합산합니다. 총점이 38점 이상이라면 PTSD평가/사정을 의뢰하세요. 이 유인물의 마지막에 있는 PCL 그래프에 점수를 표시하여 내담자의 점수를 추적할 수 있습니다.

PCL-5에는 두 가지 버전이 있습니다.

1. PCL-5 월간 버전은 CPT의 1회기 시작 전에 제시합니다. 지난달을 참조 시간틀로 적용합니다. 월간 버전 PCL-5는 대체 형식이 있고, 이는 기준 A 트라우마를 보다 심도 있게 평가하기 위해 1회기 시작 전에 사용할 수 있습니다(간단한 기준 A 평가가 포함된 PCL-5).
2. PCL-5 주간 버전은 2회기와 이외 모든 CPT 회기 동안 사용됩니다. 내담자에게 각 항목에 대한 시간틀로서 이전의 주만 적용할 수 있음을 상기합니다. 수령 즉시 점수를 매기고, 설명이 필요한 부분이 있는지를 묻습니다.

PCL-5의 두 버전은 모두 Weathers, Litz, Keane, Palmieri, Marx와 Schnurr(2013)에서 제공한다. 이 척도는 PTSD 국립센터(www.ptsd.va.gov) 및 공개 도메인에서 찾아볼 수 있다. 『Cognitive Processing Therapy for PTSD: A Comprehensive Manual』(Resick, Monson, & Chard)에서 재인쇄되었다.

내담자의 점수가 6회기까지 크게 떨어지지 않을 경우, 치료사는 내담자가 여전히 감정을 피하고 있는지, 자해 또는 기타 치료를 방해하는 행동을 하고 있는지, 또는 트라우마 사건에 대한 자신의 동화된 신념을 변경하지 않았는지를 조사해야 합니다. 이 시점에서 개선의 부족에 대해 내담자와 함께 다루는 것이 중요할 수 있습니다.

참고: DSM-5에 맞추어 PCL을 개정할 때 PCL의 몇 가지 중요한 사항이 수정되었습니다. 등급 척도(현재 각 증상에서 0~4 범위)가 바뀌었고, 17개 항목에서 20개 항목으로 증가했습니다. 이는 PCL-5 점수가 DSM-IV용 PCL 버전(예: CPT 지침서의 이전 버전에 있는 PCL-S)의 점수와 호환되지 않으며, PCL-5를 서로 바꿔서 사용할 수 없음을 의미합니다.

간단한 기준 A 평가를 포함한 PCL-5: 월간 버전

지침: 이 설문지는 실제 사망 또는 사망의 위협, 심각한 부상 또는 성폭력과 관련된 매우 스트레스가 높은 경험 후 겪었을 수 있는 문제에 관한 질문들입니다. 이는 당신에게 직접 발생한 것, 목격한 것 또는 가까운 가족이나 친구에게 발생한 것에서 알게 된 것일 수 있습니다. 심각한 사고, 화재, 허리케인, 토네이도 또는 지진과 같은 재해, 신체 또는 성적 폭력이나 학대, 전쟁, 살인 또는 자살 등이 있습니다.

첫째, 최악의 사건에 대한 몇 가지 질문에 답하세요. 이 설문지에서 최악의 사건이란 현재 당신을 가장 괴롭히는 사건을 말합니다. 이 사건은 앞에서 언급한 것 중 하나이거나, 아니면 이외의 매우 스트레스가 심한 경험일 수도 있습니다. 또한 하나의 사건(예: 자동차 충돌사고)이나 여러 유사한 사건(예: 전쟁 지역에서 발생한 여러 번의 스트레스 사건 또는 반복된 성학대)일 수 있습니다.

최악의 사건을 간단히 확인해 봅시다(편안하게 할 수 있다면).

얼마나 오래전에 일어난 일입니까?

실제 사망이나 사망 위협, 심각한 부상이나 성폭력과 연관되었습니까?

☐ 예

☐ 아니요

어떻게 경험했습니까?

☐ 저에게 직접 일어났습니다.

☐ 목격했습니다.

☐ 가까운 가족이나 친구에게 일어난 일에 대해 알게 되었습니다.

☐ 직업상 이에 대한 세부 사항에 반복적으로 노출되었습니다(예: 구급대원, 경찰, 군대 또는 기타 응급 의료 요원).

☐ 기타 (설명해 주십시오) ______________________

사건이 가까운 가족이나 친구의 죽음과 관련되었다면, 어떤 종류의 사고나 폭력 때문이었습니까, 아니면 자연 요인 때문이었습니까?

☐ 사고 또는 폭력

☐ 자연 요인

☐ 해당 없음 (가까운 가족 또는 친구의 사망이 관련되지 않은 사건)

둘째, 이 최악의 사건을 염두에 두고 다음의 각 문제를 읽은 다음, 지난 한 달 동안 그 문제로 얼마나 괴로웠는지를 오른쪽에 있는 숫자 중 하나에 동그라미표 하세요.

PCL-5: 월간

지침: 다음은 스트레스가 많은 경험 때문에 때때로 사람들이 겪는 문제에 관한 목록입니다. 각 문제를 주의 깊게 읽고 지난 한 달 동안 그 문제로 얼마나 괴로웠는지를 오른쪽에 있는 숫자 중 하나에 동그라미표 하세요.

지난 한 달 동안 다음의 것들에 의해 얼마나 괴로웠습니까?	전혀 아니다	조금 그러하다	보통	다소 그러하다	매우 그러하다
1. 스트레스가 많은 경험에 대해 반복적이고, 불안하게 하며, 원치 않는 기억이 있습니까?	0	1	2	3	4
2. 스트레스가 많은 경험의 반복적이고 불안한 꿈을 꿉니까?	0	1	2	3	4

3. 갑자기 스트레스가 많은 경험이 실제로 다시 일어나는 것처럼 느끼거나 행동합니까(실제로 그곳에 다시 돌아온 것처럼)?	0	1	2	3	4
4. 무언가 스트레스가 많은 경험을 상기시킬 때, 냉정함을 잃습니까?	0	1	2	3	4
5. 무언가 스트레스가 많은 경험을 상기시킬 때, 강한 신체적 반응을 보입니까(예: 심장 두근거림, 호흡 곤란, 발한)?	0	1	2	3	4
6. 스트레스가 많은 경험과 관련된 기억, 생각 또는 감정을 회피합니까?	0	1	2	3	4
7. 스트레스가 많은 경험을 상기시키는 외적인 것들(예: 사람, 장소, 대화, 활동, 물건 또는 상황)을 피합니까?	0	1	2	3	4
8. 스트레스가 많은 경험에 관한 중요한 부분을 기억하는 것에 어려움이 있습니까?	0	1	2	3	4
9. 자신, 다른 사람 또는 세상에 대해 강한 부정적인 믿음을 가지고 있습니까(예: 나는 나쁘다, 나에게 심각한 문제가 있다, 아무도 믿을 수 없다, 세상은 완전히 위험하다)?	0	1	2	3	4
10. 스트레스가 많은 경험 또는 그 후에 일어난 일에 자신이나 다른 사람을 비난합니까?	0	1	2	3	4
11. 두려움, 공포, 분노, 죄책감 또는 수치심과 같은 강한 부정적인 감정을 가집니까?	0	1	2	3	4
12. 이전에 즐기던 활동에 관한 관심이 사라졌습니까?	0	1	2	3	4
13. 다른 사람들에게 거리감이나 단절된 느낌이 듭니까?	0	1	2	3	4
14. 긍정적인 감정을 경험하는 데 어려움을 겪습니까(예: 행복을 느끼지 못하거나 가까운 사람들에게 사랑의 감정을 느끼는 것)?	0	1	2	3	4
15. 짜증을 내는 행동, 분노 폭발이나 공격적인 행동을 합니까?	0	1	2	3	4
16. 당신에게 해를 끼칠 수도 있는 일을 하거나 너무 많은 위협을 감수합니까?	0	1	2	3	4
17. '매우 기민'하거나 감시하거나 경계하고 있습니까?	0	1	2	3	4
18. 불안하거나 쉽게 깜짝 놀랍니까?	0	1	2	3	4
19. 집중하는 데 어려움이 있습니까?	0	1	2	3	4
20. 잠에 빠져들거나 수면에 문제가 있습니까?	0	1	2	3	4

PCL-5: 주간

지침: 다음은 스트레스가 많은 경험 때문에 때때로 사람들이 겪는 문제에 관한 목록입니다. 각 문제를 주의 깊게 읽고 지난 한 주 동안 그 문제로 얼마나 괴로웠는지를 오른쪽에 있는 숫자 중 하나에 동그라미표 하세요.

지난 한 주 동안 다음의 것들에 의해 얼마나 괴로웠습니까?	전혀 아니다	조금 그러하다	보통	다소 그러하다	매우 그러하다
1. 스트레스가 많은 경험에 대해 반복적이고, 불안하게 하며, 원치 않는 기억이 있습니까?	0	1	2	3	4
2. 스트레스가 많은 경험의 반복적이고 불안한 꿈을 꿉니까?	0	1	2	3	4
3. 갑자기 스트레스가 많은 경험이 실제로 다시 일어나는 것처럼 느끼거나 행동합니까(실제로 그곳에 다시 돌아온 것처럼)?	0	1	2	3	4
4. 무언가 스트레스가 많은 경험을 상기시킬 때, 냉정함을 잃습니까?	0	1	2	3	4
5. 무언가 스트레스가 많은 경험을 상기시킬 때, 강한 신체적 반응을 보입니까(예: 심장 두근거림, 호흡 곤란, 발한)?	0	1	2	3	4
6. 스트레스가 많은 경험과 관련된 기억, 생각 또는 감정을 회피합니까?	0	1	2	3	4
7. 스트레스가 많은 경험을 상기시키는 외적인 것들(예: 사람, 장소, 대화, 활동, 물건 또는 상황)을 피합니까?	0	1	2	3	4
8. 스트레스가 많은 경험에 관한 중요한 부분을 기억하는 것에 어려움이 있습니까?	0	1	2	3	4
9. 자신, 다른 사람 또는 세상에 대해 강한 부정적인 믿음을 가지고 있습니까(예: 나는 나쁘다, 나에게 심각한 문제가 있다, 아무도 믿을 수 없다, 세상은 완전히 위험하다)?	0	1	2	3	4
10. 스트레스가 많은 경험 또는 그 후에 일어난 일에 자신이나 다른 사람을 비난합니까?	0	1	2	3	4
11. 두려움, 공포, 분노, 죄책감 또는 수치심과 같은 강한 부정적인 감정을 가집니까?	0	1	2	3	4

12. 이전에 즐기던 활동에 관한 관심이 사라졌습니까?	0	1	2	3	4
13. 다른 사람들에게 거리감이나 단절된 느낌이 듭니까?	0	1	2	3	4
14. 긍정적인 감정을 경험하는 데 어려움을 겪습니까(예: 행복을 느끼지 못하거나 가까운 사람들에게 사랑의 감정을 느끼는 것)?	0	1	2	3	4
15. 짜증을 내는 행동, 분노 폭발이나 공격적인 행동을 합니까?	0	1	2	3	4
16. 당신에게 해를 끼칠 수도 있는 일을 하거나 너무 많은 위협을 감수합니까?	0	1	2	3	4
17. '매우 기민'하거나 감시하거나 경계하고 있습니까?	0	1	2	3	4
18. 불안하거나 쉽게 깜짝 놀랍니까?	0	1	2	3	4
19. 집중하는 데 어려움이 있습니까?	0	1	2	3	4
20. 잠에 빠져들거나 수면에 문제가 있습니까?	0	1	2	3	4

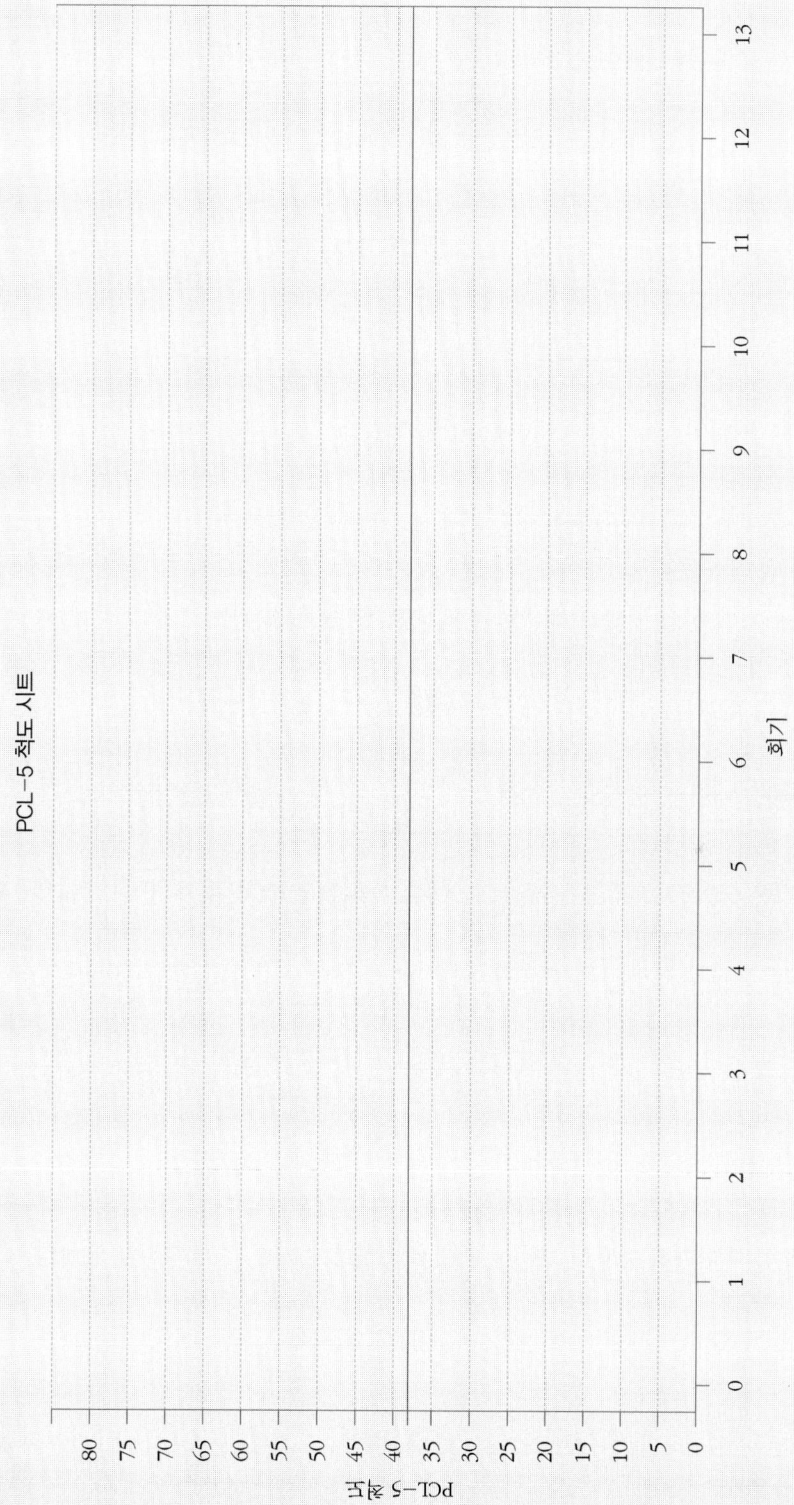
PCL-5 척도 시트
PCL-5 척도
0 5 10 15 20 25 30 35 40 45 50 55 60 65 70 75 80
회기
0 1 2 3 4 5 6 7 8 9 10 11 12 13

[유인물 3-2]

환자건강설문지-9(PHQ-9): 척도 및 채점

날짜: ___________ 내담자: ___________________________________

우울 증상 모니터링은 CPT 프로토콜에서 선택 사항이지만, 내담자가 우울 증상을 인정(endorse)할 때 권장됩니다. 이런 경우, 우울 증상을 모니터링하기 위해 CPT 과정 동안 2주마다 PHQ−9를 제공할 수 있습니다.

이 도구만으로는 우울장애를 진단하는 것은 충분하지 않지만, 우울 증상을 겪고 있는지, 그리고 그 증상이 얼마나 심각한지에 대해 알 수 있습니다.

귀하의 목적을 위해 다음에 제시한 9개 항목의 내담자 점수를 합산하세요. 총점 지침은 다음과 같습니다.

우울증 중증도 총점

점수	우울증 중증도
1~4	아주 적은 우울증
5~9	미약한 우울증
10~14	중간 정도의 우울증
15~19	다소 중증의 우울증
20~27	매우 중증의 우울증

척도의 끝에 이러한 증상이 기능에 미치는 영향을 평가하는 추가 항목이 하나 있습니다.

PHQ−9는 Pfizer, Inc.의 교육 보조금으로 Spitzer, Williams, Kroenke 및 동료들에 의해 개발되었다. 사용 허가는 필요하지 않다. 『Cognitive Processing Therapy for PTSD: A Comprehensive Manual』(Resick, Monson, & Chard)에서 재인쇄되었다. 구매자는 이 자료의 추가 사본을 다운로드할 수 있다(차례 끝에 있는 표 참조).

내담자의 성명: ____________

치료사의 성명: ____________ 날짜: ____________ 회기: ____________

CPT 형식: □ 개별 □ 집단 □ CPT □ CPT+A

PHQ-9

지난 2주 동안 다음과 같은 문제들이 얼마나 자주 괴롭게 했습니까? 각 항목을 주의 깊게 읽고 동그라미표 하세요.

	전혀	며칠	반나절 이상	거의 매일
1. 무언가를 하는 것에 관심이나 즐거움이 거의 없음	0	1	2	3
2. 가라앉거나 우울하거나 절망적인 기분	0	1	2	3
3. 잠드는 것, 수면에 어려움이 있거나 너무 많이 자는 것		1	2	3
4. 피로함을 느끼거나 기운이 거의 없는 것	0	1	2	3
5. 식욕 부진 또는 과식	0	1	2	3
6. 자신에 대한 나쁜 감정, 또는 자신을 실패자라고 생각하거나 자신이나 가족을 실망시킨다는 기분이 드는 것	0	1	2	3
7. 신문을 읽거나 TV를 보는 것과 같은 일에 집중하는 데 어려움	0	1	2	3
8. 다른 사람들이 알아차릴 수 있을 정도로 너무 느리게 움직이거나 말하는 것, 또는 그와 반대로 평소보다 훨씬 더 많이 움직이거나 가만히 있지 못하거나 안절부절못하는 것	0	1	2	3
9. 당신이 죽는 것이 더 낫다고 생각하거나 어떤 방식으로 자신을 해치려는 생각	0	1	2	3

어떤 문제든지 표시를 했다면, 이 문제들이 당신 자신, 또는 일이나 집안일을 처리하거나 다른 사람들과 어울리는 것을 얼마나 어렵게 합니까?

전혀 어렵지 않음	다소 어려움	매우 어려움	극히 어려움
□	□	□	□

제4장

CPT 개입 준비하기

이 장에서는 CPT의 시행을 예상하여 고려해 볼 수 있는 여러 다른 주제에 대해 다룬다. 첫째, 치료 참여를 높이기 위해 내담자에게 CPT의 도입을 논의한다. 둘째, 치료사가 제공할 수 있는 소크라테스식 질문의 유형과 함께 소크라테스 대화의 원칙(CPT의 초석이 되는 연습)을 제시한다. 이 장의 마지막 부분에서는 CPT에 대한 치료사의 준비도뿐 아니라 치료사가 CPT를 사용하거나 효과적으로 진행하는 것을 방해할 수 있는 일반적인 실수나 교착점을 논의한다.

CPT 소개하기

치료사는 PTSD 치료에 효과적인 것으로 밝혀진 다양한 치료법을 소개하고 설명해야 한다. 치료사가 내담자가 관심을 가질 만한 치료법을 시행할 수 있는 훈련을 받지 않은 경우, 해당 치료 유형을 훈련받은 치료사에게 의뢰하는 것이 적절하다. 내담자가 CPT를 선택하더라도, CPT나 CPT+A 중 어떤 형식으로 참여를 원하는지를 결정해야 한다. 이 책에서 CPT+A를 하는 유일한 지표는 PTSD의 해리성 하위 유형 기준에도 충족하는 내담자뿐이다(Resick et al., 2013). 트라우마 사건에 대한 진술을 적는 것은 이러한 내담자가 파편화된 트라우마 이야기를 적절한 역사적 맥락에 넣을 수 있도록, 그리고 내담자가 트라우마의 기억 속에서 좌초되지 않도록 도움을 줄 수 있다. 또한 어떤 사람들은 트라우마 기록을 쓰길 좋아하고, 또 그러길 원한다. 일부 내담자는 트라우마에 대한 설명을 종이에 적어 내려가는 것이 사건을 보다 객관적으로 보게 하고, 사건이 실제로 일어났음을 받아들이는 데 도움이 되었다고 말했다. 다른 사람들은 트라우마 사건을 적으라는 요청을 받았다면 치료를 하지 않았을 것이라고 단호하게 말했다.

치료사가 결정을 내리는 것보다 내담자가 어떤 버전의 CPT를 원하는지 선택하게 하면 치료의 순응도가 더 나을 수 있다. 그러나 몇 가지 염두에 두어야 할 것들이 있다. 첫째, CPT+A를 선택하고 지표 트라우마에 대한 설명을 작성하기로 한 내담자가 막상 때가 되었을 때 트라우마 사건 작성을 피한다고 해서 CPT로 변경할 것을 권유해서는 안 된다. 회피를 강화하는 것은 항상 금지된다. 내담자는 치료사와 PTSD 증상의 유지에 대한 회피 문제를 논의한 뒤, 지표 트라우마에 대해 구두로 설명해야 한다. 내담자가 무너져 내리지 않고도 사건에 대해 구두로 설명할 수 있음을 알게 되면 다음 회기에서 이에 대한 진술을 기록하는 것이 더 쉬워진다.

내담자가 오직 몇 회기만 참석할 수 있는 경우에 두 번의 트라우마 진술문을 기록하여 다루고 나서도 PTSD의 점수가 CPT+A에서 개선되지 않았던 반면(6회기; Resick et al., 2008), 자가보고된 PTSD 증상이 CPT(4회기까지)에서 더 즉시 개선되는 것으로 나타났기 때문에 CPT가 더 나은 선택일 수 있다. 치료할 수 있는 회기의 수가 더 적으면, 치료사는 지표 트라우마에 초점을 맞추고 트라우마 충격진술문을 제시한 다음 ABC 워크시트와 함께 소크라테스식 대화를 사용하여 가장 문제가 되는 교착점을 해결해야 한다. 목표는 과수용된 교착점에 초점을 두는 것이 아니라 가장 시급한 교착점을 해결하는 것으로, 대부분 잘못된 자기 또는 타인 비난에 관한 것이다.

치료사는 선택한 치료법을 설명해야 하고 내담자의 질문에 답해야 한다. 내담자가 퇴역군인이 아니더라도, PTSD 국립센터(www.ptsd.va.gov)의 웹사이트에서 제공하는 소개 비디오를 보는 것이 도움이 될 수 있다. 이 비디오는 PTSD의 증상을 설명하고, 다른 나이, 성별 및 민족의 사람들이 PTSD가 있는 것이 어떠한 것인지, 그리고 삶에 어떤 영향을 미쳤는지를 설명한다. 또한 이 비디오는 사람들이 CPT를 받은 경험과 CPT 참여가 그들의 삶을 어떻게 더 좋게 바꾸었는지를 설명한다. 부부치료는 이 책의 범위를 벗어나지만, CPT의 구성 요소를 포함하고 있으면서 효과적인 것으로 밝혀진 PTSD를 위한 부부치료가 있다(Monson & Fredman, 2012). CPT 내에서도 중요한 타인과 내담자가 함께 회기를 진행하면서 PTSD의 증상, 치료과정, 중요한 타인이 회피하는 것보다 도움을 줄 수 있는 방법을 설명하는 게 도움이 될 수 있다.

CPT의 표준과정은 12회기 치료로 설정되어 있지만, 내담자가 PTSD 및 동반 장애를 개선하기 위해 12회기가 필요한 것이라고 가정하지 않는 것이 중요하다. 제2장(Galovski et al., 2012)에서 논의된 연구와 같이, 치료사는 내담자에게 본래 프로토콜은 12회기의 길이로 개발되었으나 일부 사람들은 더 빨리 회복할 수 있고, 또 다른 사람들은 그보다 몇 회기 더 필요하다는 점을 언급해야 한다. 우리는 여전히 12회기보다 더 빨리 반응하거나 더 오래 걸리는 것과 관련된 모든 예측 요인을 알지 못하지만, 내담자가 모든 회기에 참석하고 주어진 과제를 최선을 다해 완료하도록 격려해야 한다.

내담자가 CPT 참여에 동의하고 나면, 치료사와 내담자는 치료 계약에 서명해야 한다([유인물 4-1] 참조). 물론 이 계약이 법적 구속력을 가지는 것은 아니나, 치료사의 역할(즉, 정시에 회기에 참석하고 준비하기, 회기를 순조롭게 진행하기, PTSD와 동반 장애 증상이 개선되고 있는지 내담자의 진행과정을 모니터링하기)과 내담자의 역할(즉, 정시에 회기에 참석하고 준비하기, 트라우마 초점 회기에 참석하기, 실습 과제의 완료하기)을 합의하는 데에 도움이 될 수 있다. 이런 계약은 내담자가 주제를 피하거나 변경하기를 원할 때 상기시켜 주는 중요한 역할을 할 수 있다.

소크라테스식 대화

CPT를 포함한 인지치료 대부분의 기초적인 연습은 소크라테스식 대화하기이다. 이 연습에는 치료사가 내담자에게 트라우마 사건에 관한 보다 건강한 평가 그리고 그 트라우마 사건이 지금-여기 상황 평가에 미치는 영향에 관한 질문이 포함된다. 이 연습은 소크라테스식 학습 방법에 기반을 두며, 다른 사람으로부터 통찰력이나 지식을 건네받는 것보다 스스로 새로운 무언가를 알고자 하는 힘뿐 아니라 무언가에 대해 알게 되는 방법(즉, 호기심과 탐구심)을 모델링하는 것의 이점을 중요하게 생각한다(Anderson & Goolishian, 1992; Padesky, 1993; Thase & Beck, 1993). 다른 치료사 및 연구자들(Rutter, Friedberg, VandeCreek,

& Jackson, 1990; Bolten, 2001)과 마찬가지로, 우리는 '소크라테스식 질문법'보다 '소크라테스식 대화'라는 용어를 선호한다. 이는 심리치료적 맥락 속에서 내담자와 치료사가 서로 꽤 동등하게 균형 잡힌 이야기를 나누는 것이 '대화'에 함축되기 때문이다. 반면, '질문'은 '교사'가 규정된 지식을 배워야 하는 '학생'에게 질문하는, 힘의 균형이 다른 교사와 학생 역할을 시사한다. 소크라테스식 대화에서 치료사와 내담자는 한 팀이 된다. 내담자는 트라우마 경험과 그 경험에 대한 해석을 포함한 자기 삶의 경험을 가져오고, 치료사는 트라우마 회복 및 인지 개입에 대한 전문 지식을 제공한다.

다양한 저자가 소크라테스식 대화에서 제기될 수 있는 여러 종류의 질문들을 제시했다(예: Bishop & Fish, 1999; Elder & Paul, 1998; Paul & Elder, 2006; Wright, Basco, & Thase, 2006). 우리는 CPT 치료사가 소크라테스식 대화에서 제기할 수 있는 질문 유형에 대한 위계적 접근 방식을 제안하면서 이러한 이전의 노력을 통합한다. 또한 Monson과 Shnaider(2014)는 PTSD가 있는 내담자에게 치료사가 구체적으로 제기할 수 있는 소크라테스식 질문에 대한 개요와 유형을 제공한다.

명료화 질문하기

가장 기초적인 수준에서 치료사는 내담자가 사건 이후에 어떤 생각을 했는지보다 지표 트라우마의 시점에서 어떤 일이 벌어졌는지, 그리고 실제로 그 당시에 내담자가 어떤 선택과 능력을 지녔는지에 대한 장을 마련하기 위해 가능한 한 많은 명료화 질문을 해야 한다. CPT를 진행하는 치료사가 민감하고 어려운 명료화 질문을 기꺼이 하고, 가능한 한 비판단적이고 객관적으로 질문하는 것이 매우 중요하다. 성폭력/학대 피해자와 작업할 때를 예로 들면, 성폭행 동안 성적 흥분을 경험했는지를 묻을 수 있는 능력이다. 내담자는 트라우마 사건 중 나타난 성적 반응이 폭행을 원했다거나 어떤 식으로든 폭행에 대한 책임이 있음을 뜻한다고 결론을 내렸을지도 모른다. 때로는 성적 흥분을 쾌락과 구분을 짓는 것이 강간 피해자들에게 도움이 될 수 있다. 그러나 아동 성학대 생존자들은 일반적으로 성폭행의 즐거운 측면이 있었다고 말한다(예: 가해자에게 '특별'하다거나, 더 연결되었다는 느낌). 이런 내담자의 경우에는 회복을 촉진하기 위해 가능한 한 객관적이고 지지적으로 이런 유형의 질문을 하거나 논의할 수 있는 것이 중요하다. 또 다른 예는 다른 사람에게 폭력 행위를 가하면서 긍정적인 감정을 경험했을 수 있는 퇴역군인, 경찰관 및 기타 보안요원과의 작업에서 볼 수 있다. 돌이켜 보면 이러한 긍정적인 감정이 자기 성격의 어떤 부정적인 부분을 내비친다고 추론했을지도 모르고(예: "도대체 어떤 사람이 다른 사람을 죽이는 것을 좋아한다는 말인가?"), 사건의 맥락 및 스트레스가 많은 사건과 관련된 심리생리학적인 반응에 대해 인식하지 못했을 수 있다.

가정에 도전하기

다음 단계에서는 트라우마 사건에 대해 내담자가 내린 결론의 기초가 되는 가정에 도전하는 것을 목표로 한다. 제3장에서 언급했고 다른 곳에서도 자세히 논의했는데, PTSD가 있는 사람이 가지고 있는 가정 중 반드시 도전해야 할 부분은 바로 '정의로운 세계관 신념'이다(Lerner, 1980). 정의로운 세계관 신념은 착한 사람에게 좋은 일이 일어나고, 나쁜 사람에게 나쁜 일이 일어나며, 세상은 공정하고 정의로운 곳이어야 한다는 신념을 담고 있다. 이 신념은 개인의 행동과 그 행동의 결과 사이의 질서 있는 인과관계를 찾고자 하는 욕구에서 비롯된다. 나쁜 일로 해석되는 트라우마 사건의 경우, PTSD가 있는 사람들은 자신이 이런 일을 당할 법한 나쁜 무언가를 했다고 가정할 것이고, 이전의 나쁜 행동이나 나쁜 결과의 원인이 되는 트라우마 사건에서 나쁜 행동을 찾으려고 고집하게 될 것이다. 일부 사람들은(역사, 문화, 종교를 배워서) 정의로운 세계관 신념에 동의하지 않을 수 있음을 지적하는 것은 중요하다. 이런 경우, 정의로운 세계에 대한 욕구의 개념을 심어 줄 필요는 없다. 정의 또는 공정성이라는 개념을 제외하고, 치료사는 이 욕구를 인간이 생존하기 위해 사건을 예측하고 통제하고자 하는 내재된 진화적인 욕구로 설명할 수 있다. 이런 경우에 모든 것을 예측하고 통제할 수 없다는 점과 함께 이 욕구의 보편성을 언급하는 것이 가장 적합하다.

PTSD가 있는 사람이 트라우마 사건을 평가할 때 하게 되는 가장 일반적이면서도 매우 중요한 가정은 바로 자신이나 다른 사람이 이 사건이나 결과에 더 많은 통제력을 행사했을 수도 있었으리라는 것이다. 이러한 가정은 후판단 편향을 가하려는 내담자의 노력에서 입증된다. 즉, '내가 오른쪽이 아니라 왼쪽으로 돌았다면, 사고를 당하지 않았을 텐데.' '내가 반격했다면 폭행을 당하지 않았을 것이다.' '그를 따라 물속으로 뛰어들었어야 했다.'와 같은 내용이다. PTSD가 있는 사람은 대안적인 조치가 똑같이 부정적이거나 더 나쁜 결과를 가져올 수도 있음을 인식하지 못한다. 이러한 방식으로 내담자는 생각을 통해 부정적인 결과를 '실행 취소'하려고 한다.

가정에 도전하는 것에서, CPT 치료사가 트라우마 사건을 둘러싼 상황에 대해 잘못된 가정을 하지 않는 것이 중요하다. 우리는 내담자의 입장에서 긍정적인 의도를 가정하는 치료사들을 보았다. 이런 경우에 내담자들은 사건에 대한 치료사의 긍정적인 가정과는 반대로 움직인 것으로 보일 수 있는 트라우마 사건의 행동, 생각 또는 감정에 대해 말하기를 주저하게 된다. 예를 들어, 군인이나 경찰관은 자신이 따라야 할 교전 규칙을 따르지 않았을 수 있다. 치료사가 적절한 규칙을 따랐을 것이라고 너무 빨리 가정하면, 내담자는 트라우마 사건의 현실을 밝히는 것을 주저하거나 치료사가 다르게 가정하기 때문에 규칙을 따르지 않았다는 것에 더 기분이 나빠질 수도 있다.

반대로 우리는 내담자의 행동에 대해 부정적으로 가정하여 의도치 않게 내담자의 진전을 막은 치료사를 지도하기도 했다. 우리는 모두 사건을 예측하고 통제하며 다른 사람과 자신을 안전하게 지키려는 욕구의 결과에서 비롯된 피해자-비난의 문화에서 살고 있기에 이런 경향성을 이해한다. 그러나 이러한 유형의 사고는 내담자가 트라우마 사건을 처리하는 데에 방해될 수 있다. 일반적인 예는 트라우마 사건 이전에 피해자가 약물을 한 경우에 비난받아야 한다는 것이다. 약물의 사용은 트라우마 사건에서 어떤 역할을 할 수도 있고 그렇지 않을 수도 있다. 치료사와 내담자가 사건에서 물질 사용의 역할을 더 잘 평가할 수 있는 것은 사용량, 맥락, 내담자의 의도를 신중하게 고려할 때만 가능하다. 이는 궁극적으로 전체적인 트라우마 사건의 처리를 용이하게 한다. 성폭행의 경우, 약물의 사용량으로 피해자를 비난해서는 안 된다. 사실 가해자는 약물을 더 많이 사용한 피해자를 볼 때 훨씬 더 약탈적이었을 수 있다. 위험한 물질 사용 행동은 치료에서 다루어야 할 수도 있지만, 나중에 CPT 프로토콜에서(즉, 안전 모듈 동안) 위험의 감소를 높이기 위해 회피 행동으로서의 약물 오용이 줄어들어야 할 때, 그리고 내담자가 동화된 신념인 '내가(가해자보다) 약물을 사용했기 때문에 트라우마 사건에 책임이 있다.'를 효과적으로 다루었을 때 다루어져야 한다. 위험 감소를 너무 빨리 꺼내게 되면, 내담자는 치료사가 자신을 비난하고 있다고 가정할 수도 있다.

객관적 증거 평가하기

내담자가 내린 결론의 기저에 문제가 되는 가정이 없다고 가정할 때, 우리가 권장하는 다음 단계의 소크라테스식 대화는 내담자가 내린 결론을 뒷받침할 수도 있고 그렇지 않을 수도 있는 증거를 평가하도록 돕는 것을 목표로 한다. PTSD가 있는 사람은 특정하고 부정적인 정보에서 감지된 위협에 대한 인지적 편향이 있다. 따라서 내담자는 이러한 유형의 정보에 더 쉽게 접근할 수 있으며, 결론을 필연적으로 뒷받침하지 않는 자료와 관련하여 이 정보를 과대평가할 수 있다. 내담자가 지금-여기의 위험을 과대평가하는 것은 PTSD와 관련된 사고의 전형적인 예이며, 치료사는 그 사고에 대한 객관적 증거를 평가하는 데에 초점을 두고 소크라테스식 대화를 사용할 수 있을 것이다. 군중 속에 있는 것, 개방된 공간에 있는 것, 비좁은 공간에 있는 것, 자동차를 운전하는 것, 가해자와 닮은 사람의 주변에 있는 것과 같은 상황에서 과대평가된 위협은 CPT 치료사가 내담자에게 자료를 더 객관적으로 평가할 수 있도록 권장해 볼 수 있는 상황적인 예이다.

근본적인 신념이나 핵심 신념에 도전하기

내담자가 머리로는 이해하지만 감정적으로는 인정하지 않는다고 말하거나, 생각이 말이 되지 않는다고 말하거나, 새로운 생각을 가지고도 감정적인 변화가 일어나지 않는다고 말할 때가 있다. "저도 당신이 말하는 것을 들었어요. 그렇지만……." "내가 말하는 내용이 말이 안 되는 건 알지만 그냥 그렇게 느껴요." 또는 "교착점에 대한 워크시트를 하지만 그걸 정말 믿는 것은 아니에요."와 같은 진술이 일반적이다. 이런 경우에 우리는 내담자의 감정이 새로운 사고방식을 따라오지 못했을 수 있으므로, 먼저 기존 사고방식이 훨씬 더 '현실적'인 것처럼 보일 수 있다고 설명한다. 우리는 치료사들에게 내담자가 대안적 사고방식을 완전히 수용하는 것을 방해할 수 있는 더 깊은 근본적인 신념을 가지고 있을 가능성을 고려해 보라고 말한다. 때로 더 깊은 신념이 생각 전환의 암시에도 내담자를 가로막는다. 예를 들어, 트라우마 생존자가 트라우마 사건의 발생을 막기 위해 더 할 수 있는 것이 아무것도 없었다는 생각을 정말로 받아들인다면, 내담자가 미래에 트라우마 사건의 상황에 마주할 수도 있고, 그 결과를 바꿀 수도 있지만 그럴 수 없을 수도 있다.

우리 중 한 명에게는 어린 시절 성학대 생존자였던 내담자가 있었는데, 내담자는 자신이 겪은 학대가 아버지의 잘못이 아니라는 신념을 바꾸기를 주저했다. 더 깊게 살펴보면 이 신념을 바꾸는 것은 자신이 아버지와 수년 동안 유지해 온 관계에 부정적인 영향을 미친다는 의미가 있었다. 본질적으로 트라우마 사건에 대한 평가의 변화는 지금-여기뿐 아니라 미래 지향적 신념 모두에 연쇄적인 영향을 미친다. 이 경우에 새로운 평가는 미래를 예측할 수 있고 통제할 수 있다는 신념을 유지하려는 욕구와 불일치했다.

PTSD가 있는 사람이 이미 핵심적인 부정적 신념이나 도식이 있는 경우에 더 깊은 인지 개입이 필요할 수도 있다. 이러한 기존 신념은 트라우마 사건에 노출되었을 때 PTSD 발생의 위험 요소로 작용할 수 있다. 이러한 경우, 인지치료사는 내담자가 트라우마 이전에 이러한 신념에 어떻게 도달했는지(예: 불행한 아동기 경험, 비수인적 환경)를 확인하기 위해 더 깊이 탐색하고, 이 부정적인 신념을 더 확증하게 만드는 것처럼 보이는 트라우마 평가를 내담자가 하지 못하도록 더 깊게 혹은 핵심 신념에 도전할 수 있게 내담자와 협력할 필요가 있다. 예를 들어, 내담자가 자신의 판단을 신뢰할 수 없는 기존의 도식이 있을 경우에 도식을 확증하는 것으로서 트라우마 사건을 바라보고 자기 비난적인 평가를 하게 될 가능성이 크다. 트라우마에 대한 자기 비난 평가를 바꾸는 것은 더 깊은 부정적 신념에 반하는 것이며, 종종 정서적 · 행동적 변화를 일으키도록 이 핵심 도식에 인지적으로 더 많이 개입해야 할 수 있다. 그러나 핵심 신념은 이 신념이 나타날 때마다 워크시트를 작성하게 하여 바꿀 필요가 있다. 왜냐하면, 이 커다란 신념에 개략적으로 도전하는 것이 어렵기 때문이다. 근본적인 신념(예: '나는 실패자이다.')을 부정하는 예가 많다면, 핵심 신념은 마침내 구체적인 예를 반증하는 증거의 영향 내에 들어가게 될 것이다.

치료사의 준비도

매뉴얼 방식의 치료인 인지치료나 구조화된 회기를 진행하는 데에 확신이 없는 치료사는 의도하였든 그렇지 않든지 간에 내담자에게 그들이 CPT를 받을 준비가 되지 않았다는 메시지를 보낼 수도 있다. 비록 많은 증거가 그와 반대라도 말이다. 우리는 심지어 내담자가 치료 시작을 요청했을 때에도 내담자가 CPT를 해서는 안 된다거나 준비가 되지 않았다고 말했던 치료사들을 많이 보았다. 이는 내담자에게 치료사가 그들에 대한 믿음이 없다거나, 그들의 판단을 신뢰하지 않는다는 메시지를 보낼 수 있다. 내담자가 다른 형태의 치료를 몇 달 동안 기다려야 한다면, 그들은 자신의 트라우마에 대해 생각하는 것조차 감당하기에는 너무 연약하고, 트라우마 사건과 관련된 생각에 대해 최소한의 이야기를 하는 것만으로도 '무너질 것'이라고 믿기 시작할 수 있다. 우리는 이것을 내담자 '연약화하기'라고 설명하는데, 이는 트라우마 중심 치료를 할 준비가 되지 않았을 때 내담자를 밀어붙이는 것만큼 문제가 된다. 다른 유형의 치료 회기를 추가하는 것은 실제로 내담자에게 이득보다는 해를 끼칠 수 있으며, 내담자가 무력감을 느끼게 될 수 있다.

많은 치료사가 내담자와 CPT를 시작하지 않는 또 다른 이유는 CPT에서 감정의 역할에 관하여 치료사 자신이 혼란스럽기 때문일 수 있다. 일부 치료사는 내담자가 트라우마를 처리하기 위해 회기에서 모든 감정을 완전히 표현해야 한다고 배웠고, 또 그렇게 믿었다. 따라서 내담자가 회기에서 겉으로 드러내어 울고 슬퍼할 준비가 되어 있지 않으면 CPT를 다룰 수 없다고 생각한다. 이런 믿음이 있을 경우, 더 나아지기 위해서는 사건과 관련된 감정을 되살리는 것이 필요하다고 가정하는 것이 문제이다. 이제 우리는 많은 사람이 사건에 대한 부적절한 자기 비난으로 인해 트라우마와 관련된 감정이 혼란스러워져서 큰 죄책감과 수치심을 불러일으킨다는 것을 알고 있다. 이 경우에 내담자는 이러한 고통스러운 감정을 유발하는 사건에 관하여 스스로 제공하는 메시지를 생각하는 데에 더 많은 시간을 보낼 필요가 있다. 이 믿음의 또 다른 문제는 모든 사람이 자신의 감정을 같은 방식으로 처리한다는 것 그리고 내담자가 트라우마에 대한 감정 해결에 도움이 되도록 이를 외부로 표출해야 한다고 가정하는 것이다. 사실 많은 사람이 슬픔을 느낄 때 울지 않지만, 이것이 감정을 느끼지 않는다는 의미는 아니다.

또한 일부 치료사들은 내담자가 트라우마와 관련된 자료에 강한 감정으로 반응한다면 '재트라우마화'한다고 우려한다. CPT에서 발생하는 자연스러운 감정을 건강하게 처리하는 것과 내담자의 생활 속에서 매일 일어날 수 있는 PTSD 증상의 촉발을 구별하는 것이 중요하다. 내담자가 거의 매일 증상을 재경험함으로써 트라우마가 완화된다는 것을 이해하도록 도와주는 것 그리고 (촉발 요인에 대한 반응 대신에) 내담자 자신의 말로 트라우마 기억을 다루는 것은 내담자가 안전하고 건강한 방식으로 감정을 처리하게 하며, 이는 촉발 요인에 대해 내담자가 통제권을 갖게 한다. 이와 같이 논의하는 것은 내담자가 회피적이거나 회의적일 때 치료사가 실제로 내담자에게 CPT에 참여하도록 권장하는 한 가지 방법이다.

일부 치료사는 회기에서 트라우마 이야기를 듣기를 주저하는 것에 대해 우려한다. 예를 들어, 내담자가 감정을 보이면 치료사가 이야기를 가로막는다. 이는 내담자에게 다음과 같은 다양한 메시지를 보낼 수 있다. 첫째, 내담자는 트라우마에 관하여 이야기해서는 안 된다. 둘째, 치료사는 내담자의 트라우마에 대해 듣는 것을 견딜 수 없다. 셋째, 치료사는 내담자가 트라우마 사건을 이야기하기에 너무 연약하다고 믿는다. 넷째, 그리고/또는 악몽과 플래시백은 두려워하고 밀쳐 내야 한다. 이러한 메시지를 의도하지 않았을 수 있으나, 모두 내담자의 회복을 상당히 지연시킬 수 있다. 대신 우리는 내담자가 자신의 트라우마에 관하여 이야기할 준비가 되었는지를 결정하게 하고, CPT를 시작하는 시기와 참여하고자 하는 CPT의 유형(CPT 또는 CPT+A)을 선택할 수 있도록 권유한다. 이것은 내담자들에게 힘을 실어 주고, 치료과정과 트라우마 기억을 모두 통제할 수 있다는 것을 깨닫게 한다. 내담자가 트라우마 작업을 할 준비가 되지 않은 경우에 '보충(filler)' 치료를 하지 않으나, PTSD에 관한 작업을 진행하고 기억에 접근할 준비가 되었을 때 다시 돌아올 것을 요청한다. 또한 내담자가 악몽, 플래시백 및 침습적 기억을 충분히 경험할 수 있도록 권장하는데, 이를 지연시키는 것은 이런 것들이 결국 다시 돌아올 것을 보장하는 것밖에 되지 않기 때문이다.

우리는 CPT를 시작하기 전에 살펴보도록 권장하는 여러 '치료사의 교착점'을 발견했다(다음의 논의 참조). 치료사 자신이 이들 중 하나를 지지한다는 것을 알아차리면, 우리는 그들이 '신념 도전하기 워크시트(Challenging Belief Worksheet)'를 사용하여 자신의 교착점에 도전할 것을 권장한다. 이는 치료사가 이러한 생각에 도전하는 데에 도움이 되며, 첫 번째 CPT 내담자를 만나기 전에 이 워크시트를 사용하는 연습에도 도움이 될 것이다.

치료사의 문제: 치료사의 실수와 교착점

치료사의 일반적 실수

치료사가 하는 가장 큰 실수 중 하나는 CPT를 할 준비가 제대로 되어 있지 않은 것이다. 이 책(쓰인 순서대로)을 읽는 것 외에도 자격을 갖춘 CPT 트레이너가 진행하는 워크숍에 참석한 후 자격을 갖춘 자문가에게 6개월의 사례 지도를 받을 것을 권장한다. 우리 웹사이트(http://cptforptsd.com)에는 당신이나 대행사가 워크숍을 후원하는 경우 연락할 수 있는 강사의 이메일도 기재해 두었다. 웹사이트에는 공개 워크숍에 대한 정보도 올려 두었다. 또한 무료 교육 웹사이트인 CPTweb(https://cpt.musc.edu)에서는 프로토콜(CPT+A)을 검토할 뿐 아니라 각 회기에 관한 비디오 예제도 제공한다. 이 웹 사이트는 단독 교육이 아닌 재교육용으로 설계된 것이다.

CPT 프로토콜은 치료 중 다른 기술을 더하지 않고 매뉴얼(이 책의 제5~10장)에 설명된 순서대로 해야 한다. 치료사들이 저지르는 몇 가지 일반적인 실수는 자신의 창의성을 나타내기 위해 프로토콜을 변경해야 한다고 생각하거나, 매뉴얼에서 제시된 대로 먼저 시도하지 않고 자신이 담당하는 임상 집단에 맞춰 변경해야 한다고 가정하면서 치료의 일부 구성 요소를 골라 그것만 활용하는 것이다. CPT는 거의 30년 전에 처음 개발되었으며, 북아메리카에서 제3국가에 이르기까지 트라우마의 유형 및 인구 전반에 걸쳐 실험되었다. 훈련받고 숙련된 CPT 치료사가 지난 10년 동안 뇌 손상, 낮은 문해력 또는 여러 문화가 혼재되거나 언어 문제와 같은 특정 상황에 맞추어 우리와 협력하면서 CPT를 수정해 왔다. 이러한 상황 중 일부는 제13장과 제14장에서 논의한다. CPT를 처음 접하는 치료사가 기존 프로토콜을 완전히 익히지 않고 수정할 이유는 없다고 생각한다. CPT는 다양한 유형의 트라우마 사건과 특정 인지에 적용될 수 있도록 이미 상당히 유연하게 개발되었다. 실험 없이 수정된다면, 그것은 CPT가 아니며 증거 기반의 치료법도 아니다.

아마도 CPT 프로토콜을 수행할 때 치료사가 저지르는 가장 흔한 실수는 소크라테스식 대화를 사용하여 정보를 끌어내고 내담자가 가진 다른 정보와 사건에 대해 가지는 가정이 모순되기 때문에 계속 트라우마로 되돌아간다는 점을 깨닫도록 하기보다는, 교착점에 대한 마음을 바꾸도록 내담자를 설득하려는 것이다. 사건이 발생한 후 몇 달 또는 몇 년 후에 할 수 있었던 일(또는 해야 했던 일)을 생각한다고 해서 그 당시에 지식이나 아마도 필요했던 기술이 없었다는 사실은 바뀌지는 않는다. 내담자는 자신의 가정에 맞지 않는 사실을 무시할 수 있지만, 그 사실을 알고 있으며 치료사는 내담자로부터 이를 끌어내야 한다(예: "당신은 얼마나 컸나요? 삼촌은 얼마나 컸나요? 정말로 그에게 맞서 싸울 수 있었을까요? 만일 당신이 누군가에게 말하면 당신의 가족을 해칠 거라고 했다면, 다른 선택이 있었을까요?"). 치료사가 이런 갈등에서 한쪽을 편들며 내담자에게 트라우마 사건이 내담자의 잘못이 아니라고 설득하려고 시도하면, 내담자는 반대편을 취하고 더 엄격하게 논쟁하면서 치료사에게 "당신은 거기 없었잖아요."라고 말할 수 있다. 내담자가 "당신은 이해할 수 없어요."라고 말한다면, 치료사는 "맞습니다. 저는 이해하지 못합니다. 제가 무엇을 놓쳤는지 알려 주세요." 라고 말할 책임이 있다. 이는 부드럽고 명료한 방식으로 돌아갈 수 있는 좋은 방법이다. 치료사는 호기심을 표현하며 다소 의아한 태도를 보여야 하지만, 논쟁적이거나 도전적이어서는 안 된다. (치료사는 교차 심문 변호사가 아니다!)

여전히 치료사가 저지르는 또 다른 일반적인 실수는 명료화 질문을 충분히 하기 전에 도전하는 질문들(즉, 증거에 이의를 제기하는 것 등; 앞의 내용 참조)로 성급히 들어가는 것이다. 내담자가 트라우마 진술문(제11장 참조)을 작성하더라도, 상황적 맥락에서 빠지거나 대화를 이끌어가기 위해 치료사가 알아야 하는 주요 정보가 있을 수 있다. CPT를 할 때 치료사는 내담자가 가지고 있었던 실제 선택안이나 상황을 이해하기 위해 많은 명료화 질문을 던져야 한다. 예를 들어, 한 남자가 사랑하는 사람을 화재에서 구할 수 없었다면, 치료사는 집에 불이 났음을 깨달았을 때 그가 어디에, 얼마나 멀리 있었는지 물어볼 수 있다. 그가 무슨 일이 일어나고 있는지를 알아차리고 누군가가 갇혀 있다는 것을 깨닫는 데 몇 초/분이 걸렸는가? 그는 어떤 행동을 했는가(예: 소방서에 전화하거나 위층으로 올라가려고 했는가)? 그가 할 수 없었던 것은 무엇인가(예: 그는 화염과 연기 때문에 뒤로 물러났는가)? 치료사는 그 상황에서 그가 더 할 수 없었던 것들을 볼 수 있도록 어떤 소방 장비들(예: 마스크, 방화복)을 가지고 있었는지를 물어볼 수 있다. 소방관이 도착하는 데 얼마나 걸렸는가? 소방관들이 빨리 왔다면, 치료사는 소방관(또는 의사)도 그 사람을 구할 수 없었던 이유를 물어볼 수 있다. 내담자가 '비난' 또는 '잘못'이라는 용어를 사용해 왔다면, 치료사는 그 상황에서 그가 가진 의도에 대해 질문할 수 있다. 실제로 이 사람은 그 사람의 죽음에 대한 의도와는 정반대로 다른 사람을 구하려고 매우 용기 있게 시도했을 수 있다.

치료 초기에 소크라테스식 대화는 전적으로 구두로 이루어지고 ABC 워크시트를 일부 사용하여 회기 내에서 이루어지기 때문에, 치료사는 도전질문지 워크시트에서 곧 진행할 질문을 모델링해야 한다. 그러나 내담자가 트라우마를 처리하는 동안 치료사는 트라우마의 상황을 더 잘 이해하고 내담자도 그 상황이 얼마나 중요한지(예: 내담자가 얼마나 어렸는지, 그 사건이 얼마나 빠르게 일어났는지, 상황을 빠르게 파악하기에는 내담자도 얼마나 놀랐는지, 내담자가 실제로 가졌었고 사건 동안 할 수 있었던 선택에는 어떤 것이 있었는지, 그리고 내담자가 어떻게 불가능한 것들을 할 수 없었는지)를 알 수 있도록 더 많은 명료화 질문을 사용할 것이다. 소크라테스식 대화의 질문에서 기대할 수 있는 좋은 예들의 약 80~90%가 명료화 질문이다.

또 다른 일반적인 실수는 치료사가 갑자기 멈추고 내담자의 추론을 계속 추적하지 않는 것이다. 초보 CPT 치료사는 교착점에 관해 질문하고 답변을 얻은 다음, 그 주제를 중단하거나 변경하기도 한다. 다음에 어떤 방향으로 나아가야 하는지를 알지 못하는 것이다. 치료 중 질문하지 말라고 배워 온 치료사는 때때로 사실과 내담자의 추론을 조사하는 것에 불편함을 느낀다. 한 가지 질문에 대한 답은 트라우마 사건의 상황, 그 당시에 실제로 내담자가 어떤 선택안을 가지고 있었는지(내담자에게 선택안 자체가 있었다면), 그리고 내담자가 왜 특정 선택을 했는지를 설정하는 다음의 질문을 자연스럽게 이끌어야 한다. 우리의 경험으로 보아 선택할 수 있는 시간이 짧았던 것을 감안할 때 내담자 대부분은 적절한 선택을 할 수 없었고, 피해가 가장 적다고 생각하는 것을 선택했거나 명령이나 절차를 따라야 했다.

만일 명료화 질문이 건설적인 호기심에서 이뤄진다면, 즉 어떤 일이 일어났고, 내담자가 어떻게 PTSD를 지속하는 가정을 하게 되었는지를 이해하려고 질문한다면 한계를 벗어난 질문은 없다. 예를 들어, 아동 성학대의 남성 피해자에게 가해자가 자신을 선택하게 만든 무언가가 있었음이 틀림없다는 교착점이 있다면 물어볼 수 있는 질문은 많다. 다음에는 명료화 질문과 몇 가지의 교육 및 요약 설명이 포함되어 있다.

치료사: 그[가해자]가 주변에 아무도 없을 때 당신에게 접근했나요?

내담자: 예, 그런데 왜 저에게 그렇게 했을까요? 그는 내가 변태라고 생각했을까요?

치료사: 그는 당신이 변태라고 말했나요?

내담자: 아니요, 그는 말을 많이 하지 않았어요.

치료사: 그가 당신이 변태라고 생각했을 것이라는 생각은 어디에서 왔나요?

내담자: 무언가에 대해 말해도 될까요?

치료사: 물론입니다. 당신은 내게 어떤 것이라도 말할 수 있습니다.

내담자: 그가 애무했을 때 나는 흥분했어요. 그러니까 그건 내가 변태라는 거예요. 내가 흥분했다는 것을 믿을 수가 없어요.

치료사: 그래서 당신이 변태라고 생각했나요? 당신에게 도움이 될 만한 설명을 해드리겠습니다. 성기에는 자극을 받으면 원하든 원하지 않든 반응하는 신경 말단이 있습니다. 간지럼을 타는 것과 같습니다. 당신은 자동으로 반응하고, 그 사람이 멈추지 않거나, 그가 그렇게 하는 것을 당신이 원치 않는다면 항상 즐거운 것은 아닙니다. 흥분과 즐거움에는 차이가 있습니다. 그가 당신에게 한 일을 항상 즐겼습니까?

내담자: 아니요! 나는 그것을 혐오했어요. 나는 더럽다고 느꼈지만 그저 어린아이였다고요. 때로는 괜찮다고 느꼈지만 어떤 때는 그는 내가 통제할 수 없다고 느끼는 일을 하게 만들었습니다.

치료사: 혹시 성관계에 대한 동의 연령을 알고 계시나요? 성인과 성관계를 갖기 위해서는 몇 살이어야 범죄가 아닐까요?

내담자: 성인이면요?

치료사: 맞습니다. 그래서 그가 당신을 기분 좋게 만들었더라도, 때로는 일어날 수도 있었겠지만, 동의하기에는 당신이 어렸기 때문에 그는 범죄를 저지른 것입니다. 그런 점에서 변태는 누구라고 말할 수 있나요?

내담자: 그 사람이군요. 내가 아니라.

치료사: 그리고 당신이 분명히 말한 것 같네요. 그가 당신이 그런 일을 하게 만들었다고.

내담자: 하지만 그는 왜 나를 선택했을까요? 나에 대해 뭔가 있었을까요?

치료사: 편리함은 어떻습니까? 그리고 그가 선택한 사람이 당신뿐인지 알고 싶나요?

참고 사항: 일부 교착점은 내담자가 대답할 수 없는 생각에 사로잡히거나 자신의 잘못이나 다른 사람을 비난해야만 한다고 특히 고집스럽게 주장하는 것으로 나타날 수도 있다. 첫째, 치료사는 치료 초기에 소크라테스식 대화를 시작해야 하며 교착점이 처음 나타났을 때 모든 교착점을 반드시 해결해야 하는 것이 아님을 기억해야 한다. 교착점이 경직된 것처럼 보인다면 내담자는 그 사건이 일어났다는 것을 받아들지 않길 원하고, 그 사실 이후 이를 부인하기 위한 시도로 교착점에 매달릴 가능성이 있다. 이것은 일종의 회피이다. 또한 앞에서 논의했듯이, 내담자가 더 강력한 교착점이나 사실로 받아들인 핵심 신념을 보호하고 있을 가능성도 있다. 특히 내담자가 특정 교착점에 저항하는 것처럼 보이면, 치료사는 "이 생각이 당신에게 매우 중요해 보이는군요. 치료에서 이 부분에 대해 더 많은 시간을 사용하게 될 것이라는 생각이 듭니다."라고 말할 수 있다.

치료사의 또 다른 실수는 한 교착점에서 다른 교착점으로 뛰어넘는 것이다. 다루고 있는 교착점에 대한 근거로 내담자가 다른 교착점을 사용하는 것은 흔하지만, 치료사가 첫 번째 교착점 다루는 것을 마치지 않고 다른 교착점을 쫓기 시작하는 것은 실수이다. 올바른 반응은 "그것이 사실이라기보다는 또 다른 생각처럼 들립니다. 교착점일지에 기록하고 나중에 다시 살펴보겠습니다."라고 말하는 것이다. 워크시트를 계속 사용하는 것도 도움이 된다. 왜냐하면 내담자를 ABC 워크시트 B열의 생각으로 되돌아가게 하거나, 내담자의 새로운 ABC 워크시트를 작성하여 교착점이 바로 그 앞에 오도록 할 수 있기 때문이다(제6장 참조).

CPT에서 치료사는 인지 기반 감정을 강조하기 때문에 내담자가 자연스러운 감정을 느낄 수 있는 충분한 시간을 주지 못할 수도 있다. 내담자가 슬픔과 같은 자연스러운 감정을 경험하거나, 트라우마 사건 당시 내담자가 가졌던 원래의 두려움을 재경험하거나, 내담자가 사건을 막기 위해 할 수 있는 일이 아무것도 없다는 것을 깨닫고 무력감을 다시 경험할 때 치료사는 처음에는 조용히 앉아 내담자가 그 감정을 경험할 수 있도록 한다. 그런 다음 치료사는 내담자에게 그 감정의 이름을 물어보거나, 내담자가 느끼는 신체적 감각을 묻거나, 자연스러운 감정을 타당화(예: "친구를 잃은 슬픔을 느끼는 것을 이해합니다.")함으로써 이것을 증폭시키는 전략을 사용할 수 있다. 자연스러운 감정은 인지에 의해 촉진되는 만들어진 감정보다 더 미묘하게 경험될 수 있다. 치료사는 인지 변화를 추구하다가 자연스러운 감정을 찾는 것을 잊어버릴 수 있다.

감정의 대부분은 자연스러운 또는 만들어진 것일 수 있다. 내담자가 자신을 해치려는 사람에게 화가 난다면 분노는 자연스러운 감정이 될 수 있다. 그러나 내담자가 상황을 통제할 수 없거나 상황이 발생했다는 사실조차 알지 못하는 사람에게 화를 낸다면, 이는 인지 기반의 분노이고 만들어진 것이다. 분노는 치료사를 포함한 사람들을 멀리 밀어내는 회피 전략으로도 사용될 수 있다. 또한 더 고통스럽고 취약한 감정(예: 슬픔, 두려움)을 피하려고 '찾는(go-to)' 감정일 수 있다. 내담자는 성폭행 중에 강요받은 일에 혐오감을 느낄 수 있으며, 그 혐오감은 자연스러운 감정일 것이다. 그러나 내담자가 나중에 "나에게 일어난 일 때문에 나는 혐오스럽다."라고 말한다면, 이는 사람으로서의 내담자에 대한 자기 평가이며, 그 사건 자체에 대한 것이 아니라 내담자의 결론에 근거한 것이다.

치료사가 어떤 감정이 자연스러운 것인지, 아니면 생각으로 만들어진 것인지 알지 못한다면 그것에 대해 질문하는 것은 수용 가능한 일이다. 예를 들어, 바로 앞서 언급한 내담자의 경우 치료사는 "왜 혐오감을 느끼나요?"라고 물을 수 있다. 내담자가 "[가해자가] 나에게 한 일이 역겨웠기 때문이에요."라고 말하면 치료사는 그 진술에 동의해야 한다. 그러나 내담자가 "나는 이제 영구적으로 망가졌고 더러워졌기 때문입니다."라고 말한다면 치료사는 누가 그 행동을 저질렀는지, 그 효과의 지속성(예: "그 일이 일어나고 난 뒤로 당신의 피부가 얼마나 완전히 재생되었는지 알고 있나요?" "그 시점에서 [가해자]가 건드린 내부 또는 외부의 신체 부위가 더는 하나도 없다는 것을 알고 계셨습니까?"), 또는 더러운 느낌이 감정적 추론의 한 형태인지(예: '나는 더럽다고 느낀다. 그러므로 나는 더럽다.')에 관한 여러 질문을 할 수 있다. 그리고 그 순간의 진술들을 기록하고 나중에 도전해 볼 수 있도록 교착점일지에 더하는 것도 도움이 된다.

마지막 일반적인 실수는 치료를 시작할 적절한 지표 트라우마 사건을 고르지 않는 것이다. 제3장에서 논의하였듯이, 치료사는 어떤 사건이 최악이거나, 가장 속이 상하게 하거나, 가장 불안하게 만드는지를 묻지 말아야 한다. 이런 질문들은 PTSD 진단에 포함되지 않을 수 있는 사건(예: 실직이나 이혼)으로 이끌 수 있기 때문이다. 더 나은 접근 방식은 확인된 트라우마성 사건 중 어떤 것이 꿈에 가장 많이 나타나는지, 어떤 것이 침습적으로 계속 돌아오는지, 또는 내담자가 가장 생각하지 않으려고 노력하는 사건이 무엇인지를 묻는 것이다. 일부 내담자는 전투, 성학대나 가정폭력과 같은 일련의 사건이 모두 비슷하게 고통스럽다고 말할 수 있다. 이 경우에 치료사가 저지르는 실수는 내담자에게 이 사건을 모두 한 그룹으로 간주하게 하거나 전체 일련의 사건에 대한 트라우마 충격진술문(제5장 참조)을 작성하게 하는 것이다. 이렇게 접근하는 것은 논의나 소크라테스식 대화가 너무 빠르게 모호해질 수 있다는 문제가 있다. 내담자는 사건에서 사건으로 옮겨 다닐 수도 있다. 한 사건이나 침습적인 기억이 다른 것들에 비해 더 두드러지는지를 판단하기 위해 몇 분을 투자하는 것은 가치가 있다(예: 첫 성교, 가장 친한 친구가 전쟁에서 죽음, 자녀가 학대에 대해 알게 되거나 스스로 학대당했다는 사실을 깨달음). 모든 사건이 똑같이 고통스럽거나 선택안이 너무 많다고 내담자가 계속 말한다면, 치료사는 내담자의 가장 초기 PTSD 기준 A 경험부터 시작해야 한다. 내담자가 사건에 대해 내린 가정이나 자신과 세상에 대해 내린 결론이 이후의 충격적인 사건으로 반복되고 강화되었을 가능성이 있다. 예를 들어, 참전 퇴역군인인 한 남성은 트라우마 사건을 전투에서 총을 맞은 것으로 선택했음에도 불구하고, 사람은 믿을 수 없다고 말할 수 있다. 그가 신뢰하는 사람이 그를 배신한 것이 아닌 이상, 신뢰에 대한 영향은 없어야 한다. 그에게 총을 쏜 사람은 낯선 사람이었고 개인적으로 그를 선택한 것은 아니었다. 신뢰에 대한 배신을 야기한 초기(아마도 어린 시절)의 트라우마 사건이 있었고 그 이후에 총격이 이 도식을 활성화했었을 수 있다.

치료사의 교착점

내담자뿐 아니라 우리도 모두 삶의 교착점을 가질 수 있으며, 치료사도 PTSD가 있는 환자를 치료할 때 분명히 자신의 교착점과 마주할 수 있다. 치료사는 치료사로서 자기 자신, 그들이 배웠고 준수한 접근 방식 또는 새로운 접근 방식을 시도하는 것과 관련한 두려움

(예: "이것이 내가 지금까지 잘못된 일을 해 왔다는 것을 의미합니까?")에 대한 교착점을 가질 수 있다. 치료사의 교착점은 치료사가 CPT를 전혀 시도하지 못하도록 막거나 내담자의 치료 과정에 영향을 미칠 수 있다.

치료 전의 치료사 교착점

CPT를 전달하기 전 치료사의 교착점은 흔하며, 아마도 치료사가 CPT에 관한 연구를 알지 못함을 나타낸다. 특히 치료사는 CPT 연구 참가자가 일반 임상 현장에서 치료받은 사람들(실제로 훨씬 더 복잡한 경우들이 많다)과 매우 유사하다는 사실을 인식하지 못할 수 있다. 이러한 교착점의 예시와 이에 도전하는 증거를 살펴보고자 한다.

- **"나의 내담자는 트라우마 중심의 치료를 받을 준비가 되어 있지 않다."** 실제로 내담자가 트라우마 중심 치료에 대처할 준비가 되어 있지 않아도 된다는 연구 결과들이 축적되어 있다(예: Resick, Bovin, et al., 2012; Resick et al., 2014). PTSD 대상의 CPT에 관한 대부분의 연구는 즉시 트라우마 중심 치료로 시작했고, 내담자에게 대처기술이나 이외 대비 작업을 준비하지 않았다. 실제로 '안정화'를 위해 치료를 지연하는 것은 내담자가 작업을 견딜 수 없거나 너무 위험하다는 메시지(즉, 앞서 설명한 '연약화하기')를 전달하게 된다. PTSD가 있는 내담자는 수년간 트라우마 사건에 대한 기억을 가지고 살아왔으며, 트라우마 중심 치료를 하는 것은 내담자가 언제, 그리고 어떻게 트라우마에 대해 생각하는지에 대한 통제권을 가지게 한다.
- **"나의 내담자 사례는 연구 프로젝트 참가자의 사례보다 더 복잡하다."** 이전 장에서 검토하였듯이, CPT 연구는 일부 PTSD 치료 연구와 달리 동반 우울증, 불안장애, 성격장애 또는 심지어 해리성 장애를 가지고 있다는 이유로 잠재적 참여자를 연구에서 배제하지 않았다. 물질사용장애가 있는 사람을 포함하는 부분은 시간이 지남에 따라 수정되었다. CPT에 관한 연구는 물질을 남용하는 사람들을 배제한 적이 없지만, 이전 연구에서는 생리적 의존성이 있는 경우 참여 전까지 기다리게 했을 수 있다. 일부 최근 연구에서는 어떠한 종류의 물질사용장애가 있더라도 내담자를 배제하지 않았다. CPT 연구 프로젝트에는 또한 자살 사고를 가진 내담자를 포함하며, 자신이나 타인에게 임박한 해를 입힐 조짐이 있거나 입원이 필요한 경우에만 제외하고 있다.
- **"나의 내담자는 트라우마 중심 치료를 하기에는 너무 연약하다."** 내담자가 CPT를 받을 준

비가 되지 않았다는 앞서 제시한 교착점과 마찬가지로, 이 치료사 교착점은 내담자가 나빠질 수도 있다는 가능성에 대한 긴장을 나타낸다. 최근 연구(Bryan et al., 2016)는 CPT가 현역군인들 사이에서 자살 사고를 높이는지를 조사했다. 연구자들은 실제로 자살 사고가 시간이 지남에 따라 감소했으며, CPT 동안 또는 이후에 자살 시도가 없었음을 발견했다. 또한 이 질문은 내담자가 습관화를 목적으로 지표 트라우마를 반복해서 재경험하도록 요구하는 또 다른 트라우마 중심 치료인 PE(제2장 참조)와 관련하여 조사되었다. 많은 연구에 걸쳐 PE연구자들은 트라우마 중심 치료의 결과로 내담자가 더 나빠지지 않는다는 것을 발견했다(Jayawickreme et al., 2014).

- **"매뉴얼을 사용하면 창의력을 억누르고 라포 형성에 방해가 될 것이다." 또는 "매뉴얼은 너무 제한적이다."** 모든 내담자를 위한 새로운 치료법이 만들어질 것이라는 기대는 비현실적이다. 물론 CPT는 개별 사례개념화와 다양한 내담자-치료사 관계를 기반으로 하기에 각각 다른 내담자에 대해 색다르게 보인다. 그러나 우리의 경험에 따르면, 라포는 내담자가 지표 트라우마 사건에 대해 어떤 생각을 하는지에 치료사가 관심을 가지고 완전히 주목할 때 즉각적이고 자연스럽게 발생한다. 많은 내담자가 이전의 치료에서 치료사가 PTSD나 트라우마 사건에 대해 말하기를 피하는 것을 경험했기에, 트라우마에 대해 내담자가 어떻게 독특하게 생각하며 느끼는지에 대해 치료사가 관심을 가지는 것이 즉각적인 라포 형성 요인이 된다.
- **"CPT는 동반 장애(우울증, 약물남용, 성격장애)에 효과적이지 않다."** 이 교착점에 대한 반증은 제2장을 참조하기 바란다.
- **"내담자는 이 정도 양의 과제를 하지 않을 것이다."** 내담자가 CPT 동안 워크시트를 완료하는지(그리고 얼마나 많은 워크시트를 완료하는지)는 치료사가 회기 밖의 작업을 위한 장을 얼마나 잘 설정하는지에 달려 있다. 이 문제는 제5장에서 자세히 다루고 있다. 일부 내담자는 다른 내담자만큼 연습하지 않는데, 이는 회피의 맥락에서 논의되어야 하고 새로운 기술, 즉 새로운 사고를 하는 법을 배우는 데 있어서 연습의 중요성을 논의해야 한다.

전반적인 평가 및 치료에 관한 치료사의 교착점

- **"내담자를 정기적으로 평가하는 것이 너무 오래 걸린다."** PCL-5 및 PHQ-9를 하는 데 약 5분이 걸린다. 회기를 시작하기 전에 평가 척도를 작성하도록 내담자에게 치료 회기

10분 전에 올 것을 요청하는 것도 가능하다. 만일 접수원이 있다면 그 사람은 의사 사무실에서 작성하는 양식과 같이 내담자에게 클립보드에 있는 척도들을 건넬 수 있다. 접수원이 없는 경우 내담자가 대기하는 공간에 척도를 담은 봉투를 놓아둘 수 있다. 회기가 시작될 때 치료사는 도구에 빠르게 점수를 매기고 점수가 증상의 안정성, 악화나 개선을 나타내는지를 확인해 볼 수 있다. 만일 점수가 나빠졌다면 치료사는 내담자가 다른 사건을 평가했는지, 내담자가 현재 사건에 대한 일반적인 고통 척도로 이 척도를 사용하고 있는지, 내담자가 잘못된 시간 틀(즉, 지난주에 관한 것만 아니라)을 적용하고 있는지, 또는 점수가 정말로 나빠지고 있는 것인지에 대해 판단해야 한다. 내담자가 트라우마 사건에 관한 생각을 피하지 않아 더 침습적인 기억, 악몽과 부정적인 생각들과 교착점이 발생하여 일시적으로 점수가 높아졌을 가능성도 있다. 이런 경우라면, "트라우마 사건 이후에 해 왔던 것처럼, 사건에 대해 생각하기를 피하지 않는 것은 사실 좋은 신호입니다. 당신의 뇌가 당신이 그 사건에 직면하도록 하고 있다는 것입니다."라고 말하며 내담자를 안심시켜야 한다.

- **"내담자의 PTSD 점수가 감소하지 않는 경우, 이는 ……를 의미하는 것이다(예: CPT를 잘못하고 있다, 나는 무능한 치료사이다 등)."** 내담자 점수가 떨어지지 않는 것을 치료사가 개인적으로 받아들이지 않는 것이 중요하다. 일부 치료사는 정확히 이런 이유로 치료 중 평가를 피한다. 즉, 내담자의 진행 상황보다는 자신이나 자신의 불안정성에 초점을 맞추는 것이다. CPT 매뉴얼(제5~10장)에서 알 수 있듯이, 특히 치료 초기에 내담자의 점수가 감소하지 않는 데는 여러 가지 이유가 있다. 내담자가 연습과제를 하지 않거나, 회기를 자주 취소하거나, 잘못된 트라우마 사건을 먼저 해결하고 있을 수 있다. 또는 내담자가 회피나 수치심 때문에 치료사에게 실제 지표 사건이 무엇인지를 말하지 않았을 수 있다. 증상이 감소하지 않는다면, 치료사는 잠시 멈추고 내담자에게 무슨 일이 일어나고 있는지를 물어보거나 평가를 재조정할 때라는 것을 알아야 한다.
- **"내담자 점수가 감소하지 않으면 치료법을 변경해야 한다."** 제3장과 제11장에서 검토했듯이, 12회기에 회복되지 않은 내담자는 교착점일지와 신념 도전하기 워크시트를 통해 CPT를 계속 사용함으로써 점수가 낮아질 가능성이 크다. 다른 유형의 치료법으로 변경하는 것은 특히 새로운 치료법의 토대가 CPT와 상당히 다른 경우 내담자에게 매우 혼란스러울 수 있다. 치료사는 자문을 구하고 싶을 수 있지만 아마도 끝까지 버티고 다시 내담자의 플래시백, 침습적인 기억, 악몽의 내용을 확인하고 내담자가 여전히

피하고 있는 것이 무엇인지를 파악해야 한다. 트라우마 사건을 회피하는 기억이나 상기 요인들에 관한 생각이 아직 철저하게 처리되지 못한 교착점일 수 있다.

- "내가 끼어들면 내담자가 불쾌할 것이다." "내담자가 말하는 모든 것을 듣지 않으면 그들을 인정하지 않는 것이다." 또는 "내가 회피를 언급하면 우리 관계가 망가질 것이다." 이러한 교착점은 다음과 같은 주제들의 변형과 같다. 치료사는 내담자가 자신을 어떻게 생각하는지를 염려하고 왠지 내담자를 불쾌하게 할까 봐 걱정한다. 일부 치료사는 반영하거나 해석하지만, 절대 내담자의 말을 중단하지 말고 내담자가 치료 중 원하는 것은 무엇이든지 말하게 만들라고 배워 왔다. CPT에서 이런 일이 일어나도록 허용하는 치료사는 회피와 공모하는 것으로 간주될 수 있으므로, 이러한 믿음은 CPT의 원칙에 반하는 것이다. 내담자가 치료에 와서 이 회기에서는 다른 것을 이야기하고 싶다고 말하고, 토론하기 시작하여 회기의 끝까지 계속되는 이야기를 하는 것은 일반적이다. 해당 회기의 과제에서 주제를 벗어나거나 지표 트라우마에서 벗어나기 위해 다른 방법을 시도할 수 있다. 이 모든 것이 회피이다. 치료사가 그러한 회피에 기여하지 않는 것이 중요하다. 치료사는 치료 초기에 이탈과 회피에 대한 몇 가지 기본 규칙을 설정해야 할 수도 있다. 예를 들어, 회기마다 다룰 내용이 많으므로 치료사는 회기를 제대로 진행하기 위해 구두로 중단하거나 비언어적 신호(예: 정지 신호와 같은 손을 들거나 '시간 초과'에 대해 "T"라고 말하는 것)를 줄 수 있다. 치료사는 이러한 기본 규칙을 부드럽지만 단호하게 설정하여 회기가 2시간이 되지 않도록 할 수 있다. 50~60분 이내에 각 회기의 모든 목표를 달성하는 것은 가능하지만, 치료사에게 이러한 교착점 중 하나가 있는 경우에는 불가능하다. 내담자와 함께 치료 근거를 검토하면, 내담자를 회기에서 다루는 내용으로 다시 되돌리는 것이 무례하거나 그들을 인정하지 않는 것이 아니라는 점 그리고 그것이 내담자 치료의 최선임을 보여 줄 것이다.

CPT 전문 치료사의 교착점

- "회기에 관한 자료를 다 살펴볼 수가 없다." 경험이 풍부한 CPT 치료사는 각 회기에 제시되는 내용을 다 살펴볼 수 있으므로, 이는 CPT를 처음 접하는 치료사가 가지는 교착점일 가능성이 있다. 회기 중에 내담자가 작성한 모든 워크시트를 전부 다 자세히 살펴볼 필요는 없다. 치료사와 내담자는 개괄적으로 워크시트를 살펴볼 수 있고, 치료사는 내담자가 워크시트를 작성하는 데 문제가 있었는지 또는 개념을 이해했는지를

확인해 볼 수 있다. 초점을 맞출 하나 또는 두 개의 중요한 점, 특히 가장 중요한 동화된 교착점, 내담자가 하기 어려워했던 워크시트, 또는 치료의 후반 동안 다룰 주제 중 하나를 고를 수도 있다.

- "내담자가 자료를 숙달하지 않았다면 진행할 수 없다." 또는 "모든 [유인물, 회기 등]이 완벽해야 한다." 우리는 내담자가 자신의 감정에 정확하게 명명할 수 있는지, 내담자가 적절한 교착점 형식으로 생각을 하는 데에 어려움이 있는지를 확신할 수 없었기 때문에, ABC 워크시트를 반복해서 과제로 제시하고 도전질문지 워크시트로 넘어가지 않았던 치료사를 상담한 적이 있다. 이러한 순차적 과제의 목적은 가능한 한 빨리 신념 도전하기 워크시트로 가기 위한 것이다. 그 이유는 이 워크시트가 교착점에 대응하는 대안적이고 더 균형 잡힌, 사실에 근거한 진술을 포함하고 있기 때문이다. 신념 도전하기 워크시트에는 ABC 워크시트가 포함되어 있으므로, 내담자에게는 사실과 생각을 구별하는 방법과 생각이 특정 감정으로 이어지는 방법을 배울 기회가 많이 있다. 완벽함이 내담자의 목표가 아니듯, 치료사의 목표도 아니다. 이 장 전체에서 강조했듯이 우리는 치료사가 CPT 매뉴얼을 일관되게 유지할 것을 권장한다.
- "만일 매뉴얼을 꺼내면 무능해 보일 것이다." 우리는 내담자가 치료 자료용 바인더를 가지고 있는 것처럼 치료사도 매뉴얼을 무릎 위나 책상 가장자리에 두라고 조언한다. 우리는 치료사가 "이번 회기에서 다루어야 할 내용을 놓치지 않도록 참고하기 위해 매뉴얼을 펼쳐 두겠습니다. 저는 당신에게 가능한 한 최고의 치료를 제공하고 싶습니다."라고 말할 때 내담자가 불평하는 것을 들어 본 적이 없다.
- "내담자가 하나의 트라우마만을 선택하게 만들 수 없다." 내담자의 모든 트라우마 사건이 중요함을 인정하는 것은 중요하지만, 현재 가장 많은 PTSD 증상을 유발하는 하나를 가지고 치료를 시작하는 것이 가장 좋음을 분명히 해야 한다. 초기 회기 후 내담자는 추가 워크시트를 사용하여 치료에 다른 트라우마를 엮을 수 있다. 모든 트라우마 사건을 한 번에 다루려고 하면 교착점에 도전하는 것이 모호해지고, 많은 트라우마 사건이 비슷한 교착점이 되어 버릴 가능성이 있다.
- "내담자의 교착점을 가지고 무엇을 해야 할지 모르겠다." 이것은 CPT를 처음 접하고 소크라테스식 대화를 아직 숙달하지 못한 치료사들의 공통된 우려이다. 다음에 무엇을 물어봐야 할지 걱정하는 대신, 치료사는 내담자의 말을 듣고 타당하지 않은 부분(예: "내담자가 어떻게 한 번에 두 곳에 있을 수 있었겠습니까?" 또는 "여섯 살짜리 아이가 어떻게 용

납할 수 없는 성인 행동이 무엇인지 이해할 수 있었겠습니까?")을 알아채야 한다. 분명한 시작점은 그 상황 속 내담자의 의도와 이전 경험에 기반을 둔 기대를 궁금해하는 것이다. 그런 다음 치료사는 상황의 실제 전후 사정과 그 상황 속에서 내담자가 현실적으로 가지고 있었던 선택들은 무엇이었는지를 찾아내는 데에 초점을 맞출 수 있다. 이와 같은 치료사의 교착점은 불안과 자기-초점을 반영하며, 해결 방법은 지표 트라우마 사건 동안 내담자가 무엇을 생각하고, 느끼며, 했는지에 초점을 맞추는 것이다.

- "트라우마 진술문/노출을 하지 않으면 내담자가 나아질 수 없습니다." 이 마지막 교착점은 PTSD 분야에서 시작된 노출 연구의 확산에 기반을 둔 공통된 신념, 즉 치료의 필수 요건으로서 내담자가 트라우마 사건을 재경험해야 할 필요가 있다는 신념에서 비롯된다. 제2장에서 살펴본 Resick 등(2008)의 CPT 치료 효과 연구는 CPT+A가 치료 결과를 개선하지 않았으며, 사실 임상적으로 유의미한 개선의 달성을 늦춘 것을 보여 주었다. 또한 Schumm 등(2015)은 인지의 변화가 PTSD 증상의 변화를 예측한다는 것을 입증했다.

[유인물 4-1]

외상후 스트레스장애에 대한 인지처리치료: 계약

날짜: __________ 내담자: ______________________________

인지처리치료란 무엇입니까?

인지처리치료(CPT)는 외상후 스트레스장애(PTSD) 및 관련 문제에 대한 인지행동치료입니다.

CPT의 목표는 무엇입니까?

CPT의 전반적인 목표는 PTSD 증상과 함께 발생할 수 있는 모든 관련 증상(우울증, 불안, 죄책감 또는 수치심)을 개선하는 것 그리고 당신의 일상생활이 더 나아지는 것입니다.

이 클리닉의 CPT는 어떻게 구성되어 있습니까?

이 클리닉의 CPT는 6~24회의 개인 (일대일) 치료 회기로 구성됩니다. 평균 회기는 12회입니다. 각 회기는 50~60분 동안 진행됩니다. 이 회기에서 PTSD의 증상 그리고 일부 사람들에게서 PTSD가 생기는 이유에 대해 배우게 됩니다.

당신과 치료사는 트라우마가 어떻게 당신의 생각과 신념을 변화시켰는지, 그리고 이러한 사고방식 중 일부가 어떻게 당신을 증상에 '갇히게' 할 수 있는지에 대해 확인하고 탐색할 것입니다. CPT에서는 당신이 가진 트라우마(들)의 세부 사항을 반복적으로 검토하지 않습니다. 그러나 트라우마가 어떻게 당신의 생각, 감정과 행동에 영향을 미쳐왔는지를 이해하기 위해 당신의 경험을 살펴보도록 요청할 것입니다.

CPT에서 내게 기대하는 것은 무엇입니까?

CPT에서 당신에게 하는 가장 중요한 기대는 회기에 참여하겠다는 약속입니다.

더하여, 각 회기 후에는 회기 밖에서 작성해야 하는 연습과제들이 주어질 것입니다. 이 과제들은 치료 회기 밖에서 더 빠르게 PTSD 증상을 개선할 수 있도록 만들어졌습니다. 또한 CPT를 하는 동안 궁금한 부분에 대해서는 언제든지 질문할 수 있습니다.

CPT 치료사에게 기대할 수 있는 것은 무엇입니까?

각 회기에서 치료사는 트라우마가 당신의 생각과 감정에 어떤 영향을 미쳤는지 알아보고, 기분이 더 나아지고 잘 기능할 수 있게 변하도록 돕습니다.

이를 위해 치료사는 연습과제를 검토하고 당신이 트라우마와 관련하여 갖는 생각, 감정 및 행동에 대해 알게 된 내용을 공유할 것입니다. 치료사는 당신이 가진 트라우마(들)과 이 트라우마가 삶에 미치는 영향에 관한 생각을 알아보기 위해 질문할 것이며, 정확하지 않을지도 모르는 생각들에 도전할 수 있게 도와줄 것입니다. 또한 치료사는 사건, 자기 자신 그리고 다른 사람에 대해 생각하는 방식을 바꾸는 기술을 가르쳐 줄 것입니다. 치료사의 또 다른 역할은 당신이 트라우마를 다루는 것을 피할 때, 심지어 당신이 그렇게 하는 것을 알아채지 못할 때도 알아차리고 알려 주는 것입니다. 회피는 당신이 회복되지 못한 채로 갇혀 있게 하는 PTSD의 핵심 증상입니다.

이 치료를 중단할 수 있는 선택권이 있습니까?

CPT를 하는 것은 당신의 자발적인 결정입니다. 그렇기에 언제든지 치료를 중단할 수 있습니다. 중단해야 한다면 치료를 종결하기 전 당신이 가진 우려에 대해 논의해 보기 위한 마지막 한 회기에 참석해야 합니다.

본인은 이 자료를 검토하고 PTSD를 위한 CPT 정보를 받았음에 서명합니다. 나는 자신, 본 치료 및 앞서 나열된 목표에 대해 낙관적으로 약속합니다. 나는 이 계약서의 사본을 받게 됩니다.

내담자 서명: ______________________________ 날짜: __________

치료사 서명: ______________________________ 날짜: __________

제3부

CPT 매뉴얼

제5장

PTSD와 CPT 개요

1회기

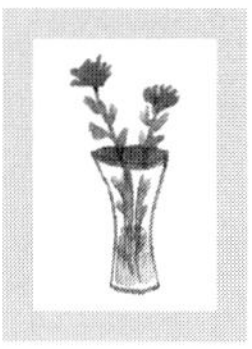

1회기의 목표

CPT 첫 회기의 전반적인 목표는 내담자가 PTSD가 무엇인지, 어떻게 회복과정에서 교착되었는지, 내담자를 회복 경로에 올리기 위해 CPT가 수행할 작업이 무엇인지를 이해하는 것이다. 그러나 가장 중요한 즉각적인 목표는 첫 회기 전이나 후에 치료를 중단하여 회피하지 않고 치료에 참여하게 하는 것인데, 이는 PTSD 치료에서 이런 경우가 흔하기 때문이다. 먼저, 치료사는 PTSD의 증상을 설명하고 내담자가 증상의 예를 설명하도록 참여시킨다. 그다음 치료사는 트라우마 사건 동안 몸과 생각에서 일어나는 일을 설명한다. 그러고 나서 PTSD의 인지 이론으로 이동한다. 사람들이 예측과 통제에 대한 이전의 신념과 정의로운 세계관 신화에 대한 신념을 유지하려고 시도하는 방법을 설명한다. 마지막으로, 치료사는 트라우마에서 발생하는 자연스러운 감정을 느끼고, 교착된 생각을 변화시키는 목표를 가지며, 이전에 배운 적이 없는 방식으로 자기 생각을 조사하고 감정을 명명하는 도구를 제공함으로써 어떻게 CPT가 내담자 스스로 자신의 치료사가 되도록 하는지를 설명한다.

1회기 절차

1. 안건을 설정한다.
2. PTSD의 증상과 일부 사람들이 회복과정에서 교착된 이유에 대한 이론을 설명한다.
3. 인지 이론을 설명한다.
4. 정신적 외상의 회복에서 감정의 역할을 논의한다.
5. 지표 트라우마 사건을 간략하게 검토한다.
6. 치료의 전반적인 과정을 설명한다.
7. 첫 번째 연습과제를 부여한다.
8. 회기에 대한 내담자 반응을 확인한다.

안건 설정하기

치료사는 내담자에게 CPT의 첫 회기와 나머지 회기가 다소 다르다는 것을 설명해야 한다. 왜냐하면, 치료사는 내담자에게 PTSD의 증상에 대해 교육하고, 어떻게 PTSD가 비회복(nonrecovery)의 문제인지를 설명하여 PTSD 증상을 유지하는 회피의 역할을 논의하며, CPT가 어떻게 실시되는지를 설명할 것이기 때문이다. 이 회기는 첫 과제 부여로 마무리된다. 치료사는 내담자에게 자신(치료사)이 첫 회기 대화의 대부분을 이끌지만, 시간이 지나면서 이런 양상은 내담자가 더 많은 말을 하고, 치료사는 연습과제와 관련된 문제의 자문가 역할을 하도록 바뀌게 될 것이라 말한다. 치료사는 내담자가 트라우마를 다르게 생각하도록 안내하는 질문을 할 것이다.

PTSD의 증상과 기능적 모델에 관한 논의

치료사를 위한 PTSD: 진단 기준

치료사는 단순히 PTSD의 증상과 증상군집(clusters)을 나열하기보다 일부 사람들이 왜 나중에 PTSD의 진단을 받는지를 내담자가 이해할 수 있도록 도와주어야 한다. 따라서 치료사는 DSM-5 또는 ICD-10 증상 목록을 숙지할 뿐만 아니라 일부 사람들이 어떻게 회복을 방해하는 상호작용을 하는지를 이해하는 것이 중요하다. DSM-5(APA, 2013)의 PTSD의 진단 및 분류에서 몇 가지 중요하게 변경된 부분이 있었다. 가장 중요한 것 중 하나는 DSM-III에서 DSM-IV-TR(APA, 1980, 2000)로 개정되면서 PTSD가 더는 불안장애로 분류되지 않는다는 점이다. 죄책감, 분노, 수치심, 혐오감, 슬픔 등 PTSD 경험이 있는 내담자가 느끼는 다양한 부정적인 감정이 충분히 잘 입증되어, 이제 PTSD는 불안장애 이상의 것으로 여겨진다. PTSD는 '트라우마 및 스트레스 관련 장애'라는 새로운 DSM-5 범주에 포함되었다.

PTSD(트라우마 경험에 관한 정의)에 대한 기준 A는 트라우마로서의 미디어 관련 노출(이런 노출이 개인 직무의 일부로 발생하지 않는 한)을 배제하는 것으로 강화되었고, 트라우마 사건에 대해 알게 되는 것은 가까운 친구나 친척에게 일어난 사건의 경우에만 트라우마 경험으로 여겨진다. 또한 3개가 아닌 4개의 증상 군집을 포함한다. DSM-5에 따르면, 기준 B 군집은 사건에 대해 반복적으로 생각하는 것이 아니라, 환경의 무언가가 계기가 되거나 다른 일(예: 만성적인 작업)로 마음이 계속 사로잡혀 있게 하지 않을 때 발생하는 기대하지 않은 침습적인 기억들로 설명되어야 한다. 피곤하거나 아프거나 바쁘지 않을 때 내담자는 심상, 소리 또는 플래시백의 형태로 또는 수면 중에 트라우마 사건에 대한 악몽의 형태로 나타나는 트라우마 사건에 대한 기억을 가질 수 있다. 더 심각한 플래시백은 그 사건에 빠져서 현재의 감각을 잃는 해리 반응이 포함될 수 있다. 트라우마 사건을 완전히 기억하지 못하더라도, 사건을 상기시키는 요인에 대한 정서적 또는 생리적 반응을 보일 수 있다. 따라서 기준 B 증상은 대체로 감각적이고 짧지만 매우 고통스럽다.

회피 기준인 기준 C는 이제 두 가지 회피 항목으로 구성된다. 즉, 사건의 내적 기억을 회피하는 것과 사건에 대한 트라우마 상기 요인들을 회피하는 것이다. 그러나 이러한 두 회피 유형은 무수히 많은 방식으로 나타날 수 있다. 예를 들어, 치료와 관련된 가장 일반적인 유형의 회피는 내담자가 회기에 오지 않거나, 늦게 오거나, 회기 밖의 연습과제를 하지 않는 것이다. 또한 회기에서 고통스러운 주제를 좀 더 평범한 것으로 바꾸려고 시도할 수 있다. 기억과 감정을 마비시키거나, 악몽 없이 잠을 자기 위해 약물을 사용하거나, 기타 자해 행동을 하는 것도 다른 형태의 회피이다. 이러한 유형은 모두 단기적으로는 효과가 있으나, 트라우마 사건을 처리하지 못하도록 막는다. 회피의 형태는 내담자의 수만큼 많을 것이다. 치료사는 항상 회피를 경계하고, 이를 하나의 증상으로 명명하며, 장기적으로 효과적인 대처 방법이 아니라는 점을 강조해야 한다. [유인물 5-1] 상단의 그림은 자연적인 회복과정을 나타낸 것이기 때문에, 기준 C는 포함되지 않는다. [유인물 5-1] 하단의 그림에는 PTSD의 회피 기준이 포함되어 있으며, DSM-5에 나타나는 순서에 따르기보다 마지막에 논의해야 한다.

기준 D는 DSM-5에 새롭게 포함된 것으로 연구 문헌에서 반복적으로 발견된 다양한 인지 및 정서 반응을 포함한다. 인지 증상은 회기 후반에서 PTSD의 인지 이론의 일부로 설명하지만, 참고를 위해 이 시점에서 내담자의 반응을 끌어내는 것이 좋다. 인지 증상에는 자신, 타인 또는 세상을 향한 지속적인 부정적인 기대, 트라우마 사건에 대하여 자신 또는 타인을 향한 지속적인 왜곡된 비난 그리고 심지어는 사건의 일부 또는 전체에 대한 해리성 기억상실증이 포함된다. 일반적으로 내담자가 트라우마 사건을 유발하거나 예방하지 못한 것에 대해 자신을 비난하기는 다소 쉽지만, 사건을 유발하거나 의도하지 않은 다른 사람들을 비난하는 것이 정확하지 않을 수 있다는 것은 인식하지 못할 수 있다. 예를 들어, 어렸을 때 학대를 당한 내담자는, ① 어머니가 학대에 대해 알지 못했을 수도 있고, ② 어머니도 학대를 당했고 그 상황에서 자신과 아이들을 탈출시킬 수 없었을 수 있다는 사실을 알지 못한 채 가해자로부터 자신을 보호하지 않은 어머니를 비난할 수 있다. 군 복무요원은 모든 인원이 업무를 올바르게 수행하면 모두 무사히 집으로 돌아올 것이라고 암묵적 또는 명시적으로 배웠을 수 있다. 예를 들어, 현역군인이나 퇴역군인은 그들의 부대가 매복을 당한 것과 같이 자신들이 잘못을 저질렀다는 것을 발견할 수 없다면, 매복 자체가 뜻밖의 일이라는 점과 그 공격을 계획한 사람 외에는 그 사건을 미리 예견할 수 없었음을 인식하기보다는 다른 장교나 군대 자체를 비난하게 될 수 있다.

PTSD가 더는 불안장애로 분류되지 않기 때문에, DSM-5의 정서적 반응은 두려움과 불안에만 초점을 맞추지 않는다. 혼란스러운 감정은 모든 종류의 부정적인 감정 상태(예: 두려움, 공포, 분노, 죄책감, 혐오, 수치심)와 함께 관심이나 중요한 활동에 대한 참여가 현저하게 감소하는 것, 또는 타인과 분리 또는 소외된 느낌을 포함한다. DSM-IV/DSM-IV-TR에서는 정서적 마비가 강조되었다. 그러나 감정을 마비시키려는 시도에도 불구하고, PTSD가 있는 사람들은 트라우마 사건을 떠올릴 때 부정적인 감정이 뚫고 나온다는 것이 분명해졌다. 이들이 진정으로 무감각해지는 데 성공한 유일한 감정은 기쁨, 행복, 사랑과 같은 긍정적인 감정이다. 긍정적인 감정은 부족하고 부정적인 감정이 존재하는 상태가 이전에 즐기던 활동에 관한 관심을 감소시키고 타인과 소원해지는 데에 기여한다.

기준 E는 DSM-IV/DSM-IV-TR에 있었던 각성 항목을 포함하며, 일부 행동 반응이 추가되었다. 따라서 DSM-5는 과잉 각성, 두드러지게 놀라는 반응, 집중 곤란, 수면의 어려움, 과민성/분노 이외에 무모함이나 자기 파괴적 행동뿐 아니라, 과민성/분노의 전형적 표현인 공격성을 포함한다. 전자의 경우, 자해 행동, 비정상적이거나 너무 빠르게 운전하는 것, 헬멧 없이 오토바이를 타는 것, 무분별한 성행위 또는 내담자가 살거나 죽는 것을 신경 쓰지 않음을 암시하는 기타 위험 감수의 행동이 포함될 수 있다.

ICD-10(WHO, 1992) 분류 체계를 사용하는 치료사는 ICD-10에 다섯 가지 기준이 포함되어 있지만, 그 초점이 DSM-5와 다소 다르다는 점에 유의해야 한다. 내담자의 PTSD 증상이 현재의 내담자에게 어떻게 영향을 미치고 있는지 논의할 때 이런 차이점을 반드시 고려해야 한다. ICD-10의 기준 A는 여전히 스트레스가 많은 사건을 경험하는 것을 나타내지만, 사건은 반드시 '이례적으로 위협적이거나 재앙적'이었어야 하고, 거의 모든 사람에게 지속하는 고통을 일으킬 가능성이 있음을 분명히 하고 있다. DSM-5의 대등한 기준에서와 마찬가지로, 기준 B는 정신적 트라우마의 촉발 요인에 노출되었을 때 침습적인 회상이나 꿈 또는 고통스러운 감정을 경험하는 것에 초점을 둔다. 기준 C도 DSM-5와 유사하며, 스트레스 요인과 관련이 있거나 유사한 자극을 회피하는 데 중점을 둔다. ICD-10 기준 D는 내담자가, ① 사건의 중요한 측면을 기억할 수 없거나, ② 수면 곤란, 과민성/분노, 집중의 곤란, 과잉 각성, 또는 과장된 놀람 반응의 증상 중 두 가지에서 지속적인 각성이 나타나야 한다는 점에서 DSM-5와 다르다.

마지막으로, ICD-10의 기준 E는 증상이 1개월 이상 지속해야 한다(전체 진단 기준이 사건의 6개월 이내에 부합하지 않는 경우 '지연된 표출'이라는 진단이 사용됨)고 지정하는 DSM-5와 달리, 스트레스 요인이 발생한 후 6개월 이내에 증상이 발생할 것을 요구한다.

ICD-11은 2019년 공식적인 승인을 받았다. ICD-11 초안과 DSM-5의 초기 비교는

ICD-11이 두려움 기반의 스트레스 유발 불안장애에 초점을 두는 더 좁은 PTSD 정의로 이동하고 있음을 나타낸다. 또한 ICD-11 체계는 복잡한 PTSD를 별도의 진단으로 포함하지만 DSM-5는 그렇지 않다. 두 체계에 관한 연구(O'Donnell et al., 2014; Stein et al., 2013)는 ICD-11의 PTSD 유병률, 우울증 동반 질환 및 장애율이 모두 DSM-5 분류 체계를 사용한 연구의 비율보다 낮음을 보여 준다. ICD-11을 사용할 치료사들은 DSM-5 또는 ICD-10 체계를 사용했을 때 보다 PTSD의 전체 기준을 충족하는 사람이 더 적다는 것을 알 수 있을 것이다.

내담자를 위한 PTSD: 기능적 모델

내담자와 [유인물 5-1]을 검토할 때 치료사는 트라우마가 충분히 심각한지, 또는 반복적인 트라우마를 경험했다면 PTSD의 증상은 적어도 그 기간에 비정상적보다 정상적임을 언급하며, 유인물 상단에 적힌 정상적 회복에 관한 설명을 언급해야 한다. 일단 트라우마가 끝나면, 이는 그 경험과 발생 원인뿐 아니라 균형 잡힌 방식으로 자신, 타인 그리고 세상에 대한 인식을 통합해야 하는 기억이 된다. PTSD 증상군집을 살펴보고 어떤 증상을 경험하고 언제 이런 증상이 발생하는지를 내담자와 논의하는 것이 좋은 출발점이 된다. 치료사가 말해야 하는 좋은 예를 다음에서 살펴본다. (글자를 읽는 것이 아니라 자신의 말로 읽으라.)

> "PTSD의 한 증상군은 침습적인 기억이나 원하지 않는 방식으로 당신에게 '침습'하는 기억과 관련됩니다. 이런 기억은 당신이 예상치 않았거나 원치 않을 때, 아마도 잠에 빠지려고 하거나 기분이 좋지 않을 때 나타납니다. [지표 트라우마 사건]을 상기시키는 무언가를 만났을 때 사건의 심상이나 소리, 또는 신체적이거나 정서적인 반응으로 나타날 수 있습니다. 당신이 가지고 있는 침습적 증상의 유형에 대한 예를 들어 줄 수 있습니까? 이러한 경험이 당신을 침해할 때 강한 감정을 경험하는 것도 당연합니다. 이러한 감정은 풀어 낼 필요가 있습니다. 트라우마 사건에 대해 생각할 때 어떤 감정을 경험합니까?
>
> "또한 사건이 발생한 이유에 대해 생각하고, 향후 사건을 방지하기 위해 자신을 비난하거나 자신이 저지른 실수를 찾을 수 있습니다. 이러한 생각은 감정과도 관련이 있지만 사건에서 자연스럽게 발생하는 감정과는 다릅니다. 사건에 대한 자연스러운 감정은 두려움, 분노 또는 슬픔일 수 있습니다. 그러나 자신을 탓하면 죄책감이나 부끄러움을 느낄 수 있는데, 이는 자연스러운 감

정이 아니라 생각에 근거한 감정입니다. 이런 종류의 생각이나 감정이 있었습니까?"

"침습적 증상, 감정 또는 생각을 견딜 수 없다면, 이것으로부터 탈출하거나 피하려고 할 수 있습니다. 사람들이 트라우마 사건에 대해 생각하거나 감정을 느끼지 않으려고 회피하는 방법에는 여러 가지가 있습니다. 매우 바쁘게 지내거나, 술을 마시거나, 약물을 사용하거나, 치료 회기에 오지 않거나 또는 늦거나, 연습과제를 하지 않는 것은 모두 회피의 예입니다. 트라우마 사건을 피하고 싶은 것은 이해할 만하고, 오랫동안 그렇게 해 왔을지도 모르지만 회피는 회복을 방해합니다."

트라우마 사건으로부터의 자연적인 회복을 설명할 때, 치료사는 침습적 기억, 강한 감정, 각성 등이 유발될 때 상황의 실제 원인에 대한 교정 피드백을 들을 가능성이 높고 스스로 감정을 느끼게 허용하고, 트라우마 사건에 대해 생각하며, 지지적인 사람들에게 그들의 생각에 관하여 말한다면 자연스러운 감정적 반응에 대한 지지를 받을 가능성이 높다는 사실을 언급해야 한다. 도피–투쟁–부동화 반응에서 직접 나타나는 자연스러운 감정(예: 공포, 분노)은 생각에 기반하지 않은 다른 감정(지속되고 있는 과정인 슬픔을 제외하고)과 함께 다소 빠르게 감소할 가능성이 있다. 감정이 감소함에 따라 트라우마 사건에 관한 다른 관점을 수용하고 허용하게 된다. [유인물 5–1]의 상단 부분은 자연적인 회복에서 생각, 감정 및 각성이 어떻게 상호작용하는지, 그리고 시간이 지남에 따라 어떻게 감소하고 서로 분리되는지를 보여 준다. 얼마 후 생존자는 계속해서 강한 감정을 느끼고 기억을 밀어내기보다는, "그 사건이 얼마나 끔찍했고, 그 당시에 내가 얼마나 안타까웠는지 기억한다."라고 말할 수 있을지도 모른다. 그 사건은 그 인생사의 일부가 된다.

[유인물 5–1]의 하단은 사람들이 어떻게 이러한 증상에 갇혀 PTSD 진단을 받는지를 보여 준다. 자연스러운 감정을 느끼며 다른 사람과 트라우마 사건을 이야기하면서 다른 사람의 관점을 받아들이고, 자신의 경험을 기억에 적절하게 통합하기 위해 증상을 피하기보다 접근하는 대신(조절과정; 제1장 참조), PTSD가 있는 사람은 어떤 대가를 치르더라도 트라우마 사건에 대한 감정, 생각 및 기타 반응을 피함으로써 자연 회복과정을 막는다. 불행히도 회피가 외상후 반응의 첫 부분은 아니지만 궁극적으로 회복을 방해한다. 또한 안타깝게도 대부분의 회피 형태(예: 공격성, 약물 남용, 타인으로부터의 철수)는 단기적으로 효과가 있으나 장기적으로 효과가 없기에 사람들은 회피를 더 많이 사용하게 되고, 때로 그 행동 자체가 동반 장애가 되기도 한다. 실제로 내담자가 트라우마 이전에 이러한 기능 장애 행동을 하는 경향이 있다면 외상후 나빠질 수 있다. [유인물 5–1]의 하단에서 설명한 것처

럼 이 회피 증상이 더 크기 때문에 PTSD 증상은 작아 보일지도 모른다. 그러나 PTSD가 있는 사람이 회피 행동을 멈추게 되면 증상이 다시 나타난다. 예를 들어, PTSD 및 약물 남용 문제가 있는 사람은 약물 남용 문제만 있는 사람보다 재발의 우려가 더 크다는 것은 잘 알려져 있다. 이러한 내담자는 음주나 약물 사용을 중단하자마자 더 많은 플래시백이나 악몽을 경험할 수 있으며, 그렇기에 이러한 PTSD 증상을 완화하기 위해 물질 사용에 다시 빠져들 가능성이 더 크다.

PTSD 치료를 받는 내담자는 PTSD 증상을 유지하는 데에 있어 회피의 역할을 이해하고, 회복을 위해 지금 하고 있는 형태의 회피를 중단해야 할 필요가 있음을 받아들이는 것이 중요하다. 또한 치료사의 주요 역할 중 하나는 내담자가 회피 행동을 확인함으로써 회피 행동이 일어날 때 그 행동을 멈출 수 있도록 돕는 것이다. 따라서 시간에 맞춰 회기에 참석하는 것, 연습과제를 완료하는 것 그리고 다른 형태의 회피에 의존하지 않는 것의 중요성을 강조하고 이를 치료 계약에 포함해야 한다(제4장의 [유인물 4-1] 참조).

또한 치료사는 내담자가 트라우마 사건의 원인과 결과에 관한 생각을 살펴보도록 보조하고, 사실과 생각을 구분하도록 도우며, 구체적인 생각이 어떻게 다른 감정들을 일으키는지에 대한 학습을 촉진하고, 균형 잡힌 방식으로 자신의 경험을 조사할 수 있게 하는 기술을 배울 수 있게 해야 한다. PTSD의 증상을 검토한 후 치료사는 PTSD에서 생각의 역할과 변화가 어떻게 PTSD 증상을 변화시킬 수 있는지를 강조하면서 인지 이론을 설명한다.

인지 이론 설명하기

정서적 및 심리적 장애의 인지 모델을 이해하도록 돕는 것은 내담자가 CPT에 참여하게 도울 수 있다. 내담자는 인지 이론이나 인지 모델에 대해 전혀 듣지 못했거나, 이 모델에 대해 오해하고 있을 수 있다. 예를 들어, 인지 이론이 피상적이라거나 차갑다거나 마인드 컨트롤의 한 형태라고 생각할 수 있다. 치료사는 내담자에게 CPT의 개념적 토대와 접근 방식의 근거에 관한 명확한 작업 모델을 제공하면서 치료를 시작할 수 있다.

다음은 치료사가 제시하는 인지 이론에 관한 전형적인 설명이다. (다시 말하지만, 이것은 단어를 모두 따라 읽어야 할 대본이 아니라 내담자에게 이 개념들을 어떻게 소개할 것인지에 관한 하나의 예이다.)

“태어날 때부터 죽을 때까지 우리는 정보에 휩싸입니다. 정보는 우리의 감각, 경험 그리고 사람들이 우리에게 가르쳐 주는 것을 통해 들어옵니다. 우리가 이 모든 정보를 어떻게 구조화해야 하는지, 무엇에 주의를 기울여야 하는지, 무엇을 무시할 수 있는지를 알아내는 방법을 찾지 못하면 완전히 압도되어 버릴 것입니다. 인간으로서 우리는 삶을 예측하고 통제하려는 강한 욕구가 있으며, 종종 실제로 우리가 가지고 있는 것보다 다른 사람과 사건에 대한 더 많은 통제권을 가지고 있다고 믿습니다. 들어오는 모든 정보를 정리하지 않으면 무엇이 위험하거나 안전한지, 무엇을 좋아하고 무엇을 싫어하는지, 또는 시간을 누구와 함께 무엇을 하며 보내고 싶은지 결정하는 데에 어려움을 겪을 것입니다.”

“우리가 아이일 때 정보를 정리하는 방법으로 언어를 배우기 시작합니다. 처음에는 환경과 경험이 매우 제한적이며, 설명할 수 있는 단어도 몇 가지밖에 알지 못합니다. 어린아이는 다리가 네 개이고, 꼬리 그리고 코를 가진 동물을 ‘강아지’라고 부릅니다. 그 동물이 고양이, 돼지, 말이나 사자일지라도 아이가 아는 유일한 단어가 ‘강아지’이기 때문입니다. 나이가 들어감에 따라 더 세밀하게 조정된 더 많은 범주를 개발하게 되어 다른 사람들과 의사소통하고 세상에 대한 더 많은 통제력을 가지게 됩니다.”

“아이들은 ‘정의로운 세계관 신화’를 일반적으로 부모, 교사, 종교 또는 사회로부터 배웁니다. 행실이 바름과 나쁨의 개연성이나 더 미묘한 결과를 이해하기는 아이가 너무 어리기 때문입니다. ‘정의로운 세계관 신화’는 다음과 같습니다. ‘사람들은 자신이 뿌린 대로 거둔다. 누군가에게 나쁜 일이 발생하면 그 사람은 이전에 잘못을 저질렀고 벌을 받는 것이다. 좋은 일이 생기면 그 사람은 이전에 용감하거나 지혜롭거나 친절한 무언가를 했거나, 규칙을 잘 따랐을 것이 틀림없다. 다른 말로 하면 좋은 사람에게는 좋은 일이 생기고 나쁜 사람에게는 나쁜 일이 발생한다.’와 같은 것들입니다.”

“부모는 보통 자녀가 바르게 행동한다면, 보상을 받을 수도 있고 그렇지 않을 수도 있다고 알려 주지 않습니다. 그들은 ‘네가 잘못 행동하면 처벌을 받을 수도 있고 그렇지 않을 수도 있다.’라고 말하지 않습니다. 사람들이 범죄자에게도 좋은 일이 일어날 수 있다는 것(예: 범죄를 저지르고도 빠져나갈 수 있다), 또는 규칙을 지키고 다른 사람에게 친절한 사람들에게도 나쁜 일이 일어날 수 있음을 깨닫는 것은 오직 시간이 더 흐르고 더 많은 것을 배우고 난 뒤입니다. 안타깝게도 어린 시절에 학습된 것은 지워지지 않고, 사람들은 부정적인 사건을 경험할 때 ‘왜 나야?’라는 질문을 하기 시작합니다. 그들은 자신이 한 어떤 일 때문에 벌을 받고 있으며, 자신이 잘못한 일을 파악할 수 있다면 미래에 나쁜 일이 일어나지 않도록 예방할 수 있다고 믿습니다. 이것이 아마도 우리가 트라우마 사건 이후 많은 자기 비난의 말을 듣는 이유 중 하나일 것입니다."

"'왜 나야?'라는 질문의 이면은 '왜 내가 아니야?'라는 질문입니다. 이것이 생존자 죄책감의 원천입니다. 우리는 종종 군인들이 이렇게 말하는 것을 들었습니다. '내 친구가 죽었다는 것은 불공평해요. 그는 결혼해서 두 아이의 아빠였던 아주 좋은 사람이었습니다. 저는 독신이고 자녀가 없습니다. 나는 왜 살아남았을까요?' 아니면 폭풍이 자신의 집은 남겨 두고 거리의 다른 모든 집을 파괴한 이유를 궁금해할 수도 있습니다. 그 사람은 다른 많은 사람이 그렇지 않은데도 나만 살아남았다는 것에 대해 죄책감을 느낄 수 있습니다. 두 질문('왜 나인가?' '왜 나는 아닌가?')은 인생의 모든 사건이 설명 가능하고, 공정하며, 잠재적으로 통제 가능하다고 가정합니다."

"트라우마 사건이 발생하면 그것은 큰 사건이며, 그 사건과 함께 나타나는 두렵거나, 화나거나, 슬픔에 잠기거나, 소름 끼치는 느낌은 매우 자연스러운 감정입니다. 당신의 마음도 일어날 일을 당신의 이전 신념과 경험에 조화시킬 방법을 찾아야 합니다. 이전에 트라우마 사건을 경험한 적이 없다면, 당신에게는 좋은 일만 일어나야 한다고 기대할 수도 있습니다. 트라우마 사건은 갑자기 그 신념을 무력화하게 만들고, 당신은 나쁜 일도 일어날 수 있다는 이 새로운 정보를 받아들일 방법을 찾아야 합니다. 사람들이 종종 하는 또 다른 일은 세상에 대한 이전의 긍정적 신념과 이후 사건에 대한 통제력에 일치하도록 사건을 바꾸려고 노력하는 것입니다. 자신이 실수했다거나, 오해였다거나, 이 사건을 막았어야 했다고 말하며 사건에 대한 기억을 왜곡할 수도 있습니다. 자신이 뭘 잘못했는지 알아낼 수 있다면 미래에 나쁜 일이 일어나지 않도록 예방할 수 있다고 생각합니다." [치료사 주: 이것이 동화(assimilation)이다.]

"학대받거나 방임적인 가정에 자랐다면, 그 사건을 받아들이는 것은 그렇게 어렵지 않을 수 있습니다. 그 사람은 이미 자신에 대해 부정적인 믿음을 가지고 있으며, 새로운 충격적인 사건은 이전 신념의 증거로 사용됩니다. 이런 사람은 '나는 트라우마를 끌어당기는 자석이다.' 또는 '나에게 나쁜 일은 항상 발생한다.'라고 생각할 수 있습니다. 실제로 이 사람에게 이미 PTSD가 있고, 이전의 트라우마에서 비롯된 부정적인 신념이 있다면, 이러한 부정적인 신념은 새로운 사건에 맞지 않더라도 새로운 트라우마 사건 후에 활성화되었을 수 있습니다. 예로 낯선 사람에게 폭행을 당하고 이후 '내 인생에서 누구도 믿지 않는다.'라고 말하는 강간 피해자를 들 수 있습니다. '낯선 사람의 행동이 신뢰에 관한 신념에 영향을 미칠까요? 그 신념은 아마도 이전 사건에서 생겨났고 지금 다시 활성화되고 있는 것입니다."

"PTSD가 있는 사람들이 하려고 하는 한 가지는 우리가 앞서 말했듯이 자신의 주의를 산만하게 하거나 트라우마 사건에 대한 기억을 회피하는 것입니다. 그러나 그렇게 중요한 사건을 무시하는 것은 매우 어렵고, 장기적으로 보았을 때 회피는 성공하지 못합니다."

"트라우마 사건으로부터 회복하는 것은 이 새로운 정보를 포함할 수 있을 만큼 충분히 자신과 세계에 대한 부정적인 신념을 바꾸는 것으로 구성됩니다. 이는 트라우마 사건이 발생할 수 있음을 배우고 받아들이는 것을 뜻합니다. 새로운 생각은 이렇게 될 수 있습니다. '나는 잘못한 것이 없다. 어쩌면 선한 사람에게도 나쁜 일이 일어날 수도 있고, 나를 해친 사람이 잘못된 사람이다.' 어떤 사람들은 이 사건이 자신의 잘못이 아니라면 모든 나쁜 일은 막을 수 없는 것이기 때문에 이런 생각을 무서워합니다. 만일 다른 사람들이 당신의 트라우마 사건에 대해 당신을 비난한다면, 당신에게 일어난 사건에 대해 당신이 뭔가 잘못했음이 틀림없다는 생각을 강화할 것입니다. 어렸을 때 학대를 많이 받았다면, '당신이 사람으로서 가진 무언가 때문에 나쁜 일은 항상 발생할 것이다.'라는 극단적이고 도움이 되지 않은 버전의 '정의로운 세계관 신화'를 믿게 될 수 있습니다. 한 사건에 대한 자기 비난이 아니라, 자신이 나쁜 사람이거나 학대를 당해도 싸다는 수치심과 깊은 신념을 경험할 수 있습니다."

"사건이 일어난 중에 혼자가 아니었고 가해자와 자신 외에 비난할 수 있는 다른 누군가가 있었다면, 실제로 사건을 일으키지 않았거나 해를 입힐 의도가 없었던 가까운 누군가를 비난할 수도 있습니다. 이것은 어떤 사람들이 가해자를 비난하는 것은 그들에게 주어지지 않는 잘못된 통제감을 얻기 위해 생각하는 또 다른 방식입니다. 군대에서는 때로 모든 인원이 일을 올바르게 수행하면 모두가 다치지 않고 집으로 돌아올 것이라고 배웁니다. 그러나 폭발이 일어나고, 사람들이 죽고, 당신이 잘못한 것을 볼 수 없다면 어떨까요? 당신 편이 통제권을 가지고 있다는 생각을 유지하기 위해 부대의 다른 사람이나 지휘 체계의 상위에 있는 사람을 비난할 수 있습니다. 마찬가지로, 부모 중 한 명에게 학대를 받는 아동은 다른 한 부모가 알지 못했다 하더라도 그 사람을 가장 탓할 수 있습니다."

"트라우마 사건에 대처하는 또 다른 방법은 자신과 세상에 대한 신념을 극단으로 바꾸는 것입니다. 다음은 몇 가지 예입니다. '이전에 나는 내 판단력과 의사결정 능력을 믿었지만, 이제는 결정을 내릴 수 없다.' '내 주변의 모든 사람을 통제해야 한다.' '세상은 항상 위험하고, 항상 경계를 유지해야 한다.' '권위 있는 사람들은 당신을 해칠 것이다.' 이러한 극단적인 부정적 신념은 한 신념에서 정반대의 신념으로 바뀌거나, 부정적인 사건과 사람에게만 관심을 두고 이것들을 피하는 것이 보호와 통제를 위한 최선의 방법이라고 결정하는 것으로 바뀔 수 있습니다. '그 사람이 나를 다치게 했기 때문에 앞으로는 그 사람에게서 멀어질 것이다.'라고 말하기보다, 트라우마 사건의 피해자는 그 사람과 같은 급에 속하는 모든 사람(남성, 여성, 군대, 권위자)을 비난할 수 있습니다. 따라서 사람들을 어떤 식으로든 신뢰할 수 없다고 결론을 내리고, 사건을 유발했다고 여기는 사람을 상기시키는 사람들에게서 멀어집니다. 신념은 트라우마 사건 후 여러 방법으로 나타날 수 있지만, 일반적으로는 안전, 신뢰, 힘과 통제, 존중과 친밀감과 같은 주제와 관련됩니다. 이러한 주제는 당신과 다른 사람들과 관련될 수 있습니다. [치료사 주: 이것이 과수용이다.] 자신에게 더 많이 말할수록 더욱 그것을 사실이라 믿게 되고, 자신이 결정한 것에 반하는 증거들을 알아보기를 멈추게 될 수 있습니다. 문제는 이러한 종류의 신념이 당신의 삶에 심각한 부정적인 영향을 미치고, PTSD 증상을 유지하게 한다는 것입니다. 새로운 신념에 맞지 않는 것은 그것이 무엇이든 또는 누구이든 무시하거나 왜곡해야 하고, 다른 사람들로부터 자신을 격리하기에 이릅니다. 우리는 회복을 방해하는 이런 생각을 '교착점'이라고 부릅니다."

이 시점에서 치료사는 내담자에게 [유인물 5-2]를 제공하고 어떤 것이 교착점이고, 또 아닌지를 검토해야 한다.

감정의 역할 논의하기

트라우마 사건에서 회복하는 것을 방해하는 생각의 역할을 논의한 후, 치료사는 감정의 역할에 대한 논의로 이동한다. 삶의 중대한 부정적 사건은 자연스럽게 강렬한 감정을 만든다. 이 감정은 투쟁-도피-부동화 반응의 일부로서 사건 중에 일어날 수도 있다. 군인 또는 기타 응급요원(예: 소방관, 경찰)의 위치에 있었기에 투쟁 반응에 대한 훈련을 받아왔다면, 위협에 접근하는 반응을 예측할 수 있고, 투쟁에는 분노가 동반될 수도 있다. 도피(flight) 반응은 도망가는 것이며 두려움을 동반한다. 부동화 반응은 이 두 유형 중 하나일 수 있다. 위험을 처음 인식하면 그 상황을 간략히 파악하기 위해 잠시 얼어붙고, 위협이 있는지 판단하며, 어떤 일이 일어나는지 또는 무엇을 해야 하는지를 결정할 수 있을 것이다. 때때로 이렇게 한 내담자는 마치 그렇게 한 것이 사건의 결과를 바꿀 수도 있었을 것처럼 몇 초 동안 얼어붙었던 것에 대해 자신을 비난하고는 한다. 다른 유형의 부동화 반응은 긴장성 부동성 및 해리와 관련이 있을 수 있다. 만일 위협이 계속되고 싸움이나 도피 반응이 효과가 없다면, 부동화 반응은 생존 반응일 수 있다. 이는 마치 외부에서 바라보고 있는 것처럼[즉, 비현실감, 비이인감(depersonalization)], 부동화 반응으로 해리, 정동의 축소 혹은 사건에 대한 완전한 객관성이 동반된다. 자동적 반응과 짝을 이루는 감정은 모두 시간 소모적인 해석 없이 사건에 의해 즉시 나타나는 완전히 자연스러운 감정이다. 인간에게는 위협, 상실, 역겨운 일, 심지어 유쾌한 일에 대한 자연스러운 감정이 내재해 있다. 진화론적 관점에서는 이것들이 상황에서 어떻게 반응해야 하는지에 관한 중요한 정보를 제공한다. 그러나 일단 위험이 끝나면 안정된 상태로 돌아가야 한다. PTSD의 경우 사람들은 감정을 봉쇄하여 자연스러운 과정을 따라 진행되도록 허용하지 않는다. 실제로 치료사들은 종종 흔들린 탄산음료 병을 예로 들곤 한다. 뚜껑을 열면 끝이 없어 보이는 엄청난 분출이 있을 것 같아서 이 사람은 즉각 뚜껑을 닫는다. 그러나 만약 이 사람이 뚜껑을 닫으면 초기 분출 이후 에너지는 약해지고 음료는 상당히 빨리 잔잔해질 것이다.

투쟁-도피 반응 중 뇌에서 생물학적으로 일어나는 일은 위험이 감지되면 편도체가 감정(공포나 분노)을 활성화하고, 신경전달물질을 뇌간으로 보내 싸우거나 도망치기 위한 비상대응을 시작하는 것이다(제1장 참조). 이 과정에서 불필요한 기능은 꺼진다. 전두엽 피질(여기서는 PFC로 약칭하는 추론 센터)뿐 아니라 면역 체계, 소화 및 투쟁이나 도피와 관련이 없는 기타 기능들은 활동이 거의 없다. 편도체와 PFC 사이에는 순환관계가 있다. 이 중 하나가 강하게 반응하면 다른 하나는 상대적으로 약해진다. 침착한 사람은 명확하게 생각할 수 있고 편도체가 억제된다. 편도체가 응급 상황에서 매우 활동적인 경우 그 사람은 고차원적 사고, 즉 '내 삶의 철학은 무엇인가?' 또는 '직업을 바꾸길 원하는가?'와 같은 사고에 관여할 필요가 없으므로 PFC가 덜 활성화된다. 그러나 일반적인 투쟁-도피 반응에서 PFC는 위험이 끝났을 때를 감지하고, 투쟁-도피 반응을 멈추도록 편도체에 메시지를 보낸다. 그러면 편도체는 뇌간으로 보내는 신경전달물질의 수준을 낮춘다. PFC는 다시 작업 상태가 되며, 균형이 복구된다. PTSD가 있는 사람의 경우 PFC가 너무 많이 차단되기 때문에 높은 수준의 반응을 중지하라는 메시지가 편도체에 전달되지 않는다. 따라서 진정되는 데에 더 많은 시간이 걸린다. 내담자는 뇌의 언어 영역(PFC의 일부)인 브로카 영역이 꺼지기 때문에 '말할 수 없는' 공포를 경험할 수도 있다. 말을 하는 것이 PFC를 다시 작동 상태로 돌려놓을 수 있다. 트라우마를 되풀이하기보다는 트라우마에 관해 이야기함으로써, 자신의 감정을 명명하고 PFC를 활성 상태로 유지하는 것이 내담자에게 정서의 조절을 가르치는 가장 효과적인 수단일 수 있다.

다른 유형의 감정들도 사건 이후 내담자의 사고에 의해 생겨난다. 우리는 생각으로 만들어지는 이런 감정들을 CPT에서 '만들어진 감정'(그리고 소위 '2차 감정'이라고 부르는 감정)

이라고 부른다. 예를 들어, 폭행 가해자에게 화를 내는 대신(이는 피해자가 이런 사건이 다시 일어날 수도 있는지를 생각하게 만든다), 피해자는 자기 비난을 하거나 자신을 향한 죄책감이나 분노를 느낀다. 새로운 정보와 다양한 방식으로 사건을 바라보도록 도움을 받으면 만들어진 감정을 빠르게 바꾸는 방법을 배울 수 있다. 우리는 이러한 구분을 짓기 위해 종종 불과 관련된 비유를 사용하며, 다음과 같이 말할 수 있다.

> "난로의 불은 감정처럼 많은 열과 에너지를 가지고 있고, 아마 너무 가까이 다가가고 싶지 않을 것입니다. 거기 앉아서 불을 지켜보고 아무것도 하지 않으면 어떻게 될까요? [내담자는 일반적으로 "다 타버리겠지요."라고 말한다.] 그렇습니다. 연료를 계속 공급하지 않는다면, 영원히 탈 수 없습니다. 이것이 바로 트라우마 사건의 자연스러운 감정이 하는 일입니다. 에너지가 타 버릴 때까지 그 감정들을 느끼면 소진됩니다. 하지만 마치, '모두 내 잘못이야.' '내가 너무 어리석었어.' 또는 '이 일이 일어날 것을 알았어야 했어.'라며 '생각일지(thought log)'를 이 감정의 불에 던지면 어떻게 될까요? 그 불 속에 '생각일지'를 계속 던지는 만큼 그 불이 활활 타는 것을 볼 수 있을 것입니다. 문제는 이것들이 사건에서 나온 자연스러운 감정이 아니라는 것입니다. 자기 증오, 그 사건에 책임이 없는 사람들을 비난하는 것, 모든 사람은 나쁘고 가치가 없다는 생각 등으로 연료를 대기 때문에 그 불은 소멸하지 않습니다."
>
> "이 치료에서 우리가 하고자 하는 것은 자연적인 감정이 오래 걸리지 않고 자연스럽게 사그라들게 하며, 극단의 부정확한 사고들을 바꾸어서 다른 감정들도 뜨겁게 타 버리게 만들었던 연료를 없애는 것입니다."

지표 사건 검토하기

치료사가 PTSD의 인지 이론과 자연적 감정 그리고 만들어진 감정에 대한 내담자의 질문에 답을 하고 난 뒤, 치료사와 내담자는 지표 사건(가장 큰 고통과 장애를 유발하는 트라우마 사건)에 합의한다. 어떤 경우에는 첫 회기 전 평가자가 내담자를 만나고, 트라우마 이력을 살펴보며, 내담자가 PTSD가 있는지, 있다면 얼마나 심각한지를 판단하는 임상 면접(가급적이면 DSM-5를 위한 치료사 주도 PTSD 척도; 제3장 참조)을 하기 위해 내담자가 지표 사건으로 사용할 가장 문제가 되는 것으로 여기는 트라우마 사건을 골랐을 수 있다. 그러나 이런 과정이 다 완료되었더라도, 치료사는 트라우마 이력을 검토하고 내담자가 첫 회기에서 지표 사건을 결정할 수 있게 도와야 한다. 왜냐하면, 내담자는 실제로 가장 고통스러운 트라우마를 논의하기 위한 평가의 첫 상호작용에서 두려웠을 수 있고, 판단받는 것을 염려하거나 또는 '가장 고통스러운 사건과 PTSD 증상'을 '고통'이나 '최악의 삶의 사건'과 혼돈했을 수도 있기 때문이다(예: "아버지가 암으로 돌아가신 것이 내 인생에서 최악의 사건이었습니다. 그 후 모든 것이 바뀌었습니다."). 슬픔과 PTSD는 같은 것이 아니며, 내담자는 실제로 PTSD의 증상을 일으키지 않은 사건을 말할 수도 있다. 치료사는 트라우마적이라고 언급한 사건을 검토하고, 평가 이후 내담자가 생각해 본 것에 대해 질문해야 한다. "평가 이후 빠뜨렸거나 생각났던 다른 사건이 있습니까?" "제가 묻지 않았으면 하거나 치료 중에 언급하지 않았으면 하는 다른 사건이 있습니까?" 또는 "가장 많은 악몽을 꾼다거나 예상치 못한 순간 머릿속에 갑자기 떠오르는 어떤 사건이 있습니까?"와 같은 질문은 때로 도움이 된다.

가장 고통스러운 트라우마 사건으로 CPT를 시작하는 이유는 다른 사건들이 이와 관련된 동일한 교착점을 가질 가능성이 크기 때문이며, 덜 고통스러운 사건에 대한 치료를 시작하면 이후 내담자는 가장 어려운 사건에 대한 치료를 다시 시작해야 할 수 있고, 이는 치료를 불필요하게 연장한다. 내담자가 가장 고통스러운 사건에 대한 감정을 견딜 수 있다는 사실을 알게 되면, 도전질문지 워크시트를 완료하고 교착점일지에 고유한 교착점의 목록을 작성하면서 치료 동안 다른 사건도 다룰 수 있게 된다.

지표 사건이 결정되고 나면, 만일 치료 전 평가에서 하지 않았을 경우 이 트라우마 사건에 관한 간략한 설명(5분 이하)을 요청한다. 치료사는 이 간략한 설명을 통해 치료를 어떻게 시작할 것인지에 대한 계획을 구상할 수 있도록 어떤 일이 일어났는지에 대한 몇 가지 사실을 들을 수 있다. 이 설명은 많은 감정을 포함한 상세한 설명이 되지 않도록 하는 것이 중요하다. 이 시점에서 내담자들은 때로 트라우마에 관한 이야기를 하고 싶은 충동을 느끼지만, 너무 감정적이 되면 치료에서 도망치거나 자신들이 그래 왔던 것처럼 치료사도 자신을 판단하고 있을 것이라고 가정하게 될 수도 있다. 이와 같은 치료의 초기 시점에서 내담자들은 치료사가 지지적일 것이라고 믿을 만한 이유가 없으며, 사건이 발생한 이후에 자신들이 사건을 봐 왔던 방법 이외 트라우마 사건을 바라보는 다른 방법이 있다는 것을 알지 못한다. 내담자가 너무 자세하게 말하기 시작하면, 치료사는 질문하면서, 내담자가 사건의 다음 부분에 대해 말할 수 있도록 안내하면서, 그리고 어떻게 끝났는지 질문하면서 회기를 예정된 방향으로 끌고 갈 수 있다. 그러나 우리는 대부분의 내담자가 다른 사람들에게 말하기 위해 간략하고 감정이 없는 버전의 이야기를 개발해 두었을 가능성이 크기 때문에 사건을 간략하게 말한다는 사실을 발견했다.

치료 설명하기

치료사는 이제 치료과정에 대한 간략한 개요를 제공해야 한다. 치료사와 내담자가 첫 회기 전에 CPT+A를 할지 CPT를 할지에 대해 합의하지 않은 경우, 이 시점에 결정해야 한다. 어떤 사람들은 글쓰기를 좋아하지만, 다른 사람들은 글을 써야 한다면 치료를 그만둘 수도 있다. 이 문제는 제6장에서 더 자세히 논의한다. 내담자가 원하는 치료법을 선택할 수 있다면, 더 많은 권한을 갖게 되고 치료에 참여할 가능성도 커진다. 치료사가 트라우마 진술문을 추가할 것을 권장할 수 있는 경우는, ① 내담자가 매우 해리되어서, 처음, 중간, 끝이라는 적절한 순서로 사건을 다시 되돌리고 사건 기억과 잘 맞물리게 하기 위해서 트라우마에 관한 진술이 도움이 될 수 있거나, ② 내담자가 감정적으로 특히 무감각하므로, 트라우마 진술문이 트라우마 사건에 대해 말하는 것으로는 할 수 없는 자연스러운 감정을 나타낼 수 있을 때이다. 내담자가 극도로 감정적이거나, 중증의 정신질환이 동반되고 있거나, 보상 작용의 상실 위험에 있다면 PFC와 뇌의 언어 영역을 활성화하고, 상응하는 편도체의 억제에 도움을 주는 CPT를 하는 것이 더 나을 수 있다. 관련된 심상과 감정과 함께 트라우마에 관한 진술을 작성하는 것은 후자 내담자의 경우에 불필요할 정도로 고통스러울 수 있고, 제2장에서 살펴보았듯이 치료 결과를 향상시키지 않는다.

치료에 대한 간략한 개요는 다음과 같이 간단하게 말할 수 있다.

> "우리가 배우는 모든 기술과 마찬가지로 연습이 필요합니다. 그리고 우리가 배우는 대부분의 새로운 것과 마찬가지로 더 많이 투자할수록 더 많은 것을 얻게 됩니다. 이러한 사실은 당신이 트라우마에 대해 생각하거나 말하는 것을 피하려는 욕구 그리고 감정이 나타날 때마다 그 감정으로부터 도망치려는 욕구와는 아주 대조적인 것처럼 보일 수 있습니다. 그러나 우리가 판단해 본 것과 같이 당신이 해 왔던 회피는 효과가 없었습니다. 따라서 이 치료는 트라우마를 다루는 반대의 자세와 접근법을 취하도록 요구할 것입니다. 이를 위해 CPT는 당신의 생각을 볼 수 있

게 돕고, 사실과 생각의 다름을 말하며, 당신 스스로 생각에 관한 질문을 하며, 이에 대해 생각할 때 어떻게 느끼는지를 판단할 수 있도록 한 번에 한 단계씩 새로운 기술을 가르쳐 줄 것입니다. 생각을 종이에 적을 수 있도록 돕는 유인물을 제시하고, 트라우마를 둘러싸는 사실들에 질문하며, 어떻게 이에 대해 다르게 생각할 수 있는지 판단할 수 있는 새로운 기술들을 보여 줄 것입니다. 결국, 트라우마 사건과 그 영향을 다르게, 그리고 더 효과적으로 생각할 방법을 찾아낼 것이며, 당신의 감정에서 변화도 알아차리게 될 것입니다."

"우리는 이 치료의 전반부를 트라우마 사건 그 자체에 초점을 맞추고 자신에게 어떻게 말해 왔는지 알아내는 데에 쓸 것입니다. 우리는 함께 그 상황에서의 사실은 무엇인지, 그리고 그에 대한 당신의 결론이 정확한지를 파악하도록 돕는 질문을 할 것입니다. 그것들이 사실이 아니라면, 우리는 당신이 생각해 볼 수 있는 더 사실적인 진술들을 찾을 수 있도록 노력할 것입니다. 사람들은 사고방식을 바꿀 수 있고, 트라우마 사건이 발생한 이후로 정말로 그에 대해 재고해 보지 않으면서 계속 똑같은 것을 생각해 왔다면, 이런 생각들은 약간의 조사가 필요할 수 있는 습관이 되었을 수 있습니다. 학교에서는 전혀 배운 적이 없는 생각을 탐색해 보는 몇 가지 기술을 배울 수 있게 하는 정보 유인물과 워크시트를 사용하게 될 것입니다. 만일 습관이 되어 버린 특정 방식으로 생각하고 있다면, 생각을 바꾸고 더 사실적인 사고방식을 새로운 습관으로 만들기 위해서 연습이 필요할 수 있습니다. 유인물과 워크시트는 이런 작업을 도와줄 것입니다. 실제로 당신의 회복을 방해해 온 이런 유형의 생각 목록을 일지에 작성하게 될 것인데, 우리는 이것을 '교착점일지'라고 부릅니다. 교착점은 트라우마 사건 동안 또는 직후에 왜 이 사건이 발생했는지, 또는 이것이 당신, 다른 사람 그리고 세상에 어떤 의미인지에 관하여 형성했을 생각을 말합니다. 교착점은 당신의 회복과 성장을 막고 갇혀 있게 합니다. 이 교착점은 치료 전반에 걸쳐서 검토될 것이며, 교착점일지와 다른 워크시트를 사용하여 이를 처리할 수 있는 새로운 방식을 배우게 될 것입니다."

"PTSD는 지금 이 방에서뿐만 아니라 당신 삶 속에서도 나오기 때문에, 매일 워크시트를 사용하여 이러한 새로운 기술을 연습하는 것이 중요합니다. 대부분 좋은 영향을 미치게 될 것입니다. 일주일은 168시간이고, 매주 치료의 1~2시간만 새로운 사고방식을 실천하고 다른 166~167시간은 기존 방식으로 산다면 진전은 거의 없을 것입니다."

"치료가 끝날 무렵, 우리는 안전, 신뢰, 힘/통제, 존중 및 친밀감과 같은 트라우마 사건에 흔히 영향을 받는 사고의 특정 주제를 접할 것입니다. 앞서 이러한 주제를 언급했으며, 각 주제는 자신 또는 타인과 관련되어 있을 수 있습니다. 트라우마 사건의 결과로 자신의 신념을 너무 많이 바꾸지는 않았는지, 그리고 당신 삶 속에서 이런 부정적인 신념들에 대한 모든 예외 사항을 고려하지 않았는지 생각하도록 돕는 유인물을 제공할 것입니다."

첫 연습과제 제공하기

지표 사건이 내담자의 사고에 어떤 영향을 미쳤는지에 대한 이해를 돕기 위해, 치료사는 내담자에게 트라우마 충격진술문(Impact Statement)([유인물 5-3] 참조)이라는 첫 연습과제를 작성하도록 요청한다. 트라우마 충격진술문은 내담자가 현재 트라우마 사건이 발생했다고 믿는 이유와 자신, 타인 및 세계에 대한 신념의 측면에서 트라우마가 미친 영향에 관한 짧은(대략 한 페이지) 글로 구성된다. 트라우마 사건이 사고에 미치는 영향을 알아볼 때, 내담자에게 자신과 타인과 관련하여 각 주제(앞의 내용과 제1장 참조)를 고려하도록 한다.

치료사는 과제를 설명하는 것뿐 아니라 내담자에게 서면으로 제공해야 한다. 또한 내담자가 가능한 한 빨리 과제를 시작하고 다음 회기 때까지 더 추가하거나 피하지 않도록 권장해야 한다. 치료사는 내담자에게 사생활이 충분히 보장되지 않는다면 언제 어디서 연습과제를 할 수 있는지와 관련된 문제를 해결해야 할 수도 있다. 내담자에게 이 과제가 어떤 일이 발생했는지를 묻는 것이 아니라, 이 일이 왜 일어났고 생각과 행동에 어떻게 영향을 미쳤다고 생각하는지에 대한 것임을 상기시켜야 한다. 이 시점이 아마도 치료사가 내담자에게 몇 가지 명료화 질문을 할 수 있는 첫 번째 기회일지도 모른다. 내담자가 글쓰기 자체 또는 사건의 의미에 관한 글쓰기에 불안을 표한다면(예: "당신이 저를 판단하고, 치료에서 쫓아낼까 봐 두렵습니다." 또는 "너무 많은 감정을 느끼고 압도될지도 모릅니다."), 치료사는 이를 교착점으로 표시하고 몇 가지 질문을 할 수 있다. 다음은 그러한 질문의 몇 가지 예이다.

"내가 당신처럼 생각하는지 궁금하신가요? …… CPT에서 우리는 그것을 '마음읽기(mind reading)'라고 부릅니다. 내가 당신을 치료에서 쫓아낼 수 있는 조건이 무엇인지 물어보세요."

"감정을 느끼면 어떻게 되나요? …… 그러고 나면 어떻게 됩니까? …… 그러고 나면 어떻게 됩니까?"

"너무 많은 감정은 무엇입니까? 감정이 멈추지 않는 사람을 본 적이 있습니까?"

"사건이 당신에게 어떤 의미인지 생각하면 어떤 감정을 느낄 것 같습니까?"

"압박감을 느끼지 않으려면 무엇을 할 수 있습니까?"

"압박감을 느끼면 무엇을 할 수 있습니까?"

치료사는 침착하고 내담자를 안심시켜야 하지만, 내담자가 과제를 할 수 있다는 것에 확고해야 한다는 점이 중요하다. 이에 대한 예로 치료사는 다음과 같이 말할 수 있다.

"당신이 감당할 수 없다고 생각했다면 이 치료법을 제안하지 않았을 것입니다. 당신과 대화하고 평가하는 과정에서 당신이 CPT의 혜택을 받을 수 있는 능력이 있음을 알 수 있습니다. 실제로 첫 몇 회기에서 고비를 극복하고 나면 즐길 수 있습니다."

치료사가 하는 일반적인 실수는 내담자가 나아지기 전에 더 악화될지도 모른다고 말하거나, 해야 할 일의 양을 지나치게 강조함으로써 내담자를 겁주는 것이다. 특히 CPT의 경우 많은 내담자의 증상이 즉각 감소한다. 치료 시작 시 악몽이나 플래시백이 증가한 사람은 처음으로 피하지 않았기 때문에 그럴 수 있다. 치료사는 실제로 이러한 내담자에게 이것이 좋은 시작이며, 시간이 지남에 따라 플래시백과 악몽이 감소한다는 것을 알려 줌으로써 도와줄 수 있다. PCL-5 점수에서 몇 점 증가하는 것은 임상적으로 유의미하지 않다.

또한 치료사는 대부분의 회기 밖 과제에 많은 시간이 걸리지 않으며, 치료가 끝날 때 새로운 기술들을 가지고 내담자가 스스로 치료사 역할을 할 수 있도록 만들어진 것임을 상기시킬 수 있다. 더욱이 치료사는 내담자가 오랫동안 트라우마 사건에 대한 기억이 있었다는 것 그리고 CPT의 목표는 침습적인 기억의 고통을 완화하고 PTSD의 모든 증상을 경험하지 않고도 일어난 일을 받아들일 수 있는 만족스러운 방법을 찾도록 하는 것임을 상기시킬 수 있다.

회기에 대한 내담자의 반응 확인하기

치료사는 1회기를 마칠 때 회기에 대한 내담자의 반응에 관하여 질문하고, 내담자가 회기의 내용이나 연습과제에 대해 가질 수 있는 질문에 답해야 한다. 부정적인 감정을 정상화하고 회복을 향한 중요한 단계를 밟은 내담자를 칭찬하는 것은 필수적이다. 치료사는 내담자에게 연습과제를 하고 다음 회기에 오는 것을 피하고 싶은 충동을 가질 수도 있지만 이 모든 것이 회복과정에 중요하다는 점을 반드시 상기시켜야 한다.

[유인물 5-1]

트라우마 사건 후 PTSD 증상에서의 회복 또는 비회복

정상적인 회복에서 침습과 감정은 시간이 지나면서 감소하고 더는 서로를 유발하지 않습니다.

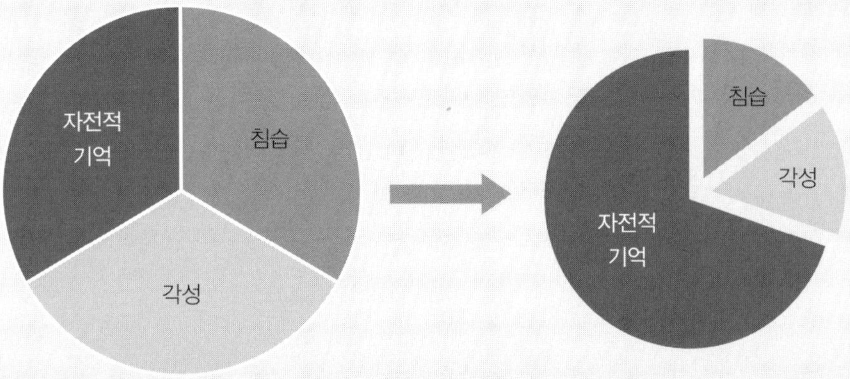

침습이 발생할 때 자연스러운 감정과 각성이 일어나고, 사고를 검토하고 수정할 기회를 얻습니다. 이것이 사건을 처리하는 적극적 '접근' 과정입니다.

『Cognitive Processing Therapy for PTSD: A Comprehensive Manual』(Resick, Monson, & Chard)에서 발췌.

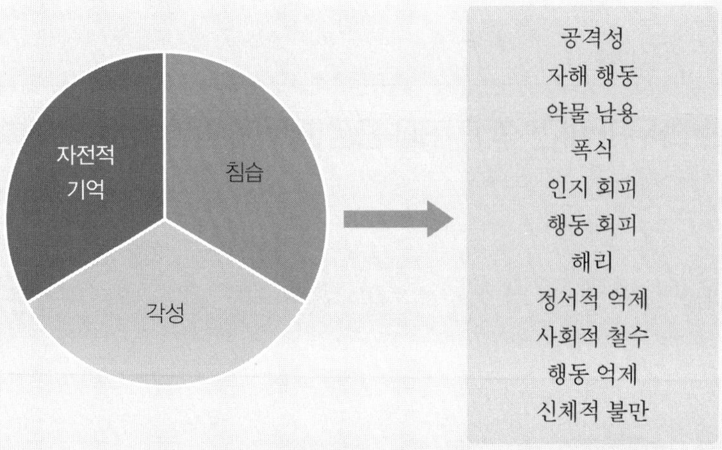

외적 상기 요인에 대한 회피

그러나 회복되지 않는 사람들에게 강한 부정적 감정은 도피와 회피로 이어집니다. 회피는 회복에 필요한 트라우마 사건의 처리를 방해하고, 오직 일시적으로 도움이 될 뿐입니다.

[유인물 5-2]

교착점은 무엇인가

교착점은 다음과 같습니다.

흑백	감정이 아닌 생각	전부 아니면 전무
도덕적 진술 이면의 사고, 황금률	"만약~, 그러면~"의 문장	항상 '나' 진술이 아닌 것
	축약	

『Cognitive Processing Therapy for PTSD: A Comprehensive Manual』(Resick, Monson, & Chard)에서 발췌.

[유인물 5-3]

CPT 1회기 후 연습과제

날짜: __________ 내담자: ______________________________

당신의 가장 고통스러운 트라우마 사건이 일어난 이유에 관해 최소 한 페이지 분량으로 적습니다. 이 사건의 구체적인 세부 내용에 대해 적는 것이 아닙니다. 당신이 그 사건의 원인이라고 지금까지 생각해 온 것에 대해 적습니다.

또한 이 트라우마 사건이 안전, 신뢰, 힘/통제, 존중 및 친밀감과 같은 영역에서 자신, 타인, 및 세상에 대해 가졌던 신념에 미친 영향을 생각해 보세요.

이 진술문을 다음 회기에 가져 옵니다. 그리고 우리가 말하고 있는 것에 대해 이해를 돕기 위해 PTSD의 증상과 교착점에 관하여 앞서 제가 드린 두 유인물([유인물 5-1], [유인물 5-2])을 읽어 보세요.

제6장

교착점 찾기

2, 3회기

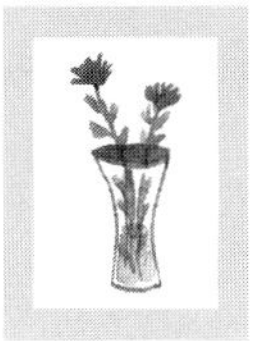

2, 3회기의 목표

CPT 프로토콜 2, 3회기의 전반적인 목표는 트라우마 이후 내담자의 회복을 방해하고 있는 교착점을 찾는 주요 목표를 가지고, 첫 연습과제로 각 내담자가 작성한 트라우마 충격 진술문을 검토하는 것이다. 이 회기는 내담자가 생각과 감정 간의 연관성에 관한 이해, 즉 심리사회적 자료와 이런 연관성에 대한 자기 모니터링을 통해 촉진되는 이해를 높이는 데에 기초가 된다. 또한 치료사는 내담자가 사건의 맥락과 사건에서 자신과 다른 사람의 역할을 보다 정확하게 인식할 수 있도록 동화된 교착점(즉, 지표 트라우마의 역사적 평가)에 초점 맞추면서, 이 회기 동안 소크라테스식 대화를 시작한다. 치료사는 회기 안팎에서 더 정확한 이해를 통해 나오는 자연스러운 감정을 내담자가 표현하도록 격려해야 한다. 이 회기들 후에 내담자는 연습과제로 지표 사건과 관련된 적어도 한 가지의 사건을 포함하여, 사건, 생각과 감정에 대해 매일 자기 모니터링을 한다.

2회기 트라우마의 충격 검토하기

2회기 절차

1. 자가보고 객관식 척도의 내담자 점수를 검토한다.
2. 내담자가 자신의 트라우마 충격진술문을 소리 내어 읽게 하고, 이 진술문에서 교착점을 찾도록 돕는다.
3. 내담자가 연습과제인 트라우마 충격진술문을 작성하지 않았다면, 과제를 준수하지 않는 문제를 해결한다. (CPT의 모든 연습과제에서 이 작업을 한다.)
4. 내담자가 사건, 생각 및 감정 간의 연결을 확인 및 인식하고 사실과 생각을 구별하도록 돕기 시작한다.
5. ABC 워크시트를 소개한다.
6. 교착점을 더 자세히 설명하고 논의한다.
7. 새로운 연습과제를 부여한다.
8. 회기 및 연습과제에 대한 내담자의 반응을 확인한다.

자가보고 척도의 내담자 점수 검토하기

참고로, 각 내담자는 치료 회기를 시작할 때 또는 사전에 대기실에서 매주 PCL-5([유인물 3-1] 참조)와 PHQ-9([유인물 3-2] 참조)를 작성해야 한다. PCL-5 총점은 내담자와 공유할 수 있도록 [유인물 3-1]에 그래프로 표시되어야 한다. 치료사는 점수를 기록하고 내담자 기록에 추가해야 하며, 내담자는 각 평가에서 증상에 대한 피드백을 제공해야 한다.

내담자가 트라우마 충격진술문을 읽고 교착점 확인하기

트라우마 충격진술문의 한 가지 목표(내담자가 1회기가 끝날 때 연습과제로 작성하도록 하는)는 트라우마 사건의 원인에 대한 내담자의 평가를 유도하고, 내담자가 여러 다른 영역(즉, 안전, 신뢰, 힘/통제, 존중, 친밀감)에서 이 사건의 영향을 조사하도록 하는 것이다. 내담자가 이 진술문을 읽을 때 치료사는 이러한 목표가 달성되었는지 아닌지를 판단하는 것이 중요하다. 트라우마 충격진술문을 듣는 동안 치료사는 사건의 수용을 방해하거나(즉, 동화), 극단적이고 지나치게 일반화된 신념(즉, 과수용)인 교착점에 주의해야 한다.

다음은 동화된 교착점의 예이다. 남편에게 신체적 폭행을 당한 내담자는 "폭행이 일어난 이유는 저녁 식사를 태웠기 때문이다."라고 쓸 수 있다. 치료사와 내담자가 해당 사건을 논의한 다음, 내담자는 교착점일지([유인물 6-1] 참조)에 "내가 완벽하지 않을 때 남편이 나를 때리게 만든다."라고 적을 수 있다. 이처럼 진술문의 초점이 저녁 식사를 태웠다는 것에서 자신이 저지를 수도 있는 실수에 대한 남편의 반응으로 변한다. 치료사는 완벽이 가능한 것인지, 그리고 완벽하지 않기에 폭행하는 것이 적절한 반응인지를 입증하기 위해 회기를 진행한다.

이와 유사하게 과수용의 예로, "나는 아무것도 제대로 할 수 없다."가 있다. 내담자는 이후 치료에서 이것이 다뤄질 것이기 때문에 말한 그대로 적어 둘 수 있다. 또한 치료사는 내담자의 인지 유연성을 평가하기 위해 소크라테스식 대화를 조금 연습할 기회를 활용할 수 있다. 예를 들어, 치료사는 "아무것도 제대로 할 수 없습니까? 저는 당신이 트라우마 충격진술문을 잘 작성했다고 생각합니다. 당신이 잘할 수 있는 일은 어떤 게 있을까요?"

초기 트라우마 충격진술문의 또 다른 목적은 변화에 대한 내담자의 동기를 높이는 것이다. 트라우마 사건이 내담자 자신과 타인에 대한 신념에 영향을 미친 무수한 방법을 조사하는 과정에서 치료사는 회피 비용이 매우 크며, 트라우마를 기억하고 자연스러운 고통의 감정을 느끼는 것이 위험을 무릅쓸 가치가 있다는 점을 내담자가 보도록 도울 수 있다. 치료사는 트라우마 사건(들)에 대한 내담자의 해석이 내담자의 삶, 즉 사회생활, 일, 자존감, 자신감, 통제, 친밀감, 타인과의 애착과 같은 많은 다른 영역에 어떻게 영향을 미쳐 왔는지 발견할 수 있다. 트라우마 충격진술문이 중요한 또 다른 이유는 이 진술문은 내담자의 최종 트라우마 충격진술문과 비교하는 치료의 종결 시점에 변화의 기준점으로 사용되기 때문이다.

치료사는 내담자에게 연습과제 완료에 관하여 질문하면서 본 회기와 모든 이후 회기를 시작해야 한다. 사회적 관습이나 기타 치료 모델에 기반을 두고 치료사는 "한 주간 어땠나요?" 또는 "어떻게 지냈나요?"와 같은 개방형 질문으로 회기를 시작하는 경향이 있을 수 있다. 이런 질문은 내담자가 트라우마 내용에 대해 작업하는 것을 회피하게 하며, 회기 대부분이 관련 없는 이야기를 하면서 시간 낭비를 할 수 있다. 계속 연습과제에 대한 질문으로 회기를 시작하면 내담자 회복에서 이러한 과제의 중요성이 강화되고, 내담자가 목표 중심적이고 치료의 적극적인 본질에 다가가도록 도와준다. 치료사는 내담자가 과제를 작성하는 것, 특히 이후 과제 수행의 장을 마련하는 첫 번째 트라우마 충격진술문을 작성한 것을 칭찬해야 한다. (연습과제, 특히 이번 과제를 준수하지 않는 문제를 다루는 방법은 다음에서 별도로 제시한다.)

내담자에게 트라우마 충격진술문을 소리 내어 읽게 한다(즉, 치료사는 조용히든 소리를 내든 이를 읽지 않는다). 이는 회피 행동보다 내담자의 접근 행동을 지지하고, 치료에서 내담자의 적극적인 역할을 강화하기 위함이다. 트라우마 충격진술문을 들은 후, 치료사는 사건의 충격을 정상화해야 하지만 트라우마 사건을 해석하는 다른 방법, 즉 내담자가 이것을 딛고 일어설 방법이 있다는 생각을 심어 주기 시작해야 한다. 그런 후, 치료사는 명료화 질문을 하고, 진술문의 내용이 어떻게 느끼게 하는지 밝힘으로써 트라우마 충격진술문을 심도 있게 검토해야 한다. 또한 치료사는 내담자가 회복을 방해하는 교착점을 확인하도록 도와야 하는데, 이것이 치료 중 초점의 대상이 된다. 교착점을 가장 적절한 형식으로 쓰지 않고서도 교착점일지에 써 넣는 것도 가능한데, 이것은 회기 시간을 절약할 수 있고, 치료사와 내담자는 치료과정에 걸쳐 교착점이 나타날 때마다 한 번에 하나씩 작업하게 될 것이다. 그러나 치료사는 "~했었어야 했다." 또는 "~했을 것이다."(예: "만일 내가 몇 초간 얼어붙지 않았더라면, 그 일을 막았을 것이다.")와 같은 문장 대신에 "만일 ~라면, 그렇다면~"(if-then) 형식으로 바꾸어 더욱 두드러진 동화된 교착점에 시간을 쓰길 원할 것이다. 왜냐하면, 가장 중요한 동화된 교착점이 치료의 시작이기 때문이다.

어떤 교착점이든, 그리고 모든 교착점은 교착점일지에 기록해야 한다. 만일 내담자가 어떤 진술이 실제로는 그러하지만 교착점이 아니라고 주장하려고 한다면, 치료사는 이것에 대해 나중에 결정해 볼 수 있게끔 적어 둘 것을 제안할 수 있다. 내담자가 여전히 이 생각을 사실이라고 주장한다면, 치료사는 나중에 다시 검토할 수 있도록 자신이 가진 트라우마 충격진술문 사본에 적어 둘 수 있다. 치료사는 "당신이 얼마나 강력하게 말하는지 고려해 볼 때 우리가 나중에 이것에 더 많은 시간을 할애할지도 모른다고 생각됩니다."라고 말할 수도 있다.

우리의 경험에서 보면, 내담자는 동화된 사고를 확인하는 능력보다는 트라우마 사건의 결과인 과수용된 사고를 비교적 더 잘 파악한다. 이것은 트라우마 자체에 대한 회고를 피하거나, 단순히 일상생활에서 지금-여기의 생각에 더 잘 적응된 결과일 가능성이 있다. 따라서 치료사의 개별 사례개념화의 중요성을 고려하여, 치료사는 동화된 사고 또는 트라우마 사건이 발생한 이유에 대한 구체적인 사고를 끌어내는 데 특별히 주의를 기울여야 한다. 다시 말해, 과수용된 사고는 동화된 사고 결과이다. 따라서 치료사는 종종 과수용된 사고에서 내담자가 붙들고 있을 가능성이 있는 동화된 사고를 추론할 수 있다.

일부 내담자는 자신이 가지고 있거나 트라우마 사건 이야기를 형성할 만큼 시간을 들이지 않은 동화된 사고를 실제로 인식하지 못할 정도로 트라우마에 관한 생각을 회피해 왔다. 이런 경우, 치료사는 트라우마 사건에 대해 있을 수 있는 문제가 되는 해석을 부드럽게 조사해야 한다. 예를 들어, 트라우마 상황을 다르게 처리할 수 있었던 방법에 대한 내담자의 사고 진술에 대한 반응으로, 치료사는 "당신이 이 일을 어떻게 처리했어야 했다고 생각하십니까?"라고 말할 수 있을 것이다. 후판단 편향("그 일이 일어나리라는 것을 알았어야 했어요."), 자기 비난("그 일이 일어난 것은 나의 잘못이에요.") 그리고 다양한 형태의 부인(예: "나는 내가 거기 있었다면, 그가 죽지 않았을 것이라고 계속 생각합니다." 또는 "그 일을 막기 위해 할 수 있었던 일이 무언가 반드시 있었을 것이라고 늘 생각합니다.")은 모두 동화의 예이거나 이전의 신념에 맞게 사건에 대한 인식을 변경하려는 시도이다. 만일 내담자가 어떤 자기 비난, 실행 취소(undoing) 또는 정의로운 세계관에 관한 생각을 부인한다면, 사건에 대한 동화는 트라우마 사건을 저지르지 않았거나 그 트라우마를 일으킬 의도가 없었던 사람을 잘못 비난하는 것일 수 있다. 과수용의 예로, "우리는 항상 심각한 위험에 처해 있습니다." "나는 내 판단을 믿을 수 없습니다." "다시는 누구와도 친밀감을 느낄 수 없습니다." 등이 있다. 이런 극단적인 진술들은 자신이 더 안전하고 많은 통제력이 있다고 만들 의도이긴 하지만, 치료사는 이 진술들이 값비싼 대가를 치러야 하고, 궁극적으로는 효과가 없다는 것을 부드럽게 지적할 수 있다. 치료사는 "이러한 생각이 트라우마를 유발했다고 생각하는 것과 어떤 관련이 있습니까?"라고 말할 수 있다.

사례개념화와 관련하여 제3장에서 논의하였듯이, 치료사는 치료에서 다룰 교착점의 우선순위를 정하기 위해 동화 또는 과수용을 반영하는 교착점을 알아보아야 한다. 트라우마 초점의 동화된 신념을 가지고 치료를 시작할 필요가 있으므로, 치료사가 동화된 신념과 과수용된 신념을 알아볼 수 있는 것이 중요하긴 하지만 내담자에게 '동화'나 '과수용'과 같은 실제 용어를 사용할 필요는 없다.

다음은 어렸을 때 성폭행을 당했고 이후 성인기에 여러 번 폭행 피해를 당한 34세 남성이 작성한 트라우마 충격진술문의 예이다. 분명히 그는 사건에 대해 자신을 비난하고 있지만(즉, 동화), 다른 사람들에게 겁을 먹고 세상의 위험에 관한 신념을 지나치게 일반화했다. 자존감에 대한 문제 또한 분명하다.

> 폭행을 당했다는 것의 의미에 대해서 전반적으로 마치 내가 이런 일이 일어날 수 밖에 없는 나쁜 사람이라는 느낌이 듭니다. 나는 그것이 언제든지 다시 일어날 것이고 또 일어날 수 있다고 생각합니다. 나는 집에서만 안전하다고 느낍니다. 세상은 나를 두렵게 하고, 세상이 안전하지 않다고 생각합니다. 모든 사람이 나보다 더 강하다고 느끼고, 나는 사람들 대부분이 두렵습니다. 나는 나 자신이 추하고 멍청하다고 생각합니다. 나는 사람들이 내게 정말 가까워지게 할 수 없습니다. 나는 권위 있는 사람들과 의사소통하는 것이 힘들어서 일을 할 수 없었습니다. 약혼녀와 나는 거의 성관계를 하지 않으며, 때로는 포옹조차도 나를 겁먹게 하고 혐오감을 느끼게 합니다. 세상에서 너무 많은 시간을 보내면 나의 과거[사건]와 같은 사건들이 일어날 것 같습니다. 이런 일이 일어나도록 내버려 둔 나 자신에게 증오와 분노를 느낍니다. 나는 가족에게 문제를 일으킨 것에 대해 죄책감을 느낍니다[이 남자의 부모는 이혼했다]. 나는 대부분 더럽다고 느끼고, 다른 사람들도 나를 그렇게 본다고 생각합니다. 나는 다른 사람이 약속할 때 그것을 믿지 않습니다. 나는 이러한 사건이 나에게 일어났다는 것을 받아들이기 어렵습니다.

트라우마 충격진술문을 검토한 후 치료사와 내담자는 교착점일지로 돌아와 트라우마 충격진술문에 대한 논의를 기반으로 일지에 교착점을 추가해야 한다. 치료사는 생각과 감정을 비교하고 도전할 수 있도록 (회기의 전체 시간을 사용하지 않고) 교착점을 찾아내기 위해 노력해야 한다. 앞에서 제시된 트라우마 충격진술문의 예를 기반으로, 다음과 같은 교착점의 예를 살펴볼 수 있다.

> "이런 일이 일어났다니 나는 분명히 나쁜 사람입니다."

"나는 다시 언제라도 학대를 받을 것입니다."

"모든 사람이 나보다 더 강합니다."

"나는 추하고 멍청합니다."

"세상은 안전하지 않습니다."

"안전한 곳은 집뿐입니다."

"나는 일할 수 없습니다."

"세상에서 너무 많은 시간을 보내면 나의 과거[사건]와 같은 사건들이 일어날 것입니다."

"나는 더럽습니다."

"다른 사람들은 나를 더럽게 여깁니다."

"다른 사람들이 약속할 때 믿을 수 없습니다."

치료사는 각 내담자의 첫 번째 트라우마 충격진술문을 이 내담자에 대한 기록에 보관하여 내담자가 최종 트라우마 충격진술문에 작성하는 데에 이를 사용하지 않도록 한다. 또한 치료사는 내담자의 교착점일지를 주기적으로 복사하거나 치료 중 각 내담자에 대한 자신의 교착점일지를 보관하여, 내담자가 치료 바인더나 워크북을 분실했을 때에도 치료가 진행될 수 있게 준비해야 한다.

트라우마 충격진술문 및 기타 연습과제를 준수하지 않는 문제 해결하기

모든 형태의 인지행동치료와 마찬가지로, 치료사는 내담자가 적절하게 CPT를 받을 수 있도록 연습과제를 잘 하지 않는 문제를 신속하고 효과적으로 다루는 것이 필수이다. 회피가 이 장애를 유지하는 필수적인 요소이기 때문에 이와 같은 비순응 문제를 다루는 것은 PTSD의 치료에서 특히 중요하다. 또한 검토된 치료 결과에서 보면, 모든 다양한 가능 요소(예: 트라우마 유형, 진단 기간, 트라우마의 만성) 중에서 회기 밖에서 하는 연습의 양이 개선의 가장 강력한 예측 변수 중 하나이다. 내담자는 연습과제에 대한 노력을 전혀 하지 않거나 최소한으로 하고 싶은 유혹이 있을 수 있지만, 그렇다면 전혀 개선되지 않거나 아주 적게 개선된 상태로 치료를 마치게 될 수 있으며, 이를 내담자가 '치료의 실패'라고 믿게 만들 수도 있다. 그러면 그들은 이후의 치료에서도 이익을 얻을 가능성이 낮고, 이후 이들을 만나는 치료사는 회기 밖 작업을 전혀 하지 않거나 최소한만 하는 내담자의 사회화를 극복해야 할 것이다. 이러한 이유로 치료사가 CPT에서 연습과제를 하지 않는 것을 신속하게 다루는 것이 매우 중요하다.

1회기가 끝날 때 내담자가 부여된 트라우마 충격진술문을 적지 않았다면, 첫 번째 단계로 치료사는 소크라테스식 대화 기술을 사용하여 내담자가 과제를 하지 못하도록 방해한 것이 무엇인지 질문하면서 회기를 시작해야 한다. 어떤 경우에는 지식의 부족으로 어려움을 겪었을 수 있다. 즉, 내담자가 과제를 이해하지 못했을 수 있다. 그러나 우리의 경험에 따르면 정말로 지식이 부족한 사람 대부분은 최소한 과제를 시도한다. 대부분의 문제는 완전한 회피이거나 동기 문제가 방해하는 것이다. 예를 들어, 내담자는 치료의 효과성에 대해 희망이 없다고 느끼거나, 자신의 글을 읽고 쓰는 능력이나 이해력에 당황할 수도 있다. 치료사는 이러한 문제를 확인하고 내담자가 자신의 사고방식과 이런 사고방식이 과제의 준수에 미치는 영향에 민감해질 수 있도록 다음 회기 전에 작성할 ABC 워크시트 주제(ABC 워크시트에 대한 이후 논의 참조)로 이를 부여해야 한다.

내담자의 과제 완수에 방해가 되는 것은 대부분 트라우마에 관한 사고의 회피이기 때문에, 중요한 두 번째 단계는 내담자가 회복과정에서 갇혀 있게 하는 회피의 역할을 반복하는 것이다. 내담자가 트라우마 관련 사고를 직면하는 것에 대한 근거를 얼마나 이해하는지 평가하기 위하여, 1회기에서 회피의 역할에 관하여 제시된 심리교육에 대해 기억하는 게 있는지 물어보는 것이 좋다. 또한 이것은 내담자가 회피에 반하여 접근을 주장하는 상황을 만든다. 이 방법은 치료사가 내담자에게 '강의'하는 것처럼 들리거나 과제를 완수하지 못한 것에 대해 내담자가 느낄 수 있는 수치심을 강조하는 것처럼 들릴 경향성을 낮춘다.

트라우마 충격진술문 과제를 준수하지 않는 문제를 해결하는 세 번째 단계는 내담자가 트라우마 충격진술문을 완료했다면 작성했을 내용(또는 가져오는 것을 잊었다고 말했을 경우 작성한 내용)을 회기 중 구두로 나누게 하는 것이다. 치료사는 내담자가 진술문을 작성하도록 회기를 멈추어서는 안 된다. 이는 치료사가 내담자의 비순응(즉, 회피)에 공모해서는 안 되기 때문에 중요한 단계이다. 대신 치료는 진행된다. 2회기 후에 이 과제를 쉽게 할 수 있도록 내담자가 자신이 썼을 내용에 관한 생각을 메모로 남기거나 교착점일지에 쓰는 것도 좋다.

비순응 문제를 해결하는 네 번째 단계는 순응하지 않은 내담자에게 다음 연습과제(예:

자기 모니터링을 위한 ABC 워크시트 사용)와 함께 집에서 트라우마 충격진술문을 작성하게 하는 것이다. 완료되지 않은 연습과제를 다시 배정하는 전략은 치료사가 PTSD와 동반 장애를 유지하는 교착점을 다루는 것의 회피를 강화할 가능성을 피하게 해 준다. 내담자가 이전 과제를 완료하게 하지 않거나 다음 과제로 넘어가지 않는다면, 내담자는 매회기 또는 가끔 과제를 하지 않아도 된다는 메시지를 받게 된다. 그러면 치료사는 내담자의 회피에 공모하는 것이 된다.

다섯 번째 단계로, 우리는 치료사가 각 회기의 일정 부분에서 다음 연습 과제의 부여에 초점을 두면서 반드시 과제를 하기 위해 구체적으로 해야 할 것을 내담자에게 물어보도록 권장한다. 치료사는 과제가 제시된 그날에 과제를 시작하는 것, 내담자와 달력에 시간을 예약하는 것, 달력이나 휴대전화에서 미리 알림을 설정하는 것, 신뢰할 수 있는 다른 사람들에게 각 과제가 어떻게 진행되고 있는지 확인 요청 부탁 등을 제안할 수 있다. (참고: CPT Coach 무료 앱을 iTunes에서 받아 사용할 수 있다. 이 앱에서 모든 과제를 이용할 수 있으며, 연습 완료 및 다음 약속에 대한 알림을 기록하는 방법도 있다.)

사건, 생각 및 감정 간의 연결 검토하기

치료사와 내담자가 함께 트라우마 충격진술문에 관하여 논의하고 나면 치료사는 내담자가 생각과 감정을 확인하고 명명하도록, 그리고 내담자가 사건, 생각, 감정 사이의 차이점과 연관성을 볼 수 있도록 돕기 시작하고, 생각을 바꾸면 내담자가 경험하는 감정의 수준과 유형이 바뀔 수 있다는 견해를 소개한다. 치료사는 먼저 내담자에게 감정 확인하기 유인물(Identifying Emotions Handout; [유인물 6-2] 참조)을 제시하여, 다양한 유형의 감정 및 감정의 범위와 강도에 대한 심리교육을 제공한다. 치료사는 이 새로운 근거와 내용을 설명하는 데에 최소 회기의 1/3 정도의 시간을 배정해야 한다. 다음과 같이 말하면서 시작해 볼 수 있다.

"오늘 우리는 서로 다른 감정을 확인하는 작업을 할 것이며, 또한 당신의 생각과 감정 사이의 연관성을 살펴볼 것입니다. 우선 분노, 혐오감, 슬픔, 두려움, 행복 등과 같은 '기본적'이거나 '자연스러운' 감정부터 시작해 보겠습니다. 모든 인간은 기본 감정들을 경험하도록 타고났습니다.

그리고 이러한 감정들은 자동적으로 일어나고, 현재와 미래의 유사한 상황에서 어떻게 행동해야 하는지에 대한 중요한 정보를 제공합니다. 무엇이 당신을 화나게 하는지 한 가지 예를 들어 줄 수 있습니까? 언제 슬퍼하나요? 행복은 어떤가요? 당신을 두렵게 하는 것은 무엇인가요? 화가 날 때 신체적으로 어떻게 느끼나요? 두려울 때 신체적으로 어떤 느낌이 드나요? 당신에게 분노와 두려움은 어떻게 다른가요?"

"사건으로 인한 직접적인 결과가 아니라 우리의 생각에 기반한 다른 감정들이 있습니다. 우리는 이것을 '만들어진' 감정이라고 부릅니다. 왜냐하면, 우리 마음속에 이 사건이 왜 일어났는지 또는 그 의미는 무엇인지에 대해 계속 부정적인 생각을 만들어 내는 작은 공장이 있는 것 같기 때문입니다. 그리고 결국 우리는 죄책감이나 수치심과 같은 다른 감정을 느끼게 됩니다. 심지어 사건의 결과나 해를 의도하지 않은 다른 누군가를 비난할 수도 있는데, 사건을 실제로 일으킨 사람보다 그 사람을 비난하는 것이 더 안전하다고 느끼기 때문입니다. 자연스러운 것이든 만들어진 것이든 이런 감정은 서로 결합하여 질투(화가 난+두려운)와 같은 다른 감정을 만들어 낼 수 있고, 또는 그 강도가 다양할 수 있습니다(예: '화가 난'은 '짜증이 난'에서부터 '격분한'의 범위로 묘사될 수 있음). 자연스러운 감정을 통해 우리는 당신이 마침내 그것을 느낄 수 있도록 격려할 것이고, 이 감정들은 자연스럽고 상당히 빠르게 줄어들 것입니다. 만들어진 감정을 통해 우리는 자신에게 더 정확하게 말하는 법을 배워야 할 것이고, 이 감정은 사고의 변화에 따라 변하게 될 것입니다. 트라우마가 일어난 이유에 대해 당신이 가지고 있던 생각 중 일부는 트라우마 사건 이후에 당신이 한 가정에서 일어났고, 당신은 어렸을 수도 있을 것이며, 사실의 모든 부분에 대해 다 알지 못했을 수도 있습니다. 트라우마 사건을 기억하는 것을 피했기 때문에 생각 뒤에 있는 사실을 검토할 기회가 없었습니다. 우리가 함께 이것들을 살펴볼 것입니다."

치료사는 내담자에게 인사하지 않고 길을 걸어가는 지인이나 전화를 하겠다고 약속했으나 전화하지 않은 친구를 예로 사용할 수 있다. 다음으로, 내담자에게 "당신은 어떻게 느꼈을까요?" 그리고 "당신이라면 자신에게 뭐라고 말하겠습니까?"라고 묻는다. (예: "나는 상처받았어요. 그는 날 좋아하지 않는 것이 분명해요." "나는 화가 나요. 그녀는 무례합니다"). 내담자가 대안적인 진술을 만들 수 없는 경우 치료사는 가능한 자기 진술을 몇 가지 제시해야 한다(예: "그는 안경을 쓰지 않았을 겁니다." "그가 아픈 것이 아닌지 궁금합니다." "그는 나를 보지 못했어요." "아마도 그녀의 휴대 전화가 꺼져 있었을 것입니다."). 그런 다음, 치료사는 내담자에게 이 다른 진술 중 하나를 말한다면 어떤 느낌을 받을지 물어볼 수 있다. 그러고 나서 다른 자기 진술이 어떻게 서로 다른 감정적 반응을 유발하는지 지적해야 한다. 내담자의 트라우마 충격진술문은 사건-사고-느낌의 연결을 개인화하는 자료로 사용되어야 한다.

> "이제 여러분이 작성한 트라우마 충격진술문으로 돌아가 봅시다. 지표 트라우마가 일어난 의미가 무엇인지 생각할 때 어떤 종류의 글을 작성했나요? 이것을 적을 때, 어떤 느낌이 들었나요?"

내담자가 자신의 감정을 정확하게 명명할 수 없는 경우 치료사는 다른 감정들이 신체에서 어떻게 느껴지는지에 초점을 맞추어서 감정을 구별할 수 있도록 도울 수 있다. 일부 감정은 여러 기능이 있으며, 특정 상황에서의 구체적인 기능을 판단하기 위해 소크라테스식 대화뿐 아니라 임상적 판단을 취할 수 있다. 예를 들어, 분노는 공격 반응 또는 당연한 분노(인지적으로 중재되지만, 정확한)와 같이 공격당할 때의 반응인 자연스러운 감정일 수 있다. 또한 분노는 인지적으로 중재될 수 있으며, 자기에게 향한 혹은 타인에게 향한 잘못된 분노일 수도 있다("그 일이 일어난 것은 내 잘못이다." "어머니는 외삼촌이 나를 성폭행하지 못하도록 막았어야 했다."). 마지막으로, 일부 내담자는 분노를 사용하여 슬픔이나 비탄과 같은 더 고통스러운 감정을 가리거나, 회피로서 치료사나 다른 사람들을 밀어 낸다.

내담자가 자신의 감정 또는 감정과 신념의 연관성을 인식하지 못한다면 치료사는 "이러한 생각이 기분에 어떤 영향을 끼치나요? 당신의 행동에 어떻게 영향을 주나요?"와 같이 질문하여 생각을 감정과 행동에 연결하도록 도울 수 있다. 치료사는 내담자가 생각, 감정 및 행동의 연결성을 볼 수 있도록 해야 한다. 어떤 내담자는 생각과 사실의 차이를 말할 수 없다. 때로는 간단한 '왜' 질문이 내담자의 생각을 유도하는 데에 도움이 될 수 있다.

치료사: 당신은 왜 화가 났었나요?

내담자: 내가 더 잘 알았어야 했기 때문입니다.

치료사: 그래서 당신의 생각은 '이런 일이 일어날 것을 알았어야 했다.'인가요?

내담자: 네.

치료사: 그리고 당신의 분노는 자신을 향한 것입니까? [참고: 분노의 방향을 묻는 것은 항상 중요하다.]

이런 대화는 내담자 사고의 유연성을 더 깊이 평가하고, 내담자가 단순한 '맹목적' 가정(예: '나는 알고 있었어야 했다.')을 만들었는지 아니면 복잡하게 뒤엉킨 사고 패턴을 만들었는지 판단하기 위해 소크라테스식 대화를 부드럽게 시작할 수 있게 해 준다.

치료사: 이해가 안 돼요. 이런 일이 일어날 것이라고 어떻게 알 수 있었을까요?

내담자: 그날 아침 뭔가 일어날 것 같은 이상한 느낌이 들었어요.

치료사: 아무 일도 일어나지 않았을 때도 그런 느낌을 받은 적이 있나요?

내담자: 예, 하지만 매우 강력했어요. 내가 뭔가를 했었어야 해요.

치료사: 당신의 느낌이 무슨 일이 일어날지, 또는 언제 일어날지에 대해 말해 주나요?

내담자: 아니요.

치료사: 그러면 무엇을 할 수 있었을까요?

내담자: 모르겠습니다. 난 그냥 뭔가를 했었어야 해요.

치료사: 자신의 감정에 대해 확신했습니까? 때때로 느껴지긴 했지만 아무 일도 일어나지 않았던 때도 있었다고 말했습니다.

내담자: 아니요, 확실하진 않았어요.

치료사: 그럼 당신은 그런 감정을 믿지 않았고, 확신했다고 하더라도 무엇을 해야 할지 몰랐군요?

내담자: 아니요. 하지만 여전히 뭔가를 했었어야 했다는 죄책감을 느낍니다.

치료사: 당신이 정확히 무슨 일이 일어날지, 정확히 언제 일어날지, 그리고 이를 알리기 위해 누구에게 전화해야 했는지 명확하게 알 수 있었다고 가정해 봅시다. 그들이 어떻게 반응했으리라고 생각하나요?

내담자: 나를 믿지 않았겠지요. 내가 미쳤다고 생각할 겁니다.

치료사: 그랬다면 어떤 기분이었을까요?

내담자: 글쎄, 나에게는 죄책감이나 화를 내지 않았을 거예요. 그들에게 화가 났을 것 같고 아무것도 할 수 없음에 좌절했을 것 같아요.

치료사: 예, 통제할 수 없는 사건을 막기 위해 할 수 있는 것이 아무것도 없다는 것은 답답하지요. 그렇지 않나요?

내담자: 네, 싫어요.

치료사: 우리가 몇몇 사건을 통제할 수 없다는 사실을 받아들이는 것은 매우 어렵습니

다. 하지만 그런 일이 일어난 것이 당신 잘못인가요?

내담자: 아닙니다. 아닌 것 같네요.

내담자가 치료사와 논쟁이나 자신의 신념을 방어하기 시작하면, 치료사는 즉시 물러서서 "나중에 다시 이야기해 볼 중요한 주제 같네요." 또는 "나는 당신이 생각하는 것을 이해하고 있어요. 나중에 좀 더 논의해 보는 것이 어떻겠습니까?"라고 말해야 한다.

일부 내담자는 자신의 교착점을 정당화하는 복잡한 사고방식을 가지고 있지만, 종종 치료사는 특히 치료 초기 소크라테스식 대화의 질문에 대답을 거의 듣지 못한다. 다음의 예를 생각해 보자.

내담자: 그 일이 발생하도록 놔두었습니다.

치료사: 어떻게 그렇게 놔두셨나요?

내담자: 모르겠습니다. 저는 막지 않았어요.

치료사: 어떻게 막을 수 있었을 것 같나요?

내담자: 모르겠습니다. 그냥 그렇게 했었어야 했어요.

이와 같은 사례의 경우 내담자는 깊게 생각하지 않는 가정을 하고 있다. 트라우마 사건 이후에 그것을 막을 수 있었을 것이라는 결론을 내렸고, 의심의 여지없이 그것을 믿었으며, 더는 검토해 보지 않았다. 이는 트라우마 사건이 어린 시절에 일어난 경우 특히 흔하게 나타난다. 그 당시의 사고 수준이 다소 단순했기 때문이다. 검토되지 않은 신념을 확정하고 나면, 내담자는 단지 그렇게 생각했었기 때문에 신념이 사실인 것처럼 반응한다. 내담자가 질문에 대한 대답을 하지 못해 불편해하면, 치료사는 물러나서 치료에서 작업할 것이 바로 이것이라는 점을 부드럽게 안심시켜야 한다. 다시 말해, 치료사와 내담자는 내담자가 상황의 현실에 대해 생각하고, 그 현실과 관련된 자연스러운 감정을 경험할 수 있도록 협력할 것이다.

ABC 워크시트 소개하기

ABC 워크시트([유인물 6-3], [유인물 6-3A]~[유인물 6-3C]에서 이 워크시트의 전체 예시를 제시함)는 각 버전이 서로 연결되고 CPT 전반에 걸쳐 사용되며, 여러 워크시트 중 첫 번째 워크시트이다. 이 워크시트들의 궁극적인 목표는 내담자가 자신의 인지치료사가 될 수 있게 하는 것이다. ABC 워크시트는 일상적인 사건에 대한 내담자의 평가뿐 아니라 트라우마에 대한 평가와 그들이 느끼는 영향에 대한 내담자의 인식을 높이기 위해 만들어졌다.

치료사는 먼저 각각의 다른 열들을 어떻게 작성하는지 보여 주면서 내담자에게 ABC 워크시트를 소개해야 한다. 처음에는 모니터링과정을 단순화하기 위해 한 번에 하나의 사건을 워크시트에 작성하도록 권유한다. 그런 다음, 결국 내담자가 이 과제에 대해 더 잘 이해하게 되면 한 사건과 다음 사건 사이에 선을 이용하여 각 워크시트에 하나 이상의 사건에 대해 적을 수 있다. 또한 동일한 사건에 대한 반응으로 여러 생각이 활성화될 수 있다. 치료사는 내담자가 서로 다른 생각과 감정 사이의 연관성을 볼 수 있도록 도와야 한다.

내담자와 치료사는 회기 중에 워크시트 하나를 함께 작성해야 한다. 내담자가 이미 치료 중 꺼낸 사건이나 며칠 이내에 발생했던 사건을 사용해야 한다. 그리고 내담자가 과제를 이해할 수 있도록 사용된 예제를 워크시트에 작성할 것을 권장한다. 내담자가 제시한 것과 어떤 관련이 있는 하나 또는 그 이상의 ABC 워크시트 예제들([유인물 6-3A], [유인물 6-3B] 그리고/또는 [유인물 6-3C])도 내담자에게 제시해야 한다. 다음 회기 전 일상에서 자기-모니터링을 할 수 있도록 ABC 워크시트를 내담자에게 충분히 제공해야 한다. 또한 내담자가 지표 사건과 관련하여 적어도 하나의 워크시트를 작성하도록 안내해야 한다.

> "이 연습용 워크시트는 사건 이후의 생각과 감정 사이의 연관성을 확인하는 데 도움이 됩니다. 당신에게 일어나는 일, 당신이 생각하는 것은 어떤 것이든 주목할 사건이 될 수 있습니다. 처음에는 생각보다는 감정을 더 잘 깨달을지도 모릅니다. 이 경우는 먼저 C열을 작성하십시오. 그런 다음 돌아가서 그 사건은 무엇이었는지 결정합니다(A열). 그런 다음, 자신에게 어떻게 말했는지 알아보도록 노력해 보십시오(B열). 왜 그렇게 느끼는지 스스로 질문했을 때 그 대답이 바로 생각일 것입니다. 사건 직후 가능한 한 빨리 이 워크시트를 작성하려고 하십시오. 하루가 끝날 때까지 (또는 한 주가 끝날 때까지) 기다리면 자신에게 말했던 내용을 기억할 가능성이 떨어집

니다. 또한 기록하는 사건이 꼭 부정적인 사건이어야 할 필요는 없습니다. 유쾌하고 중립적인 사건에 관한 생각과 느낌이 있을 수도 있습니다. 그러나 우리가 함께 시작하기로 결정한 트라우마 사건에 대한 ABC 워크시트를 적어도 하나는 작성해야 합니다."

ABC 워크시트의 맨 아래에는 사건에 관한 대안적 해석의 생각을 소개하는 두 가지 질문이 있다. CPT의 이 시점에서 ABC 워크시트를 작성하는 내담자의 주요 초점은 인지에 도전하기로 넘어가기 전에 생각과 감정 사이의 연결을 확인하는 것으로 맞추어야 한다. 따라서 치료사는 기본적인 사고 모니터링과정에 대한 내담자의 이해에 기반을 두고 판단하여 회기 중 이 질문을 내담자에게 소개해야 한다. 내담자가 그 생각은 현실적이고 다르게 할 말이 없다고 말할 가능성이 크기 때문에 일반적으로 이 시점에서 치료사는 하단의 두 가지 질문을 부여하지 않는다. ABC 워크시트에 관하여 소크라테스식 대화를 하는 중에 내담자가 극단의 생각이 현실적이라고 주장한다면, 치료사는 내담자가 가진 인지의 경직성에 대한 중요한 정보를 얻은 것이다.

그러나 내담자가 그 생각이 비현실적인 평가라고 자발적으로 질문에 대답한다면, 이는 내담자가 이미 생각에 도전하기 시작했음을 나타내는 지표일 수 있다. 이런 경우 하단의 두 질문을 부여할 수도 있지만, 반드시 그래야 하는 것은 아니다. 하단의 두 질문은 내담자가 낮은 지능, 이해의 문제, 머리 손상, 문해력의 문제 등으로 내담자가 이후의 더 정교한 워크시트(즉, 도전질문지 워크시트, 문제 사고 패턴 워크시트 및 신념 도전하기 워크시트)를 이해하기 너무 어려운 경우 나머지 양식에 추가하여 어려운 워크시트의 대안으로 사용할 수 있다.

교착점을 더 완전하게 설명하고 논의하기

교착점 개념은 내담자가 트라우마 충격진술문을 읽고 내담자와 치료사가 이 진술문을 검토하는 것에서 이미 소개되었다. 그러나 치료사들도 항상 어떤 것이 교착점인지 또는 아닌지를 명확하지 않기 때문에 내담자가 교착점을 확인할 수 있도록 돕는 치료사를 위한 지침서를 포함시켜 두었다([그림 6-1] 참조). 내담자를 위한 정보 유인물([유인물 6-4] 참조)도 동일한 목적을 위해 회기 자료의 일부로 제공된다. 앞에서 언급하였듯이, 치료사는 내담자가 이 양식의 작성법을 익힐 수 있도록 완성된 ABC 워크시트 예제를 하나 제공할 수도 있다. 내담자는 일반적으로 이러한 세 가지 예제가 모두 필요하지 않고, 각 내담자의 지표 트라우마에 더 가까운 예제를 선택하는 것이 좋다. 특정 유형의 트라우마 내담자(예: 난민, 교통사고 생존자)와 함께 작업하는 치료사는 이러한 사람들을 위해 작성된 ABC 워크시트 예시를 자체적으로 만들 수 있다.

다음은 교착점을 설명하고 논의하는 것에 대한 몇 가지 제안이다.

- 교착점은 처음에 비트라우마적인 용어로 설명될 때 더 쉽게 잘 이해된다.
- 트라우마를 상기시키는 것은 종종 불안감을 일으키기 때문에, 사람들은 교착점에 대한 설명을 '듣기' 힘들어할 수 있다. 따라서 더 일상적인 예시가 도움이 될 수 있다. 이와 같은 설명은 다음과 같다.

치료사를 위한 교착점 안내서

교착점은 감정, 행동 또는 사건이 아닌 생각을 반영하는 간결한 진술이다. 일반적으로 "만일 ~라면, ~했을 텐데……."의 형식으로 표현된다. 내담자가 교착점이라고 생각하는 것을 제시하나 그것이 교착점의 형식이 아닌 경우 근본적인 교착점을 분명히 하기 위해 소크라테스식 대화를 사용할 수 있다.

A. 일반적으로 교착점으로 잘못 확인되는 진술의 예

1. **교착점 아님**: "신뢰"

   이유: 이것은 생각이 아니라 개념이다. 이는 구체적이지 않고, 이 사람이 신뢰에 대해 어떻게 생각하는지 확인할 필요가 있다. 이 예의 경우 "신뢰"에서 무엇이 문제인지 물어볼 수 있다.

   가능성이 있는 관련 교착점: "나는 어떤 식으로든 그 어떤 사람도 믿을 수 없습니다." "누군가 내 곁에 오도록 한다면, 나는 상처를 입을 것입니다." "나는 내 판단을 믿을 수 없습니다."

2. **교착점 아님**: "데이트하러 갈 때마다 긴장해요."

   이유: 이 진술은 생각이 아니라 감정과 사실을 설명하는 것이다. 이 예의 경우 내담자가 잠재적인 교착점을 확인하도록 돕기 위해 데이트에 대해 자신에게 어떻게 말하고 있는지 물어볼 수 있다.

   가능성이 있는 관련 교착점: "데이트를 나가면, 나는 상처받을 것입니다." "사람들은 항상 나를 이용합니다."

3. **교착점 아님**: "나는 항상 딸과 싸웁니다."

   이유: 이것은 생각이 아닌 행동과 사실을 설명하는 것이다. 이 예의 경우 가능한 교착점을 찾을 수 있도록 최근 딸과 다투기 전, 그동안 그리고 그 후에 내담자가 한 생각을 더 물어볼 수 있다.

   가능성이 있는 관련 교착점: "나는 그녀에게 아무런 의미가 없습니다." "나는 딸아이를 안전하게 지키기 위해 통제해야 합니다."

4. **교착점 아님**: "나는 사람들이 죽는 것을 목격했습니다."

   이유: 이 진술은 생각이 아니라 사실을 설명하는 것이다. 이 예의 경우 다른 사람이 죽는 것을 목격했을 때의 영향을 설명해 달라고 요청할 수 있다. 내담자는 당시 어떤 생각을 했는가? 내담자는 지금 어떤 생각을 하고 있는가? 또는 그 말 뒤에 "그리고, 따라서……."와 같은 질문을 할 수 있다.

   가능성이 있는 관련 교착점: "사람들이 죽은 것은 내 잘못이었어요." "막기 위해 뭔가를 했었어야 했어요."

5. **교착점 아님**: "나에게 어떤 일이 일어날지 알 수 없어요." 또는 "나에게 무슨 일이 일어날까요?"

   이유: 이 질문은 미래에 대한 질문이다. 이 예의 경우 교착점을 찾기 위해 내담자에게 "자신에게 그 질문을 할 때 당신이 생각하는 대답은 무엇입니까? 그 답의 의미는 무엇입니까?"와 같이 물을 수 있다.

   가능성이 있는 관련 교착점: "나에게는 미래가 없을 것입니다." "나는 미래에 좋은 일을 겪을 자격이 없습니다."

6. **교착점 아님**: "부모는 자녀를 사랑해야 합니다."

   이유: 이것은 도덕적 진술 또는 규칙이며, 그 뒤에 있는 생각을 확인하고 싶을 것이다. 이 예의 경우 교착점을 찾기 위해 내담자 자신의 삶과 관련하여 이런 도덕적 진술문이 내담자에게 어떤 의미인지 물어볼 수 있다.

   가능성이 있는 관련 교착점: "부모님은 저를 실망시켰습니다." "나는 심지어 가족이라도 사람들을 믿을 수 없습니다."

B. 좋은 교착점 구조를 기억하기 위한 포인트

1. 각 교착점이 하나의 간결한 생각인지 확인하라. 내담자가 여러 개의 교착점을 하나로 제시하는 경우 이를 분리하고 개별적으로 도전해야 한다. 예를 들어, "조가 죽은 것은 내 잘못이고, 나는 끔찍한 사람이며, 벌을 받아 마땅하다."라는 진술은 세 가지 다른 교착점으로 나눌 수 있다. "조가 죽은 것은 내 잘못입니다." "나는 끔찍한 사람입니다." 그리고 "나는 벌 받아 마땅합니다."와 같은 진술은 "조가 죽었습니다."라는 동화된 생각에서 시작하여 모두 각각 도전해야 한다.
2. 여전히 어려움을 겪는다면, 가능한 경우 "만일 ~라면, 그러면~"의 형식에 이 진술문을 넣고, 내담자가 빈칸을 채울 수 있도록 한다. 예를 들어, "내가 지뢰를 봤었다면, 조는 죽지 않았을 것입니다."이다. 내담자의 트라우마 충격진술문에서 교착점을 밑줄 긋고 그것을 교착점일지에 "만일 ~라면, 그러면~"의 형식으로 넣는다.

3. 교착점은 일반적으로 극단적 언어로 구성된 흑백 진술이다. 극단적 언어는 때때로 숨겨져 있을 수 있다. 예를 들어, 내담자가 "내 잘못이었습니다."라고 말하면, 대개 이는 "전부 내 잘못이었습니다."를 의미한다. 두 번째 진술이 더 쉽게 움직일 수 있다.
4. 교착점이 너무 모호하면 도전하기가 더 어렵다. "어떻게 이 결론에 도달했습니까?"라고 질문하여 더 구체적으로 만들라. 예를 들어, "나는 아무도 믿지 않는다."를 "다른 사람을 믿으면 나는 다칠 것 입니다."로 바꿀 수 있다.
5. 다양하게 해석될 수 있는 단어를 주시하라. 교착점은 구체적이고 단어의 의미를 추정하지 않을 때 도전하기가 더 쉽다. 예를 들어, "내가 정상이었다면, 무너지지 않았을 것입니다."라는 말은 "'정상'이란 무엇입니까?" 그리고 "'무너졌다'는 어떤 의미입니까?"라고 물어볼 수 있다.

C. 교착점의 예

1. 내가 일을 더 잘했더라면 다른 사람들은 살아남았을 것입니다. (동화)
2. 내가 망쳤기 때문에 다른 사람들이 죽었습니다. (동화)
3. 내가 아무에게도 말하지 않았기 때문에 학대는 내 탓입니다. (동화)
4. 가해자에게 맞서 싸우지 않았기 때문에 학대는 내 잘못입니다. (동화)
5. 나는 그가 나를 다치게 할 것이라는 걸 알고 있었어야 했습니다. (동화)
6. 사고가 일어난 것은 내 잘못입니다. (동화)
7. 내가 주의를 기울였더라면 아무도 죽지 않았을 것입니다. (동화)
8. 내가 술을 마시지 않았다면 그 일은 일어나지 않았을 것입니다. (동화)
9. 사람들이 자신의 목숨을 잃는데, 나는 살 자격이 없습니다. (과수용)
10. 다른 사람들이 내게 다가오게 하면 다시 상처를 입을 것입니다. (과수용)
11. 감정을 표현한다는 것은 나에 대한 통제력을 잃는다는 뜻입니다. (과수용)
12. 나는 항상 경계해야 합니다. (과수용)
13. 나는 다른 사람을 보호할 수 있어야 합니다. (과수용)
14. 나는 나에게 일어나는 모든 일을 통제해야 합니다. (과수용)
15. 실수는 참을 수 없고 심각한 손상이나 죽음을 일으킵니다. (과수용)
16. 아무도 나를 이해할 수 없습니다. (과수용)
17. 일어난 일에 대해 생각하게 한다면, 결코 머릿속에서 사라지지 않을 것입니다. (과수용)
18. 모든 위협에 무력으로 대응해야 합니다. (과수용)
19. 내가 한 일들 때문에 나는 지옥에 갈 것입니다. (과수용)
20. 나는 사랑받을 수 없습니다. (과수용)

21. 다른 사람들을 신뢰해서는 안 됩니다. (과수용)
22. 내가 과도하게 경계하는 것이 나를 안전하게 지켜 줍니다. (과수용)
23. 내가 행복한 삶을 산다면 내 친구들을 모욕하는 것입니다. (과수용)
24. 나는 내 미래를 통제할 수 없습니다. (과수용)
25. 남자는 신뢰할 수 없습니다. (과수용)
26. 권위 있는 사람들은 항상 자신의 힘을 남용합니다. (과수용)
27. 나는 강간 때문에 영구적으로 손상을 입었습니다. (과수용)
28. 나는 [트라우마 사건] 때문에, 사랑받을 수 없습니다. (과수용)
29. 나는 일어날 일을 통제할 수 없었기 때문에 무가치합니다. (과수용)
30. 나에게는 나쁜 일이 일어날 만합니다. (과수용)

"이 치료에서 당신의 생각이나 사고가 트라우마에서 회복하는 데 어떻게 방해가 될 수 있는지에 초점을 맞춥니다. 우리는 이런 종류의 생각을 '교착점'이라고 부릅니다. 왜냐하면, 이 생각들이 당신이 증상에 '교착'되도록 하기 때문입니다. 이런 생각들은 회복에 대한 장애물을 만듭니다. 교착점 사고의 예로, '내 잘못이야.' '뭔가 다르게 했었어야 했어.' 또는 '오른쪽 대신 왼쪽으로 갔어야 했다.'와 같은 것들이 있습니다. 이것은 감정이 아니라 생각이라는 점을 기억하세요."

"생각이 우리를 갇혀 있게 만들고 방해가 될 수 있는 예를 살펴봅시다. 오늘 회기에 참석할 준비를 할 때, 오는 것에 대해 몇 가지 생각했을 것입니다. 어떤 생각들이었습니까? [치료사는 이러한 생각을 화이트 보드나 종이에 적어야 한다. 전형적인 생각은 '내가 할 수 있을지 모르겠다.' '이게 도움이 될지 모르겠다.' '나를 위한 것이 아니다.' '나를 바보라고 생각할 것이다.' 등이다.]"

"당신에게 이렇게 말하고 있었다면 당신이 어떤 감정이 들게 했을까요? [치료사는 화이트보드나 종이에 그에 상응하는 감정을 적어야 한다.] 와우, 당신은 이 생각들이 당신이 어떻게 느끼게 했는지, 그리고 이곳에 와서 회복을 위한 작업을 하는 데에 어떻게 방해가 되었는지 볼 수 있습니다. 그러나 어쨌든 당신은 이곳에 와 있습니다. 여기로 오게 만든 어떤 이야기를 자신에게 한 것입니다. 그 생각은 무엇이었습니까?" [이 생각은 적을 필요가 없다. 치료사는 단순히 내담자의 대답을 듣는다. 예로, '나는 이 일을 해야 한다.' '나는 이런 식으로 사는 것에 지쳤다.' 또는 '나는 가족과 나 자신을 위해 이것을 하고 싶다.' 등이 있다.]

"여기에 당신을 오게 한 생각은 우리가 처음 쓴 생각과 어떻게 다른지 알 수 있나요? 당신을 여기로 오게 한 생각은 당신을 앞으로 나아가게 하는 반면, 다른 생각들은 당신을 뒤로 물러나

게 하고 갇혀 있게 합니다. 그래서 우리는 이런 생각들을 교착점이라고 부릅니다. 이 치료에서 우리는 당신의 교착점을 찾아보고, 교착점이 트라우마를 회복하는 데에서 어떻게 당신을 갇혀 있게 하는지 보길 원합니다."

새로운 연습과제 제공하기

2회기 이후의 연습과제([유인물 6-5] 참조)는 내담자가 ABC 워크시트를 사용하여 사건, 생각 및 감정 간의 관계에 대해 매일 자기 모니터링을 하는 것이다. 워크시트 중 적어도 하나는 사건으로서 지표 트라우마 사건을 제시해야 한다. 만일 내담자가 트라우마 충격진술문을 적지 않았다면, ABC 워크시트를 매일 작성하는 것에 더하여 이 진술문을 작성하는 과제를 다시 부여해야 한다.

회기 및 연습과제에 대한 내담자의 반응 확인하기

치료사는 회기에 대한 내담자의 반응을 끌어내고, 회기의 내용이나 새로운 연습과제에 대한 질문이 있는지를 물어보면서 회기를 마무리해야 한다. 그리고 회기에서 이루어진 새로운 생각이나 발견을 반드시 강화해야 하고, 내담자가 제공하는 과제용 메시지에 주목해야 한다.

3회기 사건, 생각 및 감정 작업하기

3회기의 목표

3회기의 주요 목표는 내담자가 사건, 생각 및 감정을 확인하고, 이것들이 어떻게 연결되어 있는지 알아내며, 생각이 변할 때 감정이 어떻게 변할 수 있는지 찾아보기 시작하는 것이다. 이 회기의 중요한 목표는 내담자가 서로 다른 감정을 확인하고 정확하게 명명할 수 있도록 하며, 트라우마 사건에서 직접 발생하는 것(즉, 두려움이나 슬픔과 같은 자연스러운 감정) 그리고 사건에 대한 평가나 결과에 기반한 것(예: 죄책감, 수치심, 잘못된 기타 비난)을 이해하기 시작하는 것이다. 내담자가 스스로 하는 말을 수정하는 것이(예: "내가 뭔가 다른 일을 해야 한다고 생각했지만, 그 당시에는 내가 생각해 낸 것들은 모두 불가능했습니다.") 이상적이긴 하지만 이 단계에서 일반적이진 않다. 오랫동안 가정을 해 온 내담자는 이러한 가정이 사실이라고 생각하는데, 이는 단순히 그들이 그렇게 생각했기 때문이다. 즉, 반복을 통해 생각이 사실이라고 가정하게 된 것이다. 이 과정에서 치료사는 인내심을 가지고, 설득하려 하기보다는 내담자가 스스로 새로운 지식을 가지도록 하는 것이 중요하다. 이 회기가 끝날 무렵, 내담자가 생각과 그에 일치하는 감정을 인식하고 올바른 열에 넣을 수 있다면 회기는 성공한 것이다.

3회기 절차

1. 자가보고 객관식 척도의 내담자 점수를 검토한다.
2. 이 시점까지 주어진 연습과제의 완료를 검토한다. 내담자가 작성된 트라우마 충격진술문을 2회기에는 가져 오지 않았지만 하나를 3회기에 가져 왔다면, 치료사는 내담자가 먼저 읽도록 하고 새로운 교착점을 교착점일지에 추가해야 한다. 내담자가 어떤 과제도 하지 않았다면, 치료사는 다른 작업을 하기 전에 이 비순응 문제를 해결해야 한다.
3. 내담자가 ABC 워크시트를 작성했다면 사건의 반응인 생각과 감정을 내담자가 적도록 돕고, 생각을 바꾸는 것이 경험되는 감정의 강도나 유형을 바꿀 수 있다는 견해를 소개한다.
4. 내담자가 하나 또는 그 이상의 트라우마 관련 ABC 워크시트를 작성했다면, 지표 트라우마 사건에 대한 동화된 사고에 도전하기 위해 이것들을 사용한다.
5. 새로운 연습과제를 부여한다.
6. 회기 및 연습과제에 대한 내담자의 반응을 확인한다.

자가보고 척도의 내담자 점수 검토하기

2회기 및 각 후속 회기에서처럼, 각 내담자는 PCL-5([유인물 3-1] 참조; 그리고 내담자가 PTSD 외에 우울증이 있는 경우 PHQ-9[유인물 3-2])를 매주 치료의 시작 시 또는 대기실에서 회기 시작 전에 작성해야 한다. 치료사는 자가보고 척도의 점수를 살펴보고 전반적인 점수가 낮아졌는지 또는 회피가 감소하여 침습이 증가했는지를 확인해야 한다. 만일 내담자가 자신이 더 나빠졌다고 말한다면, 치료사는 PCL-5 점수가 전체적으로 증가한 것인지, 아니면 단지 침습이나 각성 증상에서만 증가하는지를 확인해야 한다. (치료사는 "잘 하셨습니다. 당신은 더 나빠지고 있는 것이 아닙니다. 당신은 트라우마 사건을 덜 피하고 있는 것이고 이를 다루기 시작한 것입니다. 당신의 뇌가 당신에게 어떤 생각을 하도록 합니까?"라고 말할 수 있다.)

내담자의 연습과제 완료 검토하기

연습과제에 대한 지속적인 비순응 문제 다루기

내담자가 2회기에 검토하기 위한 1회기 이후 초기 트라우마 충격진술문을 작성하지 않았고 작성한 트라우마 충격진술문 및 ABC 워크시트를 이 회기에 가져오지 못한 경우, 치료사와 내담자는 이때 치료를 계속하려는 내담자의 동기에 대해 진지한 논의를 해야 한다. 이 장의 앞부분에서 논의하였듯이 치료에 더 큰 저항을 일으킬 가능성이 있기에, 과제를 제대로 하지 않거나 준수하지 않는다면 근거 기반의 치료로 진행하지 않도록 주의해야 한다. 내담자가 규정된 대로 연습과제의 중요성을 이해할 수 있도록 항생제 치료 비유를 사용한다. 항생제는 처방된 대로 복용하면 세균 감염에 효과적이다. 이런 약물을 처방된 기간에 권장량으로 복용하지 않으면 세균은 이 약물에 내성이 생긴다. 내담자가 비순응 행동을 그만두고 CPT에 확실히 전념하지 않는 한, 우리는 내담자가 온전히 약속하는 시점까지 프로토콜을 중단할 것을 권유한다. 치료사는 트라우마 중심의 PTSD 치료를 약속하기 전, 내담자의 동기 부여 부족을 고려하여 현시점에서 치료가 합당한지 또는 다른 형태의 치료(예: 변증법적 행동치료, 분노 관리, 약물 사용 치료, 공황장애 치료)가 권장되는지를 고려할 수 있다. 또한 다른 치료로 전환하고, 따라서 회피를 강화하게 될 때 CPT 치료사가 아닌 다른 사람에게 내담자를 의뢰할 것을 권장한다.

트라우마 충격진술문 검토하기 및 ABC 워크시트 비순응 다루기

내담자가 2회기에는 트라우마 충격진술문을 가져오지 않았지만 이 3회기에 하나를 가져왔다면 치료사는 내담자가 과제를 준수한 것을 강력하게 강화해야 하며, 교착점을 구체화하고 교착점일지에 덧붙일 것에 주의하며, 소리 내어 트라우마 충격진술문을 읽도록 해야 한다. 치료사는 추가 시간을 할애하여 트라우마 충격진술문을 읽고 논의하면서 현 회기에 규정된 개입을 전달해야 하므로, 회기의 진행 속도에 보다 신중해야 함을 기억하는 것이 중요하다. 트라우마 충격진술문이 2회기에서 철저하게 잘 논의된 경우 치료사는 내담자가 진술을 읽지 않고도 알아낸 새로운 교착점에 대해 질문하고 기록할 수 있다. 그런 다음 치료사는 최종 회기를 위해 이 트라우마 충격진술문을 보관할 것이다.

내담자가 트라우마 충격진술문을 작성하고 2회기에서 이를 나눴으나 완성된 ABC 워크시트를 이 회기에 가져오지 않았다면, 치료사는 앞에서 설명한 전반적인 비순응 문제를 해결하는 단계를 따라야 한다. 내담자가 여전히 치료에 충실하지 않다는 점을 고려할 때, 연습과제를 수행하거나 더 나아지는 것과 관련된 교착점을 찾고 이러한 교착점에 대한 ABC 워크시트를 하는 것이 도움이 될 수 있다. 경험상 내담자는 첫 번째 트라우마 충격진술문 과제를 완료하면 일반적으로 연습과제를 계속하게 된다. 그러나 때로는 치료과정에서 해결해야 할 지식의 부족이나 동기 문제가 커지거나 줄어드는 문제가 있고, 이를 치료과정에 걸쳐 다뤄야 할 필요가 있을 수 있다. 내담자는 자신을 치료에 오게 한 요인이 치료를 떠나게 할 것이라는 격언을 계속 상기해야 한다. 모든 새로운 과제는 설득력 있는 근거를 먼저 제시해야 한다.

과제 준수에 관하여 "어느 정도가 충분합니까?"라는 중요한 질문이 든다. 내담자가 최소한의 연습만을 할 때 치료 프로토콜을 지속하는 것에는 위험이 있다. 우리는 이런 내담자들에게 더 많은 연습을 할 수 있도록 촉구하고 지지할 것을 권장하지만, 궁극적으로 내담자가 충분한 양을 받고 있는지에 대한 시금석으로서 PTSD 및 동반 장애 증상에 대한 지속적인 객관적 평가의 결과를 사용할 것을 권장한다. 보다 구체적으로, 내담자의 점수가 회기 전반에 걸쳐 개선되지 않거나 최소한의 정도만 개선되고, 내담자가 권장되는 연습량을 하지 않는 경우 치료사는 내담자의 최종적 결과를 개선하기 위해 노력 수준에 대해 직접 언급해야 한다.

ABC 워크시트를 검토하고 사건, 생각 및 감정을 조사하는 데에 사용하기

내담자가 2회기의 트라우마 충격진술문을 작성하여 이를 나누었고 완성된 ABC 워크시트를 이 회기에 가져왔다면(즉, 내담자가 적시에 모든 연습과제를 완료한 경우), 치료사는 ABC 워크시트를 검토하면서 이 회기를 시작해야 한다. 작성된 워크시트를 살펴볼 때 치료사는 몇 가지 사항을 고려해야 한다. 첫째, 내담자가 생각에 감정으로 명명하는 것은 매우 일반적이다. 예를 들어, 한 내담자는 촉발 사건(A열)에 "커피를 마시기도 전에 소리를 쳤다."라는 ABC 워크시트를 가져 왔다. 내담자의 신념(B열)은 "너무 열심히 노력했지만 보상받지 못한다."였고, 결과적인 느낌(C열에서)은 "내가 실패한 전투에서 싸우고 있는 것처럼 느낀다."였다. 치료사는 감정 확인하기 유인물을 참고하여, ABC 워크시트의 C열에서 확인할 수 있는 내담자의 감정을 상기시켰다. 치료사는 그녀에게 어떤 감정이 가장 잘 맞는지 물었고, 그녀는 "슬프고 화가 났어요."라고 대답했다. 치료사는 그녀가 C열에 작성한 것은 사실 B열에 나열할 수 있는 또 다른 생각이라고 지적한 다음, 이 진술을 B열로 화살표를 그렸다. 그러자 내담자는 생각과 감정의 차이를 더 잘 이해할 수 있었다. 또한 치료사는 생각 문장 앞에 "저는 ~라고 느껴요."라는 표현을 사용하는 것이 생각을 감정으로 만들어 주지 않는다는 것을 언급했다. 생각의 경우 "저는 ~라고 생각해요." 또는 "저는 ~라고 믿어요."라는 표현을 사용하고, "저는 ~라고 느껴요."의 표현은 감정을 위해 남겨 두도록 한다. 이것은 '느낌'이라는 단어를 잘못 사용하는 경우가 너무 흔해서 치료사 자신도 이 단어를 잘못 사용하는 것을 발견할 수 있기에, 이것을 치료사가 염두에 두고 있는 것이 중요하다. 이러한 상황이 발생하면 치료사가 회기 중에도 자신의 잘못을 정정하는 것이 적당하고, 사실은 더 낫다. 이렇게 함으로써 내담자가 우리의 말이 어떻게 잘못 적용될 수 있는지 알 수 있도록 한다.

ABC 워크시트를 완료하는 것과 관련된 또 다른 일반적인 문제는 생각이 보고된 감정으로 논리적이지 않게 흐를 수 있다는 것이다. 만약 논리적으로 연결되지 않는다면, 경험은

하였으나 인식되거나 기록하지 않은, 아마도 다른 생각이 개입되는 것일 수도 있다. 예를 들어, 확인된 생각은 '나는 아무것도 제대로 할 수 없다.'이고, 확인된 감정은 죄책감일 수 있다. 이 경우 개입하는 생각은 '내가 팀을 보호하지 못해서 팀을 실망하게 했다.'일 수 있다. 생각과 감정의 규모가 일치하는지(예: 작은 사건, 불균형적으로 큰 감정) 생각해 보아야 한다. 이 경우 내담자는 자신의 실제 생각을 기록하지 않을 수 있고, 이는 내담자의 자기 대화가 치료사와 공유하기 위해 적어 놓은 것보다 더 자극적일 수 있고, 또는 더 큰 감정을 일으키는 일련의 생각일 수도 있다. 치료사는 내담자에게 사회적으로 더 바람직한 버전이 아니라 자신이 생각하는 것을 정확하게 기록하도록 권장해야 하며, 특정한 지배적 감정이 반복 발생하는지(예: 자신에 대한 분노, 죄책감)도 고려해야 한다. 그리고 반복되는 감정의 가능성과 관련하여 상황 전반에 걸쳐 나타나는 사고의 특정 주제가 있는데, 이는 더 큰 도식/핵심 신념 왜곡(예: '나는 아무것도 제대로 할 수 없다.'—낮은 자존감)을 나타낼 수도 있다.

내담자가 ABC 워크시트를 더 능숙하게 완성할 수 있도록 치료사는 내담자의 노력을 칭찬하고 부드럽게 수정하는 것이 중요하다. 내담자가 부정적인 자기 평가와 관련된 문제가 있는 경우(예: "좋아요, 이 생각을 B열로 옮겨 보겠습니다. 이제 그 생각에 어떤 감정이 느껴집니까? 그냥 한 단어로요.")에 특히 중요하다. 또한 새로운 교착점은 교착점일지에 기록해야 한다. 때로 내담자가 워크시트를 자신이 어리석거나 일을 제대로 할 수 없다는 증거로 사용하는 경우 내담자에게 학교에서 감정과 생각에 대해 배운 적이 있는지 물어보는 것이 도움이 되고, 만일 배운 적이 없다고 한다면 치료사는 한 번도 배운 적이 없는 무언가를 알 것이라고 기대해서는 안 된다는 점을 상기시킬 수 있다.

트라우마 관련 ABC 워크시트를 사용하여 동화된 인지에 도전 시작하기

지표 트라우마 사건에 대한 워크시트를 검토할 때, 치료사는 이 내용을 가지고 소크라테스식 대화로 동화된 인지에 도전할 기회를 얻는다. 내담자가 지표 트라우마에 대한 동화된 생각을 작성하지 않았다면, 치료사는 종종 내담자의 과수용된 생각으로부터 근본적인 동화된 생각을 판단할 수 있다는 것을 기억해 두어야 한다. 예를 들어, 내담자가 '주차장은 위험하다.'라는 생각을 기록하면, 치료사는 '그날 주차장을 피했더라면, 폭행을 당하지 않았을 것이다.'와 같이 트라우마 자체에 대한 동화된 생각이 있을 수 있다고 추론할 수 있다. 치료사는 지표 트라우마에 대한 동화된 사고를 얻기 위해 내담자에게 "주차장이 위험하다는 결론을 어떻게 얻었습니까?"와 같은 간단한 질문을 할 수 있다. 앞서 언급했듯이, 치료 중의 이 시점에서 동화된 생각에 초점을 맞추는 것이 중요하다. 다음은 트라우마적 죽음과 관련된 내담자 ABC 워크시트를 검토한 후 진행된 소크라테스식 대화의 예시이다.

내담자: A란에 "내 부하들을 매복된 곳으로 보냈고, 그들 중 절반이 죽었다."라고 적었습니다. 내 생각은 '내 잘못이다.' 그리고 '나는 가치가 없다.'입니다. 나는 C열에 "수치, 분노 그리고 저녁 계획을 취소했다."라고 썼습니다.

치료사: 감정부터 시작해 봅시다. 화가 난 대상은 누구입니까?

내담자: 나 자신이요.

치료사: 좋습니다. 매복당한 것이 왜 당신의 잘못인지 제가 이해할 수 있게 설명해 주시겠습니까?

내담자: 잘 모르겠습니다. 그냥 그런 겁니다.

치료사: (조용히 기다린다.)

내담자: 음, 나에게 내 부하들에 대한 책임이 있고, 그중 일부가 죽었기 때문에 내 잘못입니다.

치료사: 전쟁 지역의 모든 것을 통제할 수 있습니까?

내담자: 아니요, 하지만 그 길에서 공격을 예상했었어야 했습니다.

치료사: (잠시 멈춤) 잠시 이해를 해 봅시다. 매복이란 무엇입니까?

내담자: 기습 공격입니다.

치료사: 그래서, 그것이 기습이라면 어떻게 그것을 예상할 수 있었습니까? 그들이 당신을 기다리고 있다는 정보를 받았습니까?

내담자: 아니요, 하지만 그건 우리의 정보가 좋지 않았음을 의미합니다. 누군가의 책임이어야 합니다.

치료사: 피해를 입힌 사람들은 어떻습니까? 그들은 얼마나 많은 비난을 받습니까?

내담자: 그들은 많은 비난을 받습니다. 그들은 우리를 공격했습니다.

치료사: 비난과 잘못에 의도가 포함되어 있다면 당신의 부하를 죽일 의도가 있었던 사람은 누구입니까?

내담자: 그들입니다.

치료사: 정보가 없었고 이런 일이 일어날 것이라는 사실을 알 방법이 없었다면, 당신과 당신의 상관은 얼마나 비난을 받습니까? 이 결과를 의도했습니까?

내담자: 아니요. 물론 아닙니다. 상관이 알았다면 그렇게 적은 수로 우리를 보내지 않았을 것입니다. 그리고 저도 분명히 저의 부하를 보내지 않았을 것입니다.

치료사: 당신은 지금 적이 많은 비난을 받고 있다고 말하고 있습니다. 누가 비난을 받습니까? 누가 해를 입히고 당신 부하들을 매복해서 공격했습니까?

내담자: 그들이죠. 그들이 모든 비난을 받아야 할 것 같습니다. 그저 저는 알았으면 했습니다.

치료사: 동의해요. 당신은 그 일을 알았었더라면, 그리고 그들이 죽지 않았더라면 하고 바라는 것입니다. 상황을 예측할 수 없었다는 것과 당신의 부하들이 죽었다는 사실을 받아들이는 것은 어렵습니다. 이 기분은 당신이 자신에게 쌓아 온 비난과는 다른 것입니까?

내담자: 예, 저는 진짜 자신에게 혹독하게 대했습니다. 그렇지만 이 일을 되돌아보았을 때 그것은 매복이었고, 그날 우리가 그렇게 큰 병력과 마주하게 될 것을 알 방법은 없었습니다.

치료사: 그렇다면 이렇게 다른 방식으로 볼 때 기분이 어떻습니까?

내담자: 여전히 슬퍼요. 매우 슬픕니다.

치료사: 이해할 수 있습니다. 당신이 겪은 부하들의 죽음에 대해 자신이 슬퍼하도록 해야 합니다. 당신은 예측할 수 없었던 것을 보지 못한 자신을 향한 죄책감과 분노에만 초점을 맞추고 있었습니다. 슬픔은 자연스러운 감정이며, 회복하기 위해 스스로 이를 느낄 수 있는 것이 중요합니다.

연습과제 제공하기

3회기 후의 연습과제([유인물 6-6] 참조)는 내담자가 ABC 워크시트를 사용하여 매일 자기 감찰하기를 계속하는 것이지만, 이번에는 내담자가 지표 사건 또는 기타 트라우마 사건에 대한 워크시트를 매일 작성해야 한다. 내담자는 트라우마와 관련된 여러 ABC 워크시트에 더하여, 매일의 사건에 관한 다른 ABC 워크시트도 할 수 있다.

회기와 연습과제에 대한 내담자의 반응 확인하기

2회기와 마찬가지로 치료사는 회기에 대한 내담자의 반응을 끌어내고, 내담자가 회기 내용이나 새로운 연습과제에 관한 질문이 있는지 물어보면서 3회기를 마무리해야 한다. 치료사는 회기에서 이루어진 새로운 생각이나 발견을 반드시 강화해야 하고, 내담자가 제공하는 과제용 메시지에 주목해야 한다.

[유인물 6-1]

교착점일지

날짜: ____________ 내담자: ______________________________

우리는 치료 전반에 걸쳐 이 교착점일지를 사용할 것이며, 이 일지는 항상 치료 바인더나 워크북의 앞에 둡니다. 트라우마 충격진술문을 작성한 후 교착점을 인지하면 이 일지에 추가하게 됩니다. 치료 전체에 걸쳐 여기에 더할 것이고, 더는 믿지 않는 생각들을 지울 것입니다.

____

____

____

____

____

____

____

____

____

____

____

____

____

[유인물 6-2]

감정 확인하기 유인물

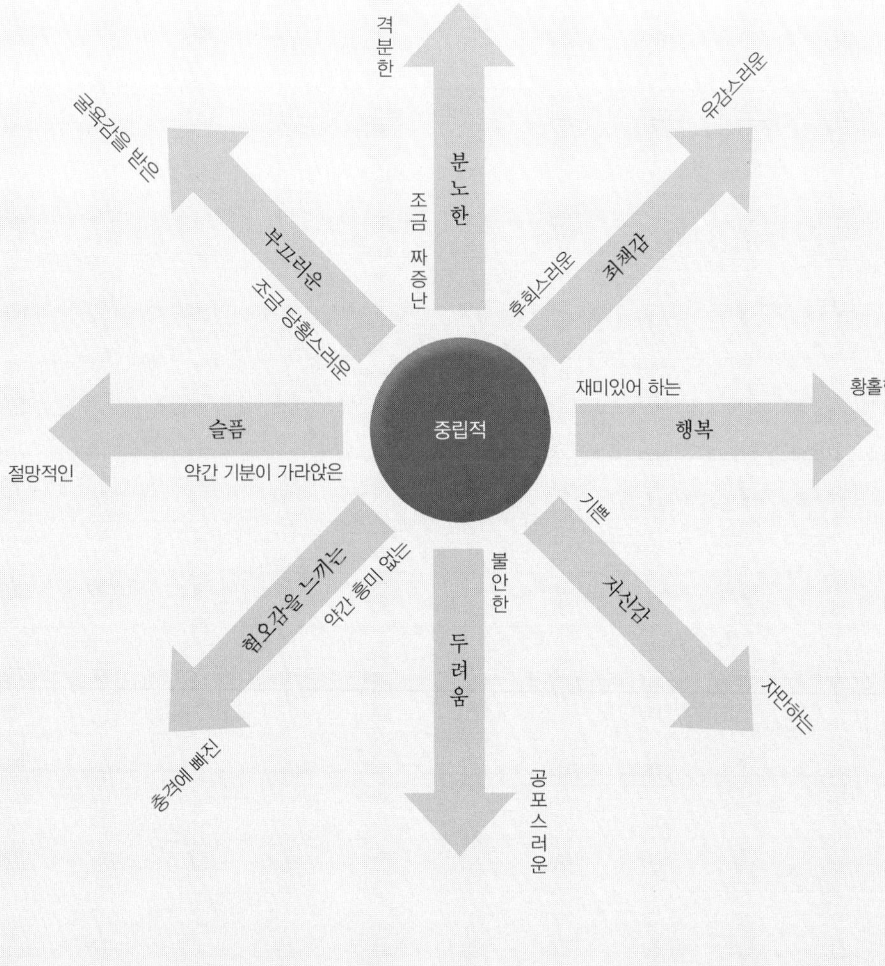

『Cognitive Processing Therapy for PTSD: A Comprehensive Manual』(Resick, Monson, & Chard)에서 발췌.

[유인물 6-3]

ABC 워크시트

날짜: ________ 내담자: ____________________

촉발 사건(A) "무언가가 일어났다."	신념/교착점(B) "나에게 무언가를 말한다."	결과(C) "나는 무언가를 느낀다."

B열에서 작성한 생각이 현실적이거나 도움이 되는 것이 있습니까?

____

____

____

미래의 이런 상황에서 자신에게 뭐라고 말할 수 있습니까?

____

____

____

[유인물 6-3A]

ABC 워크시트 예시 1

날짜: ___________ 내담자: ______________________________

촉발 사건(A) "무언가가 일어났다."	신념/교착점(B) "나에게 무언가를 말한다."	결과(C) "나는 무언가를 느낀다."
전투 중에 베트남 여성을 쐈다.	"나는 무력한 민간인을 죽였기 때문에 나쁜 사람이다."	나 자신에 대한 죄책감과 분노

B열에서 작성한 생각이 현실적이거나 도움이 되는 것이 있습니까?

없다. 한 번의 실수가 나를 나쁜 사람으로 만들지 않는다. 사람은 실수하고, 스트레스가 매우 큰 상황인 전쟁 지역에서는 이런 실수의 가능성이 커진다.

미래의 이런 상황에서 자신에게 뭐라고 말할 수 있습니까?

"내 삶에서 실수들을 했을 수 있지만, 이것이 나를 나쁜 사람으로 만들지는 않는다. 내가 후회할 만한 일을 했을지 모르지만, 살면서 좋은 일도 해 왔다."

[유인물 6-3B]

ABC 워크시트 예시 2

날짜: ____________ 내담자: ______________________________

촉발 사건(A) "무언가가 일어났다."	신념/교착점(B) "나에게 무언가를 말한다."	결과(C) "나는 무언가를 느낀다."
삼촌이 나를 강간했다.	"이 일이 일어나도록 두었고, 아무에게도 말하지 않았다."	죄책감과 수치심

B열에서 작성한 생각이 현실적이거나 도움이 되는 것이 있습니까?

____

____

____

미래의 이런 상황에서 자신에게 뭐라고 말할 수 있습니까?

____

____

____

[유인물 6-3C]

ABC 워크시트 예시 3

날짜: ___________ 내담자: ___________________________________

촉발 사건(A) "무언가가 일어났다."	신념/교착점(B) "나에게 무언가를 말한다."	결과(C) "나는 무언가를 느낀다."
현관을 만들었는데 철책이 풀렸다.	"나는 절대 어떤 것도 제대로 할 수 없다."	자신에 대한 분노와 슬픔

B열에서 작성한 생각이 현실적이거나 도움이 되는 것이 있습니까?

전혀 받아들일 수 없다. 왜냐하면, 나는 제대로 한 일들이 있기 때문이다.

미래의 이런 상황에서 자신에게 뭐라고 말할 수 있습니까?

"내가 제대로 한 것들도 있다. 어떤 것도 제대로 할 수 없다는 것은 사실이 아니다."

[유인물 6-4]

교착점 도움 시트

날짜: ____________　　　　내담자: ____

교착점은 무엇입니까?

교착점은 회복을 방해하는 생각입니다.

- 이러한 생각은 100% 정확하지 않을 수 있습니다.
- 교착점은 다음과 같을 수 있습니다.
  - 트라우마 사건이 발생한 이유에 대해 당신이 이해하고 있는 생각
  - 트라우마 사건의 결과로 극적으로 바뀐 자신, 타인 및 세상에 관한 생각
- 교착점은 간결한 진술입니다(그러나 한 단어 이상이어야 합니다. 예를 들어, '신뢰'는 교착점이 아닙니다).
- 교착점은 종종 "만일~라면, 그러면~"의 형태로 구성될 수 있습니다. 예를 들어, "다른 사람을 가까이하면, 다칠 것이다."와 같은 문장이 있습니다.
- 교착점은 종종 '절대' '항상' 또는 '모두'와 같은 극단적인 언어를 사용합니다.

교착점이 아닌 것은 무엇입니까?

- **행동.** 예를 들어, "나는 항상 내 딸과 싸운다."라는 문장은 행동을 설명하기 때문에 교착점이 아닙니다. 대신 딸과 싸울 때 어떤 생각을 하는지 생각해 보세요.

- **감정.** 예를 들어, "나는 데이트하러 갈 때마다 긴장된다."라는 문장은 감정과 사실을 묘사하기 때문에 교착점이 아닙니다. 대신, 긴장감을 느끼게 만드는, 자신에게 하는 말의 내용을 생각해 보세요.
- **사실.** 예를 들어, "사람들이 죽는 것을 목격했다."라는 문장은 실제로 일어난 일이기 때문에 교착점이 아닙니다. 대신, 이 일이 일어났을 때 어떤 생각을 했고 지금 그것에 대해 어떻게 생각하는지 살펴보세요.
- **질문.** 예를 들어, "나에게 무슨 일이 일어날까?"라는 문장은 질문입니다. 대신, "나에게는 미래가 없을 것이다."와 같이 질문에 대한 어떤 답이 당신 마음 뒤에 있는지 생각해 보세요.
- **도덕적 진술.** 예를 들어, "형사법 제도는 항상 제대로 적용되어야 한다."는 이상적인 행동 기준을 반영하므로 교착점이 아닙니다. 대신, "사법제도가 나를 실망하게 했다." 또는 "나는 정부를 믿을 수 없다."와 같은 문장이 당신에게 어떻게 적용되는지 생각해 볼 수 있습니다.

교착점의 예

1. 내가 일을 더 잘했다면 다른 사람들은 살아남았을 것이다.
2. 내가 아무에게도 말하지 않았기 때문에 학대에 대한 책임이 있다.
3. 공격자에 맞서 싸우지 않았기 때문에 학대는 내 잘못이다.
4. 나는 그가 나를 해치리라는 것을 알았어야 했다.
5. 사고가 발생한 것은 내 잘못이다.
6. 내가 주의를 기울였다면 아무도 죽지 않았을 것이다.
7. 술을 마시지 않았다면 그런 일이 없었을 것이다.
8. 다른 사람들이 목숨을 잃었기 때문에 나는 살 자격이 없다.
9. 다른 사람이 내게 다가오게 한다면 나는 다시 상처받을 것이다.
10. 감정을 표현한다는 것은 자신을 통제할 수 없다는 뜻이다.
11. 나는 항상 경계해야 한다.
12. 나는 다른 사람을 보호할 수 있어야 한다.
13. 나는 나에게 일어나는 모든 일을 통제해야 한다.
14. 실수는 용납할 수 없고 심각한 해를 입히거나 사망에 이르게 한다.

15. 어떤 민간인도 나를 이해할 수 없다.
16. 무슨 일이 일어났는지 생각하게 놔둔다면 결코 머릿속에서 그것을 없애지 못할 것이다.
17. 모든 위협에 무력으로 대응해야 한다.
18. 나는 내가 한 일 때문에 다시는 선하고 도덕적인 사람이 될 수 없다.
19. 다른 사람들을 신뢰해서는 안 된다.
20. 다른 사람들은 나를 믿어서는 안 된다.
21. 행복한 삶을 살면 친구들을 모욕하는 것이다.
22. 나는 내 미래를 제어할 수 없다.
23. 정부는 믿을 수 없다.
24. 권위 있는 사람들은 항상 자신의 힘을 남용한다.
25. 나는 강간으로 인해 영구적인 손상을 입었다.
26. 나는 [트라우마] 때문에 사랑받을 수 없다.
27. 나는 일어난 일을 통제할 수 없었기 때문에 가치가 없다.
28. 나에게 나쁜 일이 일어나는 것은 마땅하다.
29. 나는 더럽다.
30. 나는 학대받아 마땅하다.
31. 거기에 있었던 사람만 이해할 수 있다.

[유인물 6-5]

CPT 2회기 후 연습과제

사건, 당신의 생각과 감정 간의 연관성을 알아보기 위해 ABC 워크시트를 작성합니다. 매일 최소한 하나의 워크시트를 작성합니다. 사건이 일어난 후 가능한 한 빨리 워크시트를 작성합니다. 그리고 새로운 교착점을 확인한다면 이를 교착점일지에 추가합니다. PTSD 증상을 가장 많이 일으키는 트라우마 사건에 대한 워크시트를 하나 이상 작성합니다. 또한 감정 확인하기 유인물을 사용하여 자신이 느끼는 감정을 파악해 봅니다.

[유인물 6-6]

CPT 3회기 후 연습과제

이 기술에 숙달할 수 있도록 ABC 워크시트를 사용하여 매일 사건, 생각과 감정을 스스로 모니터링합니다. 가장 고통스럽거나 다른 트라우마를 유발하는 트라우마 사건에 대해 매일 하나의 워크시트를 작성해야 하고, 더하여 일상 사건에 대한 워크시트 항목들을 추가 작성할 수 있습니다. ABC 워크시트를 사용할 때 새로 발견한 모든 교착점을 교착점일지에 기록합니다. 또한, 감정 확인하기 유인물을 사용하여 자신이 느끼는 감정을 파악해 봅니다.

제7장

지표 사건 다루기

4, 5회기

4, 5회기의 목표

4, 5회기의 목표는 내담자가 사건, 생각 및 감정을 구분하고 그 사이의 연결을 볼 수 있게 돕는 것에 더하여, 내담자가 자신의 생각에 도전하고 독특한 사고방식을 고려해 봄으로써 자신을 위한 인지치료사가 되도록 도울 수 있게 만들어진 새로운 두 가지 워크시트(즉, 도전질문지 워크시트 및 문제 사고 패턴 워크시트)를 소개하는 것이다. 이 회기의 전반에 걸쳐 내담자가 자신의 교착점에 도전해 볼 수 있도록 소크라테스식 대화를 사용한다. 각 내담자의 지표 트라우마(그리고 어쩌면 다른 트라우마도)에 대한 동화 교착점들은 이 회기에서 우선 처리되어야 한다. 4회기에서 치료사는 다른 회기에서보다 더 많은 소크라테스식 대화, 특히 명료화 질문을 하게 될 것이다.

4회기 지표 사건 조사하기

4회기 절차

1. 자가보고 객관식 척도의 내담자 점수를 검토한다. (제6장의 2, 3회기 검토를 위한 논의 참조.)
2. 내담자 ABC 워크시트를 검토한다.
3. 내담자의 동화된 교착점을 다루기 위해, 이를 명료화하고 조사하는 소크라테스식 대화를 사용한다. 지표 트라우마가 발생했던 상황을 확인하고, 책임/의도, 책임성 그리고 예측 불가능성을 내담자가 구분하도록 돕는다.
4. 도전질문지 워크시트를 소개한다.
5. 새로운 연습과제를 부여한다.
6. 회기 및 연습과제에 대한 내담자의 반응을 확인한다.

내담자의 ABC 워크시트 검토하기

3회기가 끝날 때 치료사는 내담자에게 지표 트라우마 사건에 대해 매일 적어도 하나의 ABC 워크시트 그리고 회기 사이에 일어날 수 있는 다른 트라우마나 삶의 사건들에서 필요한 추가 작업지를 작성하도록 과제를 부여했다. 이전 회기에서 나타난 새로운 교착점을 교착점일지에 추가하고 적절한 교착점 형식으로 표현해야 한다. 내담자는 B칸에서 사건이 자신의 잘못이었다거나 무언가 다르게 했었어야 했다고 말할 가능성이 있다. 때때로 내담자는 자신을 비난하지 않는다고 말할 것이지만(예: "나는 고작 어린아이였어요."), 아마도 다른 사람들(예: 부모)이 이를 부인하기 때문에 사건이 일어난 것을 의심할 수도 있다. 이것도 동화(즉, "발생하지 않았다.")이며, 트라우마 사건에 대한 근본적인 불공정한 감정(즉, 정의로운 세계관)을 포함할 수 있을 것이다. 이전 장에서 언급했듯이 때로 내담자는 다른 사람들을 잘못 비난하기도 하고, 그 일을 저지른 사람보다는 피해나 결과를 의도하지 않은 가까이 있던 사람을 비난할 수도 있다.

동화된 생각의 해명은 곧바로 소크라테스식 대화로 이어져야 한다. 내면화된 설명을 가지고 있는 사람은 트라우마에서 자신의 역할에 초점을 맞추고, 자기 비난을 하며, 아마도 우울증이 동반되고 있을 가능성이 크다. 일부 내담자는 보다 많은 분노의 설명을 하며, 관련된 외현적인 사고를 할 경향이 있다. 이는 특히 다른 사람들이 그들과 함께 있었다거나, 비난할 수 있는 사람이 가까이 있었다거나(가해자가 아니라), 자신이 잘못을 저질렀다고 해석하지 않는 경우 더 그럴 수 있다. 잘못된 타인 비난은 다른 사람에 의해 어떻게 이 사건을 피할 수도 있었을지에 대해 초점을 맞춘 정의로운 세계관의 한 형태이다. 예를 들어, 매복하거나 지뢰를 묻은 사람들은 무시하면서 지휘관이나 부대장을 비난하는 군인, 자녀가 학대당하고 있다는 사실을 몰랐던 죄 없는 부모를 비난하는 것, 가해자보다 구경꾼을 비난하는 것 등이 있다. 일단 이러한 감정을 명명하고 나면, 치료사는 트라우마에 대한 왜곡된(즉, 동화된) 사고에 초점을 맞춘 질문을 시작해야 한다.

인지 처리하기: 동화된 교착점 다루기

4회기의 대부분은 트라우마 자체에 초점을 맞춘 소크라테스식 대화에 사용된다. 치료사는 내담자의 각 진술이 사실상 옳은지 또는 교착점인지를 판단할 수 있도록, 사실이 무엇이었는지 이해하기 위한 명료화 질문으로 시작해야 한다. 경험상 명료화 질문과 실제 근거나 대안 사고를 조사하는 내용을 20~80%로 나누는 것이 바람직하다. 다음은 강간을 당했고 그 일이 자신의 잘못이라고 믿는 내담자와 치료사가 나눈 대화의 예시이다. 치료사는 명료화 질문과 진술문 요약하기로 시작하고 있다.

치료사: 강간 당시 어떤 선택을 할 수 있었는지 말씀해 주겠습니까?

내담자: 더 많이 "싫다."라고 말했어야 했어요. 그가 내 말을 듣지 못하거나 오해했을 수도 있어요.

치료사: "싫다."라고 몇 번이나 했습니까?

내담자: 네다섯 번 정도요. 그랬더니 나에게 닥치라고 말했어요.

치료사: 그가 당신에게 닥치라고 했다면, 그건 그 사람이 당신의 말을 들었음을 의미할

수도 있겠군요?

내담자: 제 생각엔 그가 내 말을 믿지 않았을 수도 있어요. 그 사람이 "너도 이걸 원한다는 걸 알고 있다."라고 했거든요.

치료사: 그리고 당신은 그걸 원했습니까?

내담자: 아니요.

치료사: 그에게 그렇게 말했습니까?

내담자: 네, 그를 밀어내려고 했어요. 그렇지만 그는 너무 컸어요.

치료사: 그러한 상황을 고려해 볼 때, 이것이 당신의 잘못이라는 생각을 멈추고 그의 잘못이 된다고 생각하게 만드는 부분은 무엇이라고 생각합니까? 범죄가 성립되기 전에 몇 번이나 "싫다."라고 말해야 하는지가 법에 있습니까?

내담자: 한 번이라고 생각해요.

치료사: 내가 당신을 정확하게 이해했는지 봅시다. 당신은 그와 성관계를 갖고 싶지 않다고 말했고 "싫다."라고 여러 번 말했으며, 그를 밀어내려 했지만 그럴 수 없었습니다. 맞습니까?

내담자: 네.

치료사: 그 점에 비추어 볼 때 그 당시에 어떤 다른 선택을 할 수 있다고 생각합니까?

내담자: 더 열심히 싸웠어야 했어요.

치료사: (어리둥절한 어조로) 어떻게 더 열심히 싸울 수 있었는지 설명해 주겠습니까? 그를 떼놓을 수 없다고 했잖아요. 그가 당신을 꼼짝 못하게 잡고 있었습니까?

내담자: 예. 나는 다리를 움직일 수 없어서 그를 걷어차지 못했고, 그는 내 팔 하나를 내 등 뒤로 붙잡고 있었어요. 그가 닥치라고 하면서 내 얼굴을 때렸어요.

치료사: 오, 그 부분은 전에 들어 본 적이 없습니다. 그게 중요합니다. 당신은 "싫다."라고 반복적으로 말하면서 팔 하나로 그를 밀어붙이고 있었는데, 그동안 팔 한쪽은 등 뒤에 깔려 있었고 다리는 꼼짝할 수 없었습니다. 그리고 그는 당신을 때렸죠. 내가 당신에게 이렇게 다시 말하는 것을 들어볼 때 이것이 당신에게 오해한 것처럼 들립니까?

내담자: (조용히 울면서) 아니요, 그가 나를 강간했어요.

이런 경우 내담자가 자신의 자연스러운 감정을 느끼도록 허용하고 감정을 명명하도록 돕고 나서, 치료사는 내담자가 강간당하는 것을 원치 않았고 또 그것이 자신의 잘못이 아니라는 것을 더 깊이 인식할 수 있도록 돕기 위해 합의된 성관계 동안, 또는 '정상적인 날'에 보통 일어날 수 있는 것들을 찾아봐야 한다. 치료사는 내담자가 위험한 상황을 감지했을 경우 일반적인 '프로토콜'이 무엇일 수 있는지 물어볼 수 있다. 다음은 전투와 관련된 교착점에 대해 치료사와 내담자가 나눈 대화이다.

치료사: 당신에게서 가장 강력해 보이는 교착점은 "내가 내 동료를 엄호할 수 있었다면, 그는 죽지 않았을 것이다."입니다.

내담자: 맞습니다. 내가 그를 엄호할 수 있게 그곳에 있었다면 그는 아마 오늘 살아 있었을 겁니다.

치료사: 그리고 그렇게 말할 때 어떤 느낌이 듭니까?

내담자: 화가 납니다.

치료사: 누구에게 화가 났습니까?

내담자: 부대 지휘관에서 화가 납니다. 이건 그의 잘못입니다. 또 그 친구와 함께 가지 않았던 나 자신에게 화가 납니다.

치료사: 자신과 관련해서 친구와 함께 가야 했었다는 신념에 대해 느끼는 다른 감정이 있습니까?

내담자: 죄책감도 있습니다.

치료사: 당신이 해결하려고 노력하는 교착점은 두 개인 것 같군요. 하나는 동료를 엄호할 수 있었어야 했던 것이고, 다른 하나는 만일 그렇게 했었다면 그가 죽지 않았을 것이라는 겁니다. 한 번에 하나씩 살펴봅시다. 그에게 엄호사격을 하지 못하게 막은 것은 무엇입니까?

내담자: 사령관이 나를 다른 장소로 보냈습니다. 우리는 한 집에 체포해야 할 반란군이 있다는 정보를 받았고, 내 동료는 여러 명과 현관 쪽으로 갔습니다. 나는 다른 몇 명과 뒷문과 창문을 담당하기 위해 뒤로 돌아갔습니다.

치료사: 그리고 이것이 이런 집에 들어가는 일반적인 방법이었습니까?

내담자: 앞과 뒤를 모두 봉쇄하는 거요? 네. 우리는 평소의 위치로 가고 있었는데, 그날 밤 뭔가 기분이 좋지 않았습니다.

치료사: 어떻게요?

내담자: 평소보다 거리에 사람이 적었습니다. 정말 조용했습니다. 무슨 일이 일어날 것이라는 걸 알았어야 했어요.

치료사: 이건 교착점일지에 기록해 두어야 할 또 다른 교착점인 것 같습니다. 이것은 당신이 미래를 예측할 수 있는 능력이 있었어야 한다고 말하는 것처럼 들립니다. 그게 죄책감의 원인인지 궁금합니다. 그래도 지금은 첫 교착점으로 되돌아가 봅시다. 평소보다 조용했습니다. 그 말은 일반적인 프로토콜에 따라 당신의 위치를 바꾸어 집 앞으로 옮겨야 한다는 뜻이었습니까?

내담자: 아니요. 이건 단순한 체포 작전이었지만, 그런 것 같지 않은 느낌이 들어서 더 긴장하기 시작했습니다. 그렇지만 저를 집 앞으로 다시 보내지 않았기 때문에 저는 제 위치를 유지했습니다. 반란군은 뒷문이나 창문으로 도망치려고 할 수도 있었습니다.

치료사: 그때 무슨 일이 있었습니까?

내담자: 모든 지옥이 열렸죠. 함정이었어요. 반란군이 현관문으로 나와서 우리 부대원 3명을 쏴 죽였습니다. 다른 2명은 부상당했습니다. 우리는 뒤에서 뛰어들었고, 저는 한 명을 쐈습니다. 두 명도 총을 맞았고, 두 명은 도망쳤습니다. 의무병이 우리와 같이 있지 않았기 때문에 도움을 받을 때까지 이 사람들을 위해 우리가 할 수 있는 일을 했습니다.

치료사: 당신은 '내가 동료를 엄호할 수 있었다면, 그는 죽지 않았을 것이다.'라고 생각했습니다. 다른 사람 대신 집 앞에 당신이 있었다면 그를 보호할 수 있었을 것이라 믿는 근거는 무엇입니까? 현관에 있던 모든 사람이 총에 맞았는데, 왜 당신은 총에 맞지 않았을 거라고 생각하나요?

내담자: 모르겠습니다. 그냥 내가 거기 있었다면 마크를 죽인 사람을 먼저 쐈을 수 있었을 거라고 상상해요. 그를 너무 늦게 쐈어요.

치료사: (잠시 침묵) 질문 하나 해도 될까요?

내담자: 네.

치료사: 마크를 쏜 남자를 봤습니까? 제가 이것을 묻는 이유는 저는 당신이 총소리를 들었을 때까지 집 앞으로 오지 못했다고 생각하기 때문입니다.

내담자: 허, 잠시 생각해 볼게요. 그게 마크를 쏜 사람인지 모르겠어요. 우리가 집 앞에 가서 총을 쏘기 시작했을 때 동료들은 쓰러져 있었습니다. 내가 의심하는 사람

은 마크와 가장 가까이 있던 사람이었기 때문에 그라고 생각했습니다.

치료사: 하지만 '너무 늦게' 쐈다고 하셨잖아요. 총소리를 듣기 전, 당신의 위치를 벗어나야 하는 어떤 이유가 있었습니까?

내담자: 아닙니다. 그저 마크를 구할 수 있었기를 바라는 겁니다.

치료사: 저도 마크가 죽지 않았었기를 바랍니다. (멈춤) 하지만 당신이 하는 말은 전에 말한 것과는 조금 다릅니다. 그가 죽지 않았으면 좋겠다고 말할 때 어떤 느낌이 듭니까?

내담자: 슬퍼요. 나는 '모든 것을 되감기' 하고 모든 걸 다르게 만들 수 있기를 바랍니다.

치료사: 그것은 인간이 가진 경향성입니다. 우리가 아끼는 사람을 잃는 것은 슬프고, 당신이 아무리 바라더라도 바꿀 수 없음을 받아들이는 것은 때로 어렵습니다. 슬픔은 우리가 느껴야 하는 자연스러운 감정입니다. (멈춤) 사령관의 잘못이라고 말하는 것과 자신에게 화를 내는 것에 어떤 차이가 있는지 궁금합니다.

내담자: 네, 매복이었다는 걸 알았어야 했다고 생각하면 그냥 기분이 나아졌습니다. 매복이 있을 거라는 걸 알았더라면 평상시의 위치로 우리를 보내지 않았을 것입니다. 그저 누군가를 탓하고 싶습니다.

치료사: 그것도 인간의 경향입니다. 피해 입힐 의도를 가지고 매복을 한 반란군을 비난하는 것은 가능합니까?

내담자: 네, 하지만 우리가 할 수 있었던 일이 있었다는 생각을 버리기 어렵습니다.

치료사: 우리는 계속 그에 관한 작업을 할 것입니다. 그러는 동안 당신은 자신이 동료를 잃은 슬픔을 느낄 수 있도록 해 주길 바랍니다. 슬픔은 우리가 아끼는 사람을 잃었을 때 나타나는 매우 자연스러운 감정입니다. 더 어려운 감정인 슬픔을 피하려고 자신이나 상관에게 분노를 느끼는 것이 가능하다고 생각합니까? 당신은 아내나 자녀들과 같이 이 일에 전혀 관련이 없는 사람들에게 화풀이한다고 말한 적이 있습니다.

내담자: 그렇습니다. 그냥 슬픈 것이 저에게는 어렵습니다.

앞의 예는 치료사가 내담자의 동화된 신념 및 관련 감정과 관련된 트라우마 사건에 대해 질문하면서 정보를 끌어내는 방법을 보여 준다. 질문은 치료사와 내담자가 상황의 맥락을 이해하고, 내담자가 이 결과를 바꾸는 것이 실제로 가능했는지를 판단하며, 가능했다면 그 결과가 더 나빴을 수 있는지에 대해 알아보도록 돕기 위해 만들어졌다. 트라우마 사건을 적절한 맥락에 배치하는 것은 인지처리에 필수이다. 목표는 내담자가 임박한 위험에 대한 예고가 거의 없었으며, 결정을 내리거나 조치할 시간이 거의 없었음을 인식하는 것이다. 실제로 사건은 예측할 수 없고 막을 수 없었을 수도 있다.

앞의 예에서 치료사는 여성의 강간 또는 그 군인이 관련된 매복에 관한 생생한 세부 내용을 묻지 않았다는 점을 주목해야 한다. 내담자가 이러한 사건에 관한 플래시백이나 악몽을 꾸었을 수도 있지만, 이런 반응은 세부 내용을 반복하거나 강력한 감정을 끌어내는 데에 초점을 맞출 필요가 없는 인지적 개입을 통해 감소하는 것으로 나타났다. 모든 유형의 트라우마(아동학대, 교통사고, 화재 등)에도 같은 원칙이 적용된다. 피투성이의 고통스러운 이미지는 사람들이 PTSD를 겪는 원인이 아닐 수 있으며, 연구에 따르면 이것들을 심층적으로 재검토할 필요는 없다. 또한 군인이 두 번째 교착점을 드러냈을 때 치료사는 이를 추적하지 않았고, 다른 교착점으로 이동하기 전 하나의 교착점에서 더 많은 해결 방법을 제공하기 위해 내담자가 첫 교착점에서 더 작업하도록 안내했다는 것에 주목해야 한다.

회기에 시간이 충분히 있다면 치료사는 다른 교착점에 초점을 맞출 수 있지만, 이것도 또한 트라우마의 원인과 관련된 것이어야 한다. 앞서 제시한 전투 사례에서 치료사는 두 번째 교착점에 집중할 수 있다. 이 예에서 내담자가 집 앞에 있었다면 결과가 달랐을 수 있을까? 더 나빠질 수 있었을까? 또는 치료사는 내담자가 이미 타인 비난에 대해 약간의 인지 유연성을 보여 주고 있었음에도, 사령관에게 분노를 일으키는 교착점에 집중해 볼 수 있을 것이다. 첫 번째 예에서 강간 피해자가 더 많은 인지적 유연성을 보여 주었기 때문에 치료사는 내담자에게 "당신에게 일어난 일을 오해가 아닌 강간으로 묘사할 때 다르게 느끼나요?"라고 물어볼 수 있을 것이다.

일반적인 동화된 교착점은, ① 후판단 편향, ② 결과 기반의 추론, 그리고 ③ 행동에 대한 의도, 책임(역할 수행) 및 예측 불가능성을 구별하지 못하는 것을 포함한다. '후판단 편향(hindsight bias)'이란 트라우마 이후 내담자가 사건을 막거나 멈추기 위해 할 수 있었거나 해야만 했던 모든 일을 생각하는 것을 의미한다. 그들은 심지어 이런 지식을 당시에도 가지고 있었으며 이런 선견지명에도 실수하거나 행동에 실패했다고 믿기도 한다. 이 추론이 옳다고 가정하는 것은 정확하지 않다. 그 이유는 그 당시 자신들이 알아야 했다거나 알 수 있었다고 생각하는 것이 사실은 꽤 왜곡될 수 있기 때문이다. 가끔 내담자는 자신들이 했었어야 하는 일이나 어떤 일이 효과가 있었을지에 대한 것들(예: 다섯 살짜리 아이가 아버지의 학대를 막는 것, 운전자가 음주 운전자를 피할 수 있도록 사각지대를 볼 수 있는 것)에 비현실적인 신념을 가지고 있다. 요점을 말하자면, 후판단 편향은 사건을 멈출 방법이 있었어야 했다는 가정, 즉 아마도 어떤 일이 벌어질 것인지에 대해 내담자가 예견해야 한다는 것 그리고 이 사건을 막는 것에 어떤 식으로든 실패했다는 가정이다.

'결과 기반 추론(outcome-based reasoning)'은 정의로운 세계관 신화와 전지전능하고 무소불위하기를 원하는 욕망과 밀접한 관련이 있다. 이는 사건이 나쁜 결과를 가지고 왔기 때문에 내담자가 뭔가 잘못했음이 틀림없고, 그렇지 않다면 결과가 더 좋았을 것이라는 신념에서 비롯된다. 내담자는 일반적으로 "모든 일에는 이유가 있다."라는 말을 듣고 이유가 무엇인지 알았더라면, 결과를 바꿀 수 있었거나 이후의 부정적인 사건이 일어나는 것을 막을 수 있었을 거라고 생각한다. 내담자는 일반적으로 "이 일의 결과가 나빴기 때문에 내가 분명 나쁜 결정을 했던 것이다."와 같이 몇 가지 버전의 진술을 만든다. 특히 젊은 사람들(또는 어린 나이에 트라우마를 겪었고, 트라우마 사건에 관한 생각을 검토한 적 없는 사람들)은 오직 옳은 결정과 잘못된 결정뿐이고, 이것은 결과가 나빴기 때문에 확실히 자신이 잘못된 선택을 했다고 믿는 경향이 있다. 이렇게 믿는 내담자는 때로 선택을 내리는 것을 포기하고 자신을 위해 다른 사람들이 선택하게 하거나, 스스로 결정을 내려야 할 때는 움직이지 못하게 된다. 그들은 선택하지 않는 것이 사실은 결정을 내리는 것임을 인식하지 못한다.

의도, 책임, 예측 불가능성을 구분하는 것이 다소 복잡하기 때문에 다음에서 따로 논의한다.

의도, 책임, 예측 불가능성 구분하기

대부분의 사회에서 행동의 의도, 책임, 사고 또는 예측 불가능성 간에는 차이가 있다. 이러한 차이점에 기초한 법적 결과는 이와 관련된 생각을 명확하게 해 준다. 예를 들어, 누군가가 동네를 아주 천천히 조심스럽게 운전하고 있는데, 주차된 차들 사이에서 갑자기 공을 쫓아오던 아이가 튀어나와 차에 부딪히면 이는 사고로 간주한다. 운전자는 이 사고로 상당한 충격을 받을 수 있으나 경찰이 이 사건을 불가피한 사고라고 판단하면 기소나 처벌을 면하게 된다. 그러나 운전자가 취한 상태로 너무 빠르게 운전하다가 아이가 죽게 되면 차량을 이용한 살인 또는 고살 혐의로 기소될 수 있다. 이런 경우 운전자가 아이를 죽일 의도가 없었다는 사실 그리고 운전자가 충돌에 대한 책임이 있으나 죽일 의도가 없었다는 사실에 의해 처벌이 다소 경감될 수 있다. 만일 어떤 운전자가 격분하여 방향을 틀어서 누군가를 쳤다면, 이 운전자는 2급 살인 혐의로 기소될 수 있다. 또 다른 어떤 운전자가 의도를 가지고 누군가를 쳐서 죽이려고 기다렸다면, 이 운전자는 1급 살인 혐의로 기소될 수 있다. 후자의 두 경우에서 이 행동은 잔뜩 화가 났거나, 사전에 계획된 의도가 가득 차 있었고, 책임/과실/죄책감이 부과되었을 것이다. 대부분의 형법체계는 이러한 구분을 짓고 있고, 그에 따라 관련 처벌 수위가 증대된다. 만일 범죄 피해자가 "범죄를 멈추지 않은 것은 내 잘못입니다."라고 말한다면, 이는 '잘못'이라는 용어를 부적절하게 사용하는 것이다. 피해자는 결과를 의도하지 않았으며 아마도 예상하지 않았을 것이다. 이러한 개념을 내담자에게 설명하는 데 책임의 수준(Levels of Responsibility) 유인물([유인물 7-1] 참조)을 활용해야 한다.

치료사는 내담자가 마치 자신이 무엇을 했거나 하지 못했기 때문에 처벌을 받는 것처럼 "내 잘못이다." 또는 "나 자신을 탓한다."라고 표현하는 것을 멈추고 자신의 언어를 바꾸도록 돕는 것이 중요하다. 예를 들어, 내담자가 "친구와 술집에 있었고, 술을 마셨으며, 짧은 치마를 입고 있었기 때문에 강간당한 것은 내 잘못입니다."라고 말하면, 치료사는 당황한 표정으로 "그래서 누군가가 당신에게 범죄를 저지르도록 의도한 것인가요?"라고 질문할 수 있다. 내담자가 이에 대해 부정하는 대답을 하면, 치료사는 "그날 저녁의 의도는 무엇이었습니까?" (아마 친구들과 즐겁게 시간을 보내는 것) 또는 "바에 있는 다른 여자들은 모두 어떻게 옷을 입었습니까?"라고 물어볼 수 있다. 치료사가 물어볼 수 있는 다른 질문의 예는 다음과 같다. "그 바 또는 이외 다른 어느 바에든지 가 본 적이 있고, 강간당하지 않은 적이 있나요?" "술을 마시거나 치마를 입지 않은 사람이 강간당했다는 것을 들어 본 적이 있습니까?" "모든 강간 피해자가 자신에게 일어난 일에 책임이 있습니까?" 또는 "강간범은 어떻습니까? 그는 어느 정도 수준의 의도와 잘못이 있습니까?"

궁극적으로 내담자는 트라우마 사건의 기회를 어떻게든 제공했을지도 모르지만, 이러한 사건의 원인이 아니라는 사실을 깨달아야 한다. 다시 말해서, 내담자는 자신이 잘못된 시간에 잘못된 장소에 있었다는 것 그리고 이것이 내담자에게 큰 영향을 미쳤을지는 모르지만, 사람으로서의 내담자에게는 그 어떠한 것도 말하고 있지 않다는 점을 이해해야 한다. 내담자가 범죄의 대상이 되었을 때 이는 이해하기 어려운 개념일 수 있다.

내담자의 판단력이 좋지 않을 때 어느 정도의 책임이 있거나, 어떤 의도된 행동을 저지르거나, 혹은 할 수 있었을 때 어떤 행동을 하지 않은 경우도 있다. 트라우마 사건 당시에 실제로 해를 의도한 누군가에게도 PTSD가 나타날 수 있다. 교도소에는 일생 동안 범죄 행위를 저지른 PTSD 환자로 가득 차 있다. 때로 범죄조직 구역에는 "조직에 합류하여 범죄를 저지르고 죽이든가, 아니면 죽든가."라는 규칙이 있다. 군인은 어떤 행동을 하거나 어떤 일이 발생하는 것을 막지 않기도 하는데, 이후에 고향으로 돌아와서 행동을 하거나 하지 않음에 대해 성찰의 시간을 가지면서 이를 후회하기도 한다. 그러한 내담자에게 만일 양심이 없다면 이런 행동에 대한 죄책감이나 수치심을 느끼지 않을 것이므로, 트라우마에 시달리지 않는다는 점을 기억하고 전달하는 것이 중요하다. 누군가가 PTSD 치료에 오는 것과 다른 사람에게 어떤 행동을 저질렀다는 사실(또는 자신이 할 수 있었을 때 행동하지 않은 것)은 그 사람이 양심을 가지고 있다는 좋은 신호이다.

트라우마 사건에서 어떤 역할을 했다거나 실제로 범죄를 저지를 의도가 있었다고 주장하는 내담자가 치료에 왔다면 치료사는 무엇을 해야 하는지에 대해 자주 질문을 받는다. 먼저, 소크라테스식 대화를 통해 그 사람의 인식이 잘못된 비난, 교착점 또는 정확한 신념을 나타내는지를 판단하는 것이 중요하다. 또한 내담자가 정말로 후회하는지, 현재 같거나 비슷한 행동을 하고 있지 않은지 살펴보아야 한다. 누군가가 실제로 다른 사람에 대해 어떤 책임이 있거나 의도적으로 해를 끼쳤다면 후회나 죄책감이 적절한 반응이며, 치료사는 그것을 없애려고 하지 않아야 한다. 내담자는 자신이 한 일을 받아들이고 피해자나 전반적인 지역사회를 위해 어떤 유형의 배상이 가능한지 고려해야 할 수 있다. 그 사람이 노숙자를 위한 쉼터에서 자원봉사를 하거나 어떤 식으로든 지역사회에 환원할 수 있는가?

일반적으로 이러한 PTSD의 경우 내담자가 죄책감과 후회를 느끼는 과거에 발생한 사건을 이야기한다. 이들은 자신에게 배심원보다 더 가혹하게 선고한다. 이 경우 교착점을 '적절한 규모'(예: "나는 사악한 괴물에 지나지 않는다.")로 바꾸어서 이를 사건이 발생한 맥락 속에 넣고, 그런 뒤 내담자의 삶이라는 더 큰 맥락에 넣는 것이다. 내담자의 행동이 일어난 맥락을 판단하기 위해 치료사는 명료화 질문을 할 수 있다. 또한 내담자가 여전히 비슷하게 행동하고 있는지 또는 삶을 바꾸었는지 질문할 수 있다. 여전히 죄책감을 느끼는 같은 범죄를 저지르면서 PTSD 치료를 요청한 내담자는 아직 없다. 일반적으로 치료사는 원형 차트(pie chart)를 그린 다음, 내담자에게 "범죄를 저지르는 데 사용된 인생의 비율과 다른 역할에 보낸 비율은 얼마입니까?"라고 물을 수 있다. (다음 사례 참조) 그런 다음, 치료사는 내담자에게 현재 자신이 어떤 사람인지 물어보고, "나는 괴물임이 틀림없다."라고 말하기보다 "선한 사람도 특정 상황에서는 나쁜 일을 할 수 있습니다."라고 말한다면 어떤 기분일지 상상해 보라고 할 수 있다. 또한 치료사는 내담자가 자란 학습 환경을 고려하고, 그것이 당시의 행동에 대한 내담자의 이해에 어떤 역할을 했는지 고려하도록 도와야 한다.

일반적으로 전쟁 중, 특히 그 사람이 당시 군사 교전 규칙을 따르고 있었던 경우 다른 사람을 죽이면 이는 일반적으로 살인으로 여기지 않으며 범죄로 기소되지 않는다. 그러나 내담자가 "사람은 죽여서는 안 된다. 나는 사람을 죽였고, 따라서 괴물이다."라고 말하면 그 생각은 사건과 맞지 않는다. 치료사는 "'나는 괴물이다.'라고 말할 때 어떤 감정을 느끼나요?"라고 물을 수 있다. 그런 다음 치료사는 내담자가 전쟁 전에 사람을 죽였는지, 전쟁 이후에 죽였는지, 지금 사람을 죽이고 싶은 충동이 있는지 등과 같은 맥락과 관련된 일련의 질문을 할 수 있다. 이 질문에 대한 답은 치료사가 이것이 행동 패턴인지, 아니면 전쟁의 맥락에서만 발생했는지 이해하게 한다. 다음은 치료사와 내담자가 이에 관하여 나눈 소크라테스식 대화이다.

치료사: '괴물'이란 무엇을 의미합니까?

내담자: 인간이 아니고, 다른 사람들과 함께 있을 수 없습니다.

치료사: 그게 당신이 가끔 스스로, 심지어 가족으로부터도 고립되는 이유입니까?

내담자: 네, 그런 것 같아요. 이렇게 나 자신이 위험한 인물인데 누가 내 옆에 있고 싶어 할까요?

치료사: 위험합니까? 왜 위험하다고 생각합니까?

내담자: 전에 사람을 죽인 적이 있습니다. 다시 그럴 수 있습니다.

치료사: 특정 상황이라면 사람들 대부분이 죽일 수 있지 않을까요? 누군가가 아이를 공격한다면요? 어머니가 아이를 보호하기 위해 누군가를 죽일 수는 없습니까?

내담자: 글쎄요. 하지만 그건 다릅니다. 그녀는 다른 사람을 구하기 위해 그렇게 할 겁니다.

치료사: 그리고 당신이 죽였을 때의 임무는 무엇이었습니까? 무슨 일이 일어나고 있었습니까?

내담자: 우린 정글에서 순찰 중이었는데 베트콩이 소대를 공격했습니다.

치료사: 그렇다면 당신은 그냥 누군가를 죽인 것입니까? 아니면 당신과 다른 사람들을 구하려고 그런 것입니까?

내담자: 우리는 선택의 여지가 없었습니다.

치료사: 그렇다면 아이를 보호하는 어머니와는 어떻게 다릅니까? 둘 다 괴물입니까?

내담자: 전에는 그렇게 생각해 본 적이 없어요. 아니요, 그녀는 괴물이 아닐 겁니다. 그리고 저는 저와 제 동료들을 보호하기 위해 총을 쏘고 있었습니다. 그러나 제가 말하지 않은 것이 있습니다. 그 남자를 죽였을 때 신체적으로 흥분했고 기뻤습니다. 그건 옳지 않습니다.

치료사: 당신의 생명이 위험에 처할 때 당신의 몸은 싸우거나 달아나는 데 도움이 되는 모든 종류의 화학 반응을 일으킵니다. 아드레날린이 쇄도했을 때 당신은 살아남았다는 사실에 안도하고 다른 사람들을 구한 것에 기뻐했을 것입니다. 때때로 사람들은 해리를 경험하고 엔도르핀이 몸에 넘쳐나서 고통을 차단합니다. 이런 격렬한 운동 후 맛보는 도취감(runner's high)과 같은 것입니다. 그게 뭐가 문제입니까?

내담자: 몰라요. 하지만 다른 사람들에게도 그런 일이 일어나는 걸 봤고 그들 중 일부는 살인을 멈추지 않았습니다. 그저 보이는 모든 사람을 쏘고 있었습니다.

치료사: 위험할 때 켜지거나 꺼지는 뇌의 여러 부분에 대해 제가 말씀드렸던 것을 기억합니까? 뇌의 생존 부분이 켜졌습니다. 투쟁-도피-부동화 반응이 따라옵니다. 그 생존 부분에는 분노와 두려움과 같은 감정도 포함됩니다. 동시에, 뇌의 앞부분인 생각하는 부분이 적어도 일시적으로 꺼집니다. 당신의 경우 위험과 감정의 북받침이 끝난 후 당신의 전두엽(생각하는 부분)이 돌아왔고, 당신은 진정되었으며, 더는 죽이지 않았습니다. 당신과 함께 있던 다른 사람 중 일부는 당신과 같은 수준의 통제력이 없었을 수 있습니다. 그들은 19세나 20세로 어렸고, 그들의 뇌는 아직 발달이 채 끝나지 않았습니다. 두뇌의 사고 부분이 브레이크를 밟지 않았고, 감정적인 부분이 여전히 투쟁 모드에 머물게 한 것 같습니다. 그러나 아마도 나는 그들이 여전히 사람을 죽이지는 않을 것이며, 전쟁의 열기 속에서 한 일에 대해 크게 후회하고 있을 거라 생각합니다. (멈춤) 하지만 '괴물'이라는 단어로 돌아가 보겠습니다. 말은 우리가 자신을 어떻게 느끼는지에 대해 강력한 힘을 가집니다. 이 단어가 정확합니까?

내담자: 아니요, 아닐 것 같습니다. 하지만 저는 '살인자'입니다.

치료사: 네, 당신은 누군가를 죽였습니다. 이것은 '살인자'가 되는 것과 다릅니까?

내담자: 살인자라는 것은 항상 그렇게 한다는 것을 의미합니다.

치료사: 그럼 당신은 살인자입니까, 누군가를 죽인 사람입니까?

내담자: 흠…… 죽인 사람 같아요.

치료사: 그리고 그렇게 말할 때 기분이 어떻습니까?

내담자: 덜 비열합니다.

치료사: 좋습니다. 이제 진전이 보이네요. 당신이 살인한 사람 외에 또 어떤 사람인지 궁금합니다.

내담자: 무슨 말씀이시죠?

치료사: 당신은 아들입니까?

내담자: 네.

치료사: 당신은 아들로서 괴물입니까? 아니면 살인자입니까?

내담자: (웃음) 어렸을 때 가끔 작은 괴물이었을지도 모릅니다. 하지만 아닙니다. 나는 좋은 아들이고 엄마를 돌봅니다.

치료사: 당신은 남편이자 아버지입니까?

내담자: 네, 요점을 이해하겠어요. 나는 단순한 살인자 이상입니다.

치료사: 맞습니다. 우리가 파이 한 판을 가져다가 아들, 아버지, 삼촌, 근로자, 상사, 관리인, 정원사, 문손잡이 수리공, 설거지를 하는 사람, 친구, 당신 교회의 집사인 당신의 모든 부분을 조각으로 나누면, '살인자'라는 파이 한 조각은 현실적으로 얼마나 차지할까요?

내담자: 작지만 중요한 조각입니다.

치료사: 어떤 조각이 다른 조각보다 더 중요하다는 데 동의하지만, 당신을 구성하는 다른 모든 조각을 무시하지 않는 것이 중요해 보입니다. 이 조각들도 당신이 누구인지, 그리고 당신 삶 전체가 어떤지를 결정하지 않나요?

내담자: 예, 이전에 당신이 단지 몇 부분이 아닌 전체에 대해 생각하라고 말했죠. 아마 교착점 때문에 그것들을 잃었던 것 같습니다.

치료사: "전쟁 중에 나와 내 부하를 보호하기 위해 죽였다."라고 했을 때 기분이 어땠나요?

내담자: 음, 그렇게 나쁘지는 않습니다. 더 나아요.

치료사: 어떤 감정적인 면에서 더 낫습니까?

내담자: 부끄럽다고 느끼지 않아요. 아직은 아니지만, 내가 보호한 사람들을 기억할 때 자랑스러울 수도 있을 것 같아요.

치료사: 새로운 생각을 붙잡으면 기분이 어떨지 상상해 보는 것은 좋습니다. 이제 그 생

각을 받아들이는 연습을 해 봅시다. 이것을 앞으로 사용할 다음 워크시트의 예로 사용하겠습니다.

이 시점에서 치료사는 도전질문지 워크시트([유인물 7-2] 참조)를 소개한다.

도전질문지 워크시트 소개하기

회기가 끝나기 전에 새 워크시트를 소개하고 회기에서 내담자가 연습할 수 있는 충분한 시간을 두는 것이 중요하다. 각 워크시트가 얼마나 복잡한지에 따라 회기의 최대 1/3의 시간이 필요할 수 있다. 새 워크시트가 소개될 때마다 사용하는 이유를 설명해야 하며, 치료사는 내담자와 치료사가 회기 중에 방금 작업했던 교착점 중 하나 또는 교착점 일지에 있는 하나를 가지고 워크시트를 연습할 수 있게 해야 한다. 도전질문지 워크시트의 목적은 내담자가 자신의 트라우마에 관한 생각에 도전하기 시작하고 나중에는 일련의 질문을 통해 자신, 타인 및 세상에 대한 지속적인 신념에 도전하는 것이다.

새로운 연습과제 제공하기

4회기 이후의 연습과제는 내담자가 교착점일지([유인물 6-1] 참조)의 교착점에 대해 매일 하나의 도전질문지 워크시트를 작성하게 하는 것이다. 연습을 위해 빈칸의 워크시트 사본을 제시하는 것 외에도, 치료사는 교착점에 어떻게 도전하는지를 보여 주기 위해 도전질문지 워크시트 예시([유인물 7-2A] 및 [유인물 7-2b] 참조)를 사용할 수 있고, 각 질문이 정확히 무엇을 묻고 있는지 설명을 돕기 위해 도전질문지 워크시트를 위한 안내([유인물 7-3] 참조)를 사용할 수 있다. 다음 회기 전까지 매일 도전질문지 워크시트를 작성하기 전에 내담자가 진행 방법을 명확하게 이해하고 있는지를 확인하기 위해 논의하는 것이 중요하다. 모든 질문이 모든 교착점에 적용되는 것은 아니기에, 도전질문지 워크시트에 다양한 질문이 포함되어 있음을 내담자에게 상기시킨다.

회기 및 연습과제에 대한 내담자의 반응 확인하기

치료사는 회기에 대한 내담자의 반응을 끌어내고, 내담자가 회기 내용이나 새로운 연습과제([유인물 7-4] 참조)에 관한 질문이 있는지 물어보면서 4회기를 마무리해야 한다. 치료사는 내담자가 초점을 맞추었으면 하는 동화된 교착점을 교착점일지 또는 작성되지 않은 도전질문지 워크시트의 상단에 표시해 둘 수도 있다. 치료사는 회기에서 이루어진 모든 중요한 생각이나 발견을 반드시 강화해야 하며, 내담자가 제공하는 중요한 과제용 메시지를 기록해야 한다.

5회기 도전질문지 워크시트 사용하기

5회기 절차

자가보고 객관식 척도의 점수를 검토한다. (제6장의 2, 3회기 검토에 대한 논의 참조)

1. 내담자의 도전질문지 워크시트를 검토한다.
2. 문제 사고 패턴 워크시트를 소개한다.
3. 연습과제를 부여한다.
4. 회기 및 연습과제에 대한 내담자의 반응을 확인한다.

내담자의 도전질문지 워크시트 검토하기

4회기가 끝날 때 내담자가 5회기 전까지 매일 도전질문지 워크시트를 작성하게 한다. 치료사는 먼저 내담자가 작성한 워크시트의 수를 확인하고, 만일 워크시트를 전혀 또는 아주 적게 했다면 회피의 역할을 논의해야 한다. 치료사가 작성되지 않은 워크시트의 상단에 관련 교착점을 적어 두었다면 어떤 교착점이 다뤄졌는지, 그리고 어떤 것은 회피했는지 확인해 볼 수 있다. 이것은 어떤 교착점이 특히 더 단단히 자리 잡았는지 또는 위협적인지를 알아보는 단서가 될 수 있다. 치료 시간 대부분은 지표 트라우마에 동화된 교착점에 집중되지만, 치료사와 내담자는 이해하기 어려웠던 것이 있다면 대개 이 질문에 시간을 할애해야 한다.

내담자가 지표 트라우마 사건에 동화된 모든 교착점을 해결했다면(또는 다른 트라우마 사건으로 이동한 경우), 이에 관한 해결 방법이 여전히 치료 회기의 초점이 되어야 한다. 내담자가 특정 교착점을 더는 믿지 않는다고 말하더라도(예: "지금은 내 잘못이라고 생각하지 않습니다."), 참고용으로 두고 새로운 학습을 강화할 수 있도록 치료바인더나 워크북에 이 교착점에 관한 워크시트 사본을 작성하는 것이 좋다. 도전질문지 워크시트를 사용하는 방법을 배울 때 내담자는 단순히 "예." 또는 "아니요."가 아니라, 이 답변의 이유에 대한 설명을 포함하도록 해야 한다.

내담자가 도전질문지 워크시트를 작성할 때 하는 가장 일반적인 실수는 작업 중인 교착점에 대한 증거로 다른 교착점을 사용하려는 것이다. 예를 들어, 내담자의 교착점이 "강간은 내 잘못이다."이고 그에 대한 증거가 "내가 섹스를 원한다고 생각하게 만드는 일을 했음에 틀림이 없다."라면 치료사는 생각과 사실 간의 차이를 설명하는 데 시간을 할애해야 한다. 의견은 교착점을 뒷받침하는 증거로 사용할 수 없다. 사용될 수 있는 증거의 일반적인 예로는 법정에서 받아들여지거나 평판이 좋은 뉴스 매체에서 발표될 수 있을 증거와 같은 것들이 있다. 다음은 이에 관하여 치료사와 내담자가 나눈 대화의 예이다.

치료사: CPT에서 '증거'를 이야기할 때, 우리는 법정에서도 효력이 있거나 평판 좋은 신문이나 뉴스 웹 사이트에서 보도될 수 있는 증거를 말합니다. 예를 들어, 배심원이 "당신이 섹스를 원한다고 생각하게 만드는 일을 했음에 틀림이 없습니다."라고 말할 것이라 생각합니까? 그날 밤 그에게 한 말을 다시 말씀해 주세요.

내담자: 나는 그의 셔츠가 마음에 든다고 말했습니다.

치료사: 그의 셔츠가 마음에 든다는 말이 어떻게 강간당하고 싶다는 메시지를 보냈는지 설명해 주겠습니까?

내담자: 하지만 그게 유혹하는 것 아닌가요?

치료사: 아마도요. 하지만 그 당시 조금 유혹하려고 했더라도, 그게 공격을 받고 싶다는

메시지인가요?

내담자: 아니요.

치료사: 그리고 혹여 당신이 그와 섹스를 하고 싶었더라도, 그것이 그에게 당신을 강간할 권리를 주는 것입니까?

내담자: 아니요.

치료사: 워크시트로 돌아가서 강간이 당신의 잘못이라는 교착점에 대한 증거는 무엇입니까? 강간당할 생각이었습니까? 강간할 의도는 누구에게 있었습니까?

내담자: 그였습니다. 그러나 강간이 내 잘못이라는 증거는 없습니다.

치료사: 좋습니다. 워크시트에 적어 보겠습니다. "강간이 내 실수였다는 증거는 없다." 그것이 당신의 잘못이라는 생각에 대한 반증은 무엇입니까?

내담자: 그가 나를 집으로 데려다준다고 말했는데, 교외로 데리고 가서 나를 공격했습니다.

치료사: 좋아요, 그는 당신을 교외로 데려가서 강간했습니다. "안 된다."라고 했습니까?

내담자: 네, 가능한 한 열심히 그와 싸우고 도망가려고 했지만 그가 나를 따라잡아 쓰러뜨렸습니다.

치료사: 그래서 강간이 당신의 잘못이라는 것에 대한 많은 반증이 있는 것 같습니다. 교착점을 반증하는 것을 빈 공간에 적어 보겠습니다.

어떤 내담자는 도전질문지 워크시트의 질문 3에 답하기 어려워한다. "당신의 교착점은 어떤 방식으로 모든 정보를 포함하지 않습니까?" 이 질문은 상황의 맥락을 파악하고 내담자가 무시하는 요소를 고려해 보기 위한 것이다. 앞의 예에서 내담자는 상황적 맥락 속에 그녀가 "안 된다."라고 말한 것, 반격한 것, 가해자가 그녀의 집에 데려다주겠다고 하고 나서 교외로 나간 것을 포함하지 않았다. 또는 군인이 자신이나 부대 내 다른 사람을 탓하지만, 적에게 매복된다는 것이 어떤 의미인지는 무시할 수 있다. 매복이 예상치 못한 것이라는 정의에 따라, 이는 기습 공격이다. 이것은 트라우마가 발생한 상황적 일부이다. 마찬가지로 체중이 20kg 남짓인 아이가 90kg의 성인을 떼어 놓을 수 있는가? 내담자는 알고 있고 믿지 않을 이유가 없는 누군가가 갑자기 자신을 공격하리라는 것을 미리 알 수 있는가? 가족 구성원이 불에 휩싸인 집에 들어가 위층에 있는 누군가를 구출할 수 있는가? 내담자가 "내가 알았어야 했다." 또는 "[트라우마 사건이] 발생하는 것을 막았어야 했다."라고 말할 때 치료사는 그 당시 내담자가 어떤 사람이었고, 그 상황은 어땠으며, 정말로 가지고 있던 선택사항은 무엇이었는지를 고려해 볼 때 그 시점에서 무엇을 알고 있었고 현실적으로 무엇을 할 수 있었는지 물어보는 것이 중요하다.

도전질문지 워크시트의 질문 4와 5는 비슷하지만, 질문 4는 마치 단 두 개의 범주만 있는 것처럼(다양한 중간 범주와 달리) 전부 또는 전무(all or nothing)의 용어를 사용하고 있는지 묻는다. 질문 5는 내담자가 극단적이거나 과장된 표현을 사용하고 있는지 질문한다. 후자의 경우 '해야 한다(should)'는 극단적인 단어(예: "나는 총격을 막을 수 있었어야 했다.")일 수 있지만, 완전한 흑백의 표현(예: "내가 위치를 바꿀 수 있었다면, 그 사건을 막았을 것이다.")은 아니다. 치료사는 동화에 관한 내담자의 다양한 생각을 포착하기 위해 두 가지 모두 질문할 수 있다.

또한 치료사는 생각에 숨겨진 단어를 찾아야 한다. 어머니가 "딸이 학대를 당했다는 건 내 잘못이다."라고 말할 때, 정말 전부 그녀의 잘못이라고 말하는 것인가? 가해자는 어떠한가? 어머니는 그것이 일어나고 있음을 알고 있었는가? 아니면 딸을 해칠 수 있다고 의심되는 사람에게 딸을 맡긴 책임이 있었는가? 심지어 후자의 경우에도 어머니에게 어느 정도의 책임이 있을 것이지만, 딸에게 해를 끼치려는 의도는 없었으며 그 행동을 저지르지 않았다. 가해자는 의도했고, 따라서 잘못은 그에게 있다. 어머니가 가해자에게 딸을 데려다 바친 것이라면, 어머니도 그 책임을 나눌 수 있으나 가해자에게 딸을 범하도록 강요할 수는 없을 것이다. 가해자가 여전히 비난받아야 할 것이다.

질문 6은 상황의 한 측면에 지나치게 집중하고 다른 측면은 무시하는 것과 관련이 있다. 예를 들어, 폭행 전에 술을 마시던 여성은 술이 사건의 원인이라고 생각할 수 있다. "내가 술을 안 마셨다면 폭행을 당하지 않았을 것이다." 이 내담자는 그날 밤 그 상황에 있던 다른 모든 사람이 술을 마셨다는 사실이나 그녀가 술을 마셨는지와 관계없이 폭행을 당했을 가능성을 무시하고 있을 수 있다. 음주가 희생화 또는 그 이후의 다른 절차들의 위험 요소일 수도 있지만, 사건의 결과에 한 요인일 수도 또는 그렇지 않을 수도 있다. 예를 들어, 알코올은 다른 사람이 범죄를 저지르도록 만들 수 없다. 이러한 상황에서 피해자 비난을 피하는 것이 중요하다.

질문 7은 교착점이 어디서 시작되었는지 묻는다. 때때로 정보의 출처는 내담자이다. 그러나 내담자가 어렸을 때 트라우마 사건이 자신의 잘못이라고 판단하면, 따라서 그 정보원은 신뢰할 만한 성숙한 사람이 아닐 수 있다. 교착점은 통제할 수 없는 상황을 통제하려는 사후 노력의 마법적 사고를 나타낼 수도 있다(예: "내가 그를 때렸어야 했다."). 또한 교착점은 다른 사람에게서 왔을 수 있다. 강간범이 "너도 네가 원한다는 거 알잖아."라고 말하면, 강간범이 한 이러한 말이 신뢰할 만하고 정확한 정보인가? 학대하는 부모가 "네가 나를 때리게 만들었다."라고 말하면, 이것은 가능한가? 내담자가 교착점을 야기한 정보의 출처를 확인하고, 이 출처가 신뢰할 수 없을 수 있음을 인식하는 것이 중요하다. 치료사들이 종종 하는 질문은 "당신이 가장 존경하는 사람들은 뭐라고 말합니까?"이다.

질문 8은 "당신의 교착점이 가능한 것과 가능성이 있는 것을 어떻게 혼동하고 있습니까?"이다. 즉, 내담자가 드물거나 확률이 낮은 사건(예: 북미의 테러공격)을 확률이 높은 사건(예: 태양이 아침에 떠오르는 것)과 혼동하고 있는가? PTSD가 있는 사람은 종종 어떤 일이 한두 번 일어났기 때문에 지나치게 경계하지 않으면 다시 일어날 것이라고 가정한다. PTSD에서 볼 수 있는 대부분의 회피 행동은 나쁜 사건이 발생하지 않게 막으려는 시도이다. PTSD가 있는 군인이나 퇴역군인은 군중은 위험하고 나쁜 일이 발생할 것이라는 가정 때문에 대형 상점이나 식당에 들어가는 것을 피할 것이다. 강간 피해자는 어두울 때 강간이 일어났기 때문에 밤에 모든 조명을 켜 놓을 수 있다. 교통사고 후 일부 내담자는 혼잡한 고속도로 또는 사고가 연상되는 이외 유형의 도로에서 운전하기를 거부한다. 따라서 질문 8은 종종 안전 관련 교착점과 관련이 있다.

질문 9는 감정적 추론에 관한 것이다. 감정적 추론은 내담자가 자신의 감정을 교착점의 '증거'로 사용할 때 발생한다. 즉, 사실을 보고 자신이 어떻게 느끼는지 알아차리는 대신에 자신의 감정을 알아차리고 여기에는 정당한 원인이 있거나 교착점이 옳음을 확인시키는 것이라고 가정한다. 내담자는 두려움을 느껴서 위험이 있다고 생각하거나, 분노하기에 누군가가 자신을 부당하게 대우했다고 생각하거나, 죄책감을 느끼므로 자신이 뭔가 잘못했다고 생각할 수 있다. 앞에서 제시한 예를 들자면, 트라우마가 있는 군인이나 퇴역군인은 크고 붐비는 상점에 들어가 불안감을 느낄 수 있다. 그러고서 그는 자신이 위험에 처해 있다고 가정하며 떠난다. 그는 어떤 나쁜 일도 일어나지 않았을 것이라는 사실을 발견할 만큼 오래 머무르지 않으며, 따라서 그가 빠르게 그 장소를 떠나는 것은 상점이 위험하다는 그의 믿음을 재확인시킨다. 많은 촉발 요인이 트라우마 시점에 조건화된 후 일반화된다. PTSD가 있는 내담자는 이러한 조건화된 감정 반응을 앞뒤가 바뀐(후방향) 추론의 형태에서 생각의 증거로 사용한다.

질문 10은 내담자에게 사건이 발생한 이유와 관련이 없는 요소에 초점을 맞추고 있는지를 묻는다. 앞서 제시한 강간 피해자의 예에서 그녀는 자신이 강간범의 셔츠를 칭찬했기 때문에 강간당했다고 가정했다. 그녀는 자신이 유혹했다고 생각했지만(그리고 그럴 수도 있었을 것이다), 강압적인 강간을 둘러싼 다른 모든 사건 대신에 그 요소에만 초점을 맞추고 있었다. 유혹은 누군가를 공격하도록 강요하지 않으며, 합의된 성관계에 응하는 것과 혼동되어서는 안 된다. 교통사고 후 PTSD가 있는 사람의 경우 운전자의 음주에 초점을 맞추는 것은 관련이 있을 수 있지만, 이 일이 특정 도시에서 발생했다는 사실은 그렇지 않다. 그러나 치료사는 종종 PTSD 환자가 더 나쁜 일이 일어나지 않도록 다른 도시로 이사한다고 말하는 것을 듣는다. 누군가가 범죄율이 매우 높은 지역에 살고 있다면, 이것은 위험 요소가 될 수 있다. 그러나 안전한 동네에 살면서 이웃, 도시 또는 주를 탓하는 것은 사건과 관련이 없는 부분에 초점을 맞추고 있음을 나타내고, 이는 아마도 범죄나 교통사고에 대한 부정확한 평가 때문일 것이다.

문제 사고 패턴 워크시트 소개하기

회기의 약 3분의 2의 시간 동안 내담자가 완성한 도전질문지 워크시트를 검토하고 난 후, 치료사는 다음 워크시트인 문제 사고 패턴 워크시트([유인물 7-5] 참조)를 소개한다. 이 워크시트는 한 가지 문제에 집중하기보다 문제가 될 수 있는 사고방식의 경향을 내담자가 찾도록 돕는다. 치료사는 내담자와 함께 워크시트를 검토하고 내담자에게 교착점 또는 이 패턴 중 하나에 맞는 일상의 사건에 대한 반응을 생각해 보게 해야 한다. 이러한 패턴은 트라우마 사건이 발생하기 전에 존재했을 수도 있고, 심지어는 핵심 신념일 수도 있다. 일부 내담자는 각 범주에서 예를 찾아볼 수 있지만, 어떤 사람들은 특정의 것만을 하는 '전문가'일 것이다(예: 이들은 속단하는 경향이 있지만 감정적으로 추론하지 않을 수 있다). 치료사는 이러한 패턴이 어떻게 자동적으로 되고, 부정적인 감정을 일으키며, 내담자가 자기 파괴적인 행동을 하게 만드는지 설명해야 한다(예: 아무도 믿을 수 없다는 결론 때문에 관계를 피하는 것).

이 워크시트에 새로 도입된 항목 중 하나는 마음읽기(mind reading)이다(특히, 실제 증거가 없을 때 사람들이 내담자를 나쁘게 생각하고 있다고 가정하는 경향). 내담자가 치료를 시작할 때 치료사가 특정 방식으로 행동하거나 트라우마 이야기에 혐오감이나 거부감으로 반응할 것이라고 가정한다면, 치료사는 치료의 맥락에서 이 항목을 논의할 기회를 가질 수도 있다.

치료사는 이 마음읽기에서 내담자가 틀렸다는 것 그리고 이것이 다른 사람(치료사)이 생각하는 것보다는 내담자가 생각하고 있는 게 무엇인지를 더 잘 나타내는 지표일 수 있음을 지적할 수 있다. 치료사는 내담자에게 문제 사고 패턴 워크시트를 여러 장 제공하여 회기 사이에 내담자가 매일 적도록 해야 한다. 내담자가 과제를 이해하고 작성하는 데 도움이 되도록 완성된 워크시트의 예([유인물 7-5A] 참조)도 제공해야 한다.

새로운 연습과제 제공하기

치료사는 내담자가 매일 문제 사고 패턴 워크시트를 한 장씩 작성하도록 해야 한다([유인물 7-6] 참조). 이 패턴은 매일의 사건뿐 아니라 교착점일지의 항목에서 가져올 수 있다. 이 과제의 목적은 내담자가 특정 영역(예: 마음읽기)에 이러한 경향이 있는지, 또는 '다방면의 사람'에 더 가깝고 이러한 패턴의 대부분 또는 모두를 사용하는지를 알아보는 것이다. 트라우마 사건 교착점뿐 아니라 일상의 생각을 알아차리는 것은 내담자가 자신의 사고 습관을 검토할 수 있게 한다.

회기 및 연습과제에 대한 내담자의 반응 확인하기

치료사는 회기에 대한 내담자의 반응을 끌어내고, 내담자가 회기의 내용이나 새로운 연습과제에 대해 질문이 있는지 물어보면서 5회기를 마무리해야 한다. 내담자가 주의해야 할, 특히 강한 성향을 확인할 수 있도록 문제 사고 패턴과 교착점일지에 있는 패턴을 조사하도록 권장한다. 치료사는 회기에서 이루어진 모든 중요한 생각이나 발견을 강화해야 하며, 내담자가 제공하는 중요한 과제용 메시지를 기록해야 한다.

[유인물 7-1]

책임의 수준 유인물

날짜: ____________ 내담자: ____

트라우마 사건에서 당신의 역할: 사실은 무엇입니까?

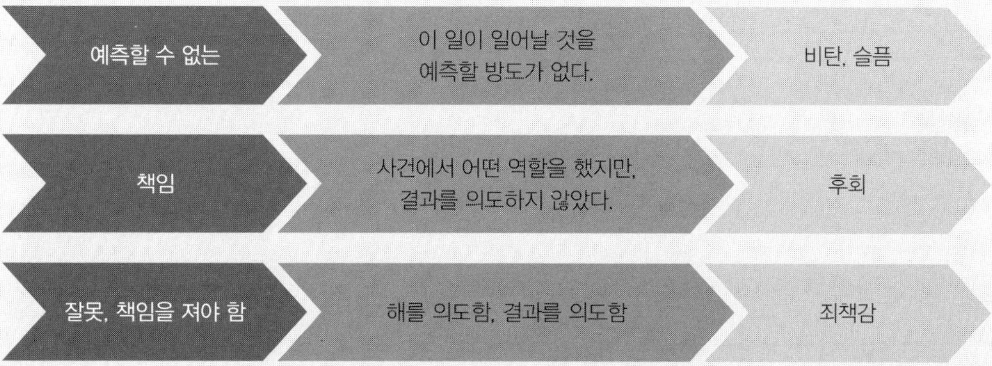

『Cognitive Processing Therapy for PTSD: A Comprehensive Manual』(Resick, Monson, & Chard)에서 발췌.

[유인물 7-2]

도전질문지 워크시트

날짜: __________ 내담자: ______________________________

다음은 교착점 또는 문제가 되는 신념에 도전하는 질문 목록입니다. 모든 질문이 당신이 도전하기로 선택한 신념에 적절하지는 않습니다. 다음에서 도전하기로 선택한 신념에 대해 가능한 한 많은 질문에 답하세요.

신념:

1. 이 교착점의 증거와 반증은 무엇입니까?
   지지하는 증거:

   반대하는 증거:

2. 당신의 교착점은 습관입니까, 아니면 사실에 근거합니까?

3. 당신의 교착점은 어떤 방식으로 모든 정보를 포함하지 않습니까?

4. 당신의 교착점에 전부 또는 전무의 언어가 포함되어 있습니까?

5. 당신의 교착점에 '항상' '영원히' '절대' '필요하다' '해야 한다' '반드시' '할 수 없다' '매번'과 같은 과장된 단어나 문구가 포함됩니까?

6. 어떤 점에서 이 교착점은 이야기의 한 부분에만 초점을 맞추고 있습니까?

7. 이 교착점은 어디에서 왔습니까? 이 교착점의 정보 출처는 신뢰할 만합니까?

8. 당신의 교착점이 가능한 것과 가능성이 있는 것을 어떻게 혼동하고 있습니까?

9. 어떤 점에서 당신의 교착점은 사실보다 감정에 근거하고 있습니까?

10. 어떤 점에서 당신의 교착점은 이야기의 관련 없는 부분에 초점을 맞추고 있습니까?

[유인물 7-2A]

도전질문지 워크시트 예시 1

날짜: ____________ 내담자: ______________________________

다음은 교착점 또는 문제가 되는 신념에 도전하는 질문 목록입니다. 모든 질문이 당신이 도전하기로 선택한 신념에 적절히 적용되는 것은 아닙니다. 다음에서 도전하기로 선택한 신념에 대해 가능한 한 많은 질문에 답하세요.

신념:

삼촌이 나와 성관계한 것은 나의 잘못이다. [치료사는 교착점에 "전부"라는 단어가 숨어 있는지 물었다.]

1. 이 교착점의 증거와 반증은 무엇입니까?

지지하는 증거:

~~그가 그래도 생각하게 만든 어떤 일을 내가 한 것이 분명하다.~~ [잘못과 의도에 대해 치료사가 많은 질문을 하고 난 뒤] 이것이 나의 잘못이라는 증거는 없다.

반대하는 증거:

나는 그렇게 하길 원치 않았고, 그에게 그렇게 말했다. 내 여동생을 다치게 할 거라고 위협했다. 그 누구도 내 말을 믿지 않을 것이라고 했다. 그 사람은 어른이었고, 나는 어린아이였다. 그는 나보다 더 크고 강했다.

---

2. 당신의 교착점은 습관입니까, 아니면 사실에 근거합니까?
습관. 지난 25년 동안 나 자신에게 이렇게 말해 왔다.

3. 당신의 교착점은 어떤 방식으로 모든 정보를 포함하지 않습니까?
어떻게 내 잘못일 수 있는가? 그가 그 일을 시작했을 때 나는 성관계가 무엇인지조차 몰랐다. 어린아이에게 이런 일은 하지 않는다. 그가 나에게 책을 읽어 주고 돌봐 주었다고 해서 나에게 그렇게 할 수 있는 권리는 없다.

4. 당신의 교착점에 전부 또는 전무의 언어가 포함되어 있습니까?
우리는 '전부'라는 숨겨진 단어에 대해 말해 왔다. 나는 이것이 전부 나의 잘못이라고 생각했고, 그를 정말로 비난하는 것에 대해서는 생각도 하지 않았다. 나는 그가 너무 무서웠고, 우리 엄마는 삼촌을 무척 사랑했다.

5. 당신의 교착점에 '항상' '영원히' '절대' '필요하다' '해야 한다' '반드시' '할 수 없다' '매번'과 같은 과장된 단어나 문구가 포함됩니까?
"전부 내 잘못이다."

6. 어떤 점에서 이 교착점은 이야기의 한 부분에만 초점을 맞추고 있습니까?
그가 나에게 그렇게 했기 때문에, 나는 그것이 나에 대한 것이라고 가정했다. 내가 어린아이였다거나, 그가 저지른 것이 범죄라는 사실에 대해 생각하지 않았다. 나는 그에게 "안 된다."라고 말했고, 그는 내 가족들을 위협했다.

7. 이 교착점은 어디에서 왔습니까? 이 교착점의 정보 출처는 신뢰할 만합니까?
대부분은 나에게서 나왔지만, 내 생각엔 그가 이것이 내 잘못이라고 보이게 만드는 말들을 했다. 나는 너무 예쁘고, 도저히 나에게서 손을 뗄 수 없다, 나는 너무 특별하다 등

8. 당신의 교착점이 가능한 것과 가능성이 있는 것을 어떻게 혼동하고 있습니까?
해당 없음.

9. 어떤 점에서 당신의 교착점은 사실보다 감정에 근거하고 있습니까?
   죄책감과 수치심을 느꼈기 때문에, 내 잘못이어야 한다고 생각했다.

10. 어떤 점에서 당신의 교착점은 이야기의 관련 없는 부분에 초점을 맞추고 있습니까?
    내가 가졌던 것보다 그 상황에 대한 더 많은 통제권을 가졌어야 했다고 생각했다.

[유인물 7-2B]

도전질문지 워크시트 예시 2

날짜: __________ 내담자: ______________________________

다음은 교착점 또는 문제가 되는 신념에 도전하는 질문 목록입니다. 모든 질문이 당신이 도전하기로 선택한 신념에 적절히 적용되는 것은 아닙니다. 다음에서 도전하기로 선택한 신념에 대해 가능한 한 많은 질문에 답하세요.

신념:

남동생이 차 사고에서 죽은 것은 나의 잘못이다. 내가 무언가를 다르게 했었어야 했기 때문이다.

1. 이 교착점의 증거와 반증은 무엇입니까?

   지지하는 증거:

   그가 안전띠를 매도록 했었어야 했다. 그는 거절했고, 나는 잠시 가는 것이기 때문에 크게 상관이 없을 것으로 생각했다. 우리는 웃고 이야기하고 있었다.

   반대하는 증거:

   내가 사고를 낸 것이 아니다. 상대 운전자는 문자를 보내고 있었고 신호를 어겼다. 경찰관은 안전띠를 맸더라도 그렇게 측면에서 부딪혔다면, 남동생은 어쨌든 죽었을 것이라고 말했다.

---

2. 당신의 교착점은 습관입니까, 아니면 사실에 근거합니까?
   습관. 나는 2년 동안 나 자신을 탓했다. 아마 희망적인 생각인 것 같다.

3. 당신의 교착점은 어떤 방식으로 모든 정보를 포함하지 않습니까?
   신호등이 초록색으로 바뀌었을 때 교차로에 들어서기 전에 양방향을 모두 살폈다. 그 사람은 너무 빨리 달려왔고, 달리 움직일 만한 공간이 없었다.

4. 당신의 교착점에 전부 또는 전무의 언어가 포함되어 있습니까?
   동생이 죽었기 때문에 이것은 전부 내 탓이라고 생각했고, 상대 차의 운전자에 대해서는 생각조차 하지 않았다. 충돌을 막기 위해 무언가 다를 것을 했었어야만 했다고 계속 말했다.

5. 당신의 교착점에 '항상' '영원히' '절대' '필요하다' '해야 한다' '반드시' '할 수 없다' 그리고 '매번'과 같은 과장된 단어나 문구가 포함됩니까?
   "전부 내 잘못이다." "달리 무언가를 했었어야 했다."

6. 어떤 점에서 이 교착점은 이야기의 한 부분에만 초점을 맞추고 있습니까?
   동생이 안전띠를 매지 않겠다고 했던 사실에 초점을 맞췄고, 경찰관이 이렇게 측면에서 충돌한 경우는 안전띠가 그리 다른 결과를 가져오지 않았을 것이라는 말을 했을 때 실제로는 듣지 않았다. 우리가 이야기하고 웃고 있었다는 사실에 초점을 맞추었지만, 내가 양방향을 다 살폈다는 사실을 간과했다.

7. 이 교착점은 어디에서 왔습니까? 이 교착점의 정보 출처는 신뢰할 만합니까?
   이 교착점은 나에게서 생겨났지만 이것은 나의 잘못이고, 동생이 안전띠를 매기 전에 차를 출발시키지 않았어야 했다는 부모님의 첫 반응에서 제일 처음 시작되었다. 이후 부모님은 나를 더 지지해 주셨으나, 그 당시에는 너무 속상해서 나에게 퍼부었던 것 같다.

8. 당신의 교착점이 가능한 것과 가능성이 있는 것을 어떻게 혼동하고 있습니까?
차 사고를 피하기 위해 무언가 다른 것을 했었어야 했다고 계속 생각했다. 내가 할 수 있었던 무언가가 있었을 것 같았지만, 사실은 그렇지 않다.

9. 어떤 점에서 당신의 교착점은 사실보다 감정에 근거하고 있습니까?
내가 죄책감을 느끼기 때문에 이것은 내 잘못이어야 한다고 생각했다.

10. 어떤 점에서 당신의 교착점은 이야기의 관련 없는 부분에 초점을 맞추고 있습니까?
완전히 안전띠에만 초점을 맞추었다. 나는 남동생을 죽이지 않았다. 상대 운전자가 죽였다. 운전 중 문자를 보내고 그렇게 과속했으면 안 됐다. 우리가 웃고 있었다는 사실은 관련이 없다. 나는 집중했었고, 교통법규를 지키고 있었다.

[유인물 7-3]

도전질문지 워크시트를 위한 안내

날짜: ___________ 내담자: ______________________________________

다음은 교착점 또는 문제가 되는 신념에 도전하는 질문 목록입니다. 모든 질문이 당신이 도전하기로 선택한 신념에 적절히 적용되는 것은 아닙니다. 다음에서 도전하기로 선택한 신념에 대해 가능한 한 많은 질문에 답하세요.

신념: 여기에 교착점을 적습니다. 교착점일지에서 찾아서 적을 수도 있습니다. 믿음은 감정이나 행동이 되어서는 안 되며, 너무 모호해서도 안 됩니다. 가능하면 "만일 ~라면, ~일 것이다."의 형태로 문장을 사용하세요.

1. 이 교착점의 증거와 반증은 무엇입니까?
   증거는 법정에서도 효력이 있는 유형의 사실로 구성됩니다. 우리는 사건이 일어났다는 것에 이의를 제기하지 않습니다. 우리는 앞에서 제시한 교착점을 지지하는 증거 그리고 반대하는 증거를 찾고 있습니다.

   지지하는 증거: 다른 교착점을 사용하지 않습니다. 반드시 사실을 확인합니다.

   반대하는 증거: 신념이 사실이 아니라고 만드는 데에는 단 하나의 예외가 필요합니다. 사실은 100%이고 절대적입니다. 만일 당신의 교착점에 한 가지 예외를 확인할 수 있다면 그것은 사실이 아니고, 따라서 법정에서는 효력이 없게 됩니다.

『Cognitive Processing Therapy for PTSD: A Comprehensive Manual』(Resick, Monson, & Chard)에서 발췌.

2. 당신의 교착점은 습관입니까, 아니면 사실에 근거합니까?
이 신념을 자신에게 오랫동안 말해 왔기 때문에 사실처럼 느껴집니까? 이것은 마치 광고와 같습니다. 어느 정도 시간이 지나고 나면 이것을 믿기 시작합니다. 이 신념은 당신이 오랜 기간에 걸쳐 자신에게 습관처럼 말해 온 것입니까?

3. 당신의 교착점은 어떤 방식으로 모든 정보를 포함하지 않습니까?
교착점이 비현실적이거나 완전히 정확하지 않거나 완전히 사실이 아닐 수 있습니까? 당신의 믿음은 상황의 모든 사실을 반영합니까? 트라우마 사건의 상황을 기억하세요.

4. 당신의 교착점에 전부 또는 전무의 언어가 포함되어 있습니까?
교착점이 흑과 백의 범주를 모두 포함합니까? 어떤 일들이 모두 좋거나 모두 나쁩니까? 중간에 회색 영역이 빠져 있습니까? (예: 자신의 성과가 완벽하지 않다면, 자신을 실패로 간주한다.)

5. 당신의 교착점에 '항상' '영원히' '절대' '필요하다' '해야 한다' '반드시' '할 수 없다' '매번'과 같은 과장된 단어나 문구가 포함됩니까?
이러한 단어나 문장은 숨겨져 있을 수 있습니다. (예: "그는 신뢰할 수 없다."라는 문장은 실제로 "모든 남자를 신뢰할 수 없다."이다.)

6. 어떤 점에서 이 교착점은 이야기의 한 부분에만 초점을 맞추고 있습니까?
이 질문은 사건이 일어나도록 만든 사건의 중요한 한 부분을 결정하는 것과 관련됩니다. 그렇다면 이 한 부분을 가지고 당신의 교착점을 만듭니다(예: "내가 더 강했더라면, 그렇다면 이 일은 일어나지 않았을 것이다."). 이제 원형 차트를 만들어서 하나의 작은 조각을 당신이 초점을 맞추고 있는 부분이라고 생각해 봅시다. 당신은 아마도 이 조각에 100%의 '책임'이나 '원인'을 할당하고 나머지 부분의 모든 나머지 요인(다른 조각)은 무시할 것입니다. 수가 더 많은 다른 조각에는 가해자가 무기를 들고 있었다든지, 당신이 기습을 받았다든지, 그 시점에는 다른 선택지가 없었다든지, 또는 이외 요소들이 포함되어 있을 수 있습니다. 왜 이런 다른 요소/조각들을 원인으로 간주하지 않습니까? 이것들은 무시하고 오직 하나의 요소/조각만 초점을 맞추고 있습니까?

7. 이 교착점은 어디에서 왔습니까? 이 교착점의 정보 출처는 신뢰할 만합니까?
사건이 발생한 때를 생각해 보세요. 그 당시 당신은 누구였나요? (전쟁 중 두려움에 떨던 20대? 어른에게 희생된 아이? 등) 당신의 교착점은 당신이 무서웠거나 아주 어렸을 때 발달한 생각을 기반으로 할 수 있습니다. 당신은 그 당시에 어떻게 생각했는지를 따라 수년 동안 그 교착점을 유지했습니다. 또는 적/가해자/기타 정보원에 대해 생각해 보세요. 이 사람들은 신뢰할 수 있습니까? 그들이 사건(또는 당신)에 관한 판단을 내릴 수 있다고 믿을 수 있습니까? 교착점은 가해자가 말한 진술일 수 있습니다. 가해자가 이런 진술을 하는 것이 신뢰할 만합니까(신뢰할 수 있습니까)? 가해자가 진실하다고 기대할 수 있습니까? 정보의 출처를 생각해 봅니다.

8. 당신의 교착점이 가능한 것과 가능성이 있는 것을 어떻게 혼동하고 있습니까?
이 질문은 현재 또는 미래에 초점을 맞춘 교착점에 가장 적합합니다. "교착점이 발생할 가능성 또는 확률/기회는 어떻습니까?"라고 묻습니다. 현재 또는 미래 지향적인 교착점의 예는 "다른 사람을 신뢰하면 내가 다칠 것이다."입니다. 실제로는 확률이 낮을 수 있지만, 당신은 마치 이것이 확실한 것처럼 삶을 살고 있습니다. 네, 일어날 수 있지만 일어날 듯이 살아가고 있습니다. 물론 위험한 환경에서는 그 결과(사망 또는 부상)가 크기 때문에 모든 것을 높은 확률로 간주할 수 있습니다. 그러나 모든 환경에서 이와 같은 확률을 유지할 필요가 없다는 점을 고려하고 있습니까? 즉, 지금 모든 상황에서 이 사건이 다시 발생할 확률(확실성)이 높은 것처럼 이 교착점을 적용하고 있습니까? 예를 들어, 운전에 대해 생각해 봅시다. 우리는 모두 매년 많은 사람이 교통사고로 사망한다는 것을 알고 있지만, 여전히 운전을 합니다. 우리는 교통사고로 죽을 수 있다는 것을 알고 있지만, 마치 일어날 것처럼 살지 않기 때문입니다.

9. 어떤 점에서 당신의 교착점은 사실보다 감정에 근거하고 있습니까?
이 질문은 만약 당신이 무언가가 사실이라고 느끼면 그것은 틀림이 없다는 생각을 나타냅니다. 예를 들어, 과도한 경계에 대해 생각해 보세요. 불편함을 느끼거나 군중 속에서 위협을 받고 있기에 위험하다고 가정(또는 신념을 전개)합니다. 이것은 "나는 군중을 좋아하지 않는다."가 되는데, 이것은"나는 군중 속에서 절대 안전하지 않다."라거나 "만약 군중 속에 있다면 나는 해를 입을 것이다."로 해석됩니다. 또 다른 예로,

당신이 죄책감을 느낀다면 당신의 잘못이라고 생각하는 것입니다.

10. 어떤 점에서 당신의 교착점은 이야기의 관련 없는 부분에 초점을 맞추고 있습니까? 이 질문은 사건 발생과 관련이 없는 일의 원인이나 책임에 초점을 맞추는 것입니다. 예를 들어, "나는 빨간 드레스를 입었다. 그래서 폭행을 당했다."와 같은 것입니다. 이것은 관련이 없는 것에 관한 것이기 때문에, 질문 6과 다릅니다. 반면, 질문 6은 어떤 요인이 사건에 기여는 했을 수 있으나 전적인 원인은 아닌 것에 관한 것입니다. 그러나 질문 6에서도 이 조각은 사실이라기보다 부정확한 것일 수 있습니다.

[유인물 7-4]

CPT 4회기 후 연습과제

매일 하나의 교착점을 선택한 다음, 이 교착점와 관련하여 도전질문지 워크시트에 있는 질문에 답합니다. 먼저 트라우마와 직접 관련된 교착점에 대해 작업합니다(예: "내 잘못이다." "나는 그것을 막을 수 있었을 것이다." 또는 "내가 X를 했더라면 그것은 일어나지 않았을 것이다."). 치료사는 당신이 여러 가지 문제를 다루어 볼 수 있도록 도전질문지 워크시트의 사본을 추가로 제공합니다. 이 워크시트의 작성 예시는 [유인물 7-2A]와 [유인물 7-2B]에서 살펴볼 수 있으며, '도전질문지 워크시트를 위한 안내'에서도 읽어 볼 수 있습니다.

[유인물 7-5]

문제 사고 패턴 워크시트

날짜: __________ 내담자: ______________________________

다음은 사람들이 다양한 생활 상황에서 사용하는 여러 가지 문제 사고의 패턴입니다. 이러한 패턴은 종종 사람들이 자기 파괴적인 행동을 하게 하는 자동적이고 습관적인 생각입니다. 자신의 교착점이나 일상적인 생각에서 표본을 생각해 보고, 이러한 각 패턴에 대한 예를 찾아봅니다. 적절한 패턴 아래에 교착점이나 전형적인 생각을 적고, 그 패턴에 어떻게 맞는지 설명합니다. 그 패턴이 당신에게 어떤 영향을 미치는지 생각해 봅니다.

1. 성급히 결론에 도달하거나 미래를 예측한다.

2. 상황을 과장하거나 최소화한다(규모보다 훨씬 부풀리거나 중요성을 부적절하게 축소함).

3. 상황의 중요한 부분을 무시한다.

4. '좋고-나쁨' 또는 '옳고-그름'으로 지나치게 단순화한다.

5. 단일 사건에서 과잉일반화한다(예: 부정적인 사건이 끝이 없는 패턴으로 간주됨).

6. 마음읽기(명확한 증거가 없을 때도 사람들이 당신을 부정적으로 생각한다고 가정함)

---

7. **감정적 추론**(당신의 감정을 증거로 사용함. 예: "나는 두려움을 느낀다. 그래서 나는 위험에 있는 것이 분명하다.")

[유인물 7-5A]

문제 사고 패턴 워크시트 예시

날짜: ___________ 내담자: ______________________________

다음은 사람들이 다양한 생활 상황에서 사용하는 여러 가지 문제적 사고의 패턴입니다. 이러한 패턴은 종종 사람들이 자기 파괴적인 행동을 하게 하는 자동적이고 습관적인 생각입니다. 자신의 교착점이나 일상적인 생각에서 표본을 생각해 보고, 이러한 각 패턴에 대한 예를 찾아봅니다. 적절한 패턴 아래에 교착점이나 전형적인 생각을 적고, 그 패턴에 어떻게 맞는지 설명합니다. 그 패턴이 당신에게 어떤 영향을 미치는지 생각해 봅니다.

1. 성급히 결론에 도달하거나 미래를 예측한다.

   [어린 시절 성학대 피해자] 만일 한 남자가 아이와 단둘이 있으면, 그 남자는 아이를 다치게 할 것이다. 그러나 나는 남편이 아이들을 다치게 하지 않으리라는 것을 알고 있지만, 이 믿음은 내 결혼생활에 문제를 일으킨다.

2. 상황을 과장하거나 최소화한다(규모보다 훨씬 부풀리거나 중요성을 부적절하게 축소함).

   [여행가] 나는 시체와 폭동을 보았지만 다치지 않았고, 다른 사람들은 더 심한 것을 보았다. 그렇기 때문에 이 상황에 대한 나의 반응은 잘못되었다. 나는 약했다.

3. 상황의 중요한 부분을 무시한다.

   [강도 피해자] 그 가해자가 총을 들고 있었다는 사실을 자꾸 잊는다. 이는 그 상황에 내가 어느 정도의 통제력을 가지고 있었는가에 대한 중요한 정보이다.

『Cognitive Processing Therapy for PTSD: A Comprehensive Manual』(Resick, Monson, & Chard)에서 발췌.

4. '좋고-나쁨' 또는 '옳고-그름'으로 **지나치게 단순화한다.**

[경찰관] 어떤 사람도 전부 좋거나, 전부 나쁘지 않다. 내 삶에서 나는 그리 좋지 않은 어떤 일을 했을 수 있지만, 이것이 나를 나쁜 사람으로 만들지는 않는다.

5. 단일 사건에서 **과잉일반화한다**(예: 부정적인 사건이 끝이 없는 패턴으로 간주됨).

[성인 강간 피해자] 나는 남자에 의해 강간당했고, 모든 남자는 위험하다. 아마도 내가 남자에게서 멀어지기 위해 이 믿음을 사용하는 것인가?

6. **마음읽기**(명확한 증거가 없을 때도 사람들이 당신을 부정적으로 생각한다고 가정함).

[어린 시절 신체학대의 피해자] 내 아버지는 지금 소리치고, 따라서 나는 그가 화가 났다고 가정한다. 그러나 많은 경우 이는 사실이 아니다. 그는 때때로 한쪽 귀가 들리지 않고 다른 쪽도 점차 청력을 잃어 가고 있기 때문에 소리친다. 그는 자신이 소리를 치고 있다는 것을 알지 못하기 때문에 소리를 친다.

7. **감정적 추론**(당신의 감정을 증거로 사용함. 예: "나는 두려움을 느낀다. 그래서 나는 위험에 있는 것이 분명하다.").

[트라우마 사망의 생존자] 내 친구의 죽음에 죄책감을 느끼기 때문에 나는 무언가 잘못한 것이 틀림이 없다.

[유인물 7-6]

CPT 5회기 후 연습과제

이 연습과제는 일상적 사고의 몇 가지 예와 함께 교착점을 생각해 보고, 문제 사고 패턴 워크시트의 각 관련 사고 패턴에 맞는 것을 찾기 위한 것입니다. 매일 각 패턴 아래에 교착점이나 일상적 사고의 예를 나열하고, 이러한 습관적 패턴이 트라우마 사건에 대한 반응에 영향을 미칠 수 있는 방식에 대해 생각해 봅니다. 이 워크시트의 작성 예시는 [유인물 7-5A]에서 읽어 볼 수 있습니다.

제8장

자기 도전하는 법 배우기

6, 7회기

6, 7회기의 목표

6회기와 7회기의 첫 번째 목표는 내담자가 사건을 해석하는 특징적인 패턴을 확인하는 데 도움이 되는 문제 사고 패턴 워크시트를 통해 스스로 질문하여 자신의 인지치료사가 되도록 계속 가르치는 것이다. 그런 다음 내담자에게 마지막 인지 워크시트인 신념 도전하기 워크시트(Challenging Beliefs Worksheet)를 소개한다. 이 워크시트는 내담자가 배운 모든 워크시트를 모아 대안 사고 및 관련 감정 개발하기를 소개한다. 신념 도전하기 워크시트는 나머지 CPT 프로토콜 전체에서 활용한다.

6회기 문제 사고 패턴 워크시트 및 신념 도전하기 워크시트 소개하기

6회기 절차

1. 자가보고 객관식 척도의 내담자 점수를 검토하고 이 시점에서 내담자의 치료 반응에 대한 중간 프로토콜 평가를 한다.
2. 내담자의 문제 사고 패턴 워크시트를 검토한다.
3. 신념 도전하기 워크시트를 소개하고, 내담자가 트라우마의 예를 사용하여 작성을 연습하게 한다.
4. 새로운 연습과제를 부여한다.
5. 회기 및 연습과제에 대한 내담자의 반응을 확인한다.

치료 반응에 대한 중간 프로토콜 평가 수행하기

6회기가 일반적인 CPT 프로토콜의 중간 지점을 나타낸다는 점을 고려할 때, 사용 중인 PCL-5 또는 기타 PTSD 자가보고식 척도의 내담자 점수는 많이 감소해야 한다. 그렇지 않다면 이것은 아마도 동화된 생각이 성공적으로 해결되지 않았음을 의미한다. 제3장의 '사례개념화' 부분과 CPT 프로토콜을 설명하는 제3부의 앞선 장에서 강조했듯이, 치료사는 이 회기들을 지표 트라우마 사건과 동화된 사고에 계속 집중시켜야 한다. 또한 내담자가 목표로 삼아야 하는 관련 동화된 교착점이 있는 다른 트라우마 사건이 있을 수도 있다. 우리의 경험상 주제적으로 유사한 트라우마(예: 대인관계 폭력, 군 경험)에 대한 동화된 생각은 지표 트라우마에 초점을 맞춰 해결되는 경향이 있다. 예를 들어, 내담자가 성인 강간을 지표 트라우마로 확인했지만 아동 성적 학대의 경험이 있는 경우 강간에서 자신과 가해자의 역할에 대해 발전시킨 동화된 신념은 어린 시절의 성적 학대 경험에 대한 신념(예: "가해자가 나를 성적으로 이용한 것을 비난하지 않을 것이다.")을 일반화할 가능성이 있다. 반대로 핵심 신념을 확인한 경우(예: "사람들은 항상 나를 배신할 것이다."), 이는 아동학대에서 비롯된

다음 성인 트라우마로 활성화되었을 수 있다.

지표 사건과 비슷하지 않은 다른 트라우마 경험을 구체적으로 다루어야 할 수도 있다. 예를 들어, 우리 중 한 명에게는 자신의 지표 사건을 자녀가 익사한 것으로 확인했지만 강도 사건도 경험한 내담자가 있었다. 아이의 죽음에 대한 신념을 더 잘 수용함으로써, 치료사는 강도와 관련된 동화된 신념에 집중하여 내담자의 PTSD 증상을 더욱 크게 개선할 수 있었다. 또한 내담자가 수치심이나 더 중요한 교착점을 보호하기 위해 지표 트라우마의 중요한 부분을 빠뜨릴 수도 있다(예: "친족 성폭력이 일어난 것이 내 잘못이 아니라면 아버지가 나를 사랑하지 않았다는 의미이다. 아버지가 나를 보호할 만큼 사랑했다면, 아무도 그렇게 하지 않을 것이다").

또한 치료사는 PTSD 자가보고식 척도에 대한 항목 수준의 응답을 면밀히 검토하여 여전히 문제가 있는 증상을 판단해야 한다. 내담자가 여전히 사건에 관한 생각을 하는 것이나 자연스러운 감정 느끼기를 피하는 경우 치료사는 내담자가 이러한 회피에 도전하도록 도와야 한다. 이 과정에는 내담자가 사건에 직면하거나 감정을 경험하는 것의 교착점을 확인하는 것과 인지 워크시트를 사용하여 이러한 교착점에 도전하는 것이 포함될 수 있다. 내담자가 여전히 악몽이나 플래시백이 계속된다고 보고한다면 치료사는 그 내용을 물어야 한다. 내용은 내담자가 여전히 멈춰 있는 사건의 부분에 대한 단서를 제공할 수 있다. 또한 내담자가 자신의 증상 보고서를 지표 트라우마에 고정하고, 이 척도를 일반적인 고통의 척도로 답하고 있지 않은지 확인하는 것이 중요하다.

관련 동반 장애(예: PHQ-9)에 대한 자가보고식 척도의 결과를 검토하여 해당 질환이 치료에 어떻게 반응하는지 확인하는 것도 중요하다. 예를 들어, 물질 사용의 양이나 빈도가 감소하지 않는 경우 물질 오용이 치료를 방해하지 않도록 이 문제를 해결해야 한다. 마찬가지로, 해리의 유지 또는 증가는 치료 진행을 방해할 가능성을 줄이기 위해 해결되어야 한다.

문제 사고 패턴 검토하기 워크시트

이 회기는 내담자의 문제 사고 패턴 워크시트를 검토하는 데 초점을 맞춰야 한다. 치료사는 내담자가 이러한 패턴을 확인하고 진술문의 문제를 이해하는 데에 어려움이 있었는지 확인해야 한다. 그리고 이러한 패턴이 트라우마 사건에 대한 내담자의 반응에 어떤 영향을 미쳤는지 또는 사건에 대한 반응으로 발전했는지를 내담자와 논의해야 한다. 이와 같은 집단의 사람들에게서 여러 문제 사고 패턴이 자주 발견된다. 예를 들어, 습관적으로 부정적인 결과가 자신의 잘못이라는 결론을 내리는 내담자는 사건 이후에 자기 비난의 가능성을 높일 수 있다. 마음읽기(mind reading)도 매우 흔하다. 내담자는 다른 사람들이 내담자가 생각하는 것처럼 생각하고 같은 방식으로 느낀다고 가정하여 다른 사람으로부터 자신을 소외시킨다. 두려움, 수치심 및 죄책감에 대한 감정적 추론도 자주 관찰된다. 이러한 감정을 느끼는 내담자는 이것을 자신이 뭔가 잘못했음이 틀림없다는 증거로 간주할 수 있다. 단일 사건으로 인한 과도한 일반화와 극단적인 흑백 사고도 매우 일반적이다.

만일 내담자가 처음에는 더 균형 잡힌 생각을 믿지 않더라도, 내담자와 함께 자신의 언어를 수정하는 것은 만들어진 감정(manufactured emotions)의 강도에 즉각적인 영향을 미칠 수 있다. 예를 들어, 치료사가 어떤 사람(한 사람이라도)을 어떤 식으로든 신뢰할 수 있다고 지적하고 나면, 치료사는 "아무도 신뢰할 수 없다."가 부정확하다는 것을 내담자에게 계속 상기시킬 수 있다. 내담자가 "어떤 사람은 믿을 수 없다."라고 말하기 시작하면 '아무도'라고 말할 때보다 수반되는 감정은 덜 강렬하다. 내담자의 문제 사고 패턴 중 일부는 자동적인 핵심 신념을 나타낼 수 있기에, 치료사는 내담자와 함께 생각의 출처가 어디인지 생각해 볼 수 있다. 그 일부는 어린 시절 학대에서 비롯되었을 수 있으며, 사고가 자동적이고 깊이 유지되는 핵심 신념이나 도식이 되었을 수 있다.

정신적 외상의 예시가 포함된 신념 도전하기 워크시트 소개하기

문제 사고 패턴 워크시트를 검토한 후 치료사는 신념 도전하기 워크시트([유인물 8-1] 참조)를 소개한다. 내담자가 처음에는 너무 복잡하다고 인식할 수도 있어서, 치료사는 이 워크시트를 소개할 때 내담자가 압도되지 않도록 주의해야 한다. 좋은 시작 방법은 내담자가 이전 워크시트를 사용하여 배운 모든 기술을 워크시트에 모으라고 말하는 것이다. 신념 도전하기 워크시트에서 유일한 새로운 요소는 대안적인 생각과 감정을 소개하고, 생각의 신뢰성과 감정의 강도를 평가하는 것이다. 신념 도전하기 워크시트는 이후의 CPT 회기에서 사용된다.

치료사는 ABC 워크시트가 왼편의 두 칸(A칸과 B칸)에 있음을 지적하고, 새 워크시트의 나머지 부분을 강조하기 위해 종이로 덮을 수 있다. 그러나 신념 도전하기 워크시트 B칸에서는 내담자가 각 사고나 교착점을 믿는 정도에 대한 평점(0~100%)을 추가한다. C칸에서는 결과인 감정이 얼마나 강한지(0~100%)를 평가한다. 이 시점에서 이러한 평점을 도입하는 이유는 CPT를 시작할 때 내담자가 이 사고를 100% 믿을 수 있는 사실로 인식하고, 관련 감정을 '켜짐' 또는 '꺼짐' 중 하나로 인식할 가능성이 크기 때문이다. 더 많은 연습을 할수록 내담자는 생각과 감정의 강도에서 더 큰 차이를 감지할 수 있다.

다음 두 칸(D칸과 E칸)에는 내담자가 확인된 사고에 도전하도록 도움을 주는 도전질문지 워크시트 및 문제 사고 패턴 워크시트의 추가 탐색질문이 포함되어 있다. 다시 한번 상기하자면, 모든 도전적인 질문이나 패턴이 주어진 생각과 관련이 있는 것은 아니다. 처음에 내담자는 두 개의 이전 워크시트 중 하나 또는 둘 모두를 꺼내 각 열의 추가 탐색질문이 무엇을 의미하는지 확인해 볼 수 있을 것이다. 마지막으로, 내담자에게 처음으로 더 균형 잡힌 증거에 기반한 또 다른 생각을 만들어 보고(F칸), 새로운 생각을 생성한 후 원래 교착점에 대한 자신의 신념 수준을 다시 평가하고(G칸), 관련 감정의 변화를 모니터링(H칸)하도록 요청한다.

치료사는 내담자가 정신적 외상 이전에 비현실적인 신념(예: "나는 예측할 수 있고 나에게 일어나는 나쁜 일을 통제한다." "아무도 믿을 수 없다.")을 가지고 있었을 수 있으므로, 신념 도전하기 워크시트의 목표가 반드시 내담자를 이전의 신념으로 되돌리는 게 아님을 강조하는 것이 중요하다. 목표는 내담자가 균형 잡히고 적응적이며 현실적인 신념을 개발하는 것이다. 예를 들어, "아무도 신뢰할 수 없다."일 경우, 내담자는 트라우마 사건을 그 신념을 뒷받침하는 증거로 사용하고 있을 가능성이 크다. 목표는 내담자가 '일부 사람들은 어떤 일에 관해 다양한 정도로 신뢰할 수 있다'와 같이 더 유연하고 미묘한 차이가 있는 신념에 도달하는 것이다. 오랜 시간 정신적 외상을 겪고 있는 내담자, 특히 어린 시절에 트라우마가 시작된 사람들은 매우 단단히 자리 잡을 수 있는 극단적 신념을 가지기 쉽다. 만일 내담자가 균형 잡힌 사고를 도출하는 데 어려움이 있는 경우 D칸 교착점의 '반대하는 증거'가 몇 가지 아이디어를 제공할 수 있다.

치료사와 내담자는 이 회기에서 적어도 신념 도전하기 워크시트 한 장을 완전히 작성하여 내담자의 이해를 도우므로, 이 회기 후에 매일 작성할 가능성을 높여야 한다. 치료사는 결과를 가장 효율적으로 달성하기 위해 계속 트라우마 사건에 대한 동화된 생각을 우선 처리해야 한다. 치료사와 내담자는 내담자가 더는 믿지 않는 교착점은 지우고 더 많은 작업이 필요한 것을 선택하기 위해 교착점일지를 검토해 보고 싶을 수 있다. 근본적인 핵심 신념을 반영하는 것(예: '뭔가 나쁜 일이 발생하면 그것은 나의 잘못이다.')을 해결하기 위해서 워크시트가 필요할 수 있다. 핵심 신념은 과수용된 개념에 관한 것일 수 있지만, 내담자가 학대에 대해 가해 부모에게 자주 비난을 받거나, 무가치하거나 어리석기 때문에 이런 트라우마가 발생했다는 말을 들을 때에도 생길 수 있다. 이러한 자동적 가정은 논박의 중압감이나 더 균형 잡힌 대안적 사고의 영향을 받기까지 트라우마 사건이나 일상적 사건에 관한 여러 장의 워크시트 작업이 필요할 수 있다.

새로운 연습과제 제공하기

이 회기 이후의 연습과제는 내담자가 신념 도전하기 워크시트를 사용하여 교착점에 도전하는 것이다. 치료사는 내담자가 교착점일지에서 지속적인 주의가 필요한 교착점을 선택하도록 돕고, 이를 신념 도전하기 워크시트 사본에 적어야 한다. 이렇게 하면 내담자가 회기 밖에서 이 워크시트를 작성할 가능성이 커진다. 내담자가 워크시트를 쉽게 이해할 수 있도록 신념 도전하기 워크시트의 작성 예시와 내담자의 상황과 가장 관련이 있는 워크시트를 제공해야 한다([유인물 8-1A]~[유인물 8-1E] 참조). 내담자는 매일 하나의 신념 도전하기 워크시트를 작성해야 한다([유인물 8-2] 참조).

회기 및 연습과제에 대한 내담자의 반응 확인하기

평소와 마찬가지로 치료사는 회기에 대한 내담자의 반응을 끌어내고, 내담자가 회기 내용이나 새로운 연습과제에 대해 질문이 있는지를 물어보면서 6회기를 마무리해야 한다. 치료사는 회기에서 이루어진 모든 중요한 생각이나 발견을 강화해야 하며, 내담자가 제공하는 중요한 과제용 메시지를 기록해야 한다.

7회기 신념 도전하기 워크시트 및 모듈 소개하기

7회기 절차

1. 자가보고 객관식 척도에 대한 내담자 점수를 검토한다. (제6장의 2, 3회기 검토에 관한 논의 참조)
2. 신념 도전하기 워크시트를 검토하여 내담자가 워크시트를 이해하고 트라우마와 관련된 교착점에 성공적으로 도전했는지 확인한다.
3. 이후 5회기 동안 논의할 다섯 가지 특정 주제/모듈에 대한 개요를 제공한다.
4. 첫 번째 주제인 안전을 소개한다.
5. 새로운 연습과제를 부여한다.
6. 회기 및 연습과제에 대한 내담자의 반응을 확인한다.

내담자의 신념 도전하기 워크시트 검토하기

평소와 같이 자가보고 객관식 척도에 대한 내담자의 점수를 검토한 후, 치료사는 내담자와 함께 6회기 이후에 작성한 신념 도전하기 워크시트를 검토해야 한다. 이 워크시트를 사용하여 인지의 변화(그리고 후속 감정)에서 내담자의 성공이나 문제를 논의하는 데 특별한 주의를 기울여야 한다. 치료사와 내담자는 여전히 문제가 있는 인지에 내담자가 직면할 수 있도록 워크시트 D칸의 도전하는 질문을 사용해야 한다. 예를 들어, 한 내남자는 엘리베이터를 탔는데 20층에서부터 추락하여 바닥에 닿을 때 멈추는 경험을 했다. 악몽과 플래시백을 겪는 것 외에도 그는 다시 엘리베이터에 탈 수 없음을 알게 되었다. 그의 생각은 '엘리베이터는 안전하지 않다.'와 '다음번에 나는 죽을 것이다.'였다. 이 내담자는 워크시트에 엘리베이터가 안전하지 않다는 증거가 정확하며, 이번에는 살아남았기 때문에 다음번에는 죽으리라는 것을 알고 있다고 적었다. 그는 자신이 과장하고 있다거나 증거가 부족할 때에도 이런 결론을 짓는다는 것을 보지 못했을 뿐 아니라, 감정적 추론을 했다고도 하지 않았다. 워크시트의 끝에 그의 평점은 바뀌지 않았다. 이것은 치료사가 10~15분 동안 소크라테스식 대화로 되돌아간 다음 워크시트를 다시 시작할 기회였다. 치료사는 내담자가 다음번에 사망할 가능성이나 엘리베이터가 갑자기 20층에서 떨어질 가능성에 대해 이전 회기에서 내린 판단을 내담자에게 상기시켰다.

일부 내담자는 처음에 이 워크시트로 어려움을 겪지만, 대부분은 도전질문지 워크시트와 문제 사고 패턴 워크시트에 있는 토대를 통해 대안을 도출하고 감정을 바꿀 수 있다는 점에 유의해야 한다. 치료사는 워크시트의 사용에서 얻는 이득을 극대화하기 위해 코치 역할을 하며 부드럽게 수정해야 한다. 치료사는 내담자가 계속 도전하고 있는 동화된 교착점을 검토하는 것을 우선적으로 처리해야 한다. 대안적 사고방식을 내담자가 충분히 연습할 수 있도록 치료사는 다수의 유사한 교착점을 배정할 수 있다. 예를 들어, 성폭력 피해자에게 "더 열심히 싸워야 했어요." "내가 그를 믿어서는 안 된다는 걸 알고 있었어요." "그와 시시덕거리지 말았어야 했어요." 그리고 "내가 얼어붙지 않았더라면 강간당하지 않았을 것이다."와 같은 교착점을 부여했다. 이 모든 생각은 당시 일어난 일의 결과를 바꾸고 사건의 맥락을 잊기 위한 동화된 생각을 나타낸다. 유사한 동화된 교착점에서의 진전은 다른 교착점으로 일반화되어야 하며, 내담자를 위해 새롭고 건강한 사고방식을 보다 일상적으로 만드는 데 도움이 되어야 한다.

이 시점에서 내담자가 "나는 당신이 말하는 것을 듣고 이해는 되지만, 그렇게 느껴지지는 않습니다."라고 말하는 것은 그리 드문 일이 아니다. 이런 일이 발생하면 치료사는 "처음에 당신은 당신의 생각이 사실이라고 확신했습니다. 때로 감정이 생각을 따라잡는 데에는 시간이 조금 더 걸리기도 합니다."라고 말하며 내담자의 진전을 축하할 수 있다. 또한 "당신은 오랫동안 다른 방식으로 생각해 왔으며 그것은 습관입니다. 새로운 사고방식은 그다지 편안하지 않으며 아직 사실이라고 느껴지지 않습니다. 연습을 더 많이 하면, 그 사건에 관한 새롭고 균형 잡힌 사고방식이 새로운 습관이 될 것이며 기분이 나아질 것입니다."라고 말할 수도 있다.

다섯 가지 주제에 대한 개요 제공하기

치료사는 이제 마지막 5번의 치료 회기에 걸쳐 연속적으로 논의될 다섯 가지의 주제를 내담자에게 안내해야 한다. 사례개념화와 관련하여 제3장에서 논의했듯이 이 주제들은 중요한 부정적 핵심 신념이나 도식을 나타내는데, 이는 트라우마 사건에 의해 확인된 것처럼 보이거나 트라우마 사건의 결과로서 변한 것처럼 보일 수 있다. 주제는 안전, 신뢰, 힘/통제, 존중 및 친밀감이며, 더 기본적인 것부터 복잡한 인간 욕구에 이르는 위계를 나타내기 때문에 이 순서에 따라 제시한다. 또한 각 주제는 자신 및 타인 차원(예: 자신을 안전하게 지키는 능력과 지각된 타인의 안전에 대한 신념)과 관련하여 제시된다. 다음은 다섯 가지 주제가 내담자에게 어떻게 제시되는지를 보여 주는 예이다.

> "다음 5회기 동안 정신적 외상의 영향을 받은 삶의 영역이나 신념일 수 있는 특정 주제에 대해 생각해 볼 것입니다. 각 회기에서 사건 이전에 당신의 신념이 무엇이었는지, 그리고 트라우마가 이것들에 어떤 영향을 미치고, 이전 신념에 의해 어떤 영향을 받았는지 생각해 보도록 요청할 것입니다. 이 주제 중 어떤 것이 당신에게 교착점을 가지고 왔는지 함께 판단했다면, 당신이 자신에게 말하고 있는 것을 바꾸기 시작하도록 이에 대한 워크시트를 작성하게 될 것입니다. 일반적인 다섯 가지 주제는 안전, 신뢰, 힘/통제, 존중, 친밀감입니다. 이러한 각 주제는 당신이 자신을 보는 방식 그리고 타인을 보는 방식의 두 가지 방향에서 고려할 수 있습니다."

치료사는 다양한 영역에서 교착점이 확인될 수 있도록 이후 회기들에서 각 주제를 제시하는 것이 중요하다. 그렇지만 이 책에서 강조한 사례개념화에 대한 개인적인 접근방식에 따라서 내담자의 회복에 핵심이 되는 교착점이 우선 처리되어야 한다. 특히, 이런 교착점의 해결이 다섯 가지 주제에서 다루고 있는 과수용된 신념에 영향을 미치므로, 오래 지속되는 동화된 교착점이 강조되어야 한다. 예를 들어, 내담자 중 한 명은 자신이 은행 강도를 막았어야 했다는 교착점에 대해 말했다. 그녀는 '나는 강도가 하는 일을 통제할 수 없었다.'고 생각하게 되었다. 그런 후 그녀는 자신을 안전하게 지키고 직장 환경에서 힘/통제를 발휘할 수 있는 능력에 대해 지나치게 일반적인 신념을 표현하기 시작했다. 이 예에서 알 수 있듯이, 특정 정신적 외상의 평가를 변경하면 과수용된 신념에 후속 효과를 미칠 수 있다. 이후 회기들의 전반적인 목표는 내담자가 이 다섯 가지 영역 각각에서 균형 잡힌 다차원적 신념을 개발하도록 돕는 것이다.

안전 주제 소개하기

치료사가 제시하는 첫 번째 주제는 (자신과 타인에 관한) 안전이다. 내담자에게 이 주제를 다음과 같이 소개할 수 있다.

> "우리가 논의할 첫 번째 주제는 안전입니다. 지표 트라우마 사건 이전에 자신이 매우 안전하고 다른 사람은 위험하지 않으며 자신을 보호할 수 있다고 생각했다면, 이러한 신념은 그 사건으로 방해를 받았을 수 있습니다. 반면에 만일 이전의 경험들이 다른 사람은 위험하거나 자신을 해칠 가능성이 있다고 생각하게 하거나 스스로 보호할 수 없다고 믿게 했다면, 그 사건은 그러한 신념을 확인하거나 강화하는 데 도움이 되었을 것입니다. 자라면서 자신이 안전하지 않거나 위험에 처했다고 믿게 된 경험이 있습니까? 당신은 보호받았습니까? 당신은 트라우마 사건으로부터 안전하다고 믿었습니까?"

내담자가 자신의 이전 신념을 설명한 후 치료사는 내담자가 트라우마 사건으로 인해 이전 신념이 방해를 받았거나 강화된 것처럼 보이는지 판단하도록 도와야 한다. 치료사와 내담자는 타인의 상대적인 안전에 대해 또는 자신을 해로부터 보호할 수 있는 자신의 능력에 대해 계속해서 부정적인 신념을 가지는지 판단해야 한다. 만약 그렇다면 이러한 부정적인 신념이 어떻게 불안 반응(예: '내가 혼자 차를 타고 나가면 무언가 나쁜 일이 발생할 것이다.')을 유발하는지 논의해야 한다. 또한 내담자는 이 신념과 감정들이 어떻게 행동에 영향(예: 회피, 사회적 철회)을 미치는지 인식할 필요가 있다.

지나치게 일반화된 두려움은 일부 내담자가 전체 집단의 사람을 피하게 할 수 있다. 예를 들어, 베트남 참전 군인들은 아시아인이 곁에 있는 것에 항상 불편함을 느끼고, 이라크 참전 군인들은 중동인처럼 보이는 사람 근처에서는 항상 경계한다고 말할 수 있다. 강간 피해자는 종종 남성을 피하려고 한다. 이 모든 경우에서 내담자는 자신이 마주치는 사람 중 자신의 트라우마 경험을 어떤 식으로든 상기시키는 사람 대부분을 조심스럽게 생각하는 법을 배웠다. 치료를 시작할 때 낮은 확률과 높은 확률의 사건에서 그 차이를 볼 수 없었으며, 다양한 환경에서 같은 확률의 위험에 있다고 믿는다. 해를 끼칠 그 어떤 가능성도 용인하기에는 너무 클 수 있다.

치료사는 회기의 끝에 또는 회기 중에 내담자가 두려움 기반의 회피와 신중한 안전 습관을 구분할 수 있도록 도울 필요가 있을 수 있다. 내담자는 두려움을 느끼지만, 과도한 회피 행동을 하거나 공황에 빠지지는 않으면서 안전 습관(예: 문을 잠그지만 반복적으로 확인하지는 않음)을 증가시키므로 희생당할 가능성을 줄일 수 있다. 그러나 일부 사건은 예측 불가하고 피할 수 없으므로(예: 세계무역센터 테러공격), 위험을 줄일 방법은 없다. 만일 치료사가 내담자의 고위험의 행동을 인식하고 있다면 이를 치료의 시작 시기에 다루어서는 안 된다. 왜냐하면 내담자는 치료사가 사건에 대해 자신을 비난한다고 가정할 가능성이 높기 때문이다. 치료사는 위험 감소 전략을 논의하기 위해 안전 주제를 다룰 때까지 기다려야 한다.

일반화된 두려움과 관련된 안전에 대한 집착은 트라우마 사건의 발생을 막지 못하며 회복을 막는 역할만 한다. 이런 방법으로 일부 내담자는 정신적 외상과 관련된 일부 요인에 너무 많은 관심을 기울여서 이 요인들에 대한 안전을 계획하는 데에만 초점을 두고 다른 고위험의 원인을 제외한다. 예를 들어, 집에서 공격을 당한 내담자는 경보 시스템, 창문과 현관 잠금장치를 끊임없이 바꾸는 데에 수년의 시간과 많은 돈을 썼다. 반면에 내담자는 술집에 가서 친구들과 정기적으로 술에 취하도록 마셨다. 내담자는 심지어 술에 슬쩍 섞어 넣은 '데이트 강간 약물'의 피해자였다. 그런데도 내담자는 다른 곳의 더 큰 위험은 무시하면서 집에서 공격을 받을 가능성에만 집중했다.

치료사는 문제가 있는 안전 관련 자기 진술을 내담자가 인식하도록 돕고, 대안적이고 더 중도적이며 두려움을 적게 유발하는 자기 진술(예: "다시 일어날 것이라고 확신한다."를 "다시 일어날 것 같지 않다."로 대체)을 소개해야 한다. 일부 내담자는 사건이 한 번 발생하면 다시 일어날 것이라고 믿는다. 치료사는 이런 내담자가 확률 통계를 살펴보게 해야 할 수 있으며, 심지어 고위험 상황(예: 군사 배치)에서도 이러한 사건이 얼마나 일어나는지 '적정 규모로 조정'할 수 있도록 소크라테스식 대화를 할 필요가 있을 수 있다. 비록 치료사가 트라우마 사건이 다시 일어나지 않을 것이라고 장담할 수는 없지만, 내담자가 특히 특정 상황에서 고빈도의 위험에 노출된 듯이 행동하는 것을 멈추도록 도울 수 있다. 더욱이, 치료사는 CPT를 통해 배운 회복에 대한 노력과 기술을 바탕으로 또 다른 트라우마 사건을 견디는 (아마도 더 탄력적일 수 있는) 능력에 대해 더 건강한 자기 진술을 하도록 촉진해야 한다.

새로운 연습과제 제공하기

내담자는 이 회기에서 안전 주제에 대해 제공되는 심리교육을 강화하기 위해 안전 문제 모듈([유인물 8-3] 참조)을 제공해야 한다. 내담자의 진술이나 행동에서 자신 또는 타인과 관련된 안전 문제가 분명한 경우 다음 회기 전 안전에 대한 신념 도전하기 워크시트를 하나 이상 작성해야 한다. 그렇지 않은 경우에 내담자는 확인된 다른 교착점 및 최근 고통스러웠던 정신적 외상 관련 사건에 대해 이 워크시트의 사본을 작성하도록 해야 한다. 그리고 매일 하나의 신념 도전하기 워크시트를 작성해야 한다([유인물 8-4] 참조).

회기 및 연습과제에 대한 내담자의 반응 확인하기

평소와 같이 치료사는 회기에 대한 내담자의 반응을 끌어내고, 내담자가 내용이나 새로운 연습과제에 대해 질문이 있는지 물어보면서 7회기를 마무리해야 한다. 치료사는 회기에서 이루어진 모든 중요한 생각이나 발견을 강화해야 하며, 내담자가 제공하는 중요한 과제용 메시지를 기록해야 한다.

[유인물 8-1]

신념 도전하기 워크시트

날짜: ____________ 내담자: ______________________________

A. 상황	B. 사고/교착점	D. 도전하는 사고	E. 문제 패턴	F. 대안적 사고
불쾌한 감정을 유발하는 사건, 사고 또는 신념을 기술하십시오.	A칸의 상황과 관련된 사고/교착점을 적으십시오. 이 사고/교착점에 대한 당신의 신념을 0~100%로 평가하십시오. (이 사고를 얼마나 믿습니까?)	B칸의 자동적 사고를 검토하기 위해 **도전하는 질문**을 사용합니다. 이 사고가 균형이 있고 사실인지, 또는 극단적인지 생각해 보십시오.	**문제 사고 패턴 워크시트**를 사용하여 이것이 문제 사고 패턴 중 하나인지 판단해 보십시오.	B칸의 사고를 대신해서 어떻게 다르게 말할 수 있습니까? 이 사고 대신 어떻게 다르게 이 사건을 해석할 수 있습니까? 대안적 사고에 대한 신념을 0~100%로 평가하십시오.
	C. 감정 당신의 감정을 명시하고(슬픔, 분노 등), 각 감정을 얼마나 강하게 느끼는지 0~100%로 평가하십시오.	증거? 반대하는 증거? 습관 또는 사실? 모든 정보를 포함하지 않는가? 전부 또는 전무? 극단적이거나 과장되었는가? 한 부분에만 초점을 맞추는가? 출처는 신뢰할 만한가? 가능성을 가능성이 있는 것과 혼동하는가? 감정 또는 사실에 기반을 두는가? 관련 없는 부분에 초점을 맞추는가?	속단하기: 과장하거나 최소화하기: 중요한 부분 무시하기: 지나치게 단순화하기: 과잉일반화하기: 마음읽기: 감정적 추론:	**G: 오래된 사고/교착점 재평가** B칸의 사고/교착점을 지금 얼마나 믿는지 0~100%로 재평가해 보십시오. **H. 감정** 지금은 어떻게 느낍니까? 0~100%로 평가해 보십시오.

『Cognitive Processing Therapy for PTSD: A Comprehensive Manual』(Resick, Monson, & Chard)에서 발췌.

[유인물 8-1A]

신념 도전하기 워크시트 예시 1

A. 상황	B. 사고/교착점	D. 도전하는 사고	E. 문제 패턴	F. 대안적 사고
불쾌한 감정을 유발하는 사건, 사고 또는 신념을 기술하십시오.	A칸의 상황과 관련된 사고/교착점을 적으십시오. 이 사고/교착점에 대한 당신의 신념을 0~100%로 평가하십시오. (이 사고를 얼마나 믿습니까?)	B칸의 자동적 사고를 검토하기 위해 **도전하는 질문**을 사용합니다. 이 사고가 균형이 있고 사실인지, 또는 극단적인지 생각해 보십시오.	**문제 사고 패턴 워크시트**를 사용하여 이것이 문제 사고 패턴 중 하나인지 판단해 보십시오.	B칸의 사고를 대신해서 어떻게 다르게 말할 수 있습니까? 이 사고 대신 어떻게 다르게 이 사건을 해석할 수 있습니까? 대안적 사고에 대한 신념을 0~100%로 평가하십시오.
비행기에 타야만 하는 상황	비행기 여행은 위험하다–75% **C. 감정** 당신의 감정을 명시하고(슬픔, 분노 등), 각 감정을 얼마나 강하게 느끼는지 0~100%로 평가하십시오. 두려움–100% 무력감–75% 불안–75%	증거? 사람들이 죽었다. 반대하는 증거? 항공 안전은 높아졌다. 습관 또는 사실? 습관 모든 정보를 포함하지 않는가? 비행은 매일 있고 이들에게 아무 일도 일어나지 않는다는 사실 전부 또는 전무? 예. 나는 모든 비행이 위험하다는 진술을 한다	속단하기: 그렇다. 내가 비행기를 타면, 그 비행기는 추락할 것이라고 가정한다. 과장하거나 최소화하기: 나는 가능성을 과장하고 있다. 중요한 부분 무시하기: 매일 많은 수의 비행기들이 비행을 하고 추락하지 않는다. 지나치게 단순화하기: 과잉일반화하기: 마음읽기:	비행을 하면서 내가 죽거나 나칠 수 있는 확률은 매우 적다 –95% 비행기가 폭발하더라도, 내가 할 수 있는 것은 아무것도 없다 –80% **G: 오래된 사고/교착점 재평가** B칸의 사고/교착점을 지금 얼마나 믿는지 0~100%로 재평가해 보십시오. –15%

〈계속〉

『Cognitive Processing Therapy for PTSD: A Comprehensive Manual』(Resick, Monson, & Chard)에서 발췌.

		극단적이거나 과장되었는가? **그렇다. 나는 위험에 대해 과장하고 있다.** 한 부분에만 초점을 맞추는가? **나는 비행기 사고가 있다는 뉴스를 보지만, 매일 안전하게 비행하는 모든 비행기에는 주의를 기울이지 않는다.** 출처는 신뢰할 만한가? **아니다. 나는 난류에 대해 오해했다.** 가능성을 가능성이 있는 것과 혼동하는가? **그렇다. 비행기 시고가 날 수 있다는 것을 계속 말해 왔다.** 감정 또는 사실에 기반을 두는가? **나는 이것이 현실적이기 때문이 아니라, 내가 두려움을 느끼기 때문에 스스로 믿게 했다.** 관련 없는 부분에 초점을 맞추는가? **내가 아는 많은 사람이 비행기를 타고, 그들은 사고가 나지 않았다.**		**H. 감정** 지금은 어떻게 느낍니까? 0~100%로 평가해 보십시오. 두려움-40% 무력감-5% 불안-10%

[유인물 8-1B]

신념 도전하기 워크시트 예시 2

A. 상황	B. 사고/교착점	D. 도전하는 사고	E. 문제 패턴	F. 대안적 사고
불쾌한 감정을 유발하는 사건, 사고 또는 신념을 기술하십시오.	A칸의 상황과 관련된 사고/교착점을 적으십시오. 이 사고/교착점에 대한 당신의 신념을 0~100%로 평가하십시오. (이 사고를 얼마나 믿습니까?)	B칸의 자동적 사고를 검토하기 위해 도전하는 질문을 사용합니다. 이 사고가 균형이 있고 사실인지, 또는 극단적인지 생각해 보십시오.	**문제 사고 패턴 워크시트**를 사용하여 이것이 문제 사고 패턴 중 하나인지 판단해 보십시오.	B칸의 사고를 대신해서 어떻게 다르게 말할 수 있습니까? 이 사고 대신 어떻게 다르게 이 사건을 해석할 수 있습니까? 대안적 사고에 대한 신념을 0~100%로 평가하십시오.
내 소대가 매복당하게 했고, 많은 부하가 죽게 되었다.	이 일을 막았어야 했다. -100% **C. 감정** 당신의 감정을 명시하고(슬픔, 분노 등), 각 감정을 얼마나 강하게 느끼는지 0~100%로 평가하십시오. 죄책감-100% 무력감-100% 불안감-75%	증거? 사람들이 죽었다. 반대하는 증거? 매복이 있을 것이라는 점을 알 방법은 없었다. 그것이 매복의 본질이기 때문이다. 매복에 대해 알았어야 했다고 생각하는 것은 그것이 매복이었다는 사실을 무시하는 것이다. 습관 또는 사실? 습관. 수년간 이렇게 말해 왔다. 모든 정보를 포함하지 않는가? 매복이었다. 그 지역에 반란군이 있을 것이라는 정보는 없었다.	속단하기: 내가 예측할 수 있었어야 했다는 것 과장하거나 최소화하기: 그 상황에 대한 나의 통제력을 과장한 것 중요한 부분 무시하기: 그것이 매복이라는 사실에 주의를 기울이지 못했다. 내가 알 수 있었던 방법은 없었다. 지나치게 단순화하기: 과잉일반화하기: 마음읽기:	그 시점에서 이 일이 일어날 것임을 알 수 있는 방법은 없었다-85% 그 상황에서 내가 할 수 있는 최선을 다했다-90% **G: 오래된 사고/교착점 재평가** B칸의 사고/교착점을 지금 얼마나 믿는지 0~100%로 재평가해 보십시오. -10%

〈계속〉

				H. 감정
		전부 또는 전무? 그 누구도 자신의 소대를 매복된 곳으로 이끌지 않을 것이다. 극단적이거나 과장되었는가? 알지 못했을 때, 내가 알았어야만 했다고 말하는 것은 극단적이다. 한 부분에만 초점을 맞추는가? 그 사람들에 대한 책임이 내게 있다는 점 출처는 신뢰할 만한가? 자기 비난의 출처는 나이다. 그 누구도 나를 비난하지 않는다. 가능성을 가능성이 있는 것과 혼동하는가? 감정 또는 사실에 기반을 두는가? 감정 관련 없는 부분에 초점을 맞추는가? 내가 그들의 지도자라는 점. 나는 미래를 예측할 수 없었다.	감정적 추론: 내가 죄책감을 느끼기 때문에, 나는 잘못이 있다.	지금은 어떻게 느낍니까? 0~100%로 평가해 보십시오. 죄책감-40% 무력감-80% 불안감-40%

[유인물 8-1C]

신념 도전하기 워크시트 예시 3

<table>
<tr><th>A. 상황</th><th>B. 사고/교착점</th><th>D. 도전하는 사고</th><th>E. 문제 패턴</th><th>F. 대안적 사고</th></tr>
<tr>
<td>불쾌한 감정을 유발하는 사건, 사고 또는 신념을 기술하십시오.</td>
<td>A칸의 상황과 관련된 사고/교착점을 적으십시오. 이 사고/교착점에 대한 당신의 신념을 0~100%로 평가하십시오. (이 사고를 얼마나 믿습니까?)</td>
<td>B칸의 자동적 사고를 검토하기 위해 도전하는 질문을 사용합니다. 이 사고가 균형이 있고 사실인지, 또는 극단적인지 생각해 보십시오.</td>
<td>문제 사고 패턴 워크시트를 사용하여 이것이 문제 사고 패턴 중 하나인지 판단해 보십시오.</td>
<td>B칸의 사고를 대신해서 어떻게 다르게 말할 수 있습니까? 이 사고 대신 어떻게 다르게 이 사건을 해석할 수 있습니까? 대안적 사고에 대한 신념을 0~100%로 평가하십시오.</td>
</tr>
<tr>
<td>나는 치료 연습 과제를 하는 것을 미루고 있다.</td>
<td>내가 분노를 느끼게 한다면, 나는 통제력을 잃을 것이다—50%

C. 감정
당신의 감정을 명시하고(슬픔, 분노 등), 각 감정을 얼마나 강하게 느끼는지 0~100%로 평가하십시오.
분노—50%
두려움—95%</td>
<td>증거?
내가 분노를 느꼈을 때, 과거의 나는 공격적으로 행동했다.

반대하는 증거?
내가 화가 났을 때, 결코 정말로 파괴적인 적은 없었다. 화가 날 때 어떻게 행동하는지는 나의 선택이다. 언제든 멈출 수 있고 그 상황을 떠날 수 있다.

습관 또는 사실?
습관</td>
<td>속단하기:
내가 감정을 느끼면 통제력이 없어질 것이라고 가정하는 것을 속단한다.

과장하거나 최소화하기:
나는 화가 불쾌한 것이라기보다는, 분노를 격노와 동일시하고 있다.

중요한 부분 무시하기:
내가 화가 났지만, 통제력을 유지했던 때를 묵살하고 있다.</td>
<td>분노는 공격성 없이도 표현될 수 있다—60%
분노는 슬픔과 같은 감정이다. 나는 자신이 이를 느끼게 하고 여전히 내 행동에 대한 통제력을 유지할 수 있다—60%

G: 오래된 사고/교착점 재평가
B칸의 사고/교착점을 지금 얼마나 믿는지 0~100%로 재평가해 보십시오.
—20%</td>
</tr>
</table>

〈계속〉

『Cognitive Processing Therapy for PTSD: A Comprehensive Manual』(Resick, Monson, & Chard)에서 발췌.

				H. 감정
		모든 정보를 포함하지 않는가? 내가 완전히 통제력을 잃지 않는다는 점. 어떻게 행동할 것인지에 대해 여전히 선택하고 있다. 전부 또는 전무? 그렇다. 통제력이 없는 것 극단적이거나 과장되었는가? 내가 통제력을 잃을 것이라고 말하는 것은 과장된 것이다. 나는 어느 정도의 통제력이 있다. 한 부분에만 초점을 맞추는가? 내가 회기 밖의 과제를 한다면, 나는 화가 날 것이고 통제력이 없게 될 것이라는 점 출처는 신뢰할 만한가? 아니다. 나의 가정이다. 가능성을 가능성이 있는 것과 혼동하는가? 워크시트를 작성하는 것만으로 내가 통제력을 잃을 가능성은 없다. 감정 또는 사실에 기반을 두는가? 감정 관련 없는 부분에 초점을 맞추는가? 트라우마 사건이 아니라 그저 워크시트일 뿐이다.	지나치게 단순화하기: 그렇다. 화를 느끼는 것은 나쁘다. 과잉일반화하기: 과거에 공격적이었기 때문에, 워크시트에도 그럴 것이라고 한 것 마음읽기: 감정적 추론: 화는 항상 공격성을 가져온다.	지금은 어떻게 느낍니까? 0~100%로 평가해 보십시오. 분노-30% 두려움-35%

[유인물 8-10]

신념 도전하기 워크시트 예시 4

A. 상황	B. 사고/교착점	D. 도전하는 사고	E. 문제 패턴	F. 대안적 사고
불쾌한 감정을 유발하는 사건, 사고 또는 신념을 기술하십시오.	A칸의 상황과 관련된 사고/교착점을 적으십시오. 이 사고/교착점에 대한 당신의 신념을 0~100%로 평가하십시오. (이 사고를 얼마나 믿습니까?)	B칸의 자동적 사고를 검토하기 위해 **도전하는 질문**을 사용합니다. 이 사고가 균형이 있고 사실인지, 또는 극단적인지 생각해 보십시오.	**문제 사고 패턴 워크시트**를 사용하여 이것이 문제 사고 패턴 중 하나인지 판단해 보십시오.	B칸의 사고를 대신해서 어떻게 다르게 말할 수 있습니까? 이 사고 대신 어떻게 다르게 이 사건을 해석할 수 있습니까? 대안적 사고에 대한 신념을 0~100%로 평가하십시오.
친구가 자신이 아는 사람을 나에게 소개해 주길 원한다.	나는 그 누구와도 관계를 맺을 수 없고 내 삶이 얼마나 제한되었는지 볼 수 있을 만큼 다른 사람을 가까이할 수 없다-75% **C. 감정** 당신의 감정을 명시하고(슬픔, 분노 등), 각 감정을 얼마나 강하게 느끼는지 0%~100%로 평가하십시오. 걱정스러움-50% 슬픔-80% 분노-50%	증거? 내가 데이트를 하는 동안 내가 경험한 폭력에 대해 말했던 단 한 사람이 그 당시에는 매우 지지해 주었으나, 점차 멀어졌고 결국 연락이 끊어졌다. 반대하는 증거? 내 친구와 가족은 계속 지지해 주고 있다. 습관 또는 사실? 습관 모든 정보를 포함하지 않는가? 내 친구는 결코 나쁜 사람을 소개해 주지 않을 것이다.	속단하기: 그렇다. 일이 나쁘게 끝날 것이라고 가정하는 것. 과장하거나 최소화하기: 한 번의 데이트가 문제가 있었던 것이 다른 사람들도 그럴 것이라는 의미는 아니다. 중요한 부분 무시하기: 그 사람은 건강하거나 안정되지 못한 사람이었다.	~~한 번의 데이트가 내가 폭행을 당했다는 것을 처리하고 있기 때문에 그들이 나와 그 무엇도 하길 원치 않는다는 것을 말해 줄 것이다~~-60% 몇몇 사람은 매우 지지해 주고 있다-70% **G: 오래된 사고/교착점 재평가** B칸의 사고/교착점을 지금 얼마나 믿는지 0~100%로 재평가해 보십시오. -50%

〈계속〉

				H. 감정
		전부 또는 전무? 건강한 사람들 대부분은 관계에서 도망치지 않는다. 극단적이거나 과장되었는가? 다른 사람들이 어떻게 반응할 것인지에 대해 가정을 하고 있다. 한 부분에만 초점을 맞추는가? 그가 나를 판단할 것이라는 점 출처는 신뢰할 만한가? 부정적이었던 과거 경험과 건강하지 못했던 사람에게서 나온 정보 가능성을 가능성이 있는 것과 혼동하는가? 그가 날 좋아하지 않을 가능성은 있지만, 나도 그를 좋아하지 않을 가능성도 있다. 감정 또는 사실에 기반을 두는가? 감정 관련 없는 부분에 초점을 맞추는가? 단순히 내가 이전에 피해자였다는 것이 모든 사람이 나를 판단할 것이라는 뜻은 아니다. 아마 그들은 강간범을 판단할 것이다.	지나치게 단순화하기: 이를 견딜 수 없는 누군가에게 말한다고 해서, 그것이 필연적으로 나쁜 것은 아니다. 왜냐하면, 나는 그 관계에서 중요한 무언가를 찾을 수 있을 것이기 때문이다. 과잉일반화하기: 앞과 같다. 한 번의 나쁜 경험이 모든 사람이 똑같음을 의미하지 않는다. 내 제한된 삶에 대해서 말할 필요는 없다. 마음읽기: 아직 그를 만나지도 않았는데, 그가 무엇을 생각하는지 가정하고 있다. 감정적 추론: 내가 무섭다고 느낀다고 해서, 나는 이것이 나쁘게 끝날 것이라 가정한다.	지금은 어떻게 느낍니까? 0~100%로 평가해 보십시오. 걱정스러움-50% 슬픔-40% 분노-10%

[유인물 8-1E]

신념 도전하기 워크시트 예시 5

A. 상황	B. 사고/교착점	D. 도전하는 사고	E. 문제 패턴	F. 대안적 사고
불쾌한 감정을 유발하는 사건, 사고 또는 신념을 기술하십시오.	A칸의 상황과 관련된 사고/교착점을 적으십시오. 이 사고/교착점에 대한 당신의 신념을 0~100%로 평가하십시오. (이 사고를 얼마나 믿습니까?)	B칸의 자동적 사고를 검토하기 위해 **도전하는 질문**을 사용합니다. 이 사고가 균형이 있고 사실인지, 또는 극단적인지 생각해 보십시오.	**문제 사고 패턴 워크시트**를 사용하여 이것이 문제 사고 패턴 중 하나인지 판단해 보십시오.	B칸의 사고를 대신해서 어떻게 다르게 말할 수 있습니까? 이 사고 대신 어떻게 다르게 이 사건을 해석할 수 있습니까? 대안적 사고에 대한 신념을 0~100%로 평가하십시오.
우리 부대 중위가 반란군이 포위하고 있다는 것을 알고 있었던 경로로 우리를 보냈다. 네 명의 동료가 그 사람 때문에 죽었다.	그가 동료들을 죽였다−100% **C. 감정** 당신의 감정을 명시하고(슬픔, 분노 등), 각 감정을 얼마나 강하게 느끼는지 0~100%로 평가하십시오. 분노−100%	증거? 그 사람들이 죽었다! 반대하는 증거? 그들이 지원물품이 필요했기 때문에 우리를 보내는 명령을 내렸을 것이다. 습관 또는 사실? 실제로 그가 그들을 죽인 것은 아니다. 모든 정보를 포함하지 않는가? 반란군이 그들을 죽였다. 전부 또는 전무? 그렇다.	속단하기: 우리를 그곳에 보내는 명령을 했을 때, 그가 무슨 생각을 하고 있었는지 나는 몰랐던 것 같다. 과장하거나 최소화하기: 그렇다. 중요한 부분 무시하기: 왜 그런 명령을 했는지는 실제로 알지 못한다. 지나치게 단순화하기: 우리는 전에 그곳이 정말로 위험했음에도 운행을 했다.	내 동료들이 죽었다는 사실이 싫고, 그 운행을 하는 것이 중요해 보였다 하더라도, 그 중위가 무슨 생각을 하고 있었는지, 무엇에 대응하고 있었는지 모른다−95% 매우 위험했지만, 우리는 이전에 4번을 안전하게 운행을 했었다−90% **G: 오래된 사고/교착점 재평가** B칸의 사고/교착점을 지금 얼마나 믿는지 0~100%로 재평가해 보십시오. −40%

〈계속〉

		극단적이거나 과장되었는가? 아마도. 그 명령은 이해가 되지 않았음에도, 왜 우리는 가야 했는가? 그리고 우리가 모두 죽지 않았을 수 있는 확률이 꽤 있었다. 한 부분에만 초점을 맞추는가? 우리를 그 곳에 보내라는 압박(명령)이 있었는지는 모르겠다. 출처는 신뢰할 만한가? 나의 가정 가능성을 가능성이 있는 것과 혼동하는가? 감정 또는 사실에 기반을 두는가? 왜 그런 명령을 했는지에 대한 이해할 수 없는 격노 관련 없는 부분에 초점을 맞추는가? 이것이 그의 잘못이라는 점. 그는 그 사람들을 죽일 의도는 아니었다.	과잉일반화하기: 마음읽기: 나는 그의 의도를 읽고 있다. 감정적 추론: 나는 그에게 화가 나고 비난한다.	**H. 감정** 지금은 어떻게 느낍니까? 0~100%로 평가해 보십시오. 완화되고 그렇게 화나지 않음-60%

[유인물 8-2]

CPT 6회기 후 연습과제

신념 도전하기 워크시트를 사용하여 매일 최소 하나의 교착점을 분석하고 직면합니다. 또한 신념 도전하기 워크시트를 사용하여 일상적인 사건에서 가질 수 있는 부정적이거나 문제가 있는 생각 및 관련 감정에 도전할 수 있습니다.

[유인물 8-3]

안전 문제 모듈

자신과 관련된 안전 신념: 위험으로부터 자신을 보호하고 사건에 대한 통제권을 가질 수 있다는 신념.

이전 경험

부정적	긍정적
위험하고 통제할 수 없는 삶의 상황을 반복적으로 경험했다면 자신을 위험에서 보호할 수 있는 능력에 대해 부정적인 믿음을 갖게 되었을 수 있습니다. 새로운 트라우마 사건이 그러한 신념을 확인하는 것처럼 보일 수 있습니다.	이전에 긍정적인 경험을 했다면 사건 대부분을 통제할 수 있고 위험으로부터 자신을 보호할 수 있다는 믿음을 키울 수 있습니다. 트라우마 사건이 믿음을 부서지게 했을 수 있습니다.

자신에 대한 부정적 안전 신념과 관련된 증상

- 만성적이고 지속적인 불안
- 위험 주제에 대한 침습적 생각
- 과민함
- 깜짝 놀란 반응 또는 신체적 각성
- 미래의 희생과 관련된 강렬한 공포

가능한 교착점의 예

"나는 위험으로부터 자신을 보호할 수 없다."
"밖으로 나가면 다칠 것이다."
"두려움을 느낄 때, 그것은 내가 위험하다는 것을 의미한다."

가능한 해결책

당신이 이전에 ……라고 믿었다면	가능한 대안적 사고는 ……일 것이다
당신이 이전에 '내게는 이런 일이 일어날 수 없어.'라고 믿었다면, 이 믿음과 트라우마 사건 사이의 갈등을 해결해야 합니다.	'다시 일어날 것 같지는 않지만 가능성은 존재한다. 그렇더라도 나의 반응을 다루는 데 사용할 수 있는 기술이 더 많이 있다.'
당신이 이전에 '나는 어떤 해를 입지 않도록 자신을 보호할 수 있다.'라고 믿었다면, 이전 신념과 트라우마 사건 사이의 갈등을 해결해야 합니다.	'나는 나에게 일어나는 모든 일을 통제할 수는 없지만, 미래 트라우마 사건의 위험을 줄이기 위해 예방 조치를 할 수 있다.'
당신이 이전에 '나는 자신을 보호할 수 없다.'라고 믿었다면, 새로운 트라우마 사건이 이러한 신념을 확인하는 것처럼 보일 것입니다. 자신을 보호하는 능력에 관한 더 균형 잡힌 새로운 신념을 반드시 발달시켜야 합니다.	'나는 자신을 안전하게 지킬 수 있는 능력이 있으며, 위험으로부터 자신을 보호할 수 있는 조치를 할 수 있다.'

타인과 관련된 안전 신념: 타인의 위험성에 대한 신념과 타인이 피해, 부상 또는 손실을 입히려는 의도에 대한 경험.

이전 경험

부정적	긍정적
어린 시절에 사람들을 위험한 것으로 경험했거나 폭력이 정상적인 관계 방식이라고 믿었다면, 새로운 트라우마 사건이 이러한 신념을 확인하는 것처럼 보일 것입니다.	어린 시절에 사람들을 안전한 것으로 경험했다면, 다른 사람들이 당신을 안전하게 지키고 피해, 부상 또는 손실을 일으키지 않을 것이라 기대할 수 있습니다. 트라우마 사건은 이러한 신뢰를 부서지게 할 수 있습니다.

타인에 대한 부정적 안전신념과 관련된 증상
• 회피 또는 공포 반응 • 사회적 철회

가능한 교착점의 예
• "세상은 어디든 매우 위험하다." • "사람들은 항상 나에게 해를 끼치려고 한다." • "안전한 곳은 어디에도 없다."

가능한 해결책

당신이 이전에 ……라고 믿었다면	가능한 대안적 사고는 ……일 것이다
당신이 이전에 '다른 사람들은 나를 해치려고 하며, 대부분의 사람이 할 수 있다면 나를 해치려고 할 것이다.'라고 믿었다면, 이 믿음을 수정해야 할 필요가 있을 것입니다. 그렇지 않으면, 타인과 신뢰할 수 있는 행복한 관계를 맺는 것이 불가능해질 것입니다.	'위험한 사람들도 있지만 모든 사람이 어떤 식으로든 나를 해치려는 것은 아니다.'
당신이 이전에 '나는 다른 사람에게 절대 상처입지 않을 것이다.'라고 믿었다면, 이 신념과 희생화 사이의 갈등을 해결해야 합니다.	'나를 해치려는 사람들이 있을지 모르지만, 내가 만나는 모든 사람이 나를 해치지는 않을 것이다. 다른 사람이 나를 해칠 가능성을 줄이기 위해 예방 조치를 할 수 있다.'

[유인물 8-4]

CPT 7회기 후 연습과제

신념 도전하기 워크시트를 사용하여 매일 최소 하나의 교착점을 분석하고 직면합니다. 또한 안전 문제 모듈을 읽고 이전 신념이 정신적 트라우마에 의해 어떻게 영향을 받았는지 생각해 봅니다. 만일 자신이나 타인과 관련된 안전의 문제가 있는 경우 최소 하나의 워크시트를 작성하여 이 신념에 직면합니다. 교착점일지([유인물 6-1] 참조)의 다른 교착점이나 최근에 발생한 고통스러운 사건은 나머지 시트를 사용합니다.

제9장

트라우마 주제–안전, 신뢰, 힘/통제

8~10회기

8, 9, 10회기의 목표

안전, 신뢰, 힘/통제 주제(8~10회기)에 관한 회기의 기본 목표는 치료사와 내담자가 각각의 트라우마 주제와 관련된 신념 도전하기 워크시트를 검토하는 것과 매우 유사하다. 또한 내담자가 해결되지 않은 교착점이나 다른 트라우마와 관련된 교착점이 있는 경우 이를 매주의 회기와 지속적인 연습과제에 통합해야 한다. 10회기에는 자기 및 타인 존중을 높이기 위한 행동과제 두 가지가 추가된다.

8회기 안전 다루기 및 신뢰 소개하기

8회기 절차

1. 자가보고 객관식 척도의 내담자 점수를 검토한다. (제6장의 2, 3회기 검토에 관한 논의

참조)

2. 안전 주제 및 기타 교착점과 관련된 내담자의 신념 도전하기 워크시트를 검토한다.
3. 신뢰 주제를 소개한다.
4. 새로운 연습과제를 부여한다.
5. 회기 및 연습과제에 대한 내담자의 반응을 확인한다.

내담자의 신념 도전하기 워크시트 검토하기

8회기는 치료사와 내담자가 작성한 신념 도전하기 워크시트를 검토하고 교착점(및 후속 감정)을 바꾸는 것에 대한 내담자의 성공이나 어려움을 논의하는 것으로 시작해야 한다. 이상적으로 내담자는 자신 또는 타인과 관련된 안전 문제에 대해 적어도 하나의 워크시트를 작성하고, 치료사는 추가 워크시트를 검토하기 전 해결되지 않은 동화된 교착점을 다루는 워크시트와 안전 워크시트를 검토하는 데 초점을 둔다. 회기에서 다루지 않은 내용은 다음 회기 전에 검토해야 하므로, 내담자가 해당 교착점으로 어려움을 겪지 않는 한 하나의 워크시트에 너무 집중하지 않는 것이 중요하다.

안전 문제는 대부분 확률에 중점을 둔다. 내담자의 일반적인 안전 관련 교착점 중 하나는 트라우마 사건이 다시 발생하리라는 것이다. 강간 생존자들은 "모든 남자는 강간범이다."라고 말할 수도 있고, 군인이나 퇴역군인들은 "전투에서 죽으리라는 것을 알고 있다." 또는 "세상은 너무 위험해서 가족이 나 없이 밖에 나가는 것을 원하지 않는다."라고 말할 수 있다. 이러한 유형의 교착점은 온전한 삶을 크게 제한한다. 강간 생존자들은 데이트, 파티 참석, 심지어 공공장소에 있는 것을 두려워할 수 있으며, 군인들은 여전히 현역 근무 중이고 파병을 앞두고 있거나 위험하다고 느낄 때 사회와 상호작용하는 것에 큰 어려움을 겪을 수 있다.

치료사는 신념 도전하기 워크시트를 통해 내담자를 도울 때 내담자가 회기 중에 워크시트를 수정하도록 하여 집에서는 새롭고 개선된 워크시트를 복습하도록 하는 것이 중요하다. 또한 우리는 내담자가 자신의 신념에 너무 확고해져, 심지어 치료의 현 시점에서도 다른 방식으로 보는 것에 큰 어려움을 겪을 수 있음을 발견했다. 안전과 관련한 과수용된 교착점의 해결에 어려움을 겪고 있는 내담자의 경우, 치료사는 내담자가 빠져나오도록 도울 수 있는 여러 옵션을 선택할 수 있다. 예를 들어, 치료사는 내담자가 트라우마 사건이 다시 발생할 가능성에 집중하도록 도울 수 있다. 치료사는 내담자가 일상생활에서 심각한 트라우마를 경험할 가능성이 실제로 매우 낮다는 것을 알 수 있도록 다른 사건이 발생할 실제 확률을 찾아보게 할 수 있다. 그러나 여기에서 내담자의 교착점이 "다시 일어날 것이다."라면, 이는 내담자가 일상에서 행동하는 방식을 형성하고 과거에는 받아들였을 수도 있는 상황을 회피하게 한다.

다음은 이 접근 방식의 몇 가지 구체적인 예이다. 누군가가 대형 상점에 가는 것이 너무 위험하다고 말한다면, 그 상점에서의 범죄율을 찾아보게 할 수 있다. 강간 생존자의 경우 치료사는 다음과 같은 질문을 할 수 있다.

> "세상에 몇 명의 남자가 있습니까? 이 36억 명의 남자 중 몇 명을 만났다고 생각합니까? 그중 얼마나 많은 사람이 당신을 강간하려 했습니까? 실제로 당신을 돕거나 당신에게 친절했던 사람을 알고 있습니까? 그래서 실제로 당신은 친절한 사람을 만날 가능성이 더 큽니까, 아니면 당신을 강간하려고 할 사람을 만날 가능성이 더 큽니까?"

다시 운전하는 것을 두려워하는 교통사고 피해자의 경우에 치료사는 내담자가 과거에 몇 번이나 운전했고 교통사고로 부상을 입었는지 물어볼 수 있다. 대화의 예는 다음과 같다.

치료사: 이전에 교통사고로 몇 번이나 다쳤습니까?

내담자: 없습니다. 그러나 나는 사고가 항상 뉴스에 보도되는 것을 봅니다.

치료사: 사고가 발생하기 전에도 사고가 뉴스에 보도된 것에 주목했습니까?

내담자: 특별히는 아니에요.

치료사: 이것은 우리가 '선택적 주의'라고 부르는 것입니다. 당신은 주의를 기울이려고 선택하거나 이전에 주의를 기울이지 않았던 것을 알아차리고 있습니다. 왜냐하면 지금은 당신에게 일어났기 때문입니다. 그러나 사고율이 증가했거나 당신이 사고를 당할 가능성이 더 크다는 어떤 증거가 있습니까?

내담자: 증거는 없습니다. 나는 그것이 일어날 수 있다는 것을 그저 더 인식하고 있는 것입니다.

치료사: 그래서 실제로 당신은 앞으로 더 조심스러운 운전자가 될 수 있습니까?

내담자: 아마도요. 다시는 문자를 하면서 운전을 하지 않을 것은 확실합니다.

치료사는 내담자 자신이 사고를 "겪을 것"임을 알지 못했다는 것에 주목했고, 그에게 이 일이 "일어날 것이다."라기보다 "일어날 수도 있다."라고 말했을 때 어떻게 느꼈는지를 물었다. 내담자는 두 진술을 다소 다르게 느꼈고, 확률 측면에서 '일어날 것이다'와 '일어날 수 있다'가 다름을 인정할 수 있었다(전자의 경우 100%, 후자의 경우 그 이하). 이 회기에서 이 주제를 더 밀어붙이는 대신 치료사는 그에게 더 많은 신념 도전하기 워크시트를 사용하여 작업하도록 과제를 주었다. 그들이 적은 교착점은 "운전하면 사고를 당할 것이다."였다.

내담자가 교착점에 성공적으로 도전하는 신념 도전하기 워크시트를 완성하면 그 논리에 편안해질 수 있도록 워크시트를 주기적으로 읽게 해야 한다. 내담자와 치료사가 단순히 이야기하는 게 아니라 워크시트 작성에 계속 초점을 맞추는 이유는 내담자가 회기 사이에 도움이 될 만한 읽을 거리를 가지고 있는 것이 중요하기 때문이다.

신뢰 주제 소개하기

회기의 마지막 1/3 동안 치료사는 신뢰 주제를 소개한다. 치료사와 내담자는 신뢰 문제 모듈([유인물 9-1] 참조)을 간략하게 검토해야 한다. 다음은 이 모듈을 내담자에 제공하는 방법의 예이다.

"자기 신뢰의 개념은 사람이 자기의 생각, 인식 또는 판단을 신뢰한다는 믿음을 포함합니다. 트라우마 사건 이후 많은 사람이 자신을 뒤늦게 비판하고, 트라우마의 여러 측면에 의문을 제기하기 시작합니다. 그들은 사건을 초래한 상황에 있게 한 자신의 판단, 사건 동안의 행동, 또는 성격을 판단하는 능력, 특히 폭행의 경우 가해자가 지인이라면 자신의 판단에 의문을 제기하게 될 수 있습니다."

"반대로 타인에 대한 신뢰는 다른 사람과 균형 잡힌 신뢰감을 가질 수 있는 능력을 포함합니다. 타인 중심의 신뢰도 트라우마 사건 이후 자주 방해를 받습니다. 내담자가 신뢰할 수 있다고 생각하는 사람들에 의해 트라우마 사건이 의도적으로 발생했을 때 나타나는 배신감 외에도, 내담자는 사건 도중 또는 후에 도움이나 지원을 요청한 사람들에게도 배신감을 느낍니다. 예를 들어, 군인이 전투 중에 지휘관이 비난을 받을 만한 실수를 저질렀다고 생각했다면, 이 군인은 '어떤 상황에서도 나를 안전하게 해 주리라고 믿을 만한 사람은 아무도 없다.'라고 판단할지도 모릅니다. 또는 어떤 아이가 부모에게 학대를 당했다면, 이 아이는 어른이 되었어도 '아무도 믿을 수 없다.'라고 믿게 될지도 모릅니다. 때때로 내담자는 실제로 다른 사람이나 집단이 자신을 배신했는지 또는 그들의 행동에 대안적 설명(예: 군 정보가 잘못되었다거나, 부모 중 학대를 저지르지 않은 한 사람은 학대에 대해 몰랐다거나)이 있었는지는 이해하지 않은 채 수십 년 동안 그 믿음을 가지고 있습니다."

새로운 연습과제 제시하기

이 회기에서 내담자에게 신뢰에 관하여 제공되는 심리교육을 보강하는 신뢰 문제 모듈을 제공해야 한다. 내담자의 진술, 행동 및 교착점일지에서 자신 또는 타인에 대한 신뢰와 관련된 문제가 분명한 경우에 내담자는 다음 회기 전에 신뢰에 대한 워크시트를 하나 이상 작성해야 한다. 그렇지 않은 경우에 내담자는 확인된 다른 교착점이나 최근 고통스러웠던 트라우마 관련 사건에 대한 워크시트를 작성하도록 한다. 매일 하나의 신념 도전하기 워크시트를 작성해야 한다([유인물 9-2] 참조).

회기 및 연습과제에 대한 내담자의 반응 확인하기

평소와 마찬가지로 치료사는 회기에 대한 내담자의 반응을 끌어내고, 내담자가 회기의 내용이나 새로운 연습과제에 대한 질문이 있는지 물어보면서 8회기를 마무리해야 한다. 치료사는 회기에서 이루어진 모든 중요한 생각이나 발견을 강화해야 하며, 내담자가 제공하는 중요한 과제용 메시지를 기록해야 한다.

9회기 신뢰 처리하기 및 힘/통제 소개하기

9회기 절차

1. 자가보고 객관식 척도의 내담자 점수를 검토한다. (제6장의 2, 3회기 검토에 관한 논의 참조)
2. 신뢰 주제 및 이외 교착점과 관련된 내담자의 신념 도전하기 워크시트를 검토한다.
3. 힘/통제 주제를 소개한다.
4. 새로운 연습과제를 부여한다.
5. 회기 및 연습과제에 대한 내담자의 반응을 확인한다.

내담자의 신념 도전하기 워크시트 검토하기

9회기는 치료사와 내담자가 신념 도전하기 워크시트를 검토하고, 신뢰와 관련된 문제를 다루는 것으로 시작해야 한다. 치료사는 필요에 따라 소크라테스식 대화를 계속 사용하여 대안적 사고방식을 만들어 내고, 이는 회기 내내 워크시트에 기록해야 한다. 때로 내담자는 회기 주제 이외의 주제와 관련된 새로운 동화된 교착점을 확인한다. 이는 치료사가 회기에서 가능한 한 많은 문제적 시트를 검토하여 내담자가 교착점에 합리적인 도전을 했는지 확인해야 하는 이유이다.

많은 트라우마 생존자에게 신뢰는 연속적인 개념이라기보단 '둘 중 하나'의 개념이 된다. 따라서 어떤 사람에게 미리 너무 많은 신뢰를 주거나(예: '나와 동년배인 모든 사람은 신뢰할 수 있다.'), 다른 어떤 사람에게는 압도적인 반대의 증거가 없는 한 신뢰를 전혀 주지 않는다. 결과적으로 트라우마 생존자들은 관계에서 철회하거나, 건강하지 않고 불균형한 관계에 빠지는 경향이 있다. 신뢰에는 많은 종류가 있고, 어떤 것은 다른 것보다 다소 더 중요함을 내담자가 알 수 있도록 치료사와 내담자가 다른 유형의 신뢰를 설명하는 것이 도움이 된다(예: 비밀에 대한 신뢰, 의사나 조종사의 능력에 대한 신뢰, 충실도, 신뢰성, 내담자에 반하여 정보를 사용하지 않는 것).

치료사는 소크라테스식 대화를 통해 신뢰는 연속적이고 다차원적이며, 다양한 사람을 대상으로 다른 유형/종류의 신뢰가 있다는 개념을 내담자가 탐구해 보도록 도울 수 있다. 다음은 이러한 대화의 예이다.

내담자: 제 교착점은 내가 누군가를 신뢰하면 상처받을 것이라는 겁니다.

치료사: 먼저 '상처'란 어떤 의미입니까?

내담자: 글쎄요, 신체적으로 해치거나 거절할 수 있겠지요.

치료사: 그럼 상처를 입는 방법은 여러 가지가 있습니까? '신뢰'란 무엇을 의미합니까? 매우 포괄적인 단어입니다.

내담자: 무슨 말씀이시죠? 사람을 믿거나 믿지 않는 것입니다.

치료사: 신뢰의 유형과 수준이 다르다고 생각하면 도움이 될 겁니다. 예를 들어, 당신은 당신의 개, 고양이 또는 아이를 맡길 만큼 누군가를 믿을 수는 있지만, 100달러를 빌려 주면 갚을 것이라고 신뢰할 수 있는지는 전혀 알 수 없을 수도 있습니다.

내담자: 네.

치료사: 누군가가 당신의 생명을 구해 줄 것이라고 믿지만, 영화 시간에 맞추어 올 것이라고 믿지 못하는 것은 어떤가요?

내담자: 그런 사람을 알고 있습니다.

치료사: 당신이 믿을 수 있는 부분과 그렇지 않은 부분을 알아내기 위해 누군가를 알아가는 데에는 시간이 걸리지 않습니까?

내담자: 제 말이 그 말입니다. 누구도 믿지 않는 것이 더 안전합니다!

치료사: 당신의 생각을 이해하지만, 그렇게 생각하는 데 있어 어떤 문제가 있을까요?

내담자: 무슨 뜻인지 모르겠습니다.

치료사: 음, 당신의 삶 속에 당신을 진정으로 생각해 주는 사람들이 있다면 어떨까요? 심지어 그 사람들이 전혀 신뢰할 수 없음을 증명해 보이려고 그 어떤 것도 하지 않았는데도 당신이 그들을 믿을 수 없다는 메시지를 계속 보낸다면, 그들은 얼마나 오래 당신 곁에 머무르고 싶을까요?

내담자: 영원히는 아닐 것입니다. 사람들의 감정을 상하게 할 의도는 없습니다.

치료사: "얼마의 기간이면 충분한가?"라고 스스로 물어봐야 할 것 같습니다. 저는 당신

이 첫 회기에서 외로움에 지쳤다고 말했던 것을 기억합니다.

내담자: 하지만 처음부터 사람들을 믿으면 저는 상처받을 겁니다.

치료사: 좋아요, 그것이 우리가 도전할 수 있는 교착점입니다. 동의합니다. 당신이 다칠 수도 있고, 그들이 당신의 신뢰를 훼손하는 어떤 일을 할 수도 있습니다. 하지만 저녁식사에 20분 늦은 것과 당신에게서 200달러를 훔치는 것은 같습니까? 아마도 사람과 중간 지점에서 시작하여 그 지점에서 사람들의 행동을 평가해 볼 수 있을 것입니다.

내담자: 무슨 말입니까?

치료사: 음, 만약 우리가 완전 신뢰와 완전 불신 사이의 중간 지점을 '정보 없음'이란 뜻으로 0이라고 부르면 어떨까요? 그리고 중간 점이 있는 하나의 선이 아니라, 서로 다른 사람들과 가질 수 있는 서로 다른 유형과 수준의 신뢰를 나타내기 위해 서로 다른 방향으로 뻗어 나오는 많은 선이 있는 별 모양이라고 생각할 수 있습니다. (내담자에게 [유인물 9-3]과 [유인물 9-3A]를 보여 준다.) 다양한 종류의 신뢰를 나열하여 이 신뢰의 별 워크시트를 작성해 보겠습니다. 그런 다음 당신 삶에서 한 사람을 선택하고 당신이 그 사람을 다른 차원에서 얼마나 신뢰하는지 평가해 봅니다. 즉, 돈을 빌려 주는 것에서는 [친구/친척의 이름]을 믿을 수 있지만 당신의 자녀를 돌본다거나 비밀을 말하는 것에서는 다른 사람을 신뢰할지도 모릅니다. 그 사람에 대해 당신이 더 알게 되면서, 더 많은 것에 대해 그 사람을 더 깊이 신뢰할 수 있음을 알게 될 것입니다. 모든 분야에서 모든 사람을 똑같이 신뢰하지 않아도 됩니다. 예를 들어, 정비공이 차를 수리하는 것은 믿지만 개를 산책시키는 것은 아닙니다. 누군가의 한계를 아는 것은 당신이 가진 우정의 유형을 결정하고, 그들이 당신을 실망하게 할 때 상처를 입힐 수 있는 비현실적인 기대를 하지 않게 합니다.

내담자: 알겠습니다. 하지만 다시는 상처받고 싶지 않습니다.

치료사: 누구도 상처받기를 원하지는 않을 것입니다. 상처받는 일이 일어날 가능성을 줄이는 가장 좋은 방법은 사람들이 어떤 방식으로든 당신의 신뢰를 얻을 때까지 천천히, 작은 것부터 시작하는 겁니다. 또한 그들이 당신과 얼마나 공유하고 있는지 봅니다. 그들이 당신과 비밀을 공유하지 않으면, 그것은 당신에 대한 그들의 신뢰가 어떠한지에 대해 많은 것을 알려 줍니다.

내담자: 좋습니다. 알겠어요.

치료사: 당신이 누군가를 믿을 수 있다고 말하는 또 다른 방법은 그들이 다른 사람들을 어떻게 대하는지, 당신이 그들의 친구와 가족을 좋아하는지, 그리고 그들이 다양한 상황에서 어떻게 행동하는지 보는 것입니다. 당신은 농구팀에서 함께 뛰기 위해서 당신의 삶을 걸고 그 사람을 신뢰해야 합니까? 좋습니다. 당신이 작성한 신념 도전하기 워크시트를 살펴보면서 누군가를 믿으면 상처를 입을 것이라는 생각에 반대하는 증거를 더 자세히 살펴봅시다.

자기 비난과 관련된 동화된 교착점이 불신과 관련된 교착점을 낳기 때문에, 치료사는 내담자가 자신과 타인 신뢰와 관련된 교착점을 확실히 찾아보게 하는 것이 중요하다. 트라우마 사건이 스스로 무언가를 했거나 하지 않아서 발생했거나, 또는 트라우마 사건이 일어날 것을 '알았어야 했다'라는 신념 때문에 자기 신뢰 교착점은 좋은 결정을 내릴 수 있다는 능력에 대한 내담자의 의구심을 중심으로 돌아간다. 이와 같은 후판단 편향과 결과 기반 추론은 내담자가 사건 당시에 자신이 알고 있던 사실만을 보기보다 지금 알고 있는 정보에 기반을 두고 일어난 일에 대해 자신을 비난하게 만든다. 신념 도전하기 워크시트는 이런 내담자가 그 당시의 사실을 객관적으로 보고, 일부 부정확한 결론을 분리할 수 있게 한다. 다음은 그 예이다.

치료사: 당신이 항상 나쁜 결정을 한다는 증거가 있습니까?

내담자: 음, 그 길을 걸을 때 잘못된 결정을 내렸습니다.

치료사: 나는 우리가 당신이 그날 밤에 안전하지 않을 것이라고 믿을 이유는 없었고, 버스 정류장에서부터 그 길을 매일 걸었다는 것을 알아냈다고 생각했습니다.

내담자: 음, 그것은 '증거'가 아니라고 생각해요. [신념 도전하기 워크시트의 D칸, 도전하는 질문 첫 번째 참조]

치료사: 이번 주에 위험하다는 것을 알고 있는 잘못된 결정을 얼마나 많이 했습니까?

내담자: 만일 그런 식으로 말씀하신다면 없는 것 같아요. 저는 의도적으로 나쁜 결정을 내리지 않아요.

치료사: 그렇다면 그것이 당신이 자신의 결정을 믿을 수 없다는 생각에 반하는 증거가 될 수 있습니까?

내담자: 흠…… 예.

치료사: 그리고 당신이 나쁜 결정을 내린다는 것은 생각의 습관입니까, 아니면 사실입니까?

내담자: 습관이요.

마지막으로, 트라우마 사건에 대해 들은 후 처음에 자신의 친구나 가족 중 일부가 왜 철회했을 수 있는지의 이유를 일부 내담자가 생각해 보도록 도와야 할 수 있다. 일부 내담자는 이것을 자기 비난이나 배신 이상으로 보기 어려워할 수 있다. 도전적인 신념 워크시트를 사용하여 사랑하는 사람의 행동이 무력감과 연약함에 대한 반응일 수 있다고 생각하는 것이 도움이 될 수 있다. 또는 사랑하는 사람들이 단순히 내담자의 트라우마에 대응하는 적절한 방법을 찾지 못했을 수도 있다. 이는 내담자들이 트라우마 사건으로 다른 사람들도 고통을 겪을 수 있고, 다른 사람들의 반응도 자신들의 감정을 다루는 방법일 수 있음을 이해하는 것이 도움이 될 수 있다. 대안적으로 다른 사람의 반응을 살펴보는 것은 친구나 가족 구성원이 적어도 이 분야에서는 신뢰할 만한 타인이 아니며, 아마도 내담자가 민감한 정보를 털어 놓을 수 있는 사람도 아님을 보여 주는 것일 수 있다.

내담자가 신뢰와 관련된 교착점을 처리할 때, 자기 비난의 교착점에서 발전했을 수 있는 과수용된 교착점을 유지하는 희생이나 이점을 질문하는 것이 도움이 된다. 내담자는 종종 자기 비난과 미래의 자기 의심이 다른 트라우마로부터 자신을 보호해 주고 미래에 대한 통제권을 준다고 답할 것이다. 그렇다면 다음 주제인 힘/통제를 자연스럽게 소개할 수 있다.

힘/통제 주제 소개하기

다음 연습과제의 주제로 힘/통제 주제를 소개한다. 치료사는 내담자가 다음 회기 전에 도전해야 하는 추가적인 교착점을 확인할 수 있도록 회기 후에 읽을 힘/통제 문제 모듈을 제공해야 한다. 자아와 관련된 힘 또는 통제의 개념은 문제를 다루고 새로운 도전을 감당할 수 있는 능력에 대한 신념을 말한다.

트라우마 사건은 대개 생존자가 통제할 수 없는 경우가 많으므로, 이에 대응하여 사람들은 미래의 트라우마 사건이 발생할 가능성을 제거하기 위해 삶의 모든 측면을 완전히 통제하려고 한다. 이런 일이 발생하면 다른 사람의 실수를 용납하지 못할 수 있다. 반대로, 내담자는 때로 트라우마 사건으로부터 지나치게 일반화하고, 이제 자신은 무력하고 아무것도 통제할 수 없다고 믿을 것이다. 그렇기에 자신을 의심하고 의사결정권을 다른 사람에게 넘겨주게 된다.

다른 주제와 마찬가지로, 힘/통제는 연속적이며 다차원적이다(예: 감정, 행동, 충동에 대한 자기 통제). 소크라테스식 대화를 사용함으로써 치료사는 내담자가 전부 또는 전무이거나, 흑백일 필요는 없다고 생각하도록 도울 수 있다. 따라서 치료사는 다음과 같은 유형의 질문을 하는 것이 적절하다. "무엇에 관한 통제입니까? 당신의 감정입니까? 매일 옷을 입는 것에 관한 것입니까? 자녀입니까? PTSD가 있는 사람들은 자신의 감정도 통제해야 한다고 믿는 것이 일반적입니다. 그렇지 않으면 '감정을 다룰 수 없게 되거나' '완전히 통제력을 잃게 될 것'이라고 믿기 때문입니다." 연인에게 신체적 및 정서적 피해를 당한 여성은 스스로 돌볼 수 없고, 학대적인 이 관계를 떠날 수 없다고 믿을 수 있다. 자신이 무능하고 무력하다고 믿게끔 연인에게 세뇌되었을 수도 있다.

타인에 대한 힘은 이와 관련한 내담자의 신념과 대인관계에서 결과를 통제할 수 있는 자신의 능력에 대한 믿음을 포함한다. 많은 트라우마 생존자는 안전함과 안정감을 느끼기 위해 관계의 모든 측면을 통제하려고 시도하고, 다른 사람에게 통제권을 주는 데에 어려움이 있을 수 있다. 이것은 기존의 관계에 지장을 줄 수 있으며, 새롭고 건강한 관계의 형성을 어렵게 한다. 트라우마 사건이 성인기에 일어났다면, 치료사는 내담자의 관계에서의 변화를 찾는 것이 중요하다. 지표 사건이 어린 시절에 발생했다면, 힘/통제 교착점을 찾기 위해 더 일반적으로 오래 지속되는 관계 패턴을 물어보는 것이 도움이 될 수 있다. 어떤 사람들은 타인이 자신에 대해 가지고 있는 통제의 양, 타인이 자신에게 무엇을 하라고 말하는 것(즉, 권위 문제가 있음)을 용납하지 못함과 관련된 교착점을 가지고 있다. 그들은 자신이 무력하거나, 다른 사람들이 항상 자신을 통제하려고 하거나, 자신의 삶에 힘을 가지고 있다는 과수용된 교착점이 있을 수도 있다. 때로 심각한 PTSD의 경우에 이 타인 통제의 문제는 사람들이 자신을 통제하려고 하거나 자신을 지배하는 힘을 가지고 있다는 거의 편집증적인 두려움의 인상을 줄 수도 있다.

새로운 연습과제 제공하기

새로운 연습과제의 경우 내담자가 회기에서 신뢰의 별 워크시트([유인물 9-3] 참조)를 작성하지 않았다면 자신의 삶 속의 누군가에 대한 이 워크시트를 작성해야 하고, 이 회기의 주제에 대해 제공된 심리교육을 보강하는 힘/통제 문제 모듈([유인물 9-4] 참조)을 읽어야 한다. 자신이나 타인과 관련된 힘/통제 문제가 내담자의 진술이나 행동에서 분명하다면, 내담자는 다음 회기 전에 힘/통제에 대한 워크시트를 적어도 하나 이상 작성해야 한다. 그렇지 않은 경우 내담자는 달리 확인된 교착점이나 최근의 고통스러웠던 트라우마 관련 사건에 대한 워크시트를 작성해야 한다. 하루에 하나의 신념 도전하기 워크시트를 작성해야 한다([유인물 9-5] 참조).

회기 및 연습과제에 대한 내담자의 반응 확인하기

평소처럼 치료사는 회기에 대한 내담자의 반응을 끌어내고, 내담자가 회기의 내용이나 새로운 연습과제에 대한 질문이 있는지 물어보면서 9회기를 마무리해야 한다. 치료사는 회기에서 이루어진 모든 중요한 생각이나 발견을 강화해야 하며, 내담자가 제공하는 중요한 과제용 메시지를 기록해야 한다.

10회기 힘과 통제 다루기/존중 소개하기

10회기 절차

1. 내담자 자가보고 객관식 척도를 검토한다. (제6장의 2, 3회기 검토에 관한 논의 참조)
2. 내담자의 신뢰의 별 워크시트와 힘/통제 주제 및 기타 교착점과 관련된 신념 도전하기 워크시트를 검토한다.

3. 존중 주제를 소개한다.
4. 새로운 연습과제를 부여한다.
5. 회기 및 연습과제에 대한 내담자의 반응을 확인한다.

내담자의 신뢰의 별 워크시트 및 신념 도전하기 워크시트 검토하기

10회기는 작성한 신뢰의 별 워크시트를 검토하는 것으로 시작하여, 내담자가 가능한 모든 방면에서 신뢰받아야 할 필요 없이도 누군가를 자신의 삶에 들어오게 할 수 있는지를 볼 수 있게 한다. 내담자가 친구나 가족에게 긍정적이라고 알고 있는 몇 가지의 신뢰만을 적었다면, 치료사는 "이 사람이 당신의 머리카락을 다듬거나, 차를 수리하거나, 치아를 뽑는 것에서 믿을 수 있나요?"라고 질문해야 한다. 또는 내담자가 친구나 가족을 긍정적으로 신뢰할 방법이 없거나 최소한의 방법만 확인했다면, 치료사는 내담자가 그들을 신뢰할 수 있는 어떤 방법이 있는지 물어봐야 한다. 일부 트라우마 생존자들은 자신들이 신뢰할 방법을 확인하길 어려워할 수 있고, 따라서 가장 기본적인 방법의 신뢰를 고려해 보아야 한다(예: 내담자를 병원에 데려가기, 음식에 독물 타지 않기, 내담자의 애완동물 돌보기).

그런 다음 내담자가 신념 도전하기 워크시트를 사용하여 힘/통제에 관한 교착점을 바꾸려는 시도에 초점을 맞춘다. 많은 트라우마 생존자는 자신에게 힘이 없다고 믿고, 항상 자신이 통제해야 한다고 종종 믿기 때문에 내담자가 힘/통제에 대해 균형 잡힌 시각을 갖는 것이 매우 중요하다. 많은 사람의 경우 무력감을 느끼지만 동시에 통제할 필요를 가지는 변증법은 많은 혼란이나 불안의 원천이며, 이러한 내담자가 하는 이후의 행동들은 직장이나 사회적 관계에서 매우 파괴적일 수 있다. 현실적으로 그 누구도 주변에서 일어나는 모든 사건이나 다른 사람들의 행동을 완전히 통제할 수 없다. 그러나 다른 한편으로, 사람은 세상에 완전히 무력하게 반응하는 존재도 아니다. 사건의 과정에 영향을 미칠 능력이 있고, 일반적으로 이런 사건에 대한 자신의 반응을 통제할 수 있다.

내담자가 자신의 삶을 통제할 수 없다고 말하면, 치료사는 내담자가 내린 모든 결정에 초점을 맞추어 내담자의 하루를 함께 살펴볼 수 있다. 일반적으로 이렇게 살펴보고 나면 내담자는 하루에 얼마나 수많은 결정을 내리는지(일어날 시간부터 무엇을 입고 무엇을 먹을지, 교통 법규 준수 여부 등)를 깨닫게 된다. 일부 내담자는 이러한 결정이 무관하다고 일축하려고 할 수 있지만, 치료사는 내담자가 매일 이러한 결정을 내린 공로를 인정하도록 도와야 한다. 내담자는 종종 트라우마 사건의 장소와 상황에 처하게 만든 작은 일상적인 결정을 탓한다. 치료사는 그러한 내담자에게 트라우마 사건이 발생하지 않았다면 그날 내린 결정을 기억했을지, 아니면 논의 중인 결정이 이전에 했던 결정과 비슷한지 물어볼 수 있다. 결과가 너무 비극적이었기 때문에 사람들은 돌아가서 그날 내린 모든 결정에 의문을 제기하고 정신적으로 그 결정을 취소하려고 한다. 사람들은 자신과 사랑하는 사람들의 안전을 완전히 통제할 수 있다고 믿길 원하기 때문에, 이는 완전히 정상이다. 따라서 개인은 트라우마 사건과 미래의 모든 상황이 통제되거나 발생하지 않을 수 있다고 믿기 위해 통제할 수 있었던 변수를 찾는다. 트라우마 사건 전에 선택이나 결정을 했다고 해서 그 선택이 사건을 일으켰다는 의미는 아니다.

예를 들어, 어렸을 때 겪은 충격적인 학대 중에 느꼈던 무력감 때문에 인생 대부분의 영역에서 무력하고 무능하다고 믿었던 한 내담자가 있었다. 무력감을 느낀 결과, 그녀는 직장이나 친구와의 관계에서 자신을 주장하지 않았으며, 종종 다른 사람들이 자신에게 원치 않는 일을 하도록 하는 압박에 굴복했다(예: 친구 집까지 대신 운전해 주기, 사람들에게 돈 빌려 주기). 그녀는 '내가 주장하면 그 결과는 나쁠 것이고, 사람들은 나를 떠날 것이다.'라고 믿었다. 이로 인해 그녀는 자신이 만족스럽지 못한 직업에 갇혀 있다고 믿었을 뿐만 아니라, 프로젝트 마감일과 초과 근무 시간에 대한 고용주의 불합리한 요구에 맞서 주장하는 데 무력감을 느꼈다.

그녀가 가진 선택사항을 볼 수 있게 돕는 신념 도전하기 워크시트를 사용하도록 치료사가 도와주었을 때, 그녀는 자신이 완전히 무력하지 않고 몇 가지 선택권이 있음을 보기 시작했다. 그녀는 여러 사람에게 자신들의 기관으로 이직해 달라는 신청을 받았다는 것과 너무 많은 시간을 요구하지 않는 여러 번의 친구 관계가 있었음을 상기했다. 그녀는 상사에게 더욱 단호하게 말했으며, 결국 상사는 그녀를 승진시켰고 그녀가 경계를 설정하고 어려운 결정을 내리는 능력이 있음을 언급했다. 이러한 상호작용을 통해 그녀는 다른 사람들에게서 변화를 가져올 수 있다는 것과 사람들이 그녀를 존중하지 않는다면 아마도 그들은 그녀의 삶에서 적절한 사람이 아닐 수도 있다는 것을 알 수 있었다.

어떤 사람들은 다른 극단으로 가서 나쁜 일이 일어나지 않도록 과도한 통제 행동을 한다. 이 반응은 종종 내담자가 '트라우마 사건이 발생하는 것을 막을 수 있었어야 했다.'라는 동화된 신념을 가정하고, '어떤 나쁜 일이 일어나면 그것은 내 잘못이다.'라는 과수용된 신념에 이를 과도하게 일반화하기 때문이다. 이것이 처음에 동화된 교착점에 초점을 맞추어야 하는 이유이다. 즉, 내담자는 이에 도전하려고 할 때 과수용된 교착점에 대한 증거로 동화된 교착점을 사용할 것이기 때문이다.

종종 내담자에게 어느 정도 강박적인 행동(잠금 확인 및 재확인, 강박적인 깔끔함, 폭식 및 구토, 음주 등)을 하는지 질문하여 힘/통제 문제를 확인할 수 있다. 이러한 충동은 내담자가 자신이 주변 세계를 통제하고 있다고 믿게 하는 방법일 수 있지만, 그 충동은 감정에서 벗어나거나 회피하는 역할을 할 수도 있다. 시간이 지남에 따라 일부 내담자는 충동을 통해 통제한다기보다 충동에 의해 통제되고 있다고 느낄 수 있다. 강박적 행동을 통제 불능으로 재구성함으로써 이러한 내담자가 충동 행동 효과에 관한 생각을 바꾸는 데 도움을 줄 수 있다.

일부 내담자의 경우 힘/통제에 대한 주제는 분노에 관한 논의와 분노 반응은 통제할 수 없다는 우려로 이어진다. 이때 1회기에서 소개한 기본적인 생물학적 정보를 상기시키는 것이 도움이 될 수 있다. 즉, 치료사는 일부 분노가 생리적 각성, 수면 부족, 빈번한 놀람 반응의 자극 감수성과 같은 PTSD의 과도한 각성 증상과 관련이 있을 수 있음을 언급할 수 있다. 또한 이러한 내담자에게 두려움은 투쟁-도피-부동화 반응과 관련이 있고, 분노도 마찬가지임을 상기시키는 것이 중요할 수 있다. 따라서 트라우마의 단서는 내담자가 한 번도 완전히 다룬 적 없는 투쟁 반응과 관련된 분노를 다시 떠오르게 할 수 있다. 시간이 지남에 따라 이러한 분노를 두려워하게 만들었을 수 있다. 이것이 트라우마를 상기시킬 뿐 아니라 어떤 폭력적인 반응을 하게 만들 거라고 믿기 때문이다.

다른 트라우마 생존자들은 사건 동안 분노를 느끼지 않았으나 분노가 나중에 나타났다고 말할 것이다. 그러나 자신에게 해를 끼친 사람에게는 자신의 분노를 표현할 수 없기에(또는 분노를 표현하기에는 너무 위험하기에), 분노는 때때로 표적 없이 남겨지고 무력한 분노로 경험된다. 이로 인해 일부 생존자들은 주변의 가족과 친구들에게 분노를 표출한다. 안타깝게도, 많은 사람이 분노와 공격성을 구별하는 방법이나 분노의 감정을 적절하게 처리하는 방법을 배운 적이 없어 공격성이 분노와 같다고 믿는다.

어떤 내담자들은 돌아보면 별 것 아닌 아주 사소한 것에 대해 분노하는 것 이외에는 다른 선택이 없는 것처럼 느낀다고 말한다. 어떤 경우에는 자신의 통제력을 빼앗고 무력감을 불러일으킨다고 생각하는 사람에게 분노를 표출할 것이다. 또한 분노는 일반적으로 사회, '정부' 또는 다양한 수준의 정부 기관, 또는 내담자가 어떤 식으로든 사건을 예방하지 않은 책임을 지울 수 있는 집단이나 개인(예: 양부의 학대를 예방하지 않는 어머니)에게 향할 수 있다. 죄책감의 경우와 마찬가지로, 치료사는 이런 내담자가 예측 불가능한 것, 책임 그리고 의도를 구별하도록 도와야 할 수 있다. 그리고 사건의 의도적 가해자만을 탓해야 한다. 다른 사람들은 어떤 장(stage)을 만들거나, 무심코 내담자에 대한 위험을 증가시킨 책임이 있을지도 모르지만 동일한 정도의 분노나 비난을 지워서는 안 된다.

반대로, 어떤 내담자들의 분노는 내부로 향한다. 내담자들은 트라우마 사건을 막거나 자신을 방어하기 위해 '했었어야 했던' 모든 것뿐 아니라 현재의 삶에서 계속 잘못하고 있는 모든 것에 초점을 맞춘다. 일단 행동의 변화가 그 사건을 막을 수 없었을 수 있다는 것이나 사실은 결과를 악화시켰을지도 모른다는 것을 내담자가 보게 되면, 기분이 종종 나아진다.

각 내담자에게 힘을 주고 받는 방법에 관한 유인물([유인물 9-6] 참조)을 제공한다. 이 유인물을 다음과 같이 소개하는 것이 좋다.

> "사람들이 힘을 주고 얻는 방법은 여러 가지가 있습니다. 힘을 주거나 얻을 때, 이를 적절하게 또는 부적절하게 할 수 있고, 이 유인물은 이와 관련된 몇 가지 예를 보여 줍니다. 예를 들어, 연인에게 ……를 하지 않을 시 성관계를 갖지 않겠다고 말하면 이는 부정적인 방식으로 힘을 얻는 것입니다. 또는 당신의 행동이나 조치가 다른 사람에게 당신이 기대하는 반응에만 근거를 둔다면 이는 당신의 힘을 저버리는 것입니다. 반면에 만약 당신이 그렇게 하기를 원하고 기분을 좋게 하기 때문에 무언가를 한다면(또는 무언가를 하지 않는다면), 당신의 힘을 적절하게 취하는 것입니다.
>
> "아래의 각 범주에 맞는 당신이 하는 행동의 예를 말씀해 주겠습니까? 당신이 바꾸길 원하는 행동들인가요? 당신이 원하는 변화를 막는 교착점은 무엇인가요?"

[유인물 9-6]은 신념 도전하기 워크시트에 대한 회기에서 도전할 수 있는 추가적인 힘/통제 교착점을 만들거나 연습과제의 한 부분으로 내담자에게 부여하여 사용해야 한다.

존중 주제 소개하기

10회기의 나머지 부분은 다음 주제인 존중을 소개하는 것에 초점을 둔다. 치료사는 내담자에게 이 주제를 간략하게 소개하고, 자신과 타인에 대한 존중이 어떻게 트라우마 사건에 의해 방해받을 수 있는지 설명한다. 성인기에 트라우마가 발생한 경우 이 사건 전의 내담자의 자존감을 탐색해 보아야 한다. 어린 시절에 트라우마가 발생한 경우 안전하고 건강한 환경에서 발전할 기회 없이 이 사건에 의해 내담자의 자존감이 어떻게 형성되었는지 보도록 돕는 것이 유용할 수 있다.

치료의 이 시점에서 내담자에게 두 가지 새로운 행동과제를 제시한다. 칭찬을 주고받는 것 그리고 어떤 조건이나 단서 없이 매일 자신에게 적어도 한 가지 좋은 일(예: 운동, 잡지 읽기, 친구와 대화 나누기)을 하는 것이다. 대안적으로 내담자는 자존감을 높이는 데 도움이 될 수 있는 지역사회를 위한 가치 있는 일(예: 자원봉사 활동)을 선택할 수 있다. 이 과제들은 내담자가 '얻어야 하거나 거절됨 없이 칭찬과 기쁜 일들을 받을 가치가 있다.'라는 생각에 편안해지도록 도움으로써 자존감을 높일 수 있도록 만들어졌다. PTSD가 있는 사람들은 자신을 고립시키기 때문에 이 과제들은 내담자가 타인과 사회적으로 연결되도록 돕는다. 과거의 이전 신념에 맞도록 칭찬이 튕겨 나가거나 왜곡되었을 수 있기에, 치료사는 내담자에게 모면하는 말을 하는 대신 어떻게 반응할지(예: "감사합니다.")를 가르쳐야 할 수 있다. 즐겁거나 가치 있는 사건에 다시 접촉하는 것은 내담자가 이러한 고립에서 벗어나고 (이상적으로는) 다른 사람들과 이어지게 한다. 회피하고 고립되었던 PTSD가 있는 내담자는 트라우마 사건 전에 즐겨 하던 활동을 중단했을 수 있으며, 어떻게 지역사회로 돌아갈 것인지 생각할 필요가 있을 수 있다.

새로운 연습과제 제공하기

내담자는 이 회기에서 존중에 관하여 제공되는 심리교육을 보강하는 존중 문제 모듈([유인물 9-7] 참조)과 연습과제([유인물 9-8] 참조)를 받아야 한다. 만일 내담자의 말이나 행동에서 자신 또는 타인 존중의 문제가 분명한 경우에 내담자는 다음 회기 전에 존중에 관한 워크시트를 적어도 하나 이상 작성해야 한다. 그렇지 않은 경우 내담자는 달리 확인된 교착점 또는 최근에 고통스러웠던 트라우마 관련 사건에 관한 워크시트를 작성하도록 한다. 그리고 매일 하나의 신념 도전하기 워크시트를 작성한다.

회기 및 연습과제에 대한 내담자의 반응 확인하기

평소와 같이 치료사는 회기에 대한 내담자의 반응을 끌어내고, 내담자가 회기의 내용이나 새로운 연습과제에 관한 질문이 있는지 물어보면서 10회기를 마무리해야 한다. 치료사는 회기에서 이루어진 모든 중요한 생각이나 발견을 강화해야 하며, 내담자가 제공하는 중요한 과제용 메시지를 기록해야 한다.

[유인물 9-1]

신뢰 문제 모듈

자기와 관련된 신뢰 신념: 자신의 판단과 결정을 신뢰하거나 의지할 수 있다는 신념입니다. 자신을 신뢰하는 것은 다른 사람과 건강하고 신뢰하는 관계를 발전시키는 데 중요한 구성 요소입니다.

이전 경험

부정적	긍정적
이전에 부정적인 사건에 대해 비난받은 경험이 있었다면, 상황이나 사람에 관한 결정이나 판단을 내리는 능력에 부정적인 신념을 갖게 되었을 수 있습니다. 새로운 트라우마 사건이 이러한 신념을 확실히 하는 것처럼 보일 수 있습니다.	이전에 당신이 훌륭한 판단력을 가졌다고 믿게 했던 경험이 있었다면, 이 트라우마 사건이 이런 신념을 약화했을 수도 있습니다.

자신에 대한 부정적 신뢰 신념과 관련된 증상

- 자기 배신감
- 불안
- 혼란
- 과도한 주의
- 결정을 내릴 수 없음
- 자기 의심과 과도한 자기 비판

가능한 교착점의 예

- "나는 좋은 결정을 내릴 수 없다. 그래서 다른 사람들이 나를 위해 결정을 내리게 한다."
- "나는 판단력이 좋지 못한 성격이기 때문에 누구를 믿을 수 있는지 알 수 없다."
- "내가 선택하면 절대 잘 풀리지 않는다."

가능한 해결책

당신이 이전에 ……라고 믿었다면	가능한 대안적 사고는 ……일 것이다
당신이 이전에 '나는 내 판단을 믿을 수 없다.' 또는 '나는 판단력이 좋지 않다.'라고 믿었다면, 최근의 트라우마 사건은 이러한 신념을 강화했을 수 있습니다. 이 트라우마 사건은 당신의 잘못이 아니었고 당신의 결정이 트라우마 사건을 일으키지 않았음을 이해하는 것이 중요합니다.	'완벽하지 않더라도 여전히 내 판단을 믿을 수 있다.' '내가 이 사람이나 상황을 잘못 판단하더라도, 다른 사람들이 무엇을 할지, 상황이 어떻게 될지에 대해 항상 현실적으로 예측할 수는 없음을 깨닫는다.'
당신이 이전에 '나는 완벽한 판단력이 있고 나쁜 결정을 내리지 않는다.'라고 믿었다면, 트라우마 사건이 이 신념을 부숴 버렸을 수도 있습니다. 새로운 신념은 당신이 실수할 수 있지만, 여전히 좋은 판단력을 가지고 있다는 것 그리고 판단의 실수가 트라우마 사건이 발생하는 이유라고 항상 비난받을 수는 없다는 가능성을 반영해야 합니다.	'완벽한 판단력을 가진 사람은 없다. 예측할 수 없는 상황에서 최선을 다했으며, 완벽하지는 않더라도 판단할 수 있는 능력을 여전히 신뢰할 수 있다.' '나의 잘못된 결정이 그 사건을 일으키지 않았다.'

타인과 관련된 신뢰 신념: 다른 사람이나 집단의 약속이 미래의 행동과 관련하여 신뢰할 수 있다는 신념입니다. 아동 발달의 초기 과제 중 하나는 신뢰 대 불신입니다. 사람은 신뢰와 불신의 건전한 균형을 배우고 각각 언제가 적절한지를 배워야 합니다.

이전 경험

부정적	긍정적
어릴 때 배신을 당했다면, '아무도 믿을 수 없다.'라는 일반화된 신념을 갖게 되었을 것입니다. 특히 지인에게 상처를 받은 경우 새로운 트라우마 사건이 이러한 신념을 확인시키는 역할을 했을 수 있습니다.	자라면서 특별히 좋은 경험이 있었다면, '모든 사람은 신뢰할 수 있다.'라는 신념을 가지게 되었을 수 있습니다. 트라우마 사건이 이 신념을 부숴 버렸을 수도 있습니다.

트라우마 사건

당신이 알고 신뢰했던 사람이나 권위에 있는 사람이 트라우마 사건 이후 당신을 비난하거나, 멀어지거나, 또는 지지적이지 않았다면 그들의 신뢰에 대한 당신의 신념이 산산조각이 났을 수 있습니다.

타인에 대한 부정적 신뢰와 관련된 증상
• 타인에 대한 환멸감 및 실망감 • 배신 또는 유기에 대한 두려움 • 배신자에 대한 분노와 격노 • 반복된 배신 이후, 신뢰할 만한 사람조차도 의심할 만큼 부정적 신념이 매우 경직됨 • 가까운 관계에 대한 두려움, 특히 신뢰가 발달하기 시작하면 불안과 배신에 대한 두려움이 작동
가능한 교착점의 예
• "누구도 믿을 수 없다." • "권위 있는 사람들은 항상 나를 이용한다." • "내가 누군가를 신뢰하면 나에게 상처를 줄 것이다." • "누군가와 가까워지면 그들은 나를 떠날 것이다."

가능한 해결책

당신이 이전에 ……라고 믿었다면	가능한 대안적 사고는 ……일 것이다
당신이 이전에 트라우마 사건으로 확인된 것처럼 보이는 '그 누구도 믿을 수 없다.'라는 신념이 있었다면, 다양한 유형의 신뢰가 형성될 수 있는지 볼 수 있는 중립적인 위치에서 새로운 관계에 들어가게 해 주는 새로운 신념을 채택해야 할 필요가 있습니다.	'어떤 면에서 어떤 사람들은 신뢰할 수 없다고 생각하지만, 모든 사람이 항상 신뢰할 수 없다고 가정할 수는 없다.' '다른 사람을 신뢰하는 것은 약간의 위험을 수반하지만, 천천히 신뢰를 쌓고 그 사람에 대해 알게 된 내용을 포함하면서 자신을 보호할 수 있다.'
당신이 이전에 '모든 사람은 믿을 수 있다.'라고 믿었다면, 이 트라우마 사건이 이 신념을 부숴 버렸을 것입니다. 당신이 신뢰했었던 사람들을 포함하여 다른 사람들의 신뢰성을 의심하기 시작하는 것을 피하기 위해, 신뢰는 둘 중 하나의 문제가 아니라는 것을 이해하는 것이 중요합니다.	'모든 면에서 모든 사람을 믿을 수는 없지만, 그렇다고 내가 믿었던 사람들을 더는 신뢰하지 말아야 한다는 의미는 아니다.'

당신이 이전에 '나는 내 가족과 친구들을 믿을 수 있다.' 라고 믿었다면, 이 사람들이 트라우마 사건에 대해 알게 된 후 당신이 그들에게 원하는 방식으로 행동하지 않았을 때, 이 트라우마 사건은 지원 체계의 신뢰에 관한 신념을 부숴 버렸을 수 있습니다. 지지 체계에 있는 사람을 믿을 수 없다고 가정하기 전에, 이 사람들이 왜 그런 식으로 행동했는지 고려해 보는 것이 중요합니다. 많은 사람은 자신이 아끼는 사람이 트라우마를 겪었을 때 어떻게 반응해야 하는지 모르며, 무지에 의해 그렇게 반응했을 수도 있습니다. 어떤 사람들은 당신에게 일어난 일이 그들을 약하게 느끼도록 만들고 자신들의 신념에 영향을 미쳤을 수 있기에 두려움이나 부인으로 반응했을 수 있습니다.	'신뢰는 전부 또는 전무의 개념이 아니다. 어떤 사람들은 다른 사람들보다 더 신뢰할 수 있다.' '내가 필요한 것을 다른 사람들에게 말한 다음 그들이 내 필요를 더 잘 충족시켜 주는지를 보는 것이 도움이 될 수 있다. 나는 이런 방법을 사용하여 그들의 신뢰도를 평가할 수 있다.' 다른 사람들이 이 트라우마에 대해 계속 지지적이지 않지만 다른 방향에서는 내게 친절한 것을 발견한다면, '트라우마 사건에 이야기할 수 없는 사람들이 있지만 그들을 신뢰할 수 있는 삶의 다른 영역들이 있다.'라는 말을 적용할 수 있습니다. 어떤 사람이 계속해서 부정적이거나 당신을 비난하는 말을 하는 경우, '이 사람은 신뢰할 수 없으며, 현재 내 삶에 그 사람이 있는 것은 건강하지 않다.'라고 말할 수 있습니다.

[유인물 9-2]

CPT 8회기 후 연습과제

신념 도전하기 워크시트([유인물 8-1] 참조)를 사용하여 매일 최소한 하나의 교착점을 분석하고 직면합니다. 또한 신뢰 문제 모듈을 읽고 신뢰에 대한 이전의 신념이 트라우마에 의해 어떻게 영향을 받았는지 생각해 봅니다. 만일 자신이나 타인과 관련된 신뢰 문제, 즉 교착점이 있는 경우 이런 신념들을 조사해 보기 위해 적어도 하나의 워크시트를 작성합니다. 교착점일지([유인물 6-1] 참조)의 다른 교착점이나 최근에 발생한 고통스러운 사건에 관해서는 나머지 워크시트를 사용합니다.

『Cognitive Processing Therapy for PTSD: A Comprehensive Manual』(Resick, Monson, & Chard)에서 발췌.

[유인물 9-3]

신뢰의 별 워크시트

날짜: ____________ 내담자: ________________________________

신뢰에는 다양한 유형이 있습니다(예: 비밀을 지키는 것과 믿을 수 있는 것). 다음의 오른쪽 줄에는 생각할 수 있는 다양한 유형의 신뢰를 모두 적어 봅니다. 그런 다음, 특정한 한 사람을 생각합니다. 다음의 밑줄에 이 사람과의 관계를 적습니다. ____________ 가족이나 친구 중에서 생각할 수 없다면 의사, 정비사 또는 버스 운전사와 같이 당신이 신뢰해야만 하는 누군가를 생각해 봅니다. 이 사람에게 가장 중요한 신뢰 유형에 별을 표시합니다. 그런 다음 각 선에 신뢰 유형을 작성하고 이 사람을 그 유형에서 얼마나 신뢰하는지를 보여주기 위해 선 위에 ×를 표시하여 신뢰의 별 그림을 채웁니다. 각 줄의 한쪽 끝에 있는 플러스 기호(+)는 최대 신뢰를 의미합니다. 마이너스 기호(−)는 신뢰가 전혀 없음을 의미합니다. 당신이 그 사람을 이런 식으로 얼마나 신뢰하는지 모르겠다면, '정보 없음'의 원 안에 ×표시를 합니다. 이 사람은 모든 면에서 신뢰할 수 있어야 합니까? 가장 중요한 방법은 어떻습니까? 이 사람이 당신의 치아를 뽑거나, 머리를 다듬거나, 차를 고치는 것을 믿을 수 있습니까?

신뢰 유형

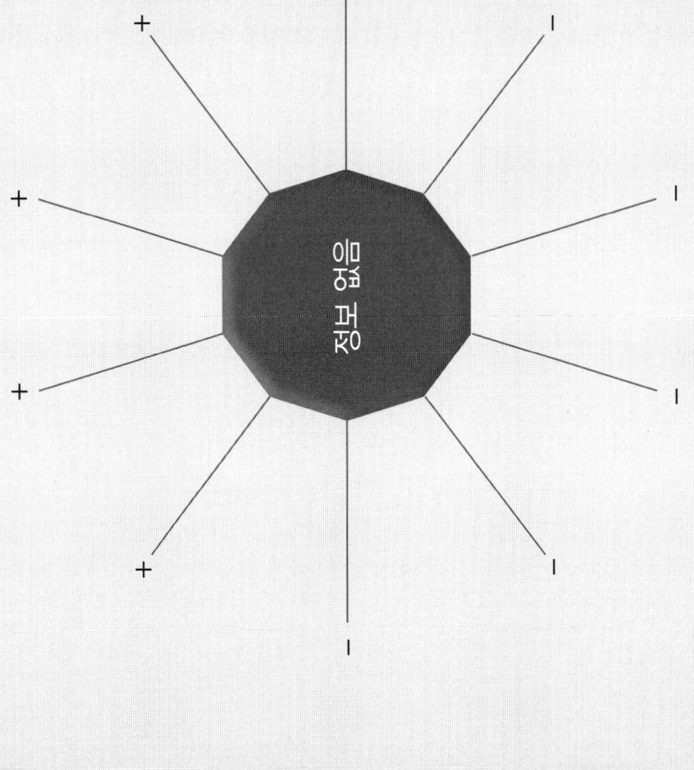

[유인물 9-3A]

신뢰의 별 워크시트 예시

날짜: ____________ 내담자: ______________________________

신뢰에는 다양한 유형이 있습니다(예: 비밀을 지키는 것과 믿을 수 있는 것). 다음의 오른쪽 줄에는 생각할 수 있는 다양한 유형의 신뢰를 모두 적어 봅니다. 그런 다음, 특정한 한 사람을 생각합니다. 다음의 밑줄에 이 사람과의 관계를 적습니다. ____친구____ 가족이나 친구 중에서 생각할 수 없다면 의사, 정비사 또는 버스 운전사와 같이 당신이 신뢰해야만 하는 누군가를 생각해 봅니다. 이 사람에게 가장 중요한 신뢰 유형에 별을 표시합니다. 그런 다음 각 선에 신뢰 유형을 작성하고 이 사람을 그 유형에서 얼마나 신뢰하는지를 보여주기 위해 선 위에 ×를 표시하여 신뢰의 별 그림을 채웁니다. 각 줄의 한쪽 끝에 있는 플러스 기호(+)는 최대 신뢰를 의미합니다. 마이너스 기호(−)는 신뢰가 전혀 없음을 의미합니다. 당신이 그 사람을 이런 식으로 얼마나 신뢰하는지 모르겠다면, '정보 없음'의 원 안에 ×표시를 합니다. 이 사람은 모든 면에서 신뢰할 수 있어야 합니까? 가장 중요한 방법은 어떻습니까? 이 사람이 당신의 치아를 뽑거나, 머리를 다듬거나, 차를 고치는 것을 믿을 수 있습니까?

신뢰 유형

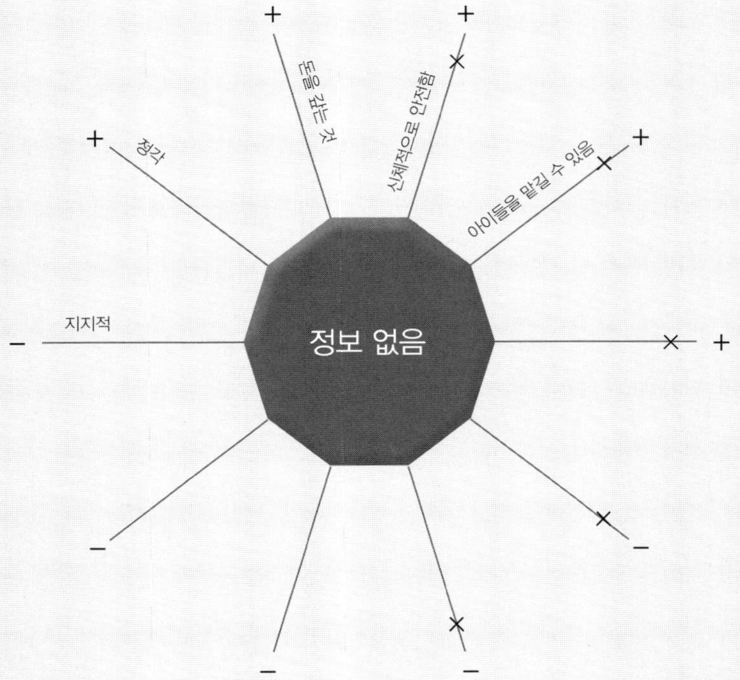

사적인 정보를 지킨다.

아이들을 맡길 수 있다.

돈을 갚는다.

믿을 만하다.

시간 약속을 잘 지킨다.

지지적이다.

보호적이다.

능력이 있다.

충실하다.

험담하지 않는다.

나를 신체적으로 안전하게 한다.

[유인물 9-4]

힘/통제 문제 모듈

자기와 관련된 권력 및 통제 신념: 자신이 문제를 해결하고 직면할 수도 있는 도전을 처리할 수 있다는 신념입니다.

이전 경험

부정적	긍정적
반복적으로 부정적인 사건을 겪고 자랐다면, 사건이 통제되거나 해결 가능한 것일 때에도 자신은 사건을 통제하거나 문제를 해결할 수 없다는 신념을 만들어 왔을 수 있습니다. 새로운 트라우마 사건은 무력감에 대한 이전의 신념을 확인시켜 주는 것처럼 보일 수 있습니다.	사건을 통제하고 문제를 해결할 수 있다고 믿으며 자랐다면, 트라우마 사건이 그러한 신념을 부숴 버렸을 수도 있습니다.

자기에 관한 부정적인 힘/통제 신념과 관련된 증상

- 느낌에 무감각해짐
- 감정 회피
- 만성적 수동성
- 무력감과 우울증
- 자기 파괴적 패턴
- 자신이 통제할 수 없는 사건, 자신과는 다르게 행동하는 사람들을 직면했을 때의 분노

가능한 교착점의 예

- "내가 완전한 통제에 있을 수 없기에, 나도 또한 통제 밖에 있을 수 있다."
- "내가 더 잘 통제했었더라면 트라우마 사건은 일어나지 않았을 것이다."
- "나는 통제하기 위해 완벽해야 한다."
- "내 감정을 완전히 통제하지 못하면 나쁜 일이 일어날 것이다."

가능한 해결책

당신이 이전에 ……라고 믿었다면	가능한 대안적 사고는 ……일 것이다
당신이 이전에 '나는 내가 말하고 행동하는 모든 것은 물론 다른 사람의 행동도 통제할 수 있다.'라고 믿었다면, 우리 중 그 누구도 항상 감정이나 행동에 대한 완전한 통제권을 가질 수 없음을 깨닫는 것이 중요합니다. 많은 외부 사건에 영향을 미칠 수 있을지 몰라도, 모든 사건이나 다른 사람들의 모든 행동을 통제하는 것은 불가능합니다. 이 사실의 어떤 것도 약함의 신호는 아닙니다. 그저 당신은 인간임을 이해하는 것이며, 당신에게 일어나는 모든 것 또는 당신의 모든 반응을 통제할 수 없다고 인정할 수 있습니다.	'나는 나의 반응, 타인 또는 사건에 항상 완전한 통제력을 가지지 않는다. 그러나 나는 사건에 대한 나의 반응을 조금 통제할 수 있고, 다른 사람의 어떤 행동이나 어떤 사건들의 결과를 약간 통제할 수 있다.' '내가 통제를 하지 않을 때 항상 나쁜 일들이 일어나는 것은 아니다.'
당신이 이전에 '나는 나 자신과 타인을 통제하는 것에 무력하다.'라고 믿었다면, 당신은 종종 당신이 무력하다고 믿는 것에 동조하는 우울증과 낮은 자존감 증상을 줄일 수 있도록 통제감을 개발하는 작업이 필요할 것입니다. 당신 삶의 몇몇 사건들을 통제하는 실제 능력을 살펴보는 것이 도움이 될 수 있습니다.	'나 외의 모든 사건을 통제할 수 없지만, 나에게 일어나는 일과 그 사건에 대한 나의 반응에 약간의 통제력을 가지고 있다.' '내 삶에서 내가 통제력을 가지는 모든 작은 것을 알아채기 위해 노력할 수 있고, 나에게 중요한 삶의 더 많은 것들을 통제하기 위해 연습할 수 있다.'

타인과 관련된 힘/통제 신념: 다른 사람, 또는 다른 사람(권력 있는 사람 포함)과 관련된 미래의 사건들을 통제할 수 있다고 믿는 신념입니다.

이전 경험

부정적	긍정적
타인과의 관계에서 통제력이 없거나, 또는 강력한 타인과의 관계에서 힘이 없다고 믿게 만든 경험이 있었다면, 이 트라우마 사건은 이런 믿음을 확인하듯이 보일 것입니다.	타인 및 강력한 타인과의 관계에서 긍정적인 경험이 있었다면, 타인에게 영향을 미칠 수 있다고 믿게 되었을 수 있습니다. 트라우마 사건은 사건을 막기 위한 최선의 노력에도 불구하고 충분한 통제력을 발휘할 수 없었기 때문에 이러한 믿음을 부숴 버릴 수 있습니다.

타인에 대한 부정적 힘/통제 신념과 관련된 증상
• 수동성 • 복종성 • 모든 관계에 일반화될 수 있는 자기 주장 부족 • 관계에서 다른 사람에게 어떤 통제력도 행사하지 않기 때문에(다른 사람이 아주 최소한의 통제를 행사하려고 시도하면 격노하는 것을 포함) 관계를 유지할 수 없음
가능한 교착점의 예
• "사람들은 항상 당신을 통제하려고 한다." • "권위에 맞서 싸우려 해도 아무 소용없다." • "이 사건은 사람들이 나에 대해 너무 많은 힘을 가지고 있음을 증명한다."

가능한 교착점의 예

당신이 이전에 ……라고 믿었다면	가능한 대안적 사고는 ……일 것이다
당신이 이전에 '나는 무력하고 관계를 통제할 수 없다.'라고 믿었다면, 자신, 타인 그리고 사건에 대해 통제력을 가할 수 있는 안전하고 적절한 방법을 배우는 것이 필요할 수 있습니다.	'관계에서 원하는 모든 것을 항상 얻을 수는 없더라도, 나의 권리에 대해 적극적으로 일어서며 내가 원하는 것을 청함으로써 다른 사람들에게 영향력을 끼칠 수 있는 능력이 있다.'
당신이 이전에 '내가 아끼는 사람들의 삶 속에서 모든 것을 통제하지 않으면 그들은 상처를 입을 것이다.'라고 믿었다면, 트라우마 사건이 이 신념을 더욱 강화했을 수 있습니다. 건강한 관계는 힘과 통제력을 나눈다는 것 그리고 한 사람이 모든 힘을 가진 관계(당신이 모든 힘을 가진 사람이더라도)는 학대적일 수 있다는 사실을 깨닫는 것이 중요합니다. 또한 힘의 일부를 포기하는 것은 편안하고, 때때로 다른 사람들이 결정을 내리도록 하는 것이 자유로울 수 있음을 깨닫는 것이 도움이 될 수 있습니다.	'내가 관계에서 원하거나 필요한 모든 것을 얻지 못하더라도, 나 자신을 주장하고 요구할 수 있다. 좋은 관계는 두 사람 사이에 힘이 균형을 이루는 관계이다. 나에게 그 어떤 통제도 허용되지 않는다면, 필요 시 이 관계를 끝냄으로써 나의 통제력을 행사할 수 있다.' '나는 다른 사람들이 관계에서 힘을 갖게 하는 법을 배울 수 있으며, 심지어는 해야 할 일을 다른 사람들의 책임으로 두는 것을 즐길 수 있다.'

[유인물 9-5]

CPT 9회기 후 연습과제

신념 도전하기 워크시트([유인물 8-1] 참조)를 사용하여 매일 최소한 하나의 교착점을 분석하고 직면합니다. 또한 회기에서 완성하지 않은 경우에 신뢰의 별 워크시트를 작성합니다. 힘/통제 문제 모듈을 읽고 힘/통제에 대한 이전의 믿음이 트라우마에 의해 어떻게 영향을 받았는지 생각해 봅니다. 자신 또는 타인과 관련된 힘/통제 교착점이 있다면, 적어도 하나의 워크시트를 작성하여 그러한 신념을 조사합니다. 교착점일지([유인물 6-1] 참조)의 다른 교착점이나 최근에 발생한 고통스러운 사건에 대해서는 나머지 시트를 사용합니다.

[유인물 9-6]

힘을 주고받는 방법 유인물

힘 주기	힘 받기
긍정적	
• 이타적(대가를 기대하지 않고 다른 사람을 돕는 것) • 도움이 필요한 사람이나 위기에 처한 사람을 돕기 • 주고받는 관계의 일부로 자신을 다른 사람과 공유하기 예: 당신은 친구가 의사에게 차를 태워 달라고 요청할 때 가게에 가는 중이었고, 친구를 돕기로 결정했다.	• 단호함 • 다른 사람과의 한계와 경계 설정하기 • 자신과 다른 사람에게 정직하기 예: 친구에게 지금은 도와줄 수 없다고 말했지만, 일정이 맞을 때 나중에 만날 시간을 정한다.
부정적	
• 다른 사람에게 기대하는 반응에만 기반하는 조치나 행동 • 항상 다른 사람의 요구 사항을 자신의 것보다 우선시함 • 당신을 감정적으로 화나게 하는 '뜨거운 쟁점'에 다른 사람이 쉽게 접근하도록 허용함 예: 당신이 그렇게 느끼도록 분명히 조종하고 있는 사람에게 강한 부정적인 반응을 보인다.	• 최후통첩 보내기 • 한계 실험하기 • 개인적 이득을 위해 다른 사람을 의도적으로 화나게 하기 • 공격적으로 행동 예: "내가 원하는 것을 하기 전까지는 당신과 성관계를 갖지 않을 것이다."라고 연인에게 말한다.

[유인물 9-7]

존중 문제 모듈

자아와 관련된 존중 신념: 자신의 가치에 대한 신념입니다. 이런 신념은 인간의 기본적인 욕구입니다. 이해받고, 존중받으며, 진지하게 받아들여지는 것은 자존감 발달의 기본입니다.

이전 경험

부정적	긍정적
자신의 가치를 의심하게 만드는 이전 경험이 있었다면, 새로운 트라우마 사건이 자신의 가치에 대한 이러한 부정적인 신념을 확인하는 것처럼 보일 수 있습니다. 자신에 대한 부정적인 신념으로 이어질 수 있는 일부 삶의 경험은 다음과 같습니다. • 당신에 대한 다른 사람들의 부정적인 말을 믿는 것 • 다른 사람들로부터 배려나 지지를 거의 받지 못하는 것 • 당신의 잘못이 아니더라도 다른 사람들로부터 비판이나 비난을 받는 것	긍정적이거나 자신의 가치에 대한 신념을 쌓아 올리는 이전의 경험이 있다면, 트라우마 사건은 그러한 신념을 깨뜨리고 자기존중감을 낮출 수 있습니다. 의사 결정에 대한 자신감과 자신의 의견에 대한 신념이 줄어들 수 있습니다.

자기에 관한 부정적인 존중 신념과 관련된 증상

• 우울증 • 죄책감 • 수치심 • 가능한 자기 파괴적 행동

가능한 교착점의 예

• "나는 나쁘거나 파괴적이거나 악하다."
• "나는 나쁘거나 파괴적이거나 사악한 행동에 책임이 있다."
• "나는 기본적으로 손상되거나 결함이 있다."
• "나는 가치가 없기 때문에 불행과 고통을 받을 자격이 있다."

가능한 해결책

당신이 이전에 ……라고 믿었다면	가능한 대안적 사고는 …… 일 것이다
이전 경험 때문에 '나는 가치가 없다.'라고 믿었다면(또는 앞에 적힌 신념 중 그 어떤 것이라도), 이 트라우마 사건이 이 신념을 확인하는 것처럼 보였을 수 있습니다. 만일 사건 이후 적절한 사회적 지지를 얻지 못했다면, 이것도 또한 자신에 대한 부정적 신념에 더 확신을 주었을 수도 있습니다. 자기 존중을 높이기 위해 자기가치감에 대한 당신의 신념을 재평가해 보고, 이 부적응적인 신념을 더 현실적이고 긍정적인 것으로 대체시키는 게 도움이 될 수 있습니다.	'좋은 사람들에게 때로 나쁜 일이 생긴다. 누군가 나에 대해 나쁜 말을 했다고 해서 그것이 사실이 되는 것이 아니다. 그 누구도 이러한 것을 당해도 마땅한 것이 아니며, 여기에 나도 포함된다. 내가 비록 과거에 실수했다 하더라도, 이것이 나를 불행이나 고통(트라우마 사건을 포함)을 받아 마땅한 나쁜 사람으로 만드는 것은 아니다.
당신이 이전에 '나는 좋은 사람이기 때문에, 나쁜 일은 내게 발생하지 않을 것이다.'라고 믿었다면, 이 사건이 이런 신념에 방해가 되었을 수 있고, 당신은 자신이 이 사건을 당해 마땅한 무언가를 한 것은 아닌지(예: '아마 나는 내가 한 어떤 일 때문에, 또는 실제로 내가 나쁜 사람이기 때문에 벌을 받고 있는 것이다.') 궁금할지도 모릅니다. 자기 가치에 대한 이전의 긍정적인 신념을 되찾기 위해 상황을 자세히 살펴보게 될 것이고, 따라서 당신은 예측하지 못한 일이나 나쁜 일이 생길 때마다 자신에 대한 가치감이 방해받지 않도록 해야 합니다. 당신에게 나쁜 일이 일어날 수 있음을 받아들일 수 있을 때(때때로 모든 사람에게 일어나는 것처럼), 자신이 일으키지 않은 사건에 대해 자신을 탓하지 않게 될 것입니다.	'때때로 좋은 사람들에게 나쁜 일이 일어나기도 한다. 나에게 나쁜 일이 일어난다고 해서, 이것이 내가 필연적으로 원인이 될 만한 무언가를 했다거나, 그 일을 겪어 마땅하다는 것은 아니다. 때로는 나쁜 일이 일어나는 이유에 대한 적절한 설명이 없을 수도 있다. 내가 어떤 기회였을 수도 있지만, 그 사건은 원인은 아니다.'

타인과 관련된 존중 신념: 다른 사람을 얼마나 소중하게 여기는지에 대한 신념입니다. 다른 사람에 대한 현실적인 관점은 심리적 건강에 중요합니다. 심리적으로 건강하지 않은 사람들의 경우 이러한 신념은 정형화되어 있고, 경직되었으며, 새로운 정보에 의해 상대적으로 덜 변합니다.

이전 경험

부정적	긍정적
과거에 사람들과 나쁜 경험이 많았다면, 당신은 다른 사람들이 나쁘거나 신뢰할 수 없다고 결론을 내렸을 수 있습니다. 당신은 이 신념을 모든 사람(기본적으로 선하고 마음에 최선의 이익을 가진 사람들조차도)에 대한 것으로 발전시켰을 것입니다. 트라우마 사건은 사람들에 대한 이러한 신념을 확인시켜 주는 것처럼 보일 수 있습니다. 또한 부정적인 경험은 권위에 있는 사람을 존경하기 어렵게 했을 수 있습니다. 특히, 권위의 위치에 있는 누군가가 당신의 트라우마에 포함되었을 경우 더욱 그렇습니다.	사람들과의 이전 경험이 긍정적이고 세상의 부정적인 사건이 당신에게 영향을 미치지 않는 것 같았다면, 트라우마 사건은 아마도 신념을 깨뜨렸을 것입니다. 다른 사람들의 기본적인 선량함에 대한 이전의 신념은 당신이 지지적일 것이라고 가정했던 사람들이 사건 이후에 당신의 곁에 있어 주지 않았다면, 특히 혼란스러울 수 있습니다.

타인에 관한 부정적인 존중 신념과 관련된 증상

- 만성적 분노
- 경멸
- 비통함
- 냉소주의
- 진심으로 배려하는 동정심으로 대할 때 불신("당신이 정말 원하는 것은 무엇입니까?")
- 타인으로부터 고립 또는 철회
- 반사회적 행동, 사람들은 오직 자신만을 위해서 있다는 신념을 정당화함

가능한 교착점의 예

- "사람들은 기본적으로 무정하고 무관심하며 오직 자신만을 위한다."
- "사람들은 나쁘거나, 악하거나, 악의적이다."
- "인류의 대부분(예: 모든 남성, 모든 공무원)은 나쁘거나, 악하거나, 악의적이다."

가능한 해결책

당신이 이전에 ……라고 믿었다면	가능한 대안적 사고는 ……일 것이다
당신이 이전에 '모든 사람은 선하지 않다.'라고 믿었다면, 모든 사람(또는 적어도 특정 집단의 사람)은 선하지 않다는 자동적 결론을 다시 고려해 보고, 이 신념이 일반적으로 당신의 행동과 사회생활에 어떤 영향을 미쳤는지 고려해 보는 것도 중요합니다. 누군가를 처음 만날 때 일반적으로 만나게 될 사람들 대다수에게는 사실이 아닌 고정관념에 근거하여 결정을 내리지 않는 것이 중요합니다. 알고자 하는 사람을 자동적으로 판단하지 않고도 상대방에 대한 신념을 발전시킬 수 있는 시간을 가지게 해 주는, '기다리고 그리고 보는' 태도를 하는 것이 더 낫고 정확합니다.	'일부[특정 집단의 구성원]가 나쁜 일을 하긴 하지만, [이 집단의 구성원] 모두가 나를 해치려는 것은 아니다.' '권력을 가진 몇몇 사람은 자신의 권력을 남용할 것이지만, 권력을 가진 모든 사람이 다른 사람들을 해치려는 것은 아니다.'
'나는 다른 사람의 행동이 나를 불편하게 하더라도 참아야 한다.'라고 믿었다면 시간이 지나면서 한 사람이 당신을 불편하게 하거나, 당신이 상처받을 수도 있는 일을 한다면 당신은 이 관계를 발전시키는 노력을 멈출 수 있는 자유가 있음을 염두에 둘 필요가 있습니다. 그러나 모든 사람이 실수하고, 우정이나 이후의 친밀한 관계에 대한 기본 원칙을 고려해 볼 필요가 있음을 기억하는 것이 중요합니다. 한 사람이 당신을 불편하게 하는 무언가를 그만하라는 요청에 맞닥뜨렸을 때, 이 요청에 대한 그 사람의 반응을 이 사람이 당신의 삶에 있는 것이 좋을 것인지를 판단하는 데에 사용할 수 있습니다. 즉, 만일 이 사람이 미안해하거나 같은 실수를 피하려는 진정한 노력을 한다면, 당신은 이 사람을 계속 알길 원할 수 있습니다. 만일 이 사람이 당신의 요청에 둔감하거나 어떤 식으로든 당신을 하찮게 여긴다면, 그러면 당신은 이 관계에서 빠져나오길 원할 수 있습니다. 타인의 존중에 대한 중요한 점은 타인 신뢰의 요점과 비슷합니다. 사람들을 알아가고 그들에 대한 의견을 형성할 시간이 필요합니다. 균형 잡히고 변화를 허용하는 다른 사람에 대한 관점을 받아들이는 것이 중요합니다.	'비록 내가 존중하지 않고 알기 원하지 않는 사람들이 있지만, 나는 이것을 내가 만나는 모든 새로운 사람에 대한 것으로 가정할 수 없다. 나중에 이런 결론에 도달할지도 모르지만, 그 시점은 내가 이 사람에 대해 더 많이 알게 된 후일 것이다.'

당신이 이전에 '나를 지지해 줄 것이라고 기대했던 사람들은 항상 나를 실망시킨다.'라고 믿었다면, 당신을 지지해 줄 것이라고 기대한 사람에게 실망했다 하더라도 즉각 이 관계를 끊지 않는 것이 중요합니다. 당신이 어떻게 느끼는지, 그리고 그들에게 원하는 것이 무엇인지 말해 봅니다. 당신의 요청에 대한 그들의 반응을 이 관계를 지속할 것인지 평가하는 방법으로 사용하십시오.	'사람들은 때로 실수한다. 그것이 실수였는지를 그들이 이해하고 있는지, 또는 그 사람에게서 계속될 부정적인 패턴을 반영하는 것인지를 확인하려고 노력할 것이다. 그 시점에서 내가 받아들일 수 없는 것이라면, 이 관계를 끝낼 수 있다.'

[유인물 9-8]

CPT 10회기 후 연습과제

신념 도전하기 워크시트([유인물 8-1] 참조)를 사용하여 매일 최소한 하나의 교착점을 분석하고 직면합니다. 또한 존중 문제 모듈을 읽고 존중에 대한 이전의 신념이 트라우마에 의해 어떻게 영향을 받았는지 생각해 봅니다. 자신이나 타인과 관련된 존중 교착점이 있다면, 적어도 하나의 워크시트를 작성하여 그러한 신념을 조사합니다. 교착점일지([유인물 6-1] 참조)의 교착점이나 최근에 발생한 고통스러운 사건에 대해서는 나머지 시트를 사용합니다.

다음 회기의 전날, '당신이 무엇을 성취했기 때문'이 아니라 '그냥' 자신을 위해 좋은 일을 한 가지 합니다. 또한 매일 한 가지 칭찬을 하고 칭찬 하나를 받는 연습을 합니다. 자신을 위해 한 좋은 일 그리고 당신에게 칭찬을 해 준 사람과 당신이 칭찬한 사람의 이름을 워크시트에 적습니다. 사람의 외모보다는 그 사람이 한 일에 대해 칭찬하는 것이 더 좋습니다. 이러한 과제 중 어느 것이라도 교착점을 야기한다면 이것들도 신념 도전하기 워크시트에 작성합니다.

제10장

존중, 친밀감 그리고 미래 직면하기

11, 12회기 및 후속 지도

11, 12회기의 목표

존중과 친밀감 주제(11, 12회기)에 관한 회기의 목표는 앞선 세 회기의 목표와 매우 비슷하지만, 치료사와 내담자는 두 주제와 관련된 신념 도전하기 워크시트를 검토하고, 또한 이 두 회기에는 추가적인 활동들이 있다. 11회기에는 10회기의 두 가지 행동 연습과제를 검토하는 것이, 12회기에는 트라우마의 영향에 대한 내담자의 인식을 재검토하는 것이 포함된다.

11회기 존중 검토하기 및 친밀감 소개하기

11회기 절차

1. 자가보고 객관식 척도의 내담자 점수를 검토한다. (제6장의 2, 3회기 검토에 관한 논의

참조)

2. 존중 주제 및 이외 교착점과 관련된 신념 도전하기 워크시트를 검토한다.
3. 내담자가 작성한 칭찬과 좋은/가치 있는 일에 관한 과제를 검토한다.
4. 치료 종결에 대해 논의한다.
5. 친밀감 주제를 소개한다.
6. 새로운 연습과제를 부여한다.
7. 회기 및 연습과제에 대한 내담자의 반응을 확인한다.

내담자의 신념 도전하기 워크시트 검토하기

자가보고식 척도의 내담자 점수를 평소에 검토한 후 11회기는 치료사와 내담자가 존중에 대한 신념 도전하기 워크시트를 검토하는 것으로 시작해야 한다. 내담자는 종종 자신의 가치와 능력에 대한 매우 강한 신념을 가진다. 그들은 트라우마 사건으로 손상을 입었다고 말할 수 있다. 즉, 자신이 약하거나, 미쳤거나, 어떤 부정적인 방식으로 인해 영구적으로 변했다는 증거로 PTSD를 볼 수 있다. 또는 트라우마에 의해 판단력이 손상되었다고 추론할 수도 있고, 사건 중에 한 일이나 하지 않은 일에 대해 다른 사람들이 자신을 비난한다고 믿을 수도 있다. 이러한 신념은 사건과 관련된 자신에 대한 내담자의 신념을 약화시킬 수 있으며, 결과적으로 자존감에 대한 전반적인 인식을 갉아먹을 수 있다. 트라우마가 본질적으로 대인관계적인 경우(예: 강간, 아동학대, 군 관련 성적 트라우마), 내담자는 '애초에 나에게 문제가 있었고, 아니라면 나는 이런 유형의 트라우마의 대상이 아니었을 것이다.'라고 가정할 수도 있다. 내담자가 자신에 대해 전반적으로 부정적인 발언을 할 때 치료사는 새로운 교착점을 확인하고 소크라테스식 대화를 통해 자기 비판의 특정 본질을 조사함으로써 내담자를 도울 수 있다. 다른 주제와 마찬가지로, 존중 주제는 내담자가 자신과 타인을 보는 방식에 유연성을 허용하는 포괄적인 다차원적 개념이다.

종종 치료의 이 시점이 바로 완벽주의와 모든 실수가 끔찍한 결과로 이어질 것이라는 우려에 관한 내담자의 신념을 다루는 데에 가장 도움이 되는 때이다. 이때는 내담자가 자신이 저지른 실수에 대한 과도한 자기 비난이 쇠약해지는 주기가 되는데, 이는 모든 실수를 용납할 수 없다는 신념을 부채질하게 된다. 내담자는 트라우마 사건 전이나 중에 자신의 실수가 사건을 발생하게 했다고 믿음으로써 이런 유형의 생각들을 강화할 수 있다. 때때로 내담자에게 "만일 한 교사가 100%는 A이지만 99%는 모두 F라고 발표한다면, 당신은 어떻게 생각할 것 같나요?"라고 물어보는 것이 도움이 된다. 내담자가 그것은 불공평하다고 한다면, 치료사는 "그렇다면 자신에게는 왜 그렇게 불공평합니까?"라고 물을 수 있다. 내담자에게 "완벽한 사람을 알고 있습니까? 어쩌면 '충분히 좋은 것'이 더 합리적인 목표일 수 있습니다."라고 묻는 것도 도움이 된다.

내담자가 자신에게 적용하고 있는 기본적인 불공평성을 탐색해 보기 위해 신념 도전하기 워크시트를 사용하는 것이 도움이 될 수 있다. 예를 들어, 다음의 내담자는 직장에서 실수하여 문제를 해결하기 위해 늦게까지 직장에 남아 있어야 했다.

치료사: 그래서 "내가 실수를 하면 나는 실패자이다."라는 교착점을 가지고, 우리는 이 교착점에 반하는 증거를 찾아봐야 합니다. 그날 직장에서 어떤 다른 일을 한 것이 있습니까?

내담자: 물론입니다.

치료사: 그리고 그 일의 결과는 괜찮았습니까?

내담자: 그런 것 같지만, 나중에 그렇지 않다는 걸 알게 될지도 모릅니다.

치료사: 좋습니다. 직장 외에도 어제 얼마나 많은 일을 했습니까? 얼마나 많은 결정을 내렸습니까? 그 하루에 몇 퍼센트 정도 옳았습니까?

내담자: 글쎄요, 그렇게 말한다면 아마 괜찮게 한 것 같아요. 하지만 어제 제가 한 많은 일은 제가 직장에서 했던 실수만큼 중요하지 않습니다.

치료사: 말이 되네요. 모든 일의 중요성이 다 똑같은 것은 아니죠. 하지만 당신이 한 일 중 일부는 당신의 아이들을 돌보는 것과 관련이 있습니다. 그렇죠? 그래서 하루 종일 했던 일 중 가장 중요했던 일은 무엇입니까?

내담자: 글쎄요. 제 아이들이 안전한지, 밥은 잘 먹었는지 확인하고, 그런 일들이요.

치료사: 좋습니다. 그래서 어제 당신은 직장에서의 실수 외에 다른 많은 일을 잘했죠, 맞습니까?

내담자: 그런 것 같아요.

치료사: 지난주에 직장에서 중요한 일이 있었습니까?

내담자: 물론입니다. 맡았던 큰 프로젝트를 끝내고 월요일에 제출했습니다.

치료사: 잘 진행되었습니까?

내담자: 상사는 제가 매우 잘했다고 말했습니다.

치료사: 그래서 '내가 실수하면 나는 실패자이다.'라는 당신의 교착점에 반하는 증거로 이것을 시트에 어떻게 넣을 수 있을까요?

내담자: 음, 제 프로젝트를 잘했다고 말할 수 있을 것 같아요. 그리고 저는 제 아이들을 잘 돌보려고 노력하고 있고요.

치료사: 좋습니다. 이제 이 정보를 사용하여 워크시트의 나머지 D칸을 채워 봅시다.

타인과 관련된 존중을 살펴볼 때, 내담자가 가해자 또는 적군과 관련된 속성을 전체 인구 집단(예: 모든 남성, 모든 이라크인, 모든 아시아인)에게 과도하게 일반화하는 방법을 확인하는 것이 중요하다. 이런 일이 발생하면 내담자가 사람들을 개인으로 보고, 모든 사람을 고정관념에 묶지 않도록 돕는 것이 중요하다. 이를 위한 한 방법은 신념 도전하기 워크시트를 사용하여 내담자가 이러한 고정관념에 낙인이 찍힌 집단 구성원에게 불공평할 뿐만 아니라 내담자의 일상생활에 강력한 부정적 영향을 미칠 수 있음(특정 집단의 구성원이 운영하는 주유소를 피하는 것, 이런 집단의 사람들과의 만남을 피하는 것)을 알도록 돕는 것이다. 내담자는 이러한 과도하게 일반화된 생각이 어떻게, 그리고 왜 유지되고 있는지 확인하는 데 도움이 필요할 수도 있다.

군 복무를 한 내담자의 경우, 과수용된 교착점을 발달시킬 수 있는 또 다른 영역은 '정부'에 대한 관점이다. 이 책에서 논의된 다른 개념과 마찬가지로, '정부'는 많은 것을 의미할 수 있는 지나치게 일반적인 용어이다. 이러한 내담자 중 상당수는 정부에 관한 생각을 사용하여 자신이 계속 화나 있을 수 있도록 하고, 트라우마 사건과 관련된 슬픔이나 비통함과 같은 다른 감정들을 피하도록 한다. 내담자가 치료사에게 경청되고 있는 느낌을 받는 것이 중요하지만, 정부에 대해 고함치는 것이 더 나아지는 데 도움이 되지는 않는다. 그보다 이런 내담자가 정부 비난의 뒤에 있는 트라우마 사건에 초점을 맞추도록 하거나, "'정부'란 무엇을 의미합니까? 특정 대통령입니까? 군대? 시장? 또는 우리입니까?"라고 질문할 수 있다. 또한 내담자가 정부의 신뢰할 수 없음에 초점을 맞추고 있다면, 치료사는 "그래서 911에 전화할 때 아무도 응답하지 않는다는 뜻입니까? 우편물을 전혀 받지 못한다는 것입니까?"와 같이 질문할 수 있다. 또는 '정부'나 정부 기관이 전반적으로 효과적이게 일하고 있는 다른 예를 들 수도 있다. 치료사는 소크라테스식 대화를 통해 내담자가 다른 유형의

'정부'가 있고, 각 유형을 신뢰할 수 있는 정도도 다르다는 것을 보기 시작하도록 도울 수 있다. 처음에 이것이 치료사, 내담자 또는 두 사람 모두에게 의미론을 연습하는 것처럼 보일 수 있지만, 회색 영역의 것들을 볼 수 있는 능력은 내담자가 더 많은 권한을 느끼게 하고, 모호한 상황, 특히 정부와 관련된 상황에 대한 촉발 반응이 줄어들게 할 수 있다.

칭찬 주고받기/행동활성화에 대한 과제 검토하기

치료사는 내담자에게 칭찬을 주고받는 과제 그리고 자신을 위해 좋은 일 하기 과제가 어떻게 진행되었는지 묻는 시간을 가져야 한다. 내담자가 칭찬을 즉시 거절하지 않고서 들을 수 있었는지 물어보고, 내담자의 부정적 존중 인식 때문에 처음에는 불편할 수 있더라도 "감사합니다."라고 말하도록 격려하는 것이 도움이 될 수 있다. 칭찬을 받는 과정에서 교착점이 발견되면, 내담자는 이를 교착점일지에 추가하고 각각에 대해 신념 도전하기 워크시트를 작성해야 한다. 또한 내담자가 칭찬했을 때 어떤 일이 있었는지, 즉 듣는 사람이 어떻게 반응했는지, 유사한 사람에게서 받았던 이전의 상호작용과는 달랐는지를 포함하여 질문하는 것이 좋다.

다음으로, 치료사는 내담자가 자신을 위해 좋은 일을 할 때 어떤 느낌을 받았는지, 이로 인해 새로운 교착점이 발생했는지를 물어봐야 한다(예: "나는 좋은 일을 받을 자격이 없다." "내가 행복하면 전투에서 잃은 동료의 명예를 기리지 않는 것이다."). 치료사는 내담자가 자신이 좋은 일을 '얻도록' 만들지 않도록 하는 것이 중요하다. 이것은 어떤 비용이 붙지 않으면서 좋은 일을 얻는 목적에 어긋나기 때문이다. 연습을 위해 다음 회기까지 내담자는 자신을 위해 좋은 일이나 가치 있는 일을 계속하고 칭찬을 매일 주고받는 연습을 하며, 이 모든 것을 즐기는 연습을 하도록 권장해야 한다. 내담자가 자신을 비난하는 경향이 있다면, 치료사는 자존감과 관련된 교착점을 확인하고 긍정적인 자존감을 높이는 대안을 만들도록 계속 도와야 한다. 또한 치료사는 이것을 '삶을 위한 연습과제'라고 말할 수 있다.

치료 종결 논의하기

치료사가 앞선 회기에서 내담자에게 치료의 종결과 관련된 우려나 강한 감정이 있는지 물어보지 않았다면, 지금 물어보는 것이 도움이 될 수 있다. 우리는 많은 내담자, 특히 CPT 이전에 장기간 치료를 받은 사람들이 치료 종료에 대한 교착점이 있음을 알게 되었다(예: "치료사 없이는 내 삶을 다룰 수 없다." "치료사가 없으면 모든 것이 예전으로 되돌아갈 것이다."). 이런 내담자에게 신념 도전하기 워크시트에서 이 교착점을 도전해 보도록 요청하는 것이 종종 치료과정에서 얼마나 많은 진전이 있었는지를 확인하고, 자신과 주변 타인에 대한 보다 균형 있고 건강한 관점의 유지에 필요한 도구가 있음을 깨닫는 데 도움이 될 수 있다. 덧붙여, 이러한 내담자에게 향후 필요할 경우에 추가 회기(booster session)를 마련할 수 있다는 것을 치료사가 상기시키는 데에 도움이 될 수 있다.

친밀감 주제 소개하기

이전 회기와 마찬가지로 회기가 끝날 무렵 새로운 주제(이번에는 친밀감 주제)가 소개되고, 치료사와 내담자는 트라우마에 의해 내담자의 관계가 어떻게 영향을 받았는지 간략히 논의한다. 친밀감은 강력한 자기효능감과 타인과의 관계에서의 편안함을 포함하기 때문에 자기 존중에서 자연스럽게 발전한다. 친밀감과 관련된 교착점은 본질적으로 성적이거나 성적이지 않을 수 있으며, 가능한 모든 범위의 관계를 포함할 수 있다. 처음에 치료사는 자기와 관련된 친밀감의 어려움보다 타인과 관련된 친밀감의 문제를 식별하기가 더 쉽다는 것을 알 수 있다. 다른 사람과의 친밀감은 종종 "누군가와 가까워지면 그들은 죽을 것이다." "남자가 나를 원하는 이유는 섹스뿐이다." 또는 "누군가가 나의 모든 것을 알게 된다면 그들은 떠날 것이다."와 같은 교착점을 포함한다. 반면, 자기와의 친밀감에 대한 교착점은 종종 "혼자 있는 것을 감당할 수 없다." "나 자신의 욕구를 충족시킬 수 없다." 또는 "PTSD 없이 어떻게 시간을 보내고 싶은지 모르겠다." 등이 포함된다. 자기친밀감은 자기 존중의 이상이고, 자기 인식, 자신의 가치/취향에 대한 지식, 미래의 관심사/활동에 관한 결정을 포함한다. 다시 말해서, 치료가 끝날 때의 자기친밀감과 관련된 목표는 내담자가 자신의 발달적 또래 집단을 따라잡기 시작하는 것, 즉 초기 성인기 경력과 관계 결정이나 은퇴 정체성이나 활동을 결정하기 등을 하기 시작하는 것이다.

성인기에 트라우마를 겪은 내담자의 경우 내담자가 사건 이전에 자신 및 타인과의 친밀감이 어떠했는지, 그리고 사건에 의해 어떻게 영향을 받았는지를 기억하도록 내담자를 격려하는 것이 도움이 된다. 치료사는 자기 진정을 위한 부적절한 시도(알코올 또는 기타 약물 사용, 과식, 과소비 등)를 하는 지속적인 문제를 내담자와 확인해 보아야 한다. 이러한 시도는 아마도 치료 초기에 다루어졌겠지만, 자기 관리에 대해 남아 있는 교착점을 확인해 보기 위해 다시 논의할 필요가 있을 수 있다. 연습과제의 경우 내담자는 친밀감과 관련된 부적응적 진술, 기타 해결되지 않았거나 남아 있는 교착점 그리고 치료 종결과 관련된 교착점에 맞서고 더 적응력 있는 표현을 만들기 위해 신념 도전하기 워크시트를 사용하도록 해야 한다.

새로운 연습과제 제공하기

친밀감 문제 모듈([유인물 10-1] 참조)을 읽고 친밀성 문제에 대한 하나 이상의 워크시트를 포함하여 신념 도전하기 워크시트를 작성하고, 이에 더하여 내담자에게 트라우마 사건이 일어난 것이 지금 자신에게는 어떤 의미인지, 안전, 신뢰, 힘/통제, 존중 그리고 친밀감의 다섯 가지 주제와 관련된 현재의 신념은 무엇인지를 다루는 새로운 트라우마 충격진술문을 작성하도록 해야 한다([유인물 10-2] 참조). 이 새로운 트라우마 충격진술문을 통해 내담자는 치료 시작 이후 자신의 신념이 어떻게 바뀌었는지를 명확하게 알 수 있으므로, 치료사는 치료를 시작했을 때가 아니라 내담자가 현재 어떻게 생각하고 느끼는지에 초점을 맞출 필요가 있음을 강조하는 것이 중요하다. 마지막으로, 내담자는 매일 신념 도전하기 워크시트를 작성하는 과제 외에도, 자신을 위한 좋은/가치 있는 일을 하고 칭찬을 주고받는 과제를 계속해야 한다.

회기 및 연습과제에 대한 내담자의 반응 확인하기

평소와 같이 치료사는 회기에 대한 내담자의 반응을 끌어내고, 내담자가 회기의 내용이나 다음 연습과제에 대한 질문이 있는지 물어보면서 11회기를 마무리해야 한다. 치료사는 회기에서 다룬 모든 중요한 아이디어나 발견을 강화해야 하며, 내담자가 제공하는 중요한 과제용 메시지를 기록해야 한다.

12회기 친밀감 처리하기 그리고 최종 트라우마 충격진술문

12회기 절차

1. 자가보고 객관식 척도의 내담자 점수를 검토한다. (제6장의 2, 3회기 검토에 관한 논의 참조)
2. 친밀감 주제 및 이외 교착점과 관련된 내담자의 신념 도전하기 워크시트를 검토한다.
3. 내담자의 원래의 트라우마 충격진술문 및 새로운 트라우마 충격진술문을 검토한다.
4. 치료과정과 내담자의 진전 상황을 검토한다.
5. 미래에 대한 내담자의 목표를 확인한다.

내담자의 신념 도전하기 워크시트 검토하기

CPT의 마지막 회기인 12회기에서 치료사와 내담자는 친밀감에 대한 신념 도전하기 워크시트와 내담자가 마지막 회기 이후 작성한 추가 워크시트를 검토한다. PTSD가 있는 많은 내담자의 경우에 친밀감 문제로 인해 종종 다른 사람에게 너무 의존하게 되어 자신은 스스로를 돌볼 능력이 없다고 생각한다. 우리는 심지어 아내나 연인이 자신의 옆에 없다면 자신이 무너지게 될 것이라는 두려움 때문에 모든 병원이나 정신과 예약에 운전해 줄 사람을 필요로 하는 일부 남성 퇴역군인에게서 이런 것을 보았다. 많은 내담자가 연습과제에서 신체적 친밀감이나 타인과의 친밀감에는 초점을 맞추지만 자기친밀감에는 초점을 맞추지 않는다. 자신의 행동과 감정을 관리하기 위해 다른 사람이나 건강에 해로운 행동에 의존하지 않고도 대처하고, 자제력을 유지하며, 적절한 자기 위안을 제공하는 능력이 포함됨을 내담자에게 상기시키는 것이 도움이 될 수 있다. 또한 자기친밀감은 PTSD의 회복과정에서 자신의 취향과 가치의 이해로부터 나오는 자기 이해를 포함한다. 내담자가 적절한 발달 수준으로 돌아가는 것을 방해하는 교착점은 계속 진행 중인 교착점일지로 추가되어야 한다.

앞의 11회기 토론에서 제안하였듯이, 자기친밀감에서 내담자가 겪는 어려움에 대한 일반적인 지표는 과도한 행동[예: 약물 남용, 과식, 강박적 소비/도박, 극단적으로 하지만 않는다면 건강해 보일 수 있는 행동들(예: 운동)]을 하는 것이다. CPT를 완료한 한 내담자는 1회기에서 첫 번째 트라우마 충격진술문을 작성하려면 "취해야만 한다."라고 말했다. 치료사는 내담자가 자기 진정에 어려움을 겪을 수 있음을 재빨리 깨달았고, 두 사람은 함께 자기 관리와 관련된 교착점 그리고 트라우마에 대한 반응을 말할 수 있는 능력을 확인하기 위해 노력했다(예: "내가 트라우마 기억을 다룰 수 있는 유일한 방법은 술에 취하는 것뿐이다."). 치료사는 회기나 연습과제 전, 도중 또는 후에 내담자가 술을 마시지는 않았는지 확인하기 위해 치료 내내 이 문제를 계속 확인했다. 그렇지만 CPT의 마지막 두 회기에서는 잠재적으로 더 건강한 선택 수단을 개발하는 데 중점을 둔다. 이를 위한 한 가지 방법은 내담자가 화가 났을 때 즉시 먹고, 담배를 피우고, 마시고, 쇼핑하는 대신 신념 도전하기 워크시트를 작성하여, 어떤 생각이 피하려고 노력하는 정서적 고통을 일으키는지 볼 수 있게 하는 것이다. 이 방법은 이상적으로 내담자들이 파괴적인 인지를 도전할 시간을 줄 것이고, 잠재적으로 건강하지 않은 행동을 하도록 만드는 고통스러운 감정을 줄일 것이다.

이 시점은 치료사가 또한 내담자가 어떻게 계속 칭찬을 주고받고 있는지, 그리고 자신을 위한 좋은/가치 있는 일을 하고 있는지 확인할 수 있는 중요한 시간이다. 많은 내담자는 자격을 얻어야 하거나, 다른 사람을 먼저 기쁘게 하거나, 또는 다른 사람의 허가를 받지 않으면서 자신을 위해 작은 무언가를 한 뒤 자신들이 얼마나 즐거움을 느끼는지 놀라곤 한다. 내담자가 다양한 선택지를 탐색하도록 돕는 것도 중요할 수 있지만, 우리가 제안하는 몇 가지 일반적인 아이디어는 산책하기, 차 한 잔 마시기, 친구에게 전화하기, 운동하기, 정원 가꾸기 또는 새로운 취미 시작하기 정도이다. 내담자는 감정적으로 변하기 시작할 때 이러한 활동 중 하나에 참여하면 부정적인 생각, 고통스러운 감정 그리고 파괴적인 행동의 오래된 순환을 차단할 수 있음을 깨닫는다.

내담자는 친구/가족과의 정서적 근접성, 성적 친밀감이라는 두 방향에서 타인과 관련된 친밀감의 어려움이 있다고 말한다. 성인기에 처음으로 트라우마를 경험한 내담자는 다른 사람이 자신에게 영향을 미칠지도 모른다고 (종종 잘못) 믿는 잠재적인 거절, 비난이나 추가 피해로부터 자신을 보호하는 방법으로 새로운 친구를 만들기를 피하거나 가까운 가족으로부터 자신을 철회하는 것을 발견할지도 모른다. 예를 들어, 많은 트라우마 생존자는 가족이나 친구들이 선의로 했지만 어설픈 지지로 판단하거나, 그들을 탓하거나, 그들에게 "그냥 극복해야 한다."라고 제안하는 것으로 잘못 해석한다. 또한 생존자들은 종종 트라우마 사건 동안 일어난 일에 대한 '전체 이야기'를 알게 되면 다른 사람들이 자신을 비난할 것이라고 가정한다. 따라서 내담자는 종종 지지의 원천이 될 수도 있었던 사람들과 거리를 두기 때문에, 그 결과 관계/우정이 무너지기 시작한다. 더욱이 내담자는 일반적으로 상처를 받거나 버려짐에 대한 두려움 때문에 새로운 관계를 맺는 것을 피한다. 결국, 이런 내담자들은 고립됨과 외로움을 느끼고, 미래에 건강한 관계를 맺을 수 있다는 신념이 거의 없다. 공통된 교착점은 "아무도 나를 사랑하지 않을 것이다." "사람들이 과거에 내게 일어난 일을 알면, 내가 끔찍한 사람인지 알게 될 것이다." 또는 "모두가 나를 떠날 것이다."이다.

반면, 어린 시절부터 트라우마 경험이 시작된 내담자는 과거 경험을 바탕으로 다른 유형의 관계를 맺을 수 없거나, 그럴 자격이 없다고 믿기 때문에 종종 건강하지 않은 관계에 머무르게 된다. 이러한 내담자는 친구와 가족의 부적절한 대우를 일상적으로 받아들일 수 있으며, 다른 사람들이 자신을 학대하는 방식에 대해 종종 자신을 탓할 것이다. 치료사들이 CPT의 이전 회기에서 하지 않았다면, 다른 친밀감과 관련된 근본적인 교착점(핵심 신념일 수 있음)을 찾는 것이 매우 중요하다. 예를 들면, '나는 사랑받을 자격이 없다.' '나쁜 관계가 내가 바랄 수 있는 최선이다.' '나는 다른 사람들이 나를 나쁘게 대하도록 만든다.' 등이 있다. 과거에 다른 사람들이 접촉하려고 노력했던 표현을 무시하게 함으로써, 지지의 원천이 될 수 있는 새로운 친구를 사귀는 것을 PTSD가 막았음을 알 수 있도록 돕는 것이 중요하다. 이것은 타인에 대한 파괴적인 생각에 도전할 때에 사용할 증거를 확인하는 것을 어렵게 만들기도 하며, 치료사는 처음에 내담자가 어떤 것을 찾아보는 것이 매우 어려울 수 있기에 '반증하는' 핵심을 찾을 수 있도록 추가 질문을 해야 할 것이다.

성적 친밀감은 성폭력 생존자에게 특히 문제가 될 수 있지만, 우리는 성적 기능이 다른 유형의 트라우마에 의해서도 부정적인 영향을 받을 수 있음을 알게 되었다. 종종 PTSD 및 우울증 증상은 성적 욕망과 수행을 방해할 수 있으며, 이것이 얼마나 자신이 '망가졌는지'에 대한 그저 또 다른 예일뿐이라고 가정하는 내담자의 경우에 이런 반응을 정상화하는 것이 중요할 수 있다. 때때로 PTSD가 있는 내담자가 죽은 친구에게 죄책감이나 큰 슬픔을 경험할 때, 이들은 성적 친밀함을 포함하여 어떤 식으로든 행복할 자격이 없다고 생각할 수 있다.

성폭행 생존자들의 경우 다른 사람들과 친밀한 관계를 유지하는 것이 특히 어려울 수 있다. 성적 친밀감에 특징적으로 필요한 신뢰와 취약성을 느끼는 데 어려움이 있을 뿐만 아니라 성적인 것이 폭행과 관련된 촉발 신호가 되기 때문이다. 이러한 친밀감 문제는 내담자 신뢰 문제를 검토하는 동안 치료 초기에 다루어졌지만, 치료사는 이 영역에서 해결되지 않은 교착점을 찾아 마지막 회기 동안 이를 해결해야 한다. CPT가 성치료는 아니지만, 인지치료의 한 형태이기 때문에 성 기능을 방해할 수 있는 문제가 있는 신념을 확인하고 수정하는 데 유용할 수 있다. 그러나 성 기능 장애가 심각하거나 지속되는 형태라면, 해당 목적을 위해 특별히 설계된 이외 치료 프로토콜로 치료를 받아야 한다(예: Haines, 1999).

내담자의 기존 트라우마 충격진술문과 새로운 트라우마 충격진술문 검토하기

내담자와 치료사는 종종 사건의 의미에 대한 내담자의 새로운 트라우마 충격진술문을 읽고 토론하는 것이 전체 치료과정을 하나로 모으는 훌륭한 방법임을 알게 된다. 내담자는 먼저 치료사에게 새로운 트라우마 충격진술문을 읽어 주고, 이후에는 치료사가 2회기의 기존 트라우마 충격진술문(또는 이 진술문을 2회기에 가져오지 않았다면 그 이후 회기)을 읽어야 한다. 이를 통해 내담자는 다소 짧은 기간 동안 얼마나 많은 변화가 일어났는지 들을 수 있다. 일반적으로 첫 번째에서 두 번째 트라우마 충격진술문까지 상당한 변화가 있으며, 내담자는 일반적으로 "정말 내가 그렇게 생각했습니까?" 또는 "내가 자신에게 그렇게 말했다니 믿기지 않아요."라고 말한다. 그런 다음 내담자와 치료사는 내담자가 바꾼 모든 중요한 방식을 강조하고, 치료가 끝난 이후 내담자가 계속 작업해야 할 남아 있는 문제적 신념에 대한 노트를 작성해야 한다. 첫 번째에서 두 번째 트라우마 충격진술문까지의 기간 동안 큰 변화를 보이지 않은 내담자의 경우, 내담자에게 각 다섯 가지 주제(안전, 신뢰, 힘/통제, 존중, 친밀감)와 관련하여 만들어 온 인지적 · 행동적 변화를 확인해 보도록 하는 것이 도움이 될 수 있다. 또한 내담자가 여전히 하는 극단적인 생각을 기록하고, 치료가 종결되고 난 후 작업해 볼 수 있도록 이와 관련된 교착점을 찾아내는 것이 도움이 될 수 있다.

치료과정 및 내담자의 진전 상황 검토하기

이 마지막 회기의 나머지 대부분은 CPT 중에 소개된 개념과 기술에 대한 간략한 검토에 초점을 맞춰야 한다. 지속적인 성공은 새로운 기술을 얼마나 계속 사용하려고 하는지, 그리고 이전의 회피 행동에 굴복하지 않도록 얼마나 저항하는지에 크게 좌우된다는 점을 내담자에게 상기시켜야 한다. 내담자가 또한 트라우마 사건에 직면하고 대처하며 더 나아지는 데 필요한 작업을 한 것에 대해 공로를 인정하도록 격려해야 한다. 내담자가 치료의 이 부분에서 추가적인 교착점을 제시하는 경우 이를 교착점일지에 적어야 하며, 이 교착점과 이후 삶으로 나아갈 때 일어날 수 있는 이외 다른 문제적 신념을 내담자가 다룰 수 있도록 신념 도전하기 워크시트를 추가로 제공해야 한다.

미래에 대한 내담자의 목표 확인하기

치료사는 미래에 대한 목표도 논의되도록 해야 한다. 일부 내담자의 경우 큰 슬픔이나 트라우마적 사별의 문제가 12회기 동안 해결될 것으로 기대할 수 없으며, 치료사는 이러한 내담자가 상실에 대해 슬퍼할 시간을 주는 동시에, 삶을 재건하는 과정을 추구할 수 있도록 내담자를 격려해야 한다. 내담자가 회상, 악몽 또는 이전에는 기억하지 못했던 갑작스러운 기억을 유발하는 무언가를 만나게 된다고 해서 PTSD가 다시 돌아오고 있다는 의미는 아니다. 충분히 강력한 촉발 요인에 대한 반응으로 사람들 대부분은 과거에 일어난 트라우마 사건에 대한 반응을 보일 것이다. 내담자가 이전 수준의 기능으로 상당히 빠르게 돌아갈 수 없음을 알게 되면 자연스러운 감정을 느끼고, 이 생각들이 극단적이지 않은지 확인해 보도록 격려해야 한다. 그런 다음 불쾌한 감정을 유발하는 혼란스러운 생각을 해결하기 위해 워크시트를 작성해야 한다.

수십 년 동안 PTSD를 가진 많은 내담자가 치료의 어느 시점에서 이런 질문을 한다. "내게 더는 PTSD가 없다면 나는 누구인가요?" PTSD는 개인의 삶에서 온 마음을 빼앗기 때문에 플래시백이나 다른 증상들을 다루는 것을 걱정하지 않으면서 결정을 내리거나 행동을 취하는 것을 상상하기 어려울 수 있다. 일부 고령 내담자의 경우 'PTSD에서 은퇴'라는 생각에 대해 논의했고, 일부 젊은 내담자의 경우 'PTSD에서 졸업'하는 것에 관해 이야기했다. 우리는 모든 사람이 결혼하거나, 아이를 낳거나, 대학을 졸업하거나, 오랜 경력에서 은퇴하는 등 시간이 지남에 따라 자신의 역할과 정체성을 바꾼다는 것을 내담자에게 상기시킨다. 이러한 각 변화는 개인적인 역할, 의무, 다른 사람과의 관계 및 시간을 보내는 방법에서 많은 질문과 불확실성을 가져온다. 치료사는 내담자를 위해 이 과정을 정상화하고 내담자가 이 모든 변화를 두려워하며 바라보기보다, 그들이 가진 각 질문에 대한 사려 깊은 답변을 찾을 수 있도록 격려해야 한다. 특히 내담자는 과거와 같이 PTSD에 의해 대체로 통제되기보다 시간을 보내는 방법에 대한 선택권이 있다. 치료사는 이러한 새로운 변화를 내담자가 긍정적으로 볼 수 있도록 안내해야 하며 모든 선택안을 탐색하도록 권장해야 한다.

후속 지도 참고 사항

내담자가 매주 또는 격주의 CPT 프로토콜을 완료한 후, 치료사는 한 달 또는 두 달 후의 후속 지도를 예약해야 한다. 내담자에게 남아 있는 교착점에 대해 신념 도전하기 워크시트를 계속 작성하도록 권장해야 한다. 후속 회기에는 치료 중에 사용된 것과 같은 평가 척도가 포함되어야 하며, 내담자를 다시 정상 궤도로 올리거나 이점들을 강화하기 위해 사용할 수 있다. 이 회기는 '돌봄 에피소드(episode of care)'라는 개념을 주입하는 데에 도움이 된다. 자신을 위한 인지치료사로서 교착점과 매일 발생하는 사건들에 대해 작업하고, 그런 다음 해결하기 어려운 교착점이나 최근의 사건이 있다면 추가 회기에 참석하도록 격려한다. 구체적인 목적 지향의 작업을 할 수 있으며, 치료과정에서 개발한 기술을 계속 사용하도록 격려한다.

우리가 알고 있는 몇몇 외래 프로그램이 CPT를 완료한 내담자를 위한 사후관리 프로그램을 도입했다. 이 프로그램은 월간 집단 형식으로 진행될 수 있으며, 일반적으로 삶에 많은 격변이 남아 있는 내담자 또는 내담자와 개인치료사가 원하는 만큼 점수가 감소하지 않은 내담자를 대상으로 한다. 이런 집단은 시간제한이 있는 것으로 간주되며, 내담자는 각 회기에서 연습을 위해 작성한 워크시트를 논의할 준비가 반드시 되어 있어야 한다. 일반적으로 이러한 집단은 예약 없이 참여하는 형태(drop-in)로 설정되었으며, 내담자는 작업 내용에 따라 한 회기 또는 여러 회기에 참석할 수 있다. 이 집단의 촉진자들은 집단이 얻은 이점을 유지하고, 내담자에게 보다 공식적인 치료로 돌아갈 필요 없이 교착점에 대한 작업을 계속할 수 있는 장을 제공하는 데 아직 도움이 된다는 사실을 보고한다.

[유인물 10-1]

친밀감 문제 모듈

자기와 관련된 친밀한 신념: 자신의 정서적 필요를 돌볼 수 있다는 신념입니다. 건강한 삶의 중요한 부분은 자신을 달래고 진정시키는 능력입니다. 외롭거나 공허하다고 느끼지 않으면서도 홀로 있을 수 있는 능력은 자기친밀감의 한 부분입니다.

이전 경험

부정적	긍정적
부정적인 삶의 사건에 대처할 수 없다고 믿게 만든 이전 경험(또는 좋지 못한 역할 모델)이 있었다면, 자신을 달래거나, 위로하거나, 양육할 수 없다는 부정적인 생각으로 트라우마 사건에 반응해 왔을 수 있습니다.	이전에 건강하고 긍정적인 자기친밀감이 있었다면, 내적 대처 전략을 사용할 수 있는 능력 덕분에 트라우마 사건에 대처할 수 있습니다. 그러나 일부 트라우마 사건은 갈등을 일으킬 수 있습니다. 자신의 필요를 돌보는 능력을 의심하기 시작할 수 있습니다

자기에 관한 부정적 친밀감 신념과 관계된 증상

- 자신을 위로하고 진정시킬 수 없음
- 혼자 있는 것에 대한 두려움
- 내적 공허함 또는 무감각함의 경험
- 혼자 있을 때 트라우마를 떠올리면 큰 불안이나 공황 상태
- 외적 위로 자원을 찾을 수 있음—과식, 알코올 또는 기타 약물 사용, 돈 지출, 자해 행위 또는 성관계
- 애정에 굶주리거나 요구가 많은 관계

가능한 교착점의 예

- "감정적이 되면 통제 불능이 될 것이다."
- "나는 혼자 있는 것을 견딜 수 없다."
- "나는 혼자서 트라우마 증상을 다룰 수 없다."

가능한 해결책

당신이 이전에 ……라고 믿었다면	가능한 대안적 사고는 ……일 것이다.
당신이 이전에 '나는 나 자신을 돌볼 수 있으며, 다른 사람들의 행동은 나에게 영향을 미치지 않는다.'라고 믿었다면, 트라우마 사건이 이 신념을 뒤흔들었을 수 있습니다. 과거에 자신의 욕구를 충족시키기 위해 해 왔던 방법 그리고 어떻게 다른 사람의 위기를 자신의 것으로 삼지 않을 수 있었는지 기억하는 게 도움이 될 것입니다. 더하여, 트라우마 사건에 대한 일반적인 반응을 이해하는 것이 당신이 경험하고 있는 것에 덜 당황하도록 할 수 있습니다. 몇몇 사람들이 자신의 기분을 더 나아지게 만드는 것이 어려울 때, 회복을 돕기보다는 증상을 가리기만 하는 건강하지 못한 행동들(약물 남용, 과식, 도박 등)에 의지하게 될 수도 있습니다. 그러나 고통스러운 생각과 감정은 사라지지 않으며, 이러한 사람들은 일반적으로 문제를 악화시키는 건강하지 못한 행동의 결과를 다루게 될 것입니다.	'나는 영원히 고통받지 않을 것이다. 나는 스스로 달랠 수 있고, 이런 고통스러운 감정을 다루기 위해 배워 온 기술들을 사용할 수 있다. 내 반응을 다루기 위해 도움이 필요할 수도 있지만, 이것은 정상이다.' '내가 지금 개발하고 있는 기술과 능력들이 미래의 다른 스트레스가 있는 상황에 더 잘 대처하도록 도와줄 것이다.'
당신이 이전에 '나는 나 자신을 돌볼 수 없다. 나는 반드시 다른 사람이 나를 도와주어야 한다.'라고 믿었다면, 이 트라우마 사건이 이 신념을 강화했을지도 모릅니다. 자립하거나 자신의 기분이 더 나아지게 만들기 위한 어떤 기술이 없다고 납득하게 되었을지도 모릅니다. 매일 자신을 돌보는 작은 방법들을 확인하고 이러한 작은 승리들을 증축해 나가기 시작하는 게 도움이 될 것입니다. 당신이 의지할 수 있는 사람들을 삶 속에 두는 것은 좋지만, 다른 사람들이 도와줄 수 없는 시간도 있습니다.	'처음에는 어려울지 모르지만 내가 좋아하는 일을 하면서 나 자신을 돌보는 연습을 포함하여, 나 자신을 돌보기 위한 기술을 개발할 수 있다.' '필요할 때 다른 사람에게 도움을 요청하는 것은 건강한 것이지만, 다른 사람들이 항상 시간이 있는 것은 아니고, 나는 그 사람들이 시간을 낼 때까지 나 자신을 돌볼 방법을 배울 수 있다.'

타인과 관련된 친밀감 신념: 다른 사람과 다양한 유형의 정서적 관계를 만들 수 있다는 신념입니다. 친밀감에 대한 열망은 인간의 가장 기본적인 욕구 중 하나입니다. 타인과의 친밀한 관계는 트라우마 사건에 의해 부정적인 영향을 받을 수 있고, 또는 타인의 무감각하거나 상처가 되거나 공감하지 않는 반응으로 상처를 입을 수 있습니다.

이전 경험

부정적	긍정적
부정적인 신념은 친밀한 관계의 트라우마적 상실에 의해 나타났을 수도 있습니다. 트라우마 사건은 다른 사람과 당신이 가까워질 수 없다는 신념을 확인시켜 주는 것처럼 보일 수 있습니다.	당신이 이전에 다른 사람들과 만족스러운 친밀한 관계를 맺었었다면, 당신은 이 트라우마 사건(특히 당신이 아는 사람이 저지른 행동이라면)이 어떤 사람과도 다시는 가까워질 수 없다고 믿게 했음을 발견할 수도 있습니다.

외상후 경험

당신을 지지해 주리라 생각했던 사람이 당신을 탓하거나 거절했다면, 당신은 친밀할 수 있는 당신의 능력에 관한 신념에서 혼란을 경험했을 수 있습니다.

타인에 관한 부정적 존중 신념과 관련된 증상

- 만연한 외로움
- 공허함 또는 고립
- 진정으로 사랑스럽고 친밀한 관계에서도 타인과의 유대감을 경험하지 못함

가능한 교착점의 예

- "누군가와 가까워지면 상처를 받게 될 것이다."
- "모든 사람이 섹스만을 원한다."
- "나는 관계에서 항상 이용만 당할 것이다."

가능한 해결책

당신이 이전에 ……라고 믿었다면	가능한 자기 진술은 ……일 것이다.
당신이 이전에 '나는 다른 사람에게 의지하고 그들과 친밀하며 연결되어 있다고 느낄 수 있다.'라고 믿었다면, 트라우마 사건은 다른 사람과 친밀감을 느끼는 능력에 부정적인 영향을 미쳤을 수 있습니다. 다른 사람과 가까워질 수 있는 능력에 대한 건강한 신념을 되찾는 것이 중요합니다. 다른 사람들과 다시 친밀한 관계를 맺으려면 친밀감에 관한 새롭고 적응적인 신념을 채택해야 할 수도 있습니다. 친밀한 관계를 발전시키는 데는 시간과 노력이 필요합니다. 이전 또는 이후 관계 실패의 책임이 당신에게 전적으로 있는 것이 아닙니다. 관계를 발전시키는 데에는 위험을 감수하는 것이 포함되며, 다시 상처를 입을 수도 있습니다. 그러나 이러한 이유만으로 관계에서 멀어진다면 공허하고 외로움을 느끼게 될 가능성이 큽니다.	'과거의 관계가 잘 풀리지 않았다고 해서 앞으로도 만족스러운 친밀한 관계를 맺을 수 없다는 의미는 아니다. 모든 사람이 나를 배신하지는 않을 것이다. 미래에 관계를 발전시키기 위해 필요한 위험을 감수해야 하지만 천천히 받아들이면 그 사람을 신뢰할 수 있는지 알아볼 기회가 더 많아질 것이다.'
당신이 이전에 '나는 다른 사람과 가까워질 수 없으며, 모두가 나를 해칠 것이다.'라고 믿었다면, 이 트라우마가 이러한 신념을 강화했을 수 있습니다. 다른 사람들과의 기회를 천천히 잡기 시작하고, 그들을 믿을 수 있을 뿐 아니라 친밀해질 수 있다는 것을 배우기 시작하는 것이 중요합니다. 만일 사건 후의 반응으로 그들이 당신을 실망하게 하거나 상처를 주었다면, 그들에게 당신이 필요로 하는 것을 말하고 그들의 말하거나 한 일에 대해 당신이 어떻게 느꼈는지 알게 해 줌으로써 관계를 개선하도록 노력할 수 있습니다. 그들이 당신의 요청에 맞춰 주지 못하고 당신에게 필요한 것을 해 줄 수 없다면, 더는 그 사람들과 가까워질 수 없다고 결정할 수 있습니다. 그러나 그들이 두렵거나 알지 못했기 때문에 그렇게 반응한 것을 발견할 수도 있습니다. 당신이 그들에게 이에 대해 말한다면 그들과의 관계는 개선될 수도 있고, 트라우마 사건 이전보다 그들과 더 가깝게 느껴질 수도 있습니다. 많은 사람이 트라우마 사건에서 회복하기 위해 다른 사람의 지원이 필요하다는 것을 기억하십시오.	'나는 여전히 사람들과 가까워질 수 있지만, 내가 만나는 모든 사람과 친밀할 수 없을지도 모른다(또는 원하지 않을 수도 있다). 중간 지점에서 나와 만날 수 없는 다른 사람들과의 이전 또는 미래의 친밀한 관계를 잃을 수도 있지만, 이것은 내 잘못이 아니며, 내가 시도하지 않았기 때문도 아니다.'

[유인물 10-2]

CPT 11회기 후 연습과제

친밀감 문제 모듈을 읽고 신념 도전하기 워크시트([유인물 8-1] 참조)를 사용하여 자신 또는 타인과 관련된 친밀감에 대한 교착점에 맞서 봅니다. 여전히 문제가 있는 이전 주제 또는 치료 종결에 관한 우려사항을 워크시트에 계속 작성합니다.

자신을 위해 좋은/가치 있는 일을 하고 칭찬을 주고받는 연습을 계속합니다.

마지막으로, 트라우마 사건이 발생한 이유를 현재 어떻게 생각하는지에 대한 한 장 분량의 글을 작성합니다. 더하여, 안전, 신뢰, 힘/통제, 존중 및 친밀감과 같은 영역에서 자신, 타인 및 세상에 관한 현재의 신념은 어떠한지 생각해 봅니다.

제4부

치료 방식의 조정과 특별한 고려 사항

제11장

CPT의 변형

트라우마 진술문이 있는 CPT, 다양한 기간의 CPT, 급성 스트레스장애를 위한 CPT

트라우마 진술문이 있는 CPT

CPT+A의 원래 버전(Resick & Schnicke, 1992, 1993)에는 12회기 프로토콜 중 지표 트라우마 사건에 대한 두 개의 트라우마 진술문을 작성하는 것이 포함되어 있다. Resick 등(2008)의 치료효과 연구에서 인지치료만 있는 버전의 CPT가 진술문을 작성하는 고통에 내담자를 노출하지 않으면서도 비슷하게 성공적이라는 것이 발견되기 전까지 초기 연구의 대부분은 원래 버전의 치료에서만 진행되었다. 오늘날 진행되는 연구 대부분은 CPT에서 이뤄지고 있다. 그러나 어떤 경우에는 트라우마 진술문을 포함하는 것이 유리함이 드러날 수도 있다. 제2장에서 논의하였듯이, 한 연구에서는 해리 수준이 높은 사람들에게 CPT보다 CPT+A가 더 좋았던 반면, 중간 및 낮은 수준의 해리가 있는 사람은 CPT가 더 좋았다는 것을 발견했다(Resick, Suvak, et al., 2012). 같은 맥락에서, CPT+A와 PE를 비교하는 원래 연구(Resick et al., 2002)와 이 치료효과 연구의 자료를 모두 조사한 결과, 아동 성적 학대의 심각성이나 지속 기간이 다른 유형의 CPT 치료 결과에 영향을 미치지 않았으나 이런 학대의 빈도는 결과에 영향을 미쳤음을 발견했다. 빈도가 더 높은 학대 경험이 있는 사람들이 CPT+A를 더 수행했다(Resick et al., 2014). 두 경우 모두 단순히 트라우마 진술문을 작성하는 행위가 아니라, 진술문의 작성을 인지적 처리와 결합하는 것이 차이를 만드는 것 같았다. 이 집단은 PE 또는 트라우마 진술문만을 작성하는 것 모두에서 더 잘하지 못했기 때문에 트라우마 사건을 반복하여 말하는 것만의 문제는 아니다. 이러한 내담자는 인지적 개입의 혜택을 받기 위해 단편화된 기억들을 일관된 이야기로 재구성해야 할 필요가 있을 수 있다.

CPT와 CPT+A가 일반적으로 사후치료에서 유사한 결과를 가져오고, CPT(22%)와 CPT+A(34%)의 중도 탈락률이 통계적으로 차이가 없었음에도(이 차이가 임상적인 의미가 있을 수 있음; Resick et al., 2008), 일부 사람들은 트라우마 진술문을 쓰길 원하기 때문에 CPT+A를 선택할 수 있다. 이런 내담자에게는 그들이 추구하길 원하는 치료 선택안을 제시할 것을 권한다.

CPT(제5~10장에서 자세히 설명함)와 마찬가지로, CPT+A는 12회기로 제공되지만 그 순서는 CPT와 약간 다르다. CPT+A 회기의 주제는 다음과 같다.

1. 소개 및 교육
2. 사건의 의미(트라우마 충격진술문)
3. 생각과 감정의 식별하기(ABC 워크시트)
4. 트라우마 사건 기억하기(첫 번째 트라우마 진술문)
5. 트라우마 사건 기억하기(두 번째 트라우마 진술문)
6. 도전질문지 워크시트
7. 문제 사고 패턴 워크시트
8. 신념 도전하기 워크시트 및 안전 문제 모듈
9. 신뢰 문제 모듈
10. 힘/통제 문제 모듈
11. 존중 문제 모듈
12. 친밀감 문제 모듈 및 사건의 의미

두 프로토콜의 처음 3회기는 동일하다. 3회기가 끝날 때까지는 달라지지 않는다. CPT 내담자에게는 4회기를 위해 트라우마 사건에 대한 모든 ABC 워크시트를 작성하도록 과제를 부여하지만, CPT+A 내담자는 ABC 워크시트를 계속 작성하면서 첫 번째 트라우마 진술문을 작성하게 된다([유인물 11-1] 참조). 트라우마 진술문의 경우 내담자는 위험에 처했다는 것을 깨달은 순간부터 트라우마 사건이 끝날 때까지 지표 트라우마 사건 동안 발생한 일을 수기로 작성하게 된다. 수기로 작성한 진술문은 평균 8페이지 정도지만 사건이 얼마나 오래 지속되었는지, 내담자가 사건에 대한 완전한 기억이 있는지, 두 개 이상의 사건이 포함되었는지에 따라 더 길거나 짧을 수 있다. 한 단락의 글은 트라우마 진술문이 아니다. 우리는 이 진술이 현재 시제로 작성(노출치료에서 하는 것과 같이)되어야 한다고 지시하지 않는다. 실제로 과거 시제의 사용을 권장한다. 우리는 각 CPT-A 내담자가 이 사건은 끝났고 단지 기억일뿐임을 인식하기를 바란다.

내담자가 진술문을 작성하지 않았다면, 치료사는 내담자에게 작성하려고 시도했는지, 내담자가 무엇을 느꼈는지, 어떤 교착점이 있을 수 있는지 등을 묻는 것이 중요하다. 치료사와 내담자는 내담자의 생각에 대해 ABC 워크시트를 작성하기를 원할 수도 있다(예: "내가 이것을 적으면 현실이 될 것이다." "내 감정이 나를 압도하거나 플래시백을 경험할까 봐 두려웠다." "나는 그것에 대해 생각하고 싶지 않다."). 내담자가 감정이 끝나지 않을 것이라거나 미쳐버릴 것이라는 두려움에 대한 교착점이 있는 경우 치료사와 내담자는 내담자가 가장 오랫동안 울었던 일(그리고 어떤 일이 있었고, 그런 다음 어떤 일이 있었는지 등), 또는 트라우마 사건이 발생한 때와 현재의 시간 간 차이에 대해 소크라테스식 대화를 해 볼 수 있다. 그런 다음 치료사는 내담자에게 회기에서 구두로 트라우마에 대한 진술을 말하도록 요청하고, 회기 후 집에서 작성하도록 내담자에게 과제로 부여한다. 내담자가 CPT+A를 선택했으나 진술문을 작성하지 않았다고 해서 치료사는 CPT로 전환해서는 안 된다. 이런 전환은 회피를 강화할 수 있다.

두 번의 트라우마처리 회기에서 내담자가 트라우마 진술문을 작성했다면 먼저 치료사에게 큰 소리로 읽어 달라고 요청한다. 처음에는 내담자가 치료사에게 진술문을 읽어 주는 것을 꺼리거나 치료사에게 건네며 읽어 보라고 할 수 있다. 치료사는 이것이 내담자의 트라우마 진술문이며, 먼저 이를 듣기 원한다고 설명해야 한다. 만일 이를 치료사가 소리 내어 읽는다면 내담자는 다른 생각을 하거나 해리하므로 참여를 회피할 수 있다. 치료사는 내담자에게 "당신은 오랫동안 트라우마 기억을 가지고 살아왔지만 '실제 버전'의 PTSD 이야기를 나누지 않았거나, 당신의 자연스러운 감정을 느끼도록 놔두지 않았습니다. 글을 쓰는 데는 몇 시간 또는 며칠이 걸렸을 수 있지만, 읽는 데는 몇 분밖에 걸리지 않습니다." 라고 내담자를 상기시킬 수 있다. 기억을 회피하지 않는 것의 중요성을 다시 설명한 후, 치료사는 조용히 앉아 내담자가 시작할 때까지 기다려야 한다.

여기서 치료사의 임무는 질문이나 위로의 말로 진술문 읽기(또는 이야기하는 것)를 방해하지 않는 것이다. 진술문 읽기를 방해하는 것은 보통 치료사 자신의 불편함에 기반하는 것이고 내담자에게 별 이득이 없다. 내담자가 트라우마로 인한 자연스러운 감정을 경험하는 것이 중요하고, 모든 유형의 중단은 치료효과에 방해가 되고 그 초점이 치료사와 지금-여기로 되돌아오게 할 것이다. 내담자가 아주 빨리 읽고 감정을 피하려고 분명히 애쓰는 게 보인다면, 초기에는 유일한 예외가 될 수 있다. 이런 경우에 치료사는 내담자가 읽는 것을 멈추고 이렇게 말할 수 있다. "나는 당신이 그 당시에는 할 수 없었던, 자연스러운 감정을 경험할 기회를 얻기를 바랍니다. 처음부터 다시 시작하여 더 천천히 읽고, 실제로 무슨 일이 일어났는지, 어떻게 느꼈는지 기억할 수 있게 해 주시겠습니까?" 만일 내담자가 두 번째도 빠르게 읽어 내려간다면 치료사는 방해해서는 안 되고, 이후의 회기에서 논의하도록 이를 남겨 두어야 한다.

때때로 내담자는 읽기를 중단하고(즉, 회피) 치료사를 바라보면서 말하기 시작할 것이다. 치료사는 아무 말도 하지 않고, 내담자가 아닌 트라우마 진술문을 바라보거나, 이를 다시 가리킬 수 있다. 내담자가 계속 대화 상태를 유지하거나 자신이 쓴 내용을 자세히 설명한다면, 치료사는 "나중에 얘기할 수 있습니다. 계속해서 진술문을 읽어 주십시오."라고 간단히 말해야 하고 다시 시선을 아래로 두어야 한다.

치료사들은 때때로 CPT+A 훈련사에게 내담자를 위로하거나 공감을 표현하지 않으면 무엇을 해야 하는지 묻는다. 대답은 두 가지이다. 첫째, 치료사는 자신을 내담자의 입장에 두거나 그들이 어떤 경험을 했는지 상상하려고 시도해서는 안 된다. 트라우마 경험과 그에 따른 감정은 치료사가 아니라 내담자의 것이다. 치료사가 내담자를 위해 그 감정을 느낄 수는 없다. 즉, 치료사는 사건에 대한 감정을 가질 수 있고, 그 사건에 대한 외적인 표현(예: 눈에 눈물이 고이는 것)을 할 수도 있다. 그럼에도 불구하고, 내담자는 치료사가 자신의 트라우마 진술문을 듣는 것을 다룰 수 있음을 아는 게 중요하다. 치료사가 너무 많이 반응하면 내담자가 치료사를 보호할 수 있으며, 더 나쁜 경우에는 치료사가 듣기에도 이 트라우마가 너무 큰 사건이라고 판단해 버릴 수 있다. 대신, 치료사는 트라우마 충격진술문과 ABC 워크시트에 드러난 교착점에 대해 생각하고 있어야 한다. 따라서 치료사는 다음과 같은 질문들을 구성하기 위해 맥락, 그 당시에 발생한 일에 대한 내담자의 가정 그리고 트라우마 당시 내담자가 실제로 할 수 있었던 선택에 대해 들어보기 위해 트라우마 진술문을 듣고 있어야 한다. 내담자가 그 사건이 자신이 잘못이라고 판단하거나 또는 자신이 무언가를 다르게 해야 했었다고 판단한 때는 언제인가? 그렇다면 그것은 무엇이었을 것인가? 다른 말로 하자면, 치료사는 때가 되면 동화와 관련된 소크라테스식 대화를 어디에서 시작할지에 대한 어떤 아이디어를 얻어야 한다.

내담자가 트라우마 진술문 읽기를 다 마친 다음, 치료사는 어떤 말도 하지 않아야 한다. 내담자가 자연스러운 감정을 느끼고 있다면 계속되도록 허용해야 한다. 사건이 발생한 이후 내담자가 처음으로 사건을 상세히 회상했기 때문에 처음으로 자연스러운 감정을 표현하는 것일 수 있다. 전형적으로 그 감정은 오래가지 않는다. 내담자는 곧 치료사를 바라볼 것이고, 휴지 한 장을 뽑을 수도 있고(휴지는 항상 내담자의 손이 닿는 곳에 놔두어야 한다), 무언가를 말할 수도 있다. 이 시점에서 치료사는 내담자가 느끼고 있는 자연스러운 감정을 증폭시킨다. 만일 감정이 분명하지 않고 내담자가 '아무것도' 느끼지 않는다고 말하면, 치료사는 이것이 내담자가 사건 동안 느낀 것인지를 물어볼 수 있다. 때로 내담자는 훈련(예: 군대 또는 응급의료 요원 훈련)으로 인해 트라우마 사건 중 '자동 조종 모드'에 들어갔거나, 사건 중 해리되고 트라우마 진술문을 처음으로 읽을 때에도 무감각하거나 해리 상태를 경험한다. 치료사는 "집에서 진술문을 쓰는 동안 또는 스스로 다시 읽을 때 감정을 느꼈습니까?"라고 물어야 한다. 내담자가 회기에서 감정을 표현하는 것이 필수 요건은 아니다. 스스로 글을 쓰거나 읽는 동안 감정을 느꼈다면 충분하다. 내담자가 그러한 상황들에서 어떤 감정도 느끼지 못하고 무감각하거나 어떤 욕구도 느끼지 못했다고 말하면, 치료사는 내담자가 감정을 느끼도록 내버려 두면 무엇을 느낄지 물어볼 수 있다. 때로 내담자는 자신의 트라우마를 목격하는 것을 견딜 수 있는 다른 누군가가 있을 때 다른 감정을 느낀다. 수치심이나 죄책감과 같은 자의식적인 감정을 가진 사람들은 치료사에게 큰 소리로 자신의 이야기를 읽을 때 그것이 겉으로는 분명하지 않더라도 더 많은 감정을 갖는 것이 일반적이다. 이런 경우라면 이것도 탐색해야 한다. 또한 감정을 느끼는 것에 대한 어떤 교착점에 대해 하나 또는 그 이상의 ABC 워크시트를 할 수도 있다(예: "감정은 나를 약하게 만든다." "나는 취약해지고 자신을 보호할 수 없을 것이다."). 이와 같은 내담자는 주중에 진술문을 쓰거나 읽을 때 스스로 감정을 느낄 수 있도록 격려해야 한다.

치료사가 소크라테스식 대화로 넘어가기 전, 다음 단계는 내담자에게 빠뜨린 중요한 세부 내용이 있는지 묻는 것이다. 일부 진술문은 사실적인 경찰 진술서처럼 들리지만 그 안에 감각적인 세부 내용, 생각이나 감정이 들어 있지 않다. 다른 진술문은 트라우마 사건 전이나 후에 대해서는 매우 상세하지만, 사건 그 자체는 대충 얼버무려져 있다. 내담자가 발생한 일에 대해 자세히 적지 않았거나 최악의 사고에서 가장 충격적인 부분을 피하고 있음이 분명하다면, 치료사는 내담자에게 좀 더 자세한 내용을 쓰고 작성 시 피했던 것이 무엇인지를 말할 기회를 주어야 한다. 그런 다음 내담자에게 두 번째 작성에서 더 많은 세부 내용을 포함하도록 해야 한다. 치료사는 내담자 교착점과 관련된 사건의 부분들에 집중해야 하지만, 사건의 어떤 부분이 PTSD 증상과 교착점과 관련되었는지 가정해서는 안 된다. 치료사가 일반적으로 저지르는 실수는 치료사가 특히 끔찍하다고 생각하는 부분에 집중하는 것이다. 그러나 이 부분들은 내담자의 실제 교착점을 일으키는 부분이 아닐 수 있고, 그보다 교착점은 "나는 그 일을 막을 수 있었어야 했다." 또는 "내가 거기 있었다면 친구가 죽지 않았을 것이다."와 같은 것일 수 있다. 폭력이나 플래시백은 내담자에게 고통스러울 수 있지만 내담자가 PTSD를 겪는 이유는 아닐 수 있다. 정의로운 세계관 신화에 위배, 잘못된 자기 또는 타인 비난, 사건을 취소하려는 시도, 그리고/또는 트라우마 사건이 실제로 발생했음에 대한 전반적인 수용의 부족이 내담자가 갇혀 있게 만드는 요인일 가능성이 더 크다.

CPT+A를 처음 접하는 치료사는 내담자가 감정에 압도되면 어떻게 해야 하는지 궁금해한다. 첫째, 이런 일은 매우 드물다. 전형적으로 내담자들은 자신의 진짜 감정을 묻어 두는 데에 매우 능숙하다. 만일 그 영향이 크다면 내담자가 생각하는 무언가에 기반을 두고 있을 가능성이 크다. 이런 경우 치료사는 그렇게 큰 감정이 포함되는, 내담자가 생각하고 있는 것은 무엇인지 물어볼 수 있다. 다시 말하지만, 내담자는 사건이 자신의 잘못이거나 다른 무언가를 했었어야 한다고 말할 가능성이 있다. 이러한 유형의 진술은 이 회기의 소크라테스식 대화의 부분으로 직접 이어질 수 있다. 그러나 내담자가 사건을 이야기한 것이 처음이라면 강한 자연스러운 감정이 있을 수 있다. 그렇다면 치료사는 그냥 앉아서 아무 말도 하지 않는다. 일반적으로 내담자는 5분 이내에 감정을 추스리고 치료사를 쳐다보거나, 어떤 말을 하거나, 휴지를 가져오고, 감정을 다시 집어넣는다. 치료사는 내담자가 무엇을 느꼈는지, 이전에 자신이 이렇게 느끼는 것을 허락했었는지를 물어볼 수 있다. 만약 감정을 두려워하는 내담자라면 치료사는 내담자가 이를 처리하고 있는 것이며, 이 감정은 실제로 일어났을 때처럼 그렇게 강력하지 않음을 지적할 수 있고, 또는 이런 감정을 경험하는 결과로서 내담자에게 어떤 재앙적인 일도 일어나지 않았음을 언급해 줄 수 있다.

일부 내담자는 그 설명에 분노가 더 섞여 있을 수 있다. 그곳에 다른 누군가가 있었거나 그들이 비난할 수 있는 사람(가해자가 아닌)이 가까이 있었을 경우, 또는 자신이 어떤 실수를 했는지 볼 수 없는 경우 특히 더 그렇다. 앞선 장에서 논의했듯이, 잘못된 타인 비난은 정의로운 세계관의 또 다른 형태로, 근처에 있었던 누군가에 의해 이 트라우마 사건을 어떻게 방지할 수 있었는지에 초점을 맞추는 것이다. 앞서 설명된 예에서 매복을 하거나 지뢰를 묻은 사람들을 배제하고 자신의 지휘관이나 부대장을 비난하는 군인, 실제로 아동이 학대당하고 있다는 사실을 알지 못한 학대하지 않은 부모를 비난하는 아동 성적 학대의 생존자, 또는 사건의 가해자보다는 구경꾼을 비난하는 내담자들이 이에 포함된다.

감정을 분류하고 누락된 부분을 추가하고 나면, 이제 치료사는 트라우마에 대한 내담자의 왜곡된(동화된) 사고에 초점을 맞추는 질문을 하기 시작한다. 회기의 시작에 작성된 트라우마 진술문을 읽는 것은 시간이 그리 오래 걸리지 않기 때문에, 4회기 상당 부분은 트라우마 평가에 초점을 맞춘 소크라테스식 대화에 할애된다. CPT+A의 5회기에는 소개할 새 워크시트가 없기에 치료사는 4회기에서 동화된 교착점을 깊이 살펴볼 시간이 더 많다. 내담자가 트라우마 진술문을 읽을 때, 치료사는 이 진술문과 트라우마 충격진술문, 교착점 일지와 ABC 워크시트 사이의 모순을 발견하기 시작할 수 있다. 다음은 진술문 이후 치료사와 내담자가 나누는 대화의 예이다.

치료사: 당신의 트라우마 충격진술문에서 일어난 일 때문에 당신은 누구도 믿을 수 없다는 교착점을 발견하고 이를 교착점일지에 기록했습니다. 당신을 공격한 사람이 낯선 사람이라는 점을 생각해 볼 때, 이것이 신뢰와 어떤 관계가 있는지 궁금합니다. 사건에 대한 당신의 진술문을 들었는데, 당신은 가해자를 믿었다고 말하지 않았기 때문에 조금 혼란스럽습니다. 그렇지만 당신은 또한 그가 당신에게 무엇을 할 것인지 알고 있었어야 했다고 말합니다. 그가 낯선 사람이었다면 그가 무엇을 할 것인지 어떻게 알 수 있었으며, 이것이 신뢰와 어떤 관련이 있습니까?

내담자: 더 빨리 경계했었어야 했어요. 빨리 도움을 요청했거나 위험한 상황에 놓여 있었다는 사실을 더 빨리 알았어야 했습니다.

치료사: 당신이 더 일찍 파악하지 못한, 그가 위험하다는 어떤 단서가 있었습니까?

내담자: 그를 보자마자 길을 건넜어야 했습니다.

치료사: 하지만 당신은 이전에도 길거리에서 사람들을 지나쳤는데, 그들은 당신을 돌아보고 총을 쏘지 않았습니다.

내담자: 물론입니다. 하지만 느낌이 있었어요.

치료사: 언제 이런 느낌이 들었나요? 그는 얼마나 멀리 있었습니까?

내담자: 몇 피트 정도요. 사실 생각해 보면 그가 보도에서 내게 가까이 다가오기 전까지는 그런 위험감이 없었던 것 같아요.

치료사: 그리고 그 시점에서 당신의 선택은 무엇이었습니까?

내담자: 나는 달릴 수 있었어요.

치료사: 그가 총을 꺼냈다고 말한 줄 알았는데요.

내담자: 네, 가까이 다가오자마자 총을 들고 그가 말하는 대로 하면 해치지 않을 것이라고 말했습니다.

치료사: 그래서 당신이 그 느낌이 들었을 때 당신의 선택들은 제한되었습니다.

내담자: 네. 총을 보자마자 전 얼어붙었어요.

치료사: 맞습니다. 그는 당신을 놀라게 했고, 그제서야 당신은 어떤 위험에 처해 있는지 깨달았습니다.

내담자: 네.

치료사: 그럼 왜 총을 보기 전에 길을 더 빨리 건너거나 소리를 지르거나 달렸어야 한다고 생각합니까?

내담자: 모르겠어요. 그냥 그 일을 막기 위해 뭔가를 할 수 있었으면 좋았을 것 같아요.

치료사: 그것은 교착점이 아닙니다. 저도 당신에게 그런 일이 일어나지 않았었더라면 좋겠어요. (잠시 멈춤) 하지만 "그렇지 않았으면 좋았을 텐데."라는 말은 "조금 더 빨리 무언가를 했었어야 했다."와는 느낌이 다르지 않습니까? 결정을 내리고 반응하는 데 얼마나 많은 시간이 걸렸습니까?

내담자: 고작해야 몇 초?

치료사: 맞습니다. 당신은 사건이 일어나기 전에 예측할 수 없었던 것 때문에 자신을 매우 힘들게 하고 있습니다. 이제 이 문제를 교착점일지에 기록하고 '나는 더 빨리 알았어야 했고 공격을 막았어야 했다'는 신념에 도전해 보길 바랍니다. 다음 회기에서 당신이 좋아할 것이라고 생각되는 새로운 워크시트를 보여 드릴 것입니다. 이 워크시트는 제가 당신에게 물어봐 왔던 것들을 당신이 스스로 질문하도록 도와줄 것입니다. 하지만 그렇게 하기 전에 신뢰에 관한 일지에 있어야 할 교착점이 있는 것 같습니다. 이 낯선 사람은 사람들을 신뢰하는 것, 또는 심지어는 자신을 신뢰하는 것과 어떤 관계가 있습니까?

회기에 시간이 있다면 치료사는 다른 교착점에 초점을 맞출 수 있지만, 이것도 트라우마의 원인에 관한 것이거나 잘못된 자기 또는 타인 비난에 관한 동화된 교착점에 관한 것이어야 한다.

다음 회기를 위해 내담자에게 지난번에 빠졌던 세부 내용을 넣어서 다시 진술문을 작성하고 첫 트라우마 진술문을 작성한 이후 느꼈던 것과 다르게 느끼고 있는 감정을 느끼는 곳에 괄호를 추가하도록 한다([유인물 11-2] 참조). 예를 들어, 내담자는 처음에 "그는 내가 창녀라고 말했고, 나는 그를 믿었다. 나는 그런 수치심을 느꼈다."라고 적고 뒤에 "이제 나는 화가 난다. 그는 자신이 한 일을 정당화하기 위해 그렇게 말했다."라고 추가로 작성할 수 있다. 또 다른 예는 다음과 같다. "당시 친구가 죽었다는 것이 내 잘못이라고 확신했고 죄책감을 느끼는 것을 멈추지 않을 것이다. (이제는 죄책감을 느끼지 않지만, 너무 슬프다.)" 내담자는 첫 번째 진술문의 여백에 새로운 생각이나 감정을 쓸 수도 있다. 감정의 변화는 생각과 감정의 진행을 나타낼 수 있다. 그러나 내담자는 또한 "나는 이 일이 발생했을 때 다시는 권위를 가진 사람을 신뢰하지 않으리라는 것을 알았다. (어머니는 그가 한 일에 대해 알고 있었어야 했기 때문에 나는 어머니에게 여전히 배신감을 느낀다.)"라고 할 수 있다.

내담자에게 가능한 한 빨리 진술문을 작성하고 매일 읽도록 권장해야 한다. 내담자는 또한 교착점일지에 새로운 교착점을 기록해야 하며, 매일 특히 트라우마 또는 트라우마 진술문 작성과정에 대한 ABC 워크시트를 작성해야 한다.

CPT+A의 5회기는 CPT의 4회기와 매우 유사하다. 내담자는 새 진술문을 읽고, 치료사와 내담자는 계속해서 동화된 교착점을 처리한다. 또한 치료사는 자연스러운 감정을 계속 장려한다. 내담자는 첫 번째 트라우마 진술문에서 나타나지 않았던 사건의 부분들을 기억할 수 있고, 두 번째 진술문은 사건의 다른 부분들을 강조할 수도 있다. 내담자가 치료사에게 트라우마 진술문을 읽는 것을 마치고 난 뒤 내담자가 자연스러운 감정을 경험하고 있다면 치료사는 다시 조용히 있어야 하며, 그렇지 않다면 자연스러운 감정의 부재에 대해 질문해야 한다. 내담자가 자신을 둔감하게 하려 하거나 감정을 느끼지 않으려 한다면, 치료사와 내담자는 감정을 경험하는 것의 잠재적 결과에 대해 소크라테스식 대화와 ABC 워크시트를 다시 해야 하며 내담자가 이를 경험하도록 격려해야 한다. 또한 내담자가 집에서 트라우마 진술문을 계속 읽고 자연스러운 감정이 그 과정을 자연스럽게 거치도록 한다. ABC 워크시트는 내담자가 사건, 생각 및 감정을 얼마나 잘 일치시키고 있는지 확인하기 위해 검토한다. 두 경우 모두 치료사는 교착점과 관련된 질문뿐 아니라 내담자가 교착점에 담긴 생각에 대한 증거나 반증을 조사할 수 있도록 돕는 질문을 한다. 두 번째 트라우마 진술문에서 나온 새로운 교착점은 교착점일지에 추가해야 한다.

CPT에서 나타나는 몇 가지 일반적인 치료사의 실수들을 제4장에서 확인할 수 있고, 이는 CPT+A에도 적용된다. 그렇지만 CPT+A의 트라우마 진술문과 관련된 몇 가지 일반적인 치료사의 실수도 있다. 때로 치료사는 지표 사건에 대한 진술문을 작성하는 적절한 근거를 제공하지 않는다. 내담자가 덜 심각한 사건으로 진술문 작성을 시작하면, 내담자는 해당 진술문 작성을 마치고 나서 계속해서 지표 사건에 대해 생각하는 것을 견딜 수 없다고 믿을 수 있다. 내담자가 가장 어려운 트라우마 사건으로 시작한다면, 다른 사건에도 유사한 교착점과 근본적인 핵심 신념이 있을 가능성이 있고, 지표 사건을 다루고 난 뒤 워크시트를 통해 이를 더 쉽게 처리될 수 있다.

치료사는 지표 트라우마에 대해 질문할 때 내담자가 삶의 나쁜 사건을 염두에 둘 수 있지만, 그 사건이 반드시 PTSD와 관련된 것이 아님을 명심해야 한다. 예를 들어, 내담자는 열 살 때 어머니가 암으로 돌아가신 것이 그녀 삶의 경로를 바꾸었고 경험한 최악의 사건이라고 정당하게 말할 수 있다. 그러나 그 사건은 PTSD보다는 슬픔이나 우울증과 관련이 있을 가능성이 더 크다. 내담자가 기준 A 트라우마 사건을 경험한 것을 알고 있는 치료사는 다른 사건을 검토하고 어떤 사건이 가장 침습적 기억, 악몽 및 회피와 관련이 있는지 물어볼 수 있다. 또는 치료사는 내담자에게 첫 번째 회기 전에 이야기할 필요가 없었으면 하거나 치료사가 트라우마 사건의 모든 것을 물어보지 않았으면 하고 바라는 특정 사건이 있는지 물어볼 수 있다. 연속적인 트라우마(아동 성적 또는 신체적 학대, IPV, 전투)가 있는 경우에 내담자는 처음에 이 사건들이 모두 같다고 말할 수 있지만, 몇 가지 질문 후에 지표 사건이 나타날 수 있다. 예를 들어, 아동 성적 학대 피해자의 경우 최악의 사건은 가해자가 일정 기간 신체를 더듬은 후 처음으로 삽입한 경험일 수도 있다. 또 다른 예는 희생자가 학대를 막으려고 노력할 때 가해자가 더 어린 형제자매나 다른 가족 구성원을 위협한 것일 수도 있다. 구타당한 여성은 자신이 죽을 수도 있다고 인지했을 때, 가해자가 자신의 아이들도 때리기 시작했을 때, 또는 부부/연인 강간이 있었을 때를 최악의 사건으로 인정하기도 한다.

CPT+A에서 치료사가 저지르는 다른 일반적인 실수는 내담자가 지표 사건으로 이어지는 사건들에 대해서 굉장히 자세하게 설명하도록 하지만, 그 사건 자체는 애매하게 넘어가도록 두는 것이다. 치료사는 PTSD 교착점과 관련된 세부 내용들을 채워 넣기 위해 내담자가 첫 트라우마 진술문을 읽었을 때 명료화 질문을 해야 할 수 있다. 두 번째 작성과제를 위해 내담자에게 위험을 인식한 지점에서 시작하여, 사건이 끝났을 때까지 설명을 작성하고, 그리고 그 트라우마 사건의 가장 최악의 부분에 관한 더 자세한 내용(가장 악몽, 침습적 생각, 플래시백, 교착점을 많이 발생시키는 부분들)을 적도록 해야 한다.

또 다른 실수는 두 번째 트라우마 진술문을 매일 읽는 과제의 확인을 잊는 것이다. 특히 내담자가 과제를 피해 왔는지, 또는 여전히 자연스러운 감정을 차단하고 있는지 확인하는 것을 잊어버리는 것이다. 내담자가 진술문을 계속 읽어야 하는지 물어볼 때 치료사는 내담자가 여전히 무감각한지, 피하고 싶은지, 여전히 강한 감정을 느끼지 않는지 또는 사건의 어려운 부분을 계속해서 감추고 있는지 물어봐야 한다. 내담자가 "아니요, 읽는 것이 지루해요. 더는 그에 대해 강하게 느끼지 않습니다."라고 한다면, 치료사는 내담자가 읽기를 중단할 수 있다고 말할 수 있다. 그러나 여기서 중요하게 살펴봐야 할 치료사의 실수는 이것이 회피인지, 아니면 자연스러운 감정이 그 과정을 따라 사라진 건지를 구분하지 못하는 것이다. 후자는 여러 회기 이후까지 발생하지 않을 수 있다.

내담자가 치료에서 배경에 있는 다른 사건에 대한 진술문을 작성할 수 있지만, CPT+A 프로토콜은 진행되어야 한다. 내담자는 두 번째 진술문에서 다른 사건에 대해 작성해서는 안 된다. 두 번째 진술문은 내담자가 첫 번째 진술문을 작성한 것과 같은 지표 사건에 관한 것이어야 한다. 내담자에게 다른 교착점이 있는 또 다른 트라우마 사건이 있는 경우 첫 번째 사건이 처리될 때까지 이 진술문의 작성을 기다려야 한다. 치료사가 다른 사건이 더 충격적이라는 것을 발견했다 하더라도, 이 사건에 대한 처리는 내담자가 첫 사건에 대한 두 번째 진술문을 작성할 때까지 연기되어야 한다. 모든 교착점은 교착점일지에 추가되어야 하고, 도전질문지 워크시트와 함께 다음 과제의 주제가 되어야 한다.

CPT+A에서는 신념 도전하기 워크시트와 안전 문제 모듈을 같은 회기에서 소개한다([유인물 11-3] 참조). 치료사는 내담자에게 워크시트를 소개하고, 생각과 감정의 평가를 제외한 처음 네 부분은 내담자가 작성한 다른 워크시트와 같음을 보여 준다. 새로운 칸(E~H 칸)의 목적은 교착점에 도전하고 난 뒤 더 균형 잡힌 진술을 만들고, 그다음 새로운 감정뿐 아니라 오래된 생각과 감정을 재평가하기 위한 것이다. 그런 다음 치료사와 내담자는 함께 교착점일지에 있는 안전 관련의 교착점을 사용하여 회기 중 하나의 예시를 작성하고, 치료사는 내담자에게 읽어 볼 수 있는 안전 문제 모듈 유인물을 제공한다. 내담자는 하루에 적어도 하나의 워크시트를 작성하고, 안전과 관련된 교착점에 대한 워크시트를 작성하는 과제를 받는다. 나머지 CPT+A 프로토콜은 CPT 프로토콜 전달 방식과 동일하다.

다양한 기간의 CPT

제2장에서 논의하였듯이, 다양한 기간의 CPT에 관한 연구는 단 하나로, Galovski 등(2013)에 의해 CPT+A로 진행되었다. 그러나 두 가지 다른 연구(모두 CPT를 사용)가 현재 진행 중이다. 하나는 현역군인(Resick, Wachen, & Peterson, 인쇄 중), 다른 하나는 독일에서 PTSD 및 경계선 성격장애 동반 장애(Bohus & Steil, 인쇄 중)를 대상으로 연구한다. 후자의 두 연구에서 CPT는 각각 최대 24회기 또는 48회기로 확장될 수 있다. 또한 종종 치료사는 내담자가 12회기를 마쳤으나 여전히 PTSD가 있는 경우 어떻게 할지 묻는다. CPT를 계속해야 하는가? 다른 치료 방법으로 바꾸어야 하는가? Galovski 등(2013)은 CPT+A에서 18회기까지 허용했는데, 내담자 대부분 양호한 상태로 12회기 종결했고 일부는 더 많은 회기가 필요했음을 발견했다. 3개월 추적 조사에서 50명의 치료 참가자 중 2명만이 여전히 PTSD 기준을 충족했다. 우리는 CPT를 계속하는 것을 권장하고, 이를 어떻게 해야 하는지에 대해 다음에서 조언하고자 한다.

지연된 종결

CPT를 연장하는 첫 번째 규칙은 첫 12회기 동안 프로토콜을 준수하는 것이다. 내담자는 순차적인 기술 구축이 필요하고, 치료의 전반부에서 발생하는 지표 트라우마에 집중해야 하며, 치료의 후반부의 주제는 매우 확고한 핵심 신념을 드러낼 수 있다. 11회기까지 PTSD 또는 우울증의 객관적 척도의 점수에서 여전히 임계치 이상이라면, 내담자에게 최종 트라우마 충격진술문을 작성하는 과제를 부여해서는 안 된다. 오히려 치료사는 내담자가 더 나은 최종 상태에 도달할 때까지 더 많은 회기로 치료를 지속할 것에 관하여 논의해야 한다. 또한 내담자 PTSD 점수가 여전히 높은 이유를 논의해야 한다. 예를 들어, 내담자가 다른 트라우마에 대해 작업을 해야 하는가? 지표 트라우마에서 해결되지 않은 남아 있는 동화된 교착점이 있는가? 핵심 신념이 여전히 주기적으로 작동되고 있는가? 내담자에게 어떤 신념을 버리는 것에 대한 더 깊은 교착점이 있는가? [예: "내가 마음을 바꾸면 그것은 내가 약하다는 것을 의미한다." "PTSD가 없다면 나는 무엇을 생각해야 하는지, 또는 해야 할지, 내가 누구인지 모르겠다." "내가 죄책감을 내려놓으면 친구가 이유 없이 죽었다는 뜻이다(또는 친구를 잊을까 봐 두렵다.)"].

나머지 회기에서 치료사는 신념 도전하기 워크시트와 교착점일지를 사용하여 완전한 회복을 방해하는 오래 남아 있는 동화나 과수용에 대해 작업한다. 내담자가 PTSD나 우울증이 줄어들었다고 보고하면, 치료사와 내담자는 치료를 중단해야 할 때인지 아니면 더 많은 작업이 필요한 다른 교착점이나 핵심 신념이 있는지 논의한다. 치료의 목표를 달성했다고 판단하면, 다음 회기에는 최종 트라우마 충격진술문을 작성하는 과제를 포함한다. 마지막 회기에는 새로운 트라우마 충격진술문과 초기의 트라우마 충격진술문을 비교하는 것, 치료의 진행 상황에 대한 검토, 향후 CPT 기술을 사용하는 것에 대한 제안 그리고 남아 있는 교착점을 다루는 전략을 포함한다.

조기 종료

Galovski 등(2013)의 연구에서 참가자의 58%가 12회기가 완료되기 전에 PTSD 및 우울증에 대한 적절한 종료 상태에 도달했다. 이 결과는 내담자가 12회기 전에 치료를 그만둔다면, 이것이 내담자의 회피를 의미하는 것이 아니라 그들이 개선되었고 더 이상의 치료가 필요하다고 생각하지 않는다는 의미일 수 있다. 치료사는 내담자가 '고비를 넘기고' 주요 동화 교착점을 해결하기 시작했는지 볼 수 있도록 매주 PTSD 및 우울증을 평가해야 한다. 전체 프로토콜을 완료하기 전에 CPT를 그만두는 것도 가능할 수 있다.

내담자가 조기 종결이 가능한 것처럼 보인다면, 즉 내담자가 더는 PTSD 기준에 충족하지 않고 자가보고식 점수가 낮다면(예: PCL-5에서 19점 미만 또는 PHQ-9에서 10점 미만), 치료사는 내담자가 목표를 달성했는지를 논의하기 시작할 수 있다. 자존감이나 친밀감에 대한 교착점과 같이 특정 주제에 전념하는 몇 회기를 더 하는 것이 더 유익하다고 판단할 수도 있다. 내담자의 점수가 낮다는 것이 치료 중단의 필요 조건인 것은 아니다. 치료의 종료는 치료사와 내담자 간의 상호 결정이어야 한다. 내담자가 CPT 프로토콜이 완료되기 전에 치료의 중단을 결정한 경우 치료사와 내담자는 작업이 필요한 나머지 교착점을 교착점일지에서 검토해야 하고, 최종 트라우마 충격진술문의 과제를 부여하며, 다음 회기를 종결 회기로 설정해야 한다. 또한 치료사는 원래 다음 회기에 예정되었던 과제를 부여해야 한다. 만일 내담자가 치료의 처음에 치료에 대한 모든 자료를 받지 못했다면, 교착점일지에 추가되어야 할 어떤 교착점이 있는지 또는 논의해 볼 다른 주제가 있는지를 볼 수 있도록 치료사는 내담자에게 나머지 유인물을 제공해야 한다.

내담자가 PTSD 및 우울증 점수가 낮고 치료를 종결하기로 한 결정에 여전히 만족한다면, 치료사와 내담자는 정기적인 과제로 다음 회기를 시작한 다음 최종 트라우마 충격진술문으로 이동해야 한다. 전체 프로토콜과 같이, 내담자는 새로운 트라우마 충격진술문을 읽고, 치료사는 그런 다음 이를 본래의 트라우마 충격진술문과 비교하기 위해 검토한다. 치료사는 시간이 지남에 따라 여전히 작업이 필요한 영역을 기록하고, 내담자가 지금까지 도달하지 않은 모듈과 워크시트를 검토하여 필요할 때에 내담자가 사용할 수 있도록 한다. 치료사와 내담자는 교착점일지를 살펴보고 내담자가 더는 믿지 않는 교착점을 지우는 것으로 마무리한다. 마지막으로, 내담자 치료의 향상과 미래 계획에 대해 나눈다. 내담자의 개선이 유지되었는지를 판단하기 위해 1개월 후 후속 회기를 설정하는 것이 좋다.

비반응 내담자 치료의 지속

이 시점에서 우리는 대상에 따라 얼마나 많은 내담자가 24회 또는 48회기가 끝날 때 치료에 반응하지 않을 수 있는지 알 수 없다. Galovski 등(2013)의 연구에는 그러한 내담자가 매우 적었다. 그러나 치료 기간에 대한 예측 변수를 살펴보면 남성이 여성보다 반응하는 데 시간이 조금 더 걸리고, 치료 전 우울증이 높은 사람들은 반응하는 데 더 오래 걸린다는 사실을 발견했다. 어떤 식으로든 PTSD를 위해 다른 근거 기반의 치료로 변경하는 것이 CPT에 반응하지 않는 내담자에게 효과적이라는 증거는 없다. 내담자가 치료에 완전히 참여하지 않았거나(치료 초기에 참여가 이루어져야 했음에도 불구하고), 생각을 바꾸고 싶지 않았으므로(즉, 인지적 유연성이 떨어짐) 그 자체가 교착점을 구성했거나, 또는 연습과제 작성을 적절히 하지 않았을 가능성이 있다. 반면, 일부 내담자는 신뢰가 매우 부족하거나 사건에 대한 수치심 때문에 치료사에게 가장 최악의 트라우마를 드러내지 않았다. 치료사는 6회기에서 적어도 일부의 개선이 분명히 나타나지 않는다면 치료를 방해하는 교착점에 대해 질문해야 한다.

CPT와 기타 인지치료는 정신증(안정화된), 양극성장애, 성격장애, 트라우마성 뇌 손상, 약물 남용 및 우울증과 같은 다양한 동반 장애에도 불구하고 PTSD에 효과적인 것으로 밝혀졌다. 내담자가 의사의 조언 없이 갑자기 약물 복용을 중단하는 경우 PTSD 치료에 영향을 미치는 반동 효과(rebound effect)를 경험할 가능성이 있다. 현역군인을 대상으로 하는 다양한 기간의 CPT 연구(Resick et al., 2021)의 한 가지 목표는 초기, 정상 및 후기의 치료 반응 및 비반응의 예측 인자를 판단하는 것이다. 우리는 해당 연구가 완료될 때까지 비반응 내담자의 치료 지속에 대한 정보 조언은 하지 않는다.

급성 스트레스장애에 대한 CPT

트라우마 사건의 즉각적인 여파에서 PTSD가 있는 사람들은 시간이 지나거나 주의를 돌리면 증상이 사라지기를 희망하는 경향이 있어서 종종 수년 동안 치료를 받지 않는다. 현역으로 군 복무 중인 사람들은 배치가 끝날 때까지 치료를 받을 기회가 없을 수 있으며, 다른 많은 사람은 약한 사람들만 치료를 받는다는 오명이나 신념에 노출되었을 수 있다. IPV의 아동 또는 피해자는 위험한 관계에서 안전하게 벗어나거나, 완화되지 않는 증상에 대한 치료가 필요하다고 스스로 결정할 수 있을 만큼 충분히 나이 들기까지 치료를 받을 기회가 없다. 연구의 목적을 위해 대부분의 연구는 트라우마 사건 이후 최소한의 기간이 흘러야 했는데, 이는 치료가 사건 이후 초기 여파에서 효과가 없기 때문이 아니라, 참여자가 시간이 지나면서 자연스럽게 개선되거나 PTSD를 발달시키지 않을 수 있는 방법론적인 이유 때문이다.

현재로서는 단일 사례 연구(Kaysen, Lostutter, & Goines, 2005)와 급성 스트레스장애에 CPT+A를 사용한 소규모 시험 연구(Nixon, 2012)뿐이다. Kaysen 등(2005)의 사례 연구는 제14장에서 자세히 논의한다. Nixon(2012)은 주당 90분 회기로 6주에 걸쳐 CPT+A를 진행했다. 도전질문지 워크시트는 첫 회기에서 소개하고, 트라우마 진술문은 한 번만 작성하며, 문제 사고 패턴 워크시트는 삭제되었다. 표본 크기가 너무 작아 통계적 차이를 감지하기에 충분한 검정력을 갖추지 못했지만, 지지 상담 집단 36%(n = 7)에 비해 치료 후 치료 목적의 CPT 표본 8%(n = 11)만이 PTSD에 대한 기준을 충족했다. CPT+A 집단의 50%(n = 6)와 지지 상담 집단의 9%(n = 1)가 적절한 최종 상태의 기능에 도달했으며, 이 차이는 유의미하다. 이것은 급성 스트레스장애에 대한 다른 치료 시험에서 대기자 명단 통제조건에서 발견된 PTSD 사례의 55~77%와 비교하여 뒤지지 않는 수치이다(Bryant et al., 2008; Foa, Hearst-Ikeda, & Perry, 1995; Foa, Zoellner, & Feeny, 2006; Shalev et al., 2012).

[유인물 11-1]

CPT+A 3회기 후 연습과제

가능한 한 빨리 이 과제를 시작합니다. 트라우마 사건에 대한 완전한 설명을 작성하고, 가능한 한 많은 감각적인 세부 내용(시각, 소리나 냄새 등)을 포함하여 작성합니다. 또한 사건 동안에 가졌던 당신의 생각과 감정을 회상할 수 있는 만큼 포함합니다. 이 진술문을 작성할 수 있는 충분한 사적 순간을 제공하는 시간과 장소를 선택하여 작성합니다. 감정을 느끼는 것을 멈추지 마세요. 어떤 시점에서 글쓰기를 멈춰야 한다면, 멈춘 부분에서 종이에 선을 그어 표시합니다. 여러 차례가 걸리더라도, 할 수 있을 때 다시 쓰기 시작하고 계속 작성합니다.

다음 회기까지 매일 전체 진술서를 스스로 읽습니다. 스스로 감정을 느끼게 허용해 줍니다. 다음 회기에 이 진술문을 가져옵니다.

또한 매일 ABC 워크시트([유인물 6-3] 참조)를 사용합니다. 교착점을 찾으면 교착점일지([유인물 6-1] 참조)에 추가합니다.

[유인물 11-2]

CPT+A 4회기 후 연습과제

전체 트라우마 사건에 대한 다른 진술문을 가능한 한 빨리 작성합니다. 처음에 과제를 다 작성하지 못했다면 지난번보다 더 많이 작성합니다. 감각적인 세부 내용을 더 많이 추가하고, 사건 중에서 느낀 당신의 생각이나 감정을 더 많이 포함합니다. 또한 이번에는 괄호 안에 현재의 생각과 느낌을 적습니다. 예를 들어, "지금은 매우 화가 난다."

다음 회기 전까지 매일 새 진술문을 읽습니다.

또한 매일 ABC 워크시트([유인물 6-3] 참조)를 사용합니다.

『Cognitive Processing Therapy for PTSD: A Comprehensive Manual』(Resick, Monson, & Chard)에서 발췌.

[유인물 11-3]

CPT+A 7회기 후 연습과제

신념 도전하기 워크시트([유인물 8-1] 참조)를 사용하여 매일 최소한 하나의 교착점을 분석하고 직면합니다. 또한 안전 문제 모듈([유인물 8-1] 참조)을 읽고, 안전에 대한 이전 신념이 트라우마 사건으로 어떤 영향을 받았는지 생각해 봅니다. 자신이나 타인과 관련된 안전 문제가 있는 경우에 적어도 하나의 신념 도전하기 워크시트를 작성하여 이 문제를 다루어 봅니다. 교착점일지([유인물 6-1] 참조)의 다른 교착점이나 최근에 발생한 고통스러운 사건은 나머지 시트를 사용합니다.

제12장

집단 CPT와 성적 학대의 치료를 위한 CPT

이 장의 첫 번째 목표는 CPT가 집단으로 제공되거나 집단 및 개인 치료 형식을 결합하여 제공될 때 해결해야 할 특정 문제를 논의하는 것이다. 두 번째 목표는 아동 성적 학대의 생존자를 위해 수정된 CPT인 CPT-SA를 검토하는 것이다. CPT가 개인치료로 더 널리 알려졌지만 본래는 집단치료로 시작되었으며, 중요한 연구에 따르면 집단 CPT를 단독으로 제공하거나 개인치료와 함께 제공하는 것이 효과적이라고 밝혀졌다(제2장 참조). 집단 CPT는 강간 피해자, 아동 성적 학대 생존자, 참전 퇴역군인, 군부대 성적 트라우마 피해자를 포함한 다양한 내담자 집단에서 PTSD를 성공적으로 치료하는 데 사용되었다. 또한 집단 형식은 다른 치료(예: 대처기술 구축, 변증법적 행동치료, 심리교육)와 함께 주거치료 프로그램에서 사용되어 왔다.

집단 CPT

왜 집단 CPT를 사용하는가

집단 및 개인 CPT를 모두 활용할 수 있는 경우 내담자의 선택이 심리치료의 결과와 더 강력하게 연결되기 때문에, 우리는 일반적으로 내담자가 치료 형식을 선택할 수 있도록 허용할 것을 제안한다. 그러나 모든 환경에서 항상 개인치료를 제공할 수 있는 것은 아니며, 많은 센터에서 유일하게 제공할 수 있는 것이 집단 CPT일 수 있음을 잘 알고 있다. 집단 CPT는 그 자체로 효과적이며, 많은 내담자에게 집단 방식은 다른 집단원과 생각과 감정을 공유함으로써 트라우마 기억을 다루는 데 도움이 되는 것으로 나타났다. CPT 집단의 다른 장점으로는 비용 효율성, 다른 집단원이 제공하는 사회적 지원, 내담자가 건강하고 단호한 방식으로 서로의 파괴적인 인식에 도전할 기회를 가진다는 것 등이 있다. 또한 집단 경험은 내담자가 자신이 '괴짜'라거나 '미친 사람'이 아니라는 것 그리고 자기 생각과 행동이 트라우마 사건을 경험한 다른 사람들과 매우 유사하다는 것을 볼 수 있게 함으로써 트라우마 관련 증상과 연관된 정상화 및 보편성을 촉진할 수 있게 한다. 치료를 받는 대상이나 적용되는 환경과 관계없이, 치료사는 집단 형식의 CPT를 적용하기 전 몇 가지 일반적인 문제를 고려하고 몇 가지 결정을 내려야 한다.

사전 선별 및 정보 회기

개인 CPT와 마찬가지로, 집단 CPT를 진행하는 치료사는 각 내담자와 사전 선별 회기를 완료해야 한다. 이 회기의 용도는 여러 가지이다. 첫째, 선별하는 치료사는 내담자가 PTSD의 장애 기준을 충족하는지 확인하기 위해 PTSD에 대한 정식 평가를 진행해야 한다. 둘째, 초기 평가 치료사가 집단 지도자인 경우 내담자와 치료사는 내담자가 집단에 참여하기를 원하는 이유와 집단에서 얻고자 하는 바람은 무엇인지, 참여에 대해 가지는 모든 우려 그리고 이전의 집단 경험에 관하여 이야기할 기회를 제공한다. 치료사는 내담자에게 CPT에서 포함되는 내용(연습과제 포함)을 설명해야 하며, CPT 집단의 형식을 논의하고, 이것이 내담자가 경험한 이전 집단과 어떻게 유사하거나 다른지 보여 주어야 한다. 셋째, 이 초기 평가 회기의 일부로 치료사는 내담자에게 가장 고통스러운 트라우마 사건에 대해 5분 동안 설명하도록 요청할 수 있다. 우리는 집단 회기에서 트라우마의 세부적인 내용을 논의하는 것은 권장하지 않는데, 그 이유는 다른 내담자에게 불필요한 고통을 줄 수 있기 때문이다. 그러나 초기 평가 회기에서 내담자가 이 정보를 다시 말하게 하는 것은 내담자가 연습과제에서 작업하게 될 트라우마의 유형에 대해 집단 지도자가 더 많은 정보를 얻을 수 있기 때문이다. 마지막으로, 초기 평가 회기를 통해 치료사는 내담자가 현재 집단치료를 받을 준비가 되어 있지 않은지를 판단하는 데 도움이 될 수 있는 심리사회적 정보를 수집할 수 있다(예: 집단에서 대화를 꺼리는 것, 다른 사람에 대한 최근의 신체적 공격 이력, 기타 현재 트라우마 중심 치료를 시작하지 못하게 하는 이외 증상; 자세한 내용은 제3장 참조).

일부 치료센터의 경우에서 잠재적 CPT 내담자에게 집단 형식으로 사전 초기 평가 정보 회기를 제공하는 것이 더 수월하고 비용 효율적일 수 있다. 이 회기에는 PTSD 증상 검토, 이 치료센터에서 이용할 수 있는 치료, 집단치료 과정 및 CPT 개요가 포함될 수 있다. 많은 치료센터에서 프로토콜을 시작하기 전 내담자를 집단 형식의 CPT에 적응시키는 데에 이 회기가 유용하다는 것을 알게 되었다. 이 회기는 CPT의 구조(예: 주 수, 연습과제, 워크시트, 치료 단계, 안건, 자가보고식 척도)를 제시하고, 인지치료를 소개하며(즉, 치료의 근거, 과제 및 워크시트의 목적), 치료 및 참석에 대한 약속을 논의하는 중립적인 환경의 역할을 한다. 이 과정에서 내담자는 불안을 덜 느끼고 더 쉽게 정보를 받아들일 수 있다. 집단 사전 초기 평가 회기는 내담자가 프로토콜에 들어가기 전에 집단치료, PTSD 진단 또는 CPT에 대해 질문하고 우려를 말할 기회를 제공한다. 집단 지도자는 내담자가 치료센터, 치료실 그리고 치료사에 미리 익숙해지도록 CPT 집단이 열리는 공간에서 이 회기를 진행하는 것을 고려할 수 있다. 또한 집단 오리엔테이션 방식은 내담자가 다른 잠재적 집단원과 만날 수 있도록 하고, 이는 일부 사람들이 집단을 더 쉽게 시작할 수 있게 한다.

준비하기

CPT 내용은 집단의 내담자와 진행하든 개인 내담자와 진행하든 매우 비슷하지만, 집단 CPT에는 집단 환경에서 치료의 전달을 더 효과적으로 할 수 있도록 몇 가지가 수정되었다. 집단 CPT의 고유한 이점에도 불구하고, 치료사가 알아야 할 몇 가지 문제점이 있다. 가장 중요한 도전점은 집단을 형성하기에 충분한 내담자를 모집하고, 각 집단원에게 회기에서 충분한 시간과 관심을 주며, 집단을 지배하거나 심각한 성격장애가 있는 집단원을 관리하는 것 같은 실용적인 문제들이다. 이러한 이유로 일부 치료사는 CPT를 집단과 개인치료가 결합된 형식으로 제공하는 것을 선택하여, 연습과제를 집단에서 제시하고 개인회기에서 이를 검토한다. 그런 다음, 집단에서 작성된 연습과제에 대한 집단원의 반응을 다루고, 워크시트를 가지고 추가 연습을 할 수 있다. 집단 기간 동안 개인 회기를 제공하는 것이 불가능할 때, 만일 CPT+A가 진행되고 있다면 치료사는 트라우마 진술문과 도전하는 질문 워크시트를 소개하는 회기 동안에만 개인치료를 하기로 선택할 수 있을 것이다(제1장 참조). 이 회기는 치료사와 일대일의 시간이 가장 필요하며, 내담자가 자신의 트라우마 내용을 단 한 사람과 공유한다는 사실을 알게 되면서 안심할 수 있다. 집단 형식의 내담자는 혼란스러울 때 질문하기를 주저할 수 있을 수 있으므로 만일 개인치료 형식을 진행하는 것이 불가능하다면, 치료사는 집단원 모두가 개념과 연습과제를 이해한다는 것을 확실히 하기 위해 더욱 적극적으로 주도해야 한다. 집단 CPT가 동시에 진행되는 개인 CPT 치료 없이 진행되는 경우에 지도자는 반드시 사전 선별과정에서 모든 집단원이 외부 지원이 거의 없어도 연습과제를 완료할 수 있고, 진정으로 변화에 대해 동기화되어 있음을 확실히 해야 한다.

시간, 집단 크기 및 형식

CPT 집단 회기는 일반적으로 90분 동안 진행된다. 개인 회기는 결합 프로토콜의 일부로 제공되는 경우 50분 동안 진행된다. 더 큰 집단의 경우(10명 이상), 치료사는 중간 10분의 쉬는 시간을 포함하여 120분 동안 집단을 진행하는 것을 고려할 수 있을 것이다. 그러나 우리는 종종 집단을 10분 안에 다시 모으기가 어렵고, 또는 휴식 시간을 갖는 것이 집단의 진행 흐름을 방해한다는 사실을 발견했다. 따라서 대부분 90분의 집단 회기를 진행할 것을 권장한다.

그리고 CPT 집단이 '폐쇄' 집단일 것을 권장한다. 즉, 집단이 시작되면 새로운 회원이 참여할 수 없다. CPT는 특정 순서를 따라 기술을 가르치고 이 기술이 서로의 기반이 되어 구축되는 점진적인 치료법으로 개발되었기에 폐쇄 형식이 필수적이다. 이상적으로 집단은 6~9명으로 구성되어야 한다(비록 10~12명을 관리할 수 있는 매우 재능 있는 치료사를 알고 있지만). 집단 CPT를 시작하려면 최소 5명의 집단원이 필요할 것이다[4명의 경우 발생할 수 있는 짝짓기 효과(pairing effet)를 피하기 위해, 4명보다는 5명]. 1명 또는 2명이 회기를 빠지면 집단이 되지 못하고 여러 명의 내담자가 참석한 개인치료가 되어 버리기 때문이다. 집단원이 9명 이상이 되면 한 명의 치료사에게 너무 크다고 느껴질 수 있고, 개별 집단원의 욕구를 충족시킬 만큼 시간이 충분하지 않을 수 있으며, 개인의 노출을 방해할 수도 있다.

집단치료와 개인치료를 결합하는 방법은 두 가지이다. 첫 번째 방법은 4주와 5주에 개인 회기를 추가하여(또는 집단 회기 대신 제공), 치료사와 각 내담자가 오로지 내담자의 트라우마 관련 교착점에 집중할 수 있게 하는 것이다. CPT+A의 경우 내담자는 트라우마 진술문을 읽고 치료사 중 한 명과 개인적으로 사건과 관련된 교착점을 확인할 수 있다. 두 번째 방법은 집단 회기와 개인 회기를 매주(또는 주거 프로그램에서는 일주일에 두 번) 진행하며, 집단 회기에서는 치료 근거와 연습과제를 다루고 개인 회기에서 이를 검토한다.

집단 회기와 다음의 개인 회기 사이에 가능한 한 많은 시간을 두어서, 내담자가 개인 회기에서 검토하기 전에 과제를 한참 연습해 볼 수 있도록 하는 것이 좋다. 장거리 내담자의 경우, 집단 회기를 하기 직전에 개인 회기를 마치도록 하여, 일주일에 한 번만 센터에 올 수 있도록 하는 것이 유용할 수 있다. 이 결합 형식은 다른 여러 상황에서 특히 유용하다. 첫째, 거주 공간에서 내담자의 이득을 최대화할 수 있도록 추가적인 프로그램이 필요한 거주 프로그램의 경우이다. 둘째, 치료사와의 개별적인 시간이 필요하다고 주장하는 내담자와 작업하는 경우이다. 셋째, 학생들을 훈련시키는 경우로, 학생들을 더 감독할 수 있으면서도 학생들이 공동지도자의 역할을 할 수 있고 개별치료 회기에서 일부 내담자를 만날 수 있는 상황이 그러하다.

공동치료사

숙련된 CPT 치료사는 단독으로 집단을 관리할 수 있지만, 우리는 여러 가지 이유로 공동치료사가 더 효과적이라는 사실을 발견했다. 첫째, 한 치료사가 휴가 중이거나 개인적인 이유로 결근할 때, 계획되지 않은 응급 상황이 발생한 경우 집단 회기를 취소할 필요가 없다. 이런 경우는 집단의 탄력을 손실시키고 회피를 늘리게 된다. 둘째, 공동치료사가 있다면 한 치료사가 칠판 앞에 서서 보드에 정보를 적으며 논의를 이끌 수 있다. 다른 치료사는 집단의 상호작용을 관찰하고 참여에 도움이 필요할 수 있는 내담자를 알아낼 수 있다. 또한 집단원이 감정적이거나 혼란스러워지면 치료사 중 한 명은 이 내담자의 요구에 응하고 다른 치료사는 계속 토론을 이끌 수 있다. 셋째, 회기 사이에 검토하고 견해를 적어야 하는 연습과제의 수가 많기 때문에 두 명의 치료사가 있으면 이 작업량을 더 쉽게 관리할 수 있다. 앞에서 언급하였듯이, 많은 치료센터에서 학생 수련생을 공동치료사로 포함하는 것이 도움이 된다는 것을 발견했다. 학생이 더 훈련을 받은 치료사를 모델로 CPT를 배울 수 있는 훌륭한 방법이다. 그러나 12명의 내담자로 구성된 대규모 집단이라도 3명 또는 그 이상의 치료사를 활용하는 것은 지지하지 않는다. 이는 치료사가 너무 많이 참여하고(각 치료사가 기여하려고 할 때), 내담자에게 충분한 시간을 제공하지 못할 수 있기 때문이다. 다수의 내담자가 중도 탈락하거나 회기에 빠지게 되어 집단이 작아지면 그 공간에 치료사가 내담자의 수만큼 있게 될 수도 있다.

일정 잡기

CPT 집단을 설정할 때 또 다른 관심사는 집단 회기가 열리는 날짜와 시간이다. 이 문제는 다소 사소한 문제인 것처럼 여겨질 수도 있지만, 치료사가 내담자의 직장과 학교 일정을 함께 다루게 되면 하루 중의 이 시간은 매우 중요한 변수가 될 수 있다. 내담자는 집단 회기 중 또는 그 후에 자신이 얼마나 감정적으로 변할 수 있는지 깨닫지 못할 수 있으며, 곧바로 직장이나 학교에 가는 것은 바람직하지 않을 수 있다. 또한 많은 내담자가 12회기 집단치료에 참석하기 위해 시간을 비우는 데에 어려움을 겪거나 업무 시간 동안 자녀를 맡기지 못하여 저녁 집단 회기가 필요하게 될 수 있다. 집단이 운영되는 12주 기간 내에 여러 국가적 또는 종교적 공휴일이 있다면 해당 날짜를 피하는 것이 중요하다. 그렇지 않으면 집단원이 계획했던 것 이상으로 회기가 연장될 수도 있다. 집단이 일주일에 두 번(예: 군사기지, 교도소 또는 거주 돌봄 프로그램) 제공되는 경우에는 월요일과 목요일 또는 화요일과 금요일에 집단을 운영하여 내담자가 회기 사이에 연습과제를 완료할 수 있는 최대한의 시간을 주는 것이 좋다.

트라우마 이력과 관련된 고려 사항

참가자가 경험한 지표 트라우마 유형과 관련하여, 집단을 동질적으로 형성할 것인지를 미리 결정하여 집단을 시작하기 전 적절한 평가와 트라우마 사전 선별이 진행될 수 있게 하는 것이 중요하다. 같은 유형의 트라우마를 공유하는 집단원으로 집단을 운영하는 것에는 몇 가지 장점이 있지만, 우리는 여러 유형의 트라우마 집단을 결합하는 데 큰 어려움이 없음을 발견했다. 모든 집단원이 같은 유형의 트라우마를 공유할 때 서로 유사한 경험을 공유하고 매우 유사한 교착점을 가질 수 있기에, 서로의 교착점에 도전하고 생각의 문제를 지적하는 것이 더 쉬울 수 있다. 그러나 우리는 내담자의 대다수가 트라우마를 여러 번 입었음을 발견했다. 모든 집단원이 처음에는 같은 유형의 지표 트라우마를 발견했음에도, 많은 집단원이 실제로 더 큰 충격을 줄 수 있는 다른 사건을 경험하게 될 것이다. 따라서 다른 트라우마를 겪은 개인은 예외보다는 규칙이 될 것으로 예상하고, 같은 유형의 트라우마를 겪은 충분한 집단원을 같은 시기에 찾는 것이 어려울 수 있는 작은 치료센터나 도시에서는 트라우마의 유형이 혼합된 집단이 특히 유용할 수 있다.

참여에 동의하기 전에 잠재적인 집단원들에게 고지하여 문제나 질문을 미리 다룰 수 있게 하는 것이 중요하다. 우리가 자주 듣는 한 가지 교착점은 "나 같은 다른 사람만이 내가 겪고 있는 일을 이해할 수 있다."(예: 다른 참전 용사, 기타 성적 학대 생존자)이다. 이것은 실제로 교착점을 발견하고 논의하기 위한 좋은 시작점이 된다. 그 이유는 내담자가 이 신념을 전체 삶에 적용하고 따라서 친구로 받아들이고자 하는 유형의 사람과 집단원을 상당히 제한할 수 있기 때문이다.

내담자 성별 고려 사항

남성과 여성을 집단으로 구성하는 것이 가능하기는 하나, 잠재적인 참가자에게 이것이 문제를 낳지 않도록 주의 깊게 선별하는 것이 중요하다. 혼성 집단의 참가자들이 유사한 트라우마 경험(예: 전투, 자연재해, 아동 성적 학대)을 가지는지 확인하여 모두가 경험과 신념을 공유한다는 사실을 깨닫도록 하는 것이 도움이 될 수 있다. 내담자의 성별 문제는 치료사 선택에 있어서도 중요하다. 일부 여성 내담자는 남성 치료사를 받아들이지 않고 그 반대의 경우도 마찬가지지만, 남성–여성 치료사 팀을 가질 가능성이 열려 있을 때 내담자가 한 성별의 치료사 또는 다른 치료사를 그들의 신념에 반하는 증거로 사용하여 교착점에 도전할 수 있게 한다.

빠진 회기

아마도 집단 CPT를 운영할 때 가장 분명한 관심사 중 하나는 회기에 불참한 내담자를 어떻게 해야 하는가에 관한 것이다. 집단을 시작하기 전에 내담자에게 회기에 빠지지 않는 것이 매우 중요하며, 치료과정 동안 집단 회기에 참석하는 것에 방해되는 문제나 생활환경이 있다면 집단에 등록해서는 안 된다고 알릴 것을 강력히 권고한다. 동시에 예상치 못한 상황으로 내담자가 집단 회기에 참석하지 못할 수도 있음을 인정한다. 집단 회기가 개인치료와 함께 운영되는 경우 집단에서 놓친 내용을 다루기 위해 빠진 회기 이후의 개인 회기를 사용할 수 있다. 집단에 개인치료가 포함되지 않는 경우 집단치료사는 주중에 내담자와 개별적으로 만나거나 전화로 집단에서 다룬 내용을 검토하거나, 또는 필요하다면 다음 집단 회기 시작 전에 내담자와 만날 수 있다. 이러한 선택 사항 중 어떤 것도 할 수 없다면, 집단원에게 이전 주 회기에서 다룬 내용에 대한 간략한 개요를 제출하라고 요청할 수 있다. 현재 많은 사람 특히 젊은 내담자들의 경우 컴퓨터와 이메일 계정을 가지고 있다는 점을 고려할 때, 회기에 빠진 집단원에게 이메일로 연습과제를 보내서 다음 회기에 이를 가져오게 하는 것도 가능할 수 있다. 우리는 일반적으로 누군가가 두 번의 회기 이상을 빠졌다면, 다음 집단이 시작될 때까지 기다리거나 개인 회기로 치료를 계속할 것을 제안한다.

집단치료에서 치료사의 역할

개인 CPT와 마찬가지로 집단치료도 협력의 과정이고, 따라서 집단치료사의 중요한 역할은 모든 내담자가 각각의 새로운 과제를 배우고 이전 연습과제에 대한 진행 상황을 논의할 수 있도록 회기를 구성하는 것이다. 따라서 치료사의 가장 중요한 역할 중 하나는 집단원이 '형식대로' 유지하도록 하는 것으로, 이는 내담자(및 치료사)가 집단 CPT를 처음 배울 때 특히 어려울 수 있다. 이에 대한 한 가지 일반적인 예는 내담자 회피 관리이다. 회피 증상은 종종 내담자가 지표 트라우마 사건을 상기시키는 사람, 장소 및 사물을 피하기 원하는 것으로, 내담자가 과제를 작성하거나 트라우마 관련 생각과 감정의 처리를 피하려는 것은 당연하다. 이것은 집단 CPT의 초기에 내담자가 서로에게 더 편안해지고, 기억이 그들에게 해를 끼치지 않을 것이며, 생각과 감정을 처리하면 실제로 기분이 나아지리라는 것을 알게 될 때까지 특히 그러하다.

회피를 줄이기 위한 노력의 한 가지 방법으로 치료사는 첫 회기에서 회피에 대해 논의하고, 내담자에게 회피의 방법을 나눠 보도록 할 수 있다(예: 과제를 하지 않는 것, 집단 회기에 빠지는 것, 회기에 지각하는 것, 알코올/약물 사용, 도박, 쇼핑, 다른 사람들의 필요를 우선하는 것). 또한 치료사는 내담자가 회피를 유발할 수 있는 두려움과 근본적인 생각을 확인하도록 도와야 한다. 이렇게 토론하는 것은 내담자가 회피를 구성하는 모든 행동을 더 잘 인식하도록 돕고, 이상적으로는 집단 안팎에서 나타나는 회피 정도를 제한하는 데 도움이 된다. 치료사는 집단원이 집단과 회기 내용에 거리를 두는 행동을 하는 것을 발견할 때마다 집단에서 회피를 계속 언급해야 한다.

집단 장면에서 CPT 다루기

안건 설정하기

집단을 순조롭게 진행하기 위해 치료사는 각 회기에서 안건을 설정하고 집단원들에게 해당 회기에서 어떤 내용을 다루게 될 것인지 알려 줌으로써 각 회기의 구조를 알려 주어야 한다. 안건에는 모든 사람이 어떻게 느끼는지 확인하고, 그날 긴급한 문제를 해결하기 위해 집단의 도움이 필요한 집단원이 있는지 확인하는 간단한 체크인(전체 집단에 5~10분 이내)이 포함되어야 한다. 이 체크인은 치료사가 그날 집단원의 감정 상태를 빠르게 '맥 읽기(pulse reading)'를 할 수 있는 것을 포함한 여러 이점이 있다. 이는 개인이 부적응 인지를 변화시키는 방향으로 개선되고 있는지를 확인하는 데 도움이 될 수 있다. 또한 체크인은 내담자가 도움을 요청할 수 있는 권한을 부여하고 집단 회기의 시작이나 끝에 자신의 문제를 논의할 것인지 결정하도록 물어봄으로써 자신의 고통을 통제하도록 가르치며, 집단에서 도움을 찾는 다른 참가자를 통해 건강한 도움 요청을 볼 수 있게 한다.

체크인과 관련된 문제는 치료사가 처음부터 각 내담자의 감정을 설명하는 짧은 단어 그리고 필요한 경우에 지원 요청을 포함할 것이라는 기대를 설정하지 않았기 때문에 발생할 수 있다. 일부 내담자는 그날 집단의 초점을 탈선시키므로 자신의 문제 다루는 기회를 회피하기 위해 체크인을 이용할 수도 있고, 어려웠던 한 주에 대한 장황한 설명으로 집단을 장악하려고 시도할 수도 있다. 내담자가 집단을 장악하려 한다면 치료사는 내담자를 부드럽게 중단시키고 집단이 다시 집중하게 해야 한다. 일부 치료사는 이렇게 하는 것이 불편할 수 있지만, 내담자가 오랫동안 주제에서 이탈하는 것을 허용하지 않는 것이 중요하다. 그렇지 않으면 모든 내담자가 자신이 보낸 지난주에 대해 오랜 시간 동안 논의해야 한다는 메시지를 보내게 될 것이며, 이는 집단원에게 이전 주 동안 했던 것을 검토할 시간이나 치료사가 다음 과제를 소개할 시간을 남겨 두지 않을 것이다.

여담이 발생하지 않도록 하는 가장 좋은 방법은 체크인 시간이 길어지거나 한 주에 대한 요약하기를 포함해서는 안 되며, 그보다는 집단에서 내담자의 느낌이나 필요에 대해 초점을 맞춰야 함을 처음부터 명확히 하는 것이다. 그러나 여담이 발생하면 치료사는 이야기하는 내담자에게 "집단에서 시간이 필요한가요?"라고 물은 뒤, 체크인이 완료된 후 내담자 차례로 다시 돌아오겠다고 제안한다. 내담자가 "예."라고 말한다면, 치료사가 내담자에게로 다시 돌아왔을 때 그 이야기로 돌아가도록 요청해서는 안 되며, 대신 내담자가 지난주 동안 그 문제에 대한 과제로 워크시트를 작성했는지 물어봐야 한다. 내담자가 "예."라고 말하면, 이것을 보드에 적고 집단에서 검토할 수 있다. 내담자가 "아니요."라고 말하면, 치료사는 집단이 가장 최근의 워크시트를 작업할 수 있는 좋은 출발점을 제공한다는 것을 기쁘게 언급하고, 화이트보드에 적음으로써 시작할 수 있다.

여담을 하는 내담자의 경험을 워크시트로 다시 가져옴으로써 치료사와 집단원은 내담자가 CPT 워크시트를 사용하여 실시간으로 그 주의 사건들을 어떻게 다룰 수 있는지 역할 연기하게 될 것이고, 내담자는 자신의 회기 밖에서 치료에 참여할 때의 고통스러운 생각과 감정으로부터 안도를 얻을 수 있다는 것을 보여 줄 것이다. 치료사는 다른 사람이 비슷한 생각을 공유하고 있는지, 또는 일주일 동안 연습과제를 작성하는 데 어려움이 있었는지 질문하여 이 활동에 다른 집단원을 참여시키려고 노력해야 한다.

연습과제 완료

연습과제 완료에 대한 모니터링은 CPT 집단 운영에서 가장 어려운 문제 중 하나이다. 연습과제가 조금 더 복잡한 경우 지도자는 과제를 설명하고 집단과 함께 하나 또는 그 이상의 예시를 작성할 수 있는 20~25분의 시간을 남겨 두어야 한다. ABC 워크시트가 소개되면 치료사는 화이트보드/플립차트를 통해 회기 시간의 대부분을 할애하여 내담자가 일주일 동안 어려움을 겪었던 워크시트를 검토하거나 내담자가 회기에서 제시한 문제나 우려를 다뤄야 한다. 워크시트 예제를 화이트보드나 플립차트에 올려 두는 것은 치료사가 집단 전체를 더 쉽게 참여하게 하고, 예제를 유사한 교착점에 연관시키도록 도와준다.

연결하기 질문 및 공통 교착점의 사용

집단이 전체로서 회기에 참여하도록 돕는 한 가지 방법은 '연결하기 질문(bridging questions)'을 사용하여 집단원 경험 간의 연결고리를 만드는 것이다. 이 방법은 집단원이 집단에 더 참여하도록 하고 몇몇 내담자가 집단을 독점하는 동안 일부 내담자가 제외되지 않도록 하는 중요한 도구이다. 예를 들어, 치료사는 "다른 사람들은 이것에 대해 어떻게 생각하나요?/느끼나요?"라고 물을 수 있다. 치료사는 첫 번째로 대답하는 사람에게 멈추는 대신 두 명 이상의 내담자에게 이 질문에 대한 대답을 장려하는 것이 중요하다.

때때로 집단원이 서로에게 더 많은 유대감을 느낄 수 있도록 일반적으로 가지고 있는 교착점을 예제로 제시하는 것이 도움이 된다. 이런 식으로 사용할 수 있는 교착점의 예로 "내 잘못이다." "내가 X만 했었더라면, 이런 일이 일어나지 않았을 것이다." "안전한 곳은 없다." "사람을 믿을 수 없다." "감정을 보이는 것은 약한 것이다."와 같은 것들이 있다. 한 집단원이 어떤 교착점을 지지하거나 독립적으로 나타낸다면, 치료사는 "이 교착점을 공유하는 사람이 또 있나요?" 또는 "이것이 친숙하게 들리는 사람이 있나요?"라고 물을 수 있다.

연습과제의 미완료

내담자는 집단 회기 중에 워크시트를 공유할 수 없기 때문에, 치료사는 회기가 끝날 때까지 참가자가 과제를 완료했는지 또는 과제에 개념적 문제가 있었는지 알 수 없다. 따라서 치료사는 집단원들과 함께 과제를 작성했는지 또는 과제에 어려움을 겪었는지 체크인(손을 드는 것을 통해서라도)하는 것이 매우 중요하다. 체크인 후 치료사는 집단 시간의 대부분을 서로 다른 내담자의 여러 연습과제를 검토하는 데 소요되도록 해야 하며, 집단이 잠재적으로 관련 없는 토론에 갇히지 않도록 해야 한다.

개인 CPT에서 트라우마 충격진술문, 트라우마 진술문(CPT+A) 또는 회기 사이의 다양한 워크시트를 작성하지 않은 내담자는 이 과정에 순응될 수 있도록 회기 내에서 구두로 이를 작성해야 한다. CPT 집단에서는 내담자에게 다른 집단원들과 함께 트라우마 사건과 관련된 교착점을 찾아내는 데에 집중하도록 요청한다. 다른 집단원을 촉발하거나 교착점을 찾고 이에 도전하기 시작하는 주요 과정에서 너무 많은 시간을 소비하지 않도록 트라우마 충격진술문(또는 트라우마 진술문)을 다시 말해 달라고 요청하지 않는다. 내담자가 연습과제를 작성하지 않은 경우, 이는 여러 집단원이 워크시트를 작성하지 않았는지 확인하고 치료와 관련하여 공유된 교착점, 예를 들어 "치료는 나에게 도움이 되지 않을 것이다." 또는 "나는 워크시트를 할 시간이 없다."와 같은 교착점을 확인하기에 좋은 시점이다. 이 시점에서 치료사는 화이트보드로 가서 가장 최근에 부여된 시트(예: ABC 워크시트, 도전질문지 워크시트, 신념 도전하기 워크시트)를 사용하여 공유된 교착점에 대해 워크시트를 작성해야 한다. 과제를 마친 집단원은 교착점에 반하는 증거와 새롭고 더 건강한 대안 신념을 찾아내기 위한 도움에 협력해야 한다.

CPT 집단에서는 매주 개개인의 집단원에게 집중할 시간이 적기 때문에 연습과제를 완료해야 하고, 또한 할 수 있다고 내담자를 설득하는 것이 더 어려울 수 있다. 이것은 집단을 이끄는 치료사가 과제를 완료한 사람에 대해 손을 들어 달라고 요청하고, 반드시 매주 다른 참여자들이 자신의 교착점을 공유하도록 요청하는 것이 중요한 또 다른 이유이다.

마지막으로, 치료사는 자신의 유사한 생각을 공유하거나 대안 증거나 신념을 만들기 위해 도움으로써 화이트보트/플립보드에 작성되고 있는 각 워크시트의 논의에 모든 집단원의 참여를 요청하도록 노력하는 것이 중요하다.

집단치료의 장점 중 하나는 참여하기를 꺼리는 집단원이 다른 집단원이 참여하고 연습과제를 작성하며, 더 나아지는 것을 볼 수 있다는 것이다. 이는 종종 주저하는 집단원이 과제를 더 잘 준수하도록 동기를 부여한다. 특히 집단치료사가 과제를 하는 것이 증상을 가지고 다른 사람들을 돕는 것이라고 강조할 때 그렇다. 예를 들어, 집단원이 워크시트 과제를 작성하지 않았다면 치료사는 과제를 작성하지 않은 다른 사람이 있는지를 물어보아야 하고, 그런 다음 집단원이 연습과제를 하지 못하도록 막는 공유된 신념에 대해 집단이 워크시트를 작성하도록 이끌어야 한다. 가능한 교착점(앞에서 언급한 것 외에)에는 "나는 절대 나아지지 않을 것이다." "나는 내 생각에 대해 글을 쓰는 것을 견딜 수 없다." 등이 포함될 수 있다. 지도자는 과제를 성공적으로 완료한 집단원으로부터 대안 생각, 이 교착점에 반대하는 증거를 끌어냄으로써 이 연습에 전체 집단을 참여시켜야 한다.

내담자가 연습과제를 작성하지 못하는 이유는 여러 가지가 있으며, 일반적으로 일부 회피 유형과 관련이 있다. 많은 트라우마 생존자는 트라우마 사건과 관련된 사건, 생각 또는 감정을 적으면 이것들이 기억이 너무 '실제적'이 되어 처리하기가 너무 어려워질 것으로 생각한다. 다른 사람들이 자신의 트라우마에 관한 생각을 확인하고 도전할 수 있었다(그리고 CPT+A의 경우 사건에 대한 세부 내용을 작성할 수 있었다)는 말을 듣는 것은 처음에 과제를 완료하지 않은 내담자에게 과제를 더 쉽게 만들어 줄 수 있다. 연습을 완료하지 못한 이유에 대한 논의 후에 여러 내담자가 과제를 하지 않았더라도, 치료사는 당일 예정된 자료에 관한 논의를 진행하는 것이 중요하다. 또한 다음 연습과제를 전체 집단에 소개하고 부여해야 한다. 이전 과제를 완료하지 않은 사람들에게는 그 과제도 완료할 것을 요청해야 한다.

일부 내담자는 자신의 사건을 트라우마('강간' '살인' 등)로 분류하는 것에 어려움을 겪기 때문에 과제 작성을 피할 수 있다. 그보다는 사건을 '오해'나 '사고'로 분류하고 사건의 영향을 최소화하거나 세부 내용을 부정확하게 표현하려고 할 수 있다(예: 아동학대에 대해 자신을 비난). 이러한 인지에 도전할 수 있도록 내담자가 치료 전 평가에서 보고한 트라우마 증상을 지적하고 이런 증상들을 트라우마 사건이 실제로 일어났다는 증거로 설명하는 것이 도움이 될 수 있다. 또한 내담자가 발견한 증상이 삶에 부정적인 영향을 미치는 방식(예:

고립, 직장이나 학교에서의 문제)을 상기시키는 것이 유용할 수 있다. 일부 내담자의 경우 집단에 오는 이유를 물어보는 것이 도움이 될 수 있다. 이들이 제공하는 답변은 가지고 있는 모순적인 생각을 보여 줄 수 있다. 한편으로는 트라우마의 세부 내용을 잘못 해석(또는 최소화)하고 있을 수 있고, 또 다른 한편으로는 삶에서 고통을 겪고 있으며 도움을 구하고 있을 수 있다.

일반적으로 집단 지도자는 치료를 시작할 때 내담자에게 연습과제를 완료하거나 집단 회기에 오는 것을 피하고 싶은 충동이 존재할 수 있음을 알리는 것이 도움이 된다. 이것은 자신의 반응을 정상화하고 내담자가 서로 생각과 감정을 토론하는 데에 더 개방되도록 촉진할 수 있다. 치료에 대한 잠재적인 교착점을 내담자가 확인하도록 돕는 것도 도움이 될 수 있다. 이는 정상화과정을 촉진하고 내담자가 치료 완료에 대한 양가감정이나 우려에 대해 더 편안하게 논의할 수 있도록 도와준다.

전화번호 목록 배정하기

집단이 제공하는 긍정적인 사회적 지지를 강화하기 위해 외래 환자 장면에서 진료를 받는 내담자에게 주중에 전화 목록 과제를 사용할 것을 권장한다. 참여하고자 하는 모든 내담자는 전화 목록에 자신의 이름과 전화번호를 기재한다. 각 집단원에게 다음 회기 전에 목록에 있는 사람에게 전화하여 연습과제 완료 여부를 확인하고, 치료에서 하는 것을 지지하도록 요청한다. 다음 주에 각 내담자는 목록에서 두 칸 아래 있는 사람에게 전화하고, 모든 내담자가 목록에 있는 모두에게 전화를 걸 때까지 계속한다. 내담자에게 전화통화를 할 때 자신의 트라우마 경험에 관하여 말하지 않고, 대신 사회성 기술을 기르고 연습과제를 완료하는 데 도움을 받는 기회로 이러한 전화통화를 사용하라고 알려 준다. 이러한 전화통화는 수신자가 이전 회기에 참석하지 않은 경우 발신자가 과제를 제공하고 수신자가 놓친 내용이 무엇인지 설명하기 위해서도 사용할 수 있다. 내담자는 짝을 이루어 사회화하기 시작하는 방법으로 이 전화통화를 사용하지 않으며, 전체 집단이 초대된 경우에만 서로를 만나도록 가르친다. 우리는 사람들 대부분이 참여에 동의하고, 한 명이 1회기에서 거절하더라도 일반적으로 2회기나 3회기 때 목록에 참여하기를 묻는 것을 발견했다.

집단 갈등 및 감정 관리하기

여러 사람이 한 집단에 모일 때마다 집단원 간 또는 집단원 가운데에서 갈등이 발생할 가능성은 증가한다. 또한 학대 경험 때문에 많은 내담자가 집단 회기 동안 감정적 및 인지적 반응의 관리를 어렵게 하는 문제적 의사소통 패턴을 가지고 집단에 참여한다. 다시 말하면, 이것이 집단과정의 철저한 사전 선별 및 교육의 필요성을 강조한다. 일반적으로 우리는 성격장애 진단으로 내담자를 제외하지 않았음을 강조하는 것이 중요하나, 몇몇 내담자는 다른 내담자보다 집단에서 다루는 것이 더 어려울 수 있음을 인정한다. 몇몇 경우에서 내담자 CPT에 참여하기 전에, 개인치료 또는 성격장애를 위한 전문치료에서 해결해야 할 정도로 파괴적인 증상을 가지고 있을 수 있다. 집단 CPT를 방해하는 것으로 밝혀진 증상으로는 타인에 대한 높은 수준의 의존성, 과도하게 높은 특권의식(sense of entitlement), 과도한 호전성, '병자' 또는 'PTSD가 있는 환자'의 역할을 유지하는 상당한 이득(significant stake)이 포함된다. 성격장애가 있는 경우에도 우리는 경계선, 연극성, 자기애적 및 반사회적 성격장애가 있는 사람들을 치료하기 위해 집단 CPT를 성공적으로 사용해 왔다.

회기 중에 집단이 초점을 잃는 경우 집단을 다시 궤도에 올릴 수 있는 한 가지 전략은 주제에서 벗어나고 있는 내담자에게 그가 지금 말하고 있는 것과 집단이 원래 논의하고 있던 주제를 연결해 달라고 요청하는 것이다. 내담자가 당면한 주제를 피하는 것처럼 보이면, 치료사는 이 주제가 내담자에게 어려워 보이거나 내담자가 주제에 대한 감정을 유지하는 데 어려움을 겪고 있는 것 같다고 지적하면서 부드러운 직면 기술을 사용할 수 있다. 그런 다음, 치료사는 집단에서 주제를 피하거나 자연스러운 감정을 느끼지 않기를 원하는 사람이 있는지 물어보고, 나머지 집단은 이러한 반응을 정상화할 수 있다. 이 기술은 내담자 사이에 유대감을 형성하고, 탈선하고 있는 내담자가 피하도록 만드는 근본적인 두려움을 치료사가 다룰 수 있게 할 것이다.

많은 새로운 치료사도 트라우마 집단에서 발생할 수 있는 엄청난 감정을 우려하고 있다. 개인 CPT에서와 마찬가지로 집단 CPT의 일부 내담자가 호전되기 전에 기분이 나빠졌지만, 내담자 대부분은 집단치료 중에 증상의 악화가 나타나지 않음을 알게 되었다. 종종 집단 회기에서 보이는 강한 감정은 내담자가 처음으로 트라우마와 관련된 자연스러운 감정을 자유롭게 경험할 수 있다는 느낌과 관련이 있다. 집단은 내담자에게 판단 없이 자신의 감정을 느낄 수 있는 안전한 장소를 제공하고, 지도자는 내담자가 비난을 두려워하지 않으며 집단 동안 자신의 감정을 공유하도록 격려해야 한다. 또한 집단 지도자는 감정을 통해 내담자를 안내하고, 적절한 방식으로 감정을 보여 주는 것이 종종 과도한 정서적 반응과 파괴적인 집단 행동을 분산시킨다는 것을 내담자가 알도록 도와줄 책임이 있다.

집단에서 관찰해야 하는 다른 두 가지 내담자 반응은 과도한 지배력과 과도한 수줍음이다. 지배적인 내담자는 먼저 대답하고, 절대적인 진술(예: "트라우마 생존자만이 나를 이해할 수 있다.")을 하거나, 이야기를 하거나, 지도자의 역할에 도전하는 경향이 있다. 이러한 행동은 종종 많은 집단원(특히 수줍은 집단원)을 침묵시키고 미래의 집단 역동에 영향을 미치는 집단 내의 숨겨진 적대감을 조성할 수 있다. 또한 이미 회피로 어려움을 겪고 있는 집단원들은 다른 집단원들의 과도한 지배력을 자신이 참여할 필요가 없는 충분한 이유로 보게 될 것이다. 치료사가 해야 할 첫 단계는 가능한 한 빨리 지배적이고 수줍은 내담자를 찾아내는 것이다. 그런 다음, 감시를 느슨하게 하고 각 내담자가 말할 수 있는 시간의 양을 통제할 수 있다. 빠르게 반응하는 집단원에게 답을 하기 전에 10까지 세도록 제안하여 더 반응이 느린 내담자에게 생각이나 감정을 말할 기회를 주는 것이 효과적일 수 있다. 또 다른 방법은 한 사람이 회기에 세 번 참여하면 이 사람은 토론에 더 덧붙이기 전에 다른 사람이 주제에 대해 말할 때까지 기다리는 것이다. 집단 전체에 이렇게 제안함으로써 치료사는 특정 내담자를 지목하거나 일부 내담자가 어색함을 느끼게 하지 않을 수 있다.

일부 내담자는 집단 회기 동안 다른 내담자보다 훨씬 더 수줍어하거나 잘 표현하지 못한다. 수줍음이 성격 특성인지, 트라우마에 대한 반응인지, 또는 회피의 형태인지 판단하기 위해 이런 내담자들과 확인(체크인)하는 것이 중요하다. 치료사는 이러한 내담자에게 집단 중에 불러 주길 바라는지 개인적으로 물어봄으로써, 어느 시점에서 대화에 뛰어들어야 한다는 압박을 느끼지 않도록 하는 것이 도움이 될 수 있다. 워크시트에 대한 반응이나 답변을 전체 집단에 요청한 다음, 집단을 이끄는 치료사가 다음 안건으로 이동하기 전 각 집단원과 이에 대해 확인하는 것도 효과적일 수 있다.

집단 형식으로 CPT+A 진행하기

집단 CPT와 집단 CPT+A의 가장 큰 차이점은 집단 CPT+A의 트라우마 진술문 관리에 있다. 개인 CPT+A에서 내담자는 회기 동안 일대일 환경에서 자신의 감정을 경험하는 기회(회기 사이에 같은 것을 경험하는 것에 더하여)가 주어진다. 집단 CPT+A의 경우 우리는 내담자가 치료 회기 중에 자신의 진술문을 소리 내어 읽지 않을 것을 강력하게 권고한다. 자신의 트라우마 사건을 처리하는 것이 중요하지만, 다른 사람의 경험에 대한 생생한 세부 내용을 듣는 것은 많은 내담자에게 고통을 증가시키고 치료 중단 가능성을 높일 수 있다.

많은 정신건강센터에서 수년 동안 집단 형식을 사용해 왔기에 많은 내담자는 집단 형식에 매우 익숙할 것이다. 이러한 집단은 종종 내담자가 자신의 트라우마에 대해 광범위한 세부 내용을 말하거나, 트라우마 사건을 완전히 회피하거나, 또는 삶의 현재 문제에 대해 쏟아내는 데 주로 집중하는 것과 함께 장기간의 지지적 심리치료를 포함해 왔다. 이러한 유형의 치료가 일부 내담자를 도와주거나 심지어는 정상화할 수 있지만, 다른 많은 내담자는 다른 내담자의 트라우마 진술문의 상세한 내용을 듣게 되면 촉발되는 것을 느낄 수도 있다. 여전히 내담자들은 다른 집단원에게 받아들여진다고 느끼기 위한 시도로 '전쟁 이야기'나 '한 수 위(one-upmanship)'의 이야기를 할 수도 있다. 이러한 행동은 다른 내담자도 자신의 이야기를 들려주어야 한다는 압박으로 인해 집단에 참석하는 것을 매우 주저하게 만들 수 있다. 따라서 CPT+A 집단의 지도자는 집단 회기에서 자세한 트라우마 사건에 관해 이야기하지 말 것을 명시하는 규칙들을 치료의 매우 초기(또는 사전 선별 회기에서)에 설정해야 한다. 내담자가 집단에서 자세히 이야기하기 시작하면 치료사는 부드럽게 이를 중단시키고 전체 집단에 트라우마 진술 말하지 않기 규칙을 상기시켜야 한다. 이 규칙의 이유에 대해 집단에 질문해 보는 것도 도움이 될 수 있다. 이렇게 하는 것은 한 명 또는 그 이상의 집단원이 다른 사람의 이야기를 듣는 것이 고통스럽다고 대답하도록 촉진한다.

내담자가 집단 CPT+A 회기 동안 자신의 트라우마 충격진술문이나 트라우마 진술문을 읽게 하는 대신, 치료사는 내담자의 감정을 정상화하고 사건에 대한 모든 세부 내용을 적었는지 판단하기 위해 사건에 대해 적는 내담자의 반응을 탐색해야 한다. 구체적으로, 집단원에게 진술문에서 감각적인 세부 내용, 생각 및 감정을 포함했는지, 글을 쓰는 동안 강한 감정을 경험하거나 새로운 기억을 떠올렸는지 물어보아야 한다. 집단원이 전체 진술문을 작성하지 않았거나, 진술문을 쓰거나 읽는 동안에 자연스러운 감정을 표현하지 못했다면 과제를 성공적으로 작성할 가능성을 높이는 단계를 취하도록 격려해야 한다. 작성 과제에 대한 논의도 사건 자체의 세부 내용이 아니라 확인된 교착점과 왜곡된 신념과 해석들을 반박할 수 있는 사건의 증거에 초점을 맞춘다.

집단 CPT+A의 한 명 또는 그 이상의 내담자가 자신의 진술문을 작성하지 않았다면 집단을 이끄는 치료사는 진술문을 작성하고, 어느 정도의 개선을 보일 수 있는 내담자에게 몇 분간 집중해야 한다. 이는 종종 진술문을 작성하지 않은 내담자가 자신도 과제를 작성할 수 있다고 깨닫게 하고, 다음 회기까지 이 과제를 하는 데에 동기화되도록 도움을 줄 것이다. 이 논의 후, 치료사는 회기 사이에 읽어야 하는 트라우마 진술문을 수집한다. 진술문을 읽는 동안 치료사는 교착점을 찾는데, 이는 보통 내담자가 글쓰기를 멈추고, 선을 긋거나, 내담자가 건너뛰거나 얼버무리거나, 기억이 나지 않는다고 보고했던 부분에서 나타난다. 또한 치료사는 진술문이 경찰 진술서처럼 쓰여 있지는 않은지(생각과 감정이 동반되지 않음) 또는 전체 기억을 되찾고 활성화되었는지를 기록한다. 격려, 칭찬 및 가능한 교착점들은 내담자에게 돌려주기 전에 진술문에 기록한다.

후속 돌봄 집단

개인 CPT와 마찬가지로 치료사들은 치료 종료 2~3개월 후 체크인 미팅에서 집단 CPT를 성공적으로 완료한 내담자와 후속 조치를 할 것을 권장한다. 이 후속 조치는 개인 회기에서 하거나 전체 집단을 다시 소집해서 할 수 있다. 이 회기에서 집단원에게 일반적으로 어떻게 지냈는지 보여 주고 자신이 겪은 문제를 설명하게 한다. 계속되거나 새로운 교착점 또는 어려운 상황을 다루기 위해 신념 도전하기 워크시트를 사용하도록 격려한다. 이 후속 회기에는 치료 중에 사용된 것과 같은 평가 척도를 포함해야 하며, 내담자를 정상 상태로 올리거나 얻은 점들을 강화하는 데 사용할 수 있다.

많은 센터가 동시에 집단이나 개인 치료에서 발생하는 상이한 내담자들의 필요에 부합하도록 조정될 수 있는 CPT 후속 돌봄 집단을 선택적으로 제공해 왔다. 집단은 센터의 목표와 내담자의 필요에 따라 일주일에 한 번, 한 달에 한 번 또는 두 번 진행될 수 있다. 오랫동안 트라우마치료를 받은 많은 내담자가 CPT가 끝날 때 치료를 완전히 중단하는 것을 두려워할 수 있다. 후속 돌봄 집단을 활용하면 매주 집단이나 개인 치료 회기에서 천천히 단계적으로 내려가도록 하는 동시에 치료 종결을 더 어렵게 만들 수 있는 교착점을 계속 다룰 수 있다. 집단이나 개인 CPT에서 강력한 개선을 보였지만, 표준 치료과정에서 해결하지 못한 특정 영역에서의 교착점을 다루기 위해 몇 번의 회기를 더 사용할 수도 있는 내담자들은 이 후속 돌봄 집단이 이런 마지막 문제들을 다룰 수 있는 CPT 기술을 계속 사용하게 도와줄 것이다. 후속 돌봄 집단의 지도자는 참석자가 올 때마다 작성한 워크시트를 계속 가지고 오도록 강조해야 한다. 이 집단 회기는 화이트보드로 이 워크시트를 검토하는 것에 초점을 맞춰야 한다. 마지막으로, 집단원이 집단 회기 밖에서 기술을 연습하기보다

이 집단에서 건강하지 못한 의존도를 형성하는 것을 막기 위해 후속 돌봄 집단에 얼마나 오래 머무를 수 있는지에 대한 제한을 두어야 한다.

성적 학대를 위한 CPT

제2장에서 논의하였듯이, CPT를 각색한 것 중 하나는 아동 성학대 생존자를 위한 지침서였다(Chard, 2005). CPT-SA는 16회기이며, 일반적으로 집단 및 개인 치료를 조합하여 진행되지만, 개인이나 집단 치료 단독으로만 제공될 수 있다. 또한, 많은 치료사가 자신의 트라우마 경험에 대해 자세히 논의하길 꺼리거나 그럴 수 없는 내담자를 위해 트라우마 진술문 없는 CPT-SA를 진행해 왔다. 여러 연구(제2장에서 설명함)에 따르면, 아동기 성적 학대 경험이 있는 내담자가 성인기 트라우마만 있는 내담자처럼 CPT에서도 잘하는 것으로 나타났지만, 일부 치료사와 내담자는 어린 시절 트라우마에 의해 종종 영향을 받는 다른 영역들에 대한 추가 작업을 할 수 있도록 CPT-SA가 제공하는 추가 회기를 하기 원한다. [유인물 12-1]은 내담자를 위한 CPT-SA의 개요이다. (이 유인물은 발달 단계, 자기주장, 의사소통과 사회적 지원에 관한 여러 유인물에 적용되며, CPT-SA에 고유한 것이고 이 책에는 포함되지 않았다. 이 유인물은 https://cptforptsd.com/에서 찾아볼 수 있다.)

CPT-SA에는 새로운 2회기 과제가 추가된다. 이 과제는 ABC 워크시트로 이동하기 전에, 핵심 신념으로 발전했을 수 있는 가족 '규칙'(예: "어린이는 반드시 어른이 말하는 대로 해야 한다." "그 누구도 나를 보호해 주지 않을 것이다." "누군가 술을 마시면, 나는 다칠 것이다.")을 포함하여 그들의 발달에 초점을 맞추도록 한다. CPT+A에서와 마찬가지로, 각 내담자가 자신에게 가장 강력한 영향을 미쳤다고 생각하는 어린 시절 성적 학대 경험에 대한 트라우마 진술문을 쓰도록 한다. 다양한 유형의 트라우마를 경험한 사람을 위해 CPT-SA에는 다른 트라우마 사건에 대한 글을 작성하거나 복잡한 트라우마 경험들과 관련된 교착점 발견에 초점을 맞춘 회기가 추가된다. 존중 문제 모듈 이후, CPT-SA는 자기 주장과 의사소통에 대한 유인물을 추가한다. 이 유인물들은 트라우마 생존자가 자신의 욕구를 충족시키려고 시도할 수 있는 건강하지 않은 방법(예: 공격성이나 수동성)뿐 아니라 다른 사람들과의 의사소통에 대한 교착점을 확인하도록 돕기 위해 만들어졌다. 이 회기를 통해 내담자는 자신의 욕구를 충족하기 위한 더 건강하고, 더 효과적이며, 안전한 전략을 개발할 수 있다.

[유인물 12-1]

성적 학대를 위한 인지처리치료(CPT-SA): 치료 개요

CPT-SA는 55분으로 구성된 16회기로 진행됩니다. 다음은 회기 내용에 대한 일반적인 개요입니다.

1회기

치료사는 CPT-SA를 소개하고 치료, 증상 반응, 사회인지 이론, 감정과 교착점에 대한 교육을 제공합니다.

연습과제 교착점과 발달 단계에 대한 유인물을 읽습니다.

2회기

1회기의 연습과제를 검토합니다. 발달적 문제와 이것이 현재의 신념과 행동에 미치는 영향을 논의합니다. 가족 역동성을 탐색합니다.

연습과제 학대가 자신, 타인 및 세상에 대한 믿음에 어떻게 영향을 미쳤는지에 관한 트라우마 충격진술문을 작성합니다.

3회기

2회기의 연습과제를 검토합니다. 생각과 감정 사이의 연관성을 조사하기 시작합니다. ABC 워크시트를 살펴봅니다.

연습과제 ABC 워크시트를 작성합니다.

4회기

3회기 연습과제를 검토합니다. 생각, 감정, 행동 간의 연결성을 살펴봅니다.

연습과제 아동 성적 학대의 지표 트라우마 사건에 대한 완전한 진술문을 작성하고, 이를 매일 스스로 읽습니다. ABC 워크시트를 계속 작성합니다.

5회기

4회기 연습과제를 검토합니다. 트라우마 진술문을 회기 내에서 읽고 감정을 다루며, 교착점에 대한 진술문을 검토합니다.

연습과제 감각적인 세부 내용을 더 많이 포함하여 어린 시절의 성적 학대 트라우마 사건에 대한 두 번째 진술문을 작성하고, 이를 매일 스스로 읽습니다. ABC 워크시트를 계속 작성합니다.

6회기

5회기 연습과제를 검토합니다. 두 번째 트라우마 진술문을 회기 내에서 읽고 감정을 다루며, 교착점에 대한 진술문을 검토합니다.

연습과제 다음으로 가장 충격적인 사건(있는 경우)에 대한 진술문을 작성하고, 이를 매일 스스로 읽습니다. ABC 워크시트를 계속 작성합니다.

7회기

6회기 연습과제를 검토합니다. 세 번째 진술문을 읽고 계속 감정을 다루며 교착점을 찾습니다. 도전질문지 워크시트를 살펴봅니다.

연습과제 도전질문지 워크시트를 사용하여 학대와 관련된 적어도 하나의 교착점에 도전하고, 교착점일지의 교착점에 도전하기 위해서 이 워크시트의 추가 사본을 사용합니다. 원한다면 두 번째 사건에 대한 다른 기록을 쓰거나, 세 번째 사건을 작성하며 매일 그 진술문을 스스로 읽습니다.

8회기

7회기 연습과제를 검토합니다. 가장 최근에 작성된 진술문을 읽고 계속해서 감정을 다루고, 진술문에서 추가 교착점을 검토합니다. 도전질문지 워크시트를 검토합니다. 문제 사고 패턴 워크시트를 살펴봅니다

연습과제 문제 사고 패턴 워크시트를 사용하여 교착점과 관련이 있는 이러한 패턴을 확인합니다. 도전질문지 워크시트를 사용하여 적어도 하나의 규칙에 도전합니다. 이 진술문을 매일 읽습니다.

9회기

8회기 연습과제를 검토합니다. 문제 사고 패턴, 그 발달 및 영향을 검토합니다. 신념 도전하기 워크시트와 안전 문제 모듈을 살펴봅니다.

연습과제 안전 문제 모듈을 읽습니다. 신념 도전하기 워크시트를 사용하여 교착점(안전에 관련된 것을 포함)에 도전합니다. 진술문을 계속 읽습니다.

10회기

9회기 연습과제를 검토합니다. 안전에 대해 논의하고, 안전과 관련된 교착점에 도전합니다. 신뢰 문제 모듈을 살펴봅니다.

연습과제 신뢰 문제 모듈을 읽습니다. 신념 도전하기 워크시트를 사용하여 교착점(신뢰에 관련된 것을 포함)에 계속 도전합니다.

11회기

10회기 연습과제를 검토합니다. 신뢰에 대해 논의하고, 신뢰와 관련된 교착점에 도전합니다. 힘/통제 문제 모듈을 살펴봅니다.

연습과제 힘/통제 문제 모듈을 읽습니다. 신념 도전하기 워크시트를 사용하여 교착점(힘/통제에 관련된 것을 포함)에 계속 도전합니다.

12회기

11회기 연습과제를 검토합니다. 힘/통제에 대해 논의하고, 힘/통제와 관련된 교착점에 도전합니다. 존중 문제 모듈을 살펴봅니다.

연습과제 존중 문제 모듈을 읽습니다. 신념 도전하기 워크시트를 사용하여 교착점(존중에 관련된 것 포함)에 계속 도전합니다.

13회기

12회기 연습과제를 검토합니다. 존중에 대해 논의하고, 존중과 관련된 교착점에 도전합니다.

연습과제 신념 도전하기 워크시트를 사용하여 교착점(존중에 관련된 것을 포함)에 계속 도합니다. 자기주장과 의사소통에 대한 유인물을 읽습니다.

14회기

13회기 연습과제를 검토합니다. 계속해서 존중에 대해 논의하고, 자기주장이 자기 존중과 어떻게 연결되는지 탐색합니다. 친밀감 문제 모듈을 살펴봅니다.

연습과제 친밀감 문제 모듈을 읽습니다. 신념 도전하기 워크시트를 사용하여 교착점(친밀감에 관련된 것 포함)에 도전합니다.

15회기

14회기 연습과제를 검토합니다. 계속해서 친밀감을 논의하고, 친밀감과 관련된 교착점에 도전합니다. 사회적 지지 모듈을 살펴봅니다.

연습과제 사회적 지지 모듈을 읽고, 신념 도전하기 워크시트를 사용하여 계속 교착점(사회적 지지에 관련된 것 포함)에 도전합니다. 두 번째 트라우마 충격진술문을 작성합니다.

16회기

15회기 연습과제를 검토합니다. 회기에서 새로운 트라우마 충격진술문을 읽고, 사회적 지지에 대해 논의하고 미래의 목표를 확인합니다.

제13장

다양한 트라우마 유형을 다루는 문제

이 장의 목적은 내담자가 경험한 트라우마의 유형에 따라 발생할 수 있는 치료의 특수한 문제나 주제를 논의하는 것이다. 일부 문제는 특정 유형의 트라우마에만 해당된다. 한편, 많은 내담자가 평생에 걸쳐 트라우마를 경험해 왔기 때문에 트라우마가 때로 혼재해 있기도 하다. 예를 들어, 적에게 총을 맞은 참전군인은 "나는 아무도 믿지 않는다."라고 말할 수 있다. 치료사는 이 퇴역군인이 총을 쏜 적군을 처음부터 알고 있었거나 적군이 신뢰할 수 있었던 사람이 아닌데 왜 신뢰가 영향을 받았는지를 궁금해할 수 있다. 이 퇴역군인은 유년기에 학대를 경험했고, 그가 신뢰에 대해 전개한 초기의 도식/핵심 신념은 이후 트라우마에 의해 활성화되었던 것으로 밝혀질 수도 있다. 내담자는 신뢰에 대한 진술이 논의 중인 트라우마의 맥락에서는 의미가 통하지 않는다는 사실조차 깨닫지 못할 수 있지만, 치료사에게는 치료과정 중 해결해야 할 다른 트라우마에 대한 '적기(경고)'의 역할을 할 수도 있다.

전투 및 전사의 기풍

이 절에서는 치료사가 현역군인 또는 퇴역군인과 함께 작업할 때 고려해야 할 몇 가지 영역에 중점을 둔다. 많은 현역 또는 퇴역 군인은 군대나 정부에 대해 과수용된 견해를 형성하고 있다. 이러한 교착점은 치료의 거의 모든 부분에서 발생할 수 있으므로, 초기 또는 안전, 신뢰 또는 존중과 같은 특정 모듈에 집중하는 동안 작업할 수 있다. '신뢰'라는 단어가 지나치게 일반적인 용어인 것처럼, '정부'와 같은 단어도 마찬가지이다. 우리는 심지어 PTSD가 있는 일부 퇴역군인들이 트라우마 사건에 의해 발생한 자연스러운 감정을 피하는 방법으로 정부에 대한 분노를 계속 만들고 있음에 주목해 왔다. 이는 치료사가 내담자에게 트라우마 사건과 관련된 특정 생각에 초점을 맞추도록 요청하거나, CPT+A에서 트라우마 진술문을 작성하도록 요청할 때 종종 볼 수 있다(제11장 참조). 대신에 내담자는 일반적으로 정치에 대한 논의나 군대/정부가 어떻게 군인을 실망하게 했는지 통렬한 비판으로 옮겨 가려고 시도한다. 치료사는 토론의 초점을 지표 트라우마으로 되돌리고, 내담자가 비판으로 회기를 장악하는 것을 허용하지 않아야 한다. 이런 생각을 처리하고 내담자가 대안적인 사고를 형성하는 방법으로 현재 논의하고 있는 워크시트를 사용하여 내담자가 집중하도록 도울 수 있다. 다음은 치료사가 토론을 촉진하기 위해 사용할 수 있는 몇 가지 질문의 예이다. "'정부'란 무엇을 의미합니까? 연방정부를 말하는 것입니까? 주 또는 지방 정부를 의미합니까? 이 모두가 다 똑같습니까? 정부가 신경 쓰지 않는다고 말하는 것은 119에 전화하면 아무도 전화를 받지 않는다는 뜻입니까?" 지나치게 모호한 다른 용어의 경우와 마찬가지로, 내담자가 조금 더 등급이 있는 방식으로 판단될 수도 있는 여러 유형과 범주가 존재함을 인정함으로써 하나의 극단만을 바라보는 것에서 벗어나 전체적인 연속선상에서 보도록 전환해 주는 것이 중요하다. 내담자가 타인과의 관계를 허용하는 보다 건강한 행동을 피하는 방법으로 정부에 대한 분노를 사용했다면, 이 주제는 치료의 매우 초기에 접근해야 한다. 그러나 이후의 모듈들을 살펴볼 때 다시 나타날 수 있다.

비슷하게, 집단 환경에서 퇴역군인과 현역군인들은 종종 정부, VA(때로 퇴역군인에게 모두 혼란스러운, 병원, 복리 및 묘지 서비스를 포함하는 퇴역군인 담당 업무부), 전반적인 군대 또는 특정 부서에 대한 분노를 표출할 것이다. 이는 이러한 내담자가 다루어야 할 매우 중요한 주제일 수 있지만, 회피의 한 형태가 되어 집단의 진행을 방해할 수도 있다. 내담자가 군대, 정부 또는 VA에 의해 혹사당했다고 생각하는 경우 근본적인 교착점을 확인하는 것에 어려움을 겪을 수 있고, 대신 회피만을 더욱 강화하는 열정적인 연설을 할 수 있다. 덧붙여, 이러한 연설은 다른 퇴역군인이 더 많이 회피하기 시작하도록 만들 수 있으며, 일부 퇴역군인이 동의하지 않고 실제로는 친정부적이거나 친VA적인 경우 집단에 분열을 일으킬 수도 있다. 집단 지도자는 군이나 정부에 대한 '정치적' 토론이나 장황한 토론이 집단치료의 일부가 되어서는 안 된다는 규칙을 일찍 수립하는 것이 도움이 될 수 있다. 치료사는 역사적으로 이러한 유형의 토론을 포함하는 집단이 참석자에게 장기적인 개선을 가져오지 못했다는 점을 지적하고 싶을 수 있다. 이것이 많은 내담자가 기능의 변화 없이 수년 동안 치료에 참석하는 이유이다. 또 다른 방법은 내담자가 조직 내에서 만난 몇몇 '나쁜' 사람들을 해당 조직의 모든 사람에게 과도하게 일반화하는 것이 그 기관(예: VA)에 있는 사람과 의사소통해야 하는 상황에서 과민반응하게 만드는 문제를 일으킨 적이 없는지 물어보는 것이 될 수 있다.

다른 특정 교착점이나 임상적 문제들이 현역 및 퇴역 군인 사이에서 자주 발견된다(Wachen et al., 2016). 한 가지 문제는 군에 입대하고 전투에 대한 준비를 갖추게 하지만, 민간 세계에서는 작동되지 않는 군인 정신을 취하는 많은 젊은 청년이다. 여전히 발달을 형성하는 단계에 있을 때, "우리 모두 각자의 일을 한다면 우리는 집에 돌아가게 될 것이다." "절대 동료를 남겨두지 않는다." 그리고 "너의 부대는 너의 책임이다."와 같은 것을 배우기 때문에 부대원 중 누군가가 죽거나 반드시 지켜야 하는 이런 명령을 수행하지 못했다면, 이 교훈을 문자 그대로 받아들이고 죄책감을 느끼거나 잘못된 타인 비난을 할 수 있다. 비슷하게, "경계하고, 살아남아라."와 같은 슬로건은 위험한 상황에서 사람들이 주의를 기울이게 할 수 있지만, 군 배치 후 귀향했을 때 PTSD 과잉경계 증상으로 이어질 수도 있다.

도망치기보다는 싸우도록 훈련을 받았고, 전투 중에 자동으로 맡은 일을 할 수 있도록 반복 훈련을 받았기 때문에, 민간인의 삶으로 되돌아오는 퇴역군인은 자신이 촉발되는 대부분의 민간 상황에 전혀 어울리지 않는 분노와 공격성을 가지거나, 트라우마 사건 동안 감정을 경험하지 않았다고 치료사에게 보고하고 감정의 의미와 관련된 교착점을 가지고 있을 수 있다(예: "감정은 내가 약하고 취약하다는 의미이다." "감정은 멈추지 않을 것이다."). CPT 동안 치료사는 내담자가 이렇게 학습된 핵심 신념을 민간 세계에서 더 적응력이 있는 보다 균형 잡힌 신념과 분리하도록 도와야 할 수 있다.

현역 및 퇴역 군인 내담자는 많은 다른 유형의 내담자보다 다른 사람의 폭력적인 죽음을 목격하거나 죽인 것과 관련된 문제가 있을 가능성이 크다. 전사적으로 훈련된 신념 때문에 이러한 내담자는 종종 트라우마 충격진술문에서 지뢰를 묻거나 박격포를 기지에 쏜 사람보다 자신이나 근접하게 있었던 다른 사람을 비난한다. 때때로 참전 퇴역군인들은 사건의 원인을 그저 "우리가 전장에 있었기 때문에 일어났다."라고 말함으로써 지표 사건에 대해 말하거나 글을 쓰는 것을 피할 것이다. 치료사는 이에 동의할 수 있으나 특정 지표 사건의 원인을 물어볼 수 있다. 때때로 정의로운 세계관 신화가 진술 중 분명히 드러날 수 있다. "하지만 왜 그가 죽었을까요? 그는 정말 좋은 사람이었습니다." 치료사는 그 사람이 착한 사람이었기 때문에 특별히 표적이 되었는지 아니면 트럭 위에 있는 포수였기 때문에 일반적인 표적이 되었는지 물어볼 수 있다. 아이들이 죽는 것을 보는 것은 종종 정의로운 세상관 신화에 근거한 또 다른 신념을 촉발한다. "아이들이 전쟁에서 죽어서는 안 된다." 모두가 그 말 뒤에 있는 철학에 동의할 수 있지만, 사실은 아이들은 전쟁에서 죽는다는 것이다. 그리고 치료사들은 이 내담자가 목격한 것을 받아들이도록 도와야 한다. 내담자가 사건을 취소하려는 시도(예: "내가 더 일찍 있었더라면." "그가 우리에게 달려오는 것을 멈추지 않았더라도, 그가 폭탄을 가지고 있었다는 것이 분명해질 때까지 총에 맞지 않았어야 했다.")가 일반적이다.

일부 퇴역군인은 자신이 누군가를 죽였고, 스스로 '살인자'라고 부르고, 이전에 해 본 적이 있기 때문에 다른 사람을 해칠 위험이 크다는 이유로 자신을 다른 사람으로부터 격리한다. 이러한 내담자가 군 작전 배치에서 돌아온 이후로 실제로 아무도 죽이지 않았음을 확인한 후, 치료사는 내담자가 사건이 발생한 상황에 맞게 그 사건을 '적절한 규모'로 조정하도록 돕는 것이 중요하다. 제7장에서 자세히 설명했듯이, 치료사는 원형 차트(pie chart)를 그려서 내담자에게 사건의 전후에 내담자가 한 다른 일들, 또는 삶 속에서 내담자가 담당하고 있는 다른 역할들의 조각을 원형 차트에 그리도록 요청하므로, 누군가를 죽인 것이 내담자의 전체 정체성이 아니라는 것을 분명하게 한다.

전쟁에서의 살인(그리고 다른 사람을 방어하는 것)은 살인과 다르다. 때때로 내담자는 전쟁에서 실제로 죽이지 않으려고 노력했다. 예를 들어, 검문소를 향해 운전해 오는 사람에게 멈추라고 명령하고, 경고로 그 사람의 머리 위로 총을 쏘고, 그런 다음 그 사람이 멈추지 않을 때 차를 향해 총을 쏘았다. 이 내담자의 의도는 누군가를 죽이는 것이 아니라 기지를 보호하는 것이었다. 맥락이 가장 중요하다. 누군가가 의도적으로 살해하거나 민간인을 살해한 때도, 내담자가 실제로 승인되지 않은 행위를 저질렀다는 사실을 인정하는 동시에 맥락을 고려해야 한다. 예를 들어, 우리는 전체 부대의 다른 모든 사람이 죽고 유일한 생존자인 내담자에 대해 들어보았다. 목격한 옆 사람을 쏘았을 때, 그들은 생각하고 있는 것이 아니라 그저 느끼고 있었다. 그리고 그 사람은 비무장한 마을 사람인 것으로 드러났다(전전두엽 피질과 편도체 사이의 상호관계에 대해서는 제1장 참조). 치료사는 이런 내담자가 의도가 있었고 따라서 죄책감을 느낀다는 것에 동의할 수 있지만, 치료사는 이 맥락에서 내담자가 압도당하고 겁에 질려 있었음을 지적할 수 있다. 치료사는 내담자가 사건 전후에 냉정하게 누군가를 죽인 적이 있는지 확인할 수 있으며, 맥락을 고려할 필요가 있음을 강조할 수 있다. 살인을 즐기는 사이코패스가 PTSD를 겪거나 치료를 찾을 가능성은 적으므로, 치료사가 그런 사람을 다룰 필요가 있게 될 개연성은 낮다. 치료사와 내담자는 죽은 사람(신원 불명일 수 있음)이나 그 사람의 가족이 아니라 지역사회에 할 수 있는 배상 행위를 논의하여 내담자가 보상하고 가치감을 느낄 수 있는 기회를 가질 수 있다. 예를 들어, 이런 내담자가 10회기 이후에 해야 할 추가 과제를 논의할 때 자신을 위해 좋은 일을 하는 것뿐만 아니라, 노숙자 쉼터 또는 도움이 필요한 사람에게 도움을 제공하는 기관에서의 자원봉사와 같은 가치 있는 일을 하는 것에 대해 논의할 수 있다.

성폭행

이 부분에서는 강간(혼인 강간 포함), 아동 성적 학대 및 군대 성적 트라우마(즉, 군 복무 상황에서 강압적이거나 강제적인 성적 접촉이나 심각한 괴롭힘)에 대해 설명한다. 처음에 CPT는 강간 피해자와 강간 위기 센터의 내담자를 염두에 두고 개발되었다. 우리의 첫 번째 연구 프로젝트에서 성폭행 피해자가 어린 시절의 성적 학대 이후 여러 차례의 강간을 겪었다는 사실이 빠르게 드러났다. Resick 등(2002)의 연구에 따르면, 치료를 위해 모집된 내담자 중 지표 사건이 완전한 강간(즉, 질, 구강, 항문에 삽입)이었지만, 표본의 86%는 적어도 한 번의 다른 사건이 있었고, 48%는 적어도 한 번의 다른 강간, 41%는 어렸을 때 성기 접촉 학대의 경험이 있었다. 그들은 성인이 되었을 때 평균 6회의 다른 범죄 피해를 입었다. 따라서 치료를 받는 사람 중 한 번의 사건을 경험한 사람을 보는 것은 드물다. 그러나 지표 사건(가장 심각하고 빈번한 PTSD 증상을 보이는 사건)이 치료사가 치료를 시작하는 사건인 경우, 주의해야 할 교착점의 패턴이 있을 가능성이 있다.

강간은 피해자와 가해자 외의 사람에게는 거의 목격되지 않는다. 강간 피해자에게 나타날 수 있는 문제 중 하나는 다른 사람들이 그들을 믿을 것인지에 대한 것이다. 때때로 믿어 주지 않기 때문에, 피해자들이 사건 자체가 발생했는지, 그것이 정말로 강간이었는지, 이런 '오해'를 낳는 자신들이 무엇을 한 것인지 등에 대해 의문을 갖게 만들 수 있다. 자신과 타인에 관한 판단에 의문을 가지게 될지도 모른다. 다른 말로 하자면, 그들은 인과적 속성에서 매우 자기 집중적이 될 가능성이 크다(예: "강간이 일어난 것은 내 책임이다."). 우리는 강간 피해자에게서 분노를 거의 볼 수 없으며, 가해자보다는 자신을 사건의 원인으로 생각하기 때문에 분노 척도에서 정상 수준의 점수를 보이는 경향이 있다(정의로운 세계관 신화의 또 다른 예: "나쁜 사람들에게 나쁜 일이 발생한다."). 이러한 생각은 종종 강한 죄책감으로 이어진다.

또한 수치심은 폭행 생존자들에게 매우 흔한 감정이다. 죄책감은 한 일에 관한 것이고 수치심은 자신의 존재에 관한 것이다. 강간 피해자는 이러한 사적인 침탈로 인해 자신이 영구적으로 바뀌었다고 생각하므로 수치심을 느끼거나, 사람으로서 나쁜 무언가 때문에 이런 폭행이 일어났다고 생각할 수도 있다. 침탈감과 영구적으로 손상을 받은 것에 관한 생각과 관련된 교착점들은 나중에 신뢰, 존중 그리고 친밀감 모듈 동안에 (자신과 관련하여) 발생할 수 있지만, 치료의 상당히 초기에 다루기 시작해야 할 수 있다. 수치심은 도식 수준이기 때문에 이러한 내담자들이 사건을 인간으로의 자신에 관한 것이 아닌, 포식자로서의 가해자 및 편리한 표적 선택에 관한 것임을 깨닫도록 많은 워크시트와 소크라테스식 대화가 필요할 수 있다.

가해자가 낯선 사람이 아니라면(그렇지 않은 경우보다 더 빈번함), 내담자와 가해자와의 관계가 문제가 될 수 있다. 배신감은 특히 산산조각이 나고, 강간당한 내담자는 그 신뢰를 배신한 사람을 비난하는 대신 가해자를 신뢰한 것에 대해 자신을 비난할 수 있다. 이 문제는 모든 유형의 성적 희생에 적용된다. 아동 성적 학대의 피해자는 가족이나 가족의 친구로부터 학대를 받았을 가능성이 가장 크다. 혼인 강간 피해자는 자신을 소중히 여기고 보호하겠다고 서약하고, 함께 살기로 선택한 사람에게 배신당하고 모욕당했다. 군사적인 성적 트라우마에서는 전투에서 서로를 지켜 주어야 하는 사람이나 심지어 지휘관이 그 신뢰를 배신한다. 이러한 상황은 교사, 코치, 경찰관 및 종교 지도자와 같이 신뢰할 수 있다고 가정해야 하는 다른 사람들의 학대와 관련된 상황과 유사하다. 차이점은 아동 성적 학대, 혼인 강간, 군대 트라우마의 많은 경우에서 피해자는 가해자와 함께 살아야 한다는 것이며, 그 사건은 일정 기간에 걸친 여러 차례의 폭행일 수 있다는 것이다.

전장에서 돌아오면 현장에서 보통 멀리 떨어지게 되는 참전 퇴역군인들과는 다르게, 강간 피해자들은 유형이 무엇이든 계속 그 '전쟁 지역'에서 산다. 자신의 집에서 학대를 받은 아동은 투쟁-투쟁 대응이 효과가 없을 때 대처할 수 있는 유일한 수단으로 해리를 사용할 수 있다. 매우 충격적인 사건과 충분한 해리로 인해 해리가 너무 자동적이게 되어 피해자를 재희생에 취약하게 만든다. 한 번 해리되기 시작하면 문제를 효과적으로 해결하는 능력을 잃고 이들 없이도 사건이 계속될 수 있다. 아동 성적 학대는 종종 '더듬기(그루밍)' 기간으로 시작되는데, 가해자는 아동에게 특별한 관심과 애정을 보여 줌으로써 아동이 성적 학대에 관여하도록 천천히 준비하고, 아동을 '특별한' 관계로 서서히 끌어들인다. 어떤 아이들은 가해자가 '우리만의 비밀'이라고 말하거나, 누군가에게 말하면 다른 가족 구성원을 해칠 것이라고 위협하기 때문에 무언가 잘못되었음을 깨닫는다. 다른 어떤 아이들은 나이가 들어 성인과 아동 사이의 성관계가 잘못된 것이고 불법임을 배우기까지 어떤 것이 잘못되는지를 깨닫지 못할 수도 있다. 두 경우 모두 아이들을 피해자가 아닌 참여자처럼 느끼게 만들고, 앞으로의 삶에서 죄책감과 부정적인 도식/핵심 신념을 가지게 한다. 다른 모든 사건은 변경 없이 어린 시절의 신념을 통해 여과된다. 치료는 긍정적인 사건까지 영향을 미치는 부정적인 스키마를 고려해야 하며, 내담자는 이러한 스키마를 주기적으로 활성화하는 특정 사건에 대한 많은 워크시트를 작성해야 할 수 있다.

트라우마 당시의 발달 수준은 교착점/도식 그리고 내담자가 치료에서 어떻게 행동하는지에 큰 영향을 미칠 수 있다. 우리는 내담자가 트라우마가 발생하고 PTSD로 고통받기 시작한 시점에서 발달적으로 교착될 수 있다는 것을 발견했다. 인지적·정서적·사회적 발달에 주의를 전념하기보다 폭력적인 환경에서 트라우마 기억을 피하거나 대처하기 위해 사용한다. 이 장의 뒷부분에서 설명하겠지만, 청소년기에 트라우마를 입은 사람은 권위 있는 인물이나 독립적인 정체성 계발에 관한 특정한 문제가 있을 수 있다. 트라우마 당시 매우 어렸던 사람들은 정서 조절에 문제가 생길 수 있으며, 심지어 어린아이처럼 화를 내거나 경계선 성격장애가 있다고 오인될 수도 있다. 이들은 전형적인 성인들이 가졌을 보다 미묘한 사고가 발달하지 못했기 때문에, 매우 단순한 흑백 인지 범주(예: "당신은 내 친구가 아니면 적이다.")를 가질 수 있다. '둘 중 하나'와 같은 생각 때문에 사회적 관계를 발전시키고 유지하는 것이 어려울 수 있다. 치료사는 첫 번째 트라우마 사건이 치료가 시작되는 지표 사건이 아니더라도, 내담자에게 처음 PTSD가 생긴 나이를 염두에 두어야 한다. 왜냐하면, 발달 수준은 지표 사건과 정확히 일치하지 않거나 내담자-치료사 관계에 영향을 미칠 수 있는 교착점에서 나타날 수 있기 때문이다.

군대 성폭력과 관련된 구체적인 문제에는 환경에서 탈출할 수 없다는 점과 피해자가 가해자 대신 처벌을 받을 수도 있다는 사실이 포함된다. 실제로 많은 여성이 학대를 신고하면 군 경력을 잃게 된다. 또한 가해자가 사령관인 경우에 피해자는 갇혀 있다고 느끼고, 특히 성폭력이 전쟁 지역에서 발생한다면 학대를 신고하거나 도움을 구할 수 있다는 믿음도 없을 수 있다.

친밀한 파트너 폭력

친밀한 파트너 폭력(IPV) 피해자는 일정 기간 다양한 트라우마 경험을 경험할 가능성이 크다. 또한 많은 IPV는 본질적으로 양방향인데, 이는 각 파트너가 상대방에게 공격적인 행동을 한다는 의미이다. 그러나 남성 대 여성의 상대적인 체력을 고려할 때(이성애 관계에서) IPV의 후유증은 일반적으로 남성보다 여성이 더 크다. 그렇지만 이는 남성이 IPV의 영향을 받을 수 없다는 의미가 아니라, PTSD를 유발하는 IPV의 대부분이 여성에게서 발견된다는 의미이다.

IPV의 높은 만성화를 고려할 때, 일반적으로 발생하는 문제 중 하나는 지표 사건을 정의하는 데 어려움이 있다는 것이다. 다른 유형의 만성 학대와 마찬가지로, 치료사는 내담자가 제시하는 PTSD 증상(예: 침습 및 회피 증상의 내용)을 세밀하게 평가하여 특히 고통스러운 사례가 있는지 판단하도록 도와야 한다. 종종 피해자들에게 특히 고통스러웠던 학대 경험이 있었다. 사례로, 피해자가 다쳤거나(또는 더 심각하게), 아동이 학대를 목격하거나 듣거나, 무기와 관련되거나, 기습 폭력을 당한 경우이다. 이러한 사건 중 가장 심각한 것을 지표 사건으로 사용해야 한다. 내담자가 가장 충격적인 사건을 밝히는 데 어려움을 겪는 경우 치료사는 일반적인 학대 패턴에 대해 질문하고, 이 패턴의 상징적인 사건을 지표 사건으로 사용해야 한다. 자신이나 자녀가 죽으리라고 생각했던 사건 같은 것이 지표 사건의 좋은 후보이다.

IPV의 결과로 나타난 PTSD와 관련하여 자주 발생하는 또 다른 질문은 지속적인 IPV 가능성이 있는 경우 PTSD 치료를 시작하기 적절한 때는 언제인가이다. 초기 치료 결과 시험에서 우리는 현재 폭력적인 관계에 연루되어 있거나 지속적인 스토킹 행동의 피해자를 포함하지 않았다. 이러한 유형의 학대 피해자와 전투 수술실에서 치료를 받은 군인에 대한 이후의 임상 경험과 콩고 민주 공화국 참가자를 대상으로 한 연구(제2장 참조)를 고려해 볼 때, 우리는 IPV 피해자에게 가능한 한 빨리 치료받을 것을 권장한다. 우리는 이런 피해자의 많은 수가 가해자에게 돌아가거나, 가해자를 떠난다면 보복을 당할 위험에 처할 수 있음을 알고 있다. 치료의 목표는 적절한 각성 상태를 완화하는 것이 아니라, PTSD의 과잉 각성 상태를 완화하여 이러한 피해자가 가능한 한 정확하게 위험을 평가할 수 있도록 하는 것이다. 더욱이, 동반 장애인 우울증이나 해리 증상을 개선하는 것이 이러한 피해자가 더 행동적으로 활성화되거나 일반적인 의식 수준과 자기가치감의 수준을 높이도록 도울 수 있으며, 추가 희생이나 PTSD 증상으로부터 보호받도록 도울 수 있다. 다시 말하지만, 이것은 제2장에서 검토한 연구와 일치한다.

현재 IPV의 위험에 처한 피해자와 작업할 때, CPT 치료 시작 전에 피해자의 사회적 연결망 내 자연적으로 발생하는 지지체계에 연락하고 이를 활용하기 하기 위한 비상연락망이나 기타 방법을 포함하는 표준 안전계획을 개발하는 것이 중요하다. 내담자가 필요한 경제적 및 사회적 자원(예: 주택, 재정 지원, 보육)에 접근할 수 있도록 도와주는 동시 발생적 사례관리 서비스가 최근의 IPV 사례에서 필요성이 더욱 부각되고 있다. 이러한 보다 기본적 욕구가 충족되지 않으면 심리사회적 개입의 전달은 어려울 것이다.

재난 및 사고

자연적 또는 기술적 재해 그리고 자동차 사고와 관련하여, 치료사는 불확실한 세상에서 사고가 늘 발생한다는 사실을 기억하는 것이 중요하다. 흔한 교착점으로 "예방 조치를 잘 취하면 예방할 수 있다." 또는 "내 친구가 교통사고로 죽었다. 그것을 막기 위해 나는 무언가를 해야 했다."와 같은 것이 있다. 이러한 사고에서 비난, 책임 및 예측 불가능함의 차이를 고려하는 것이 중요하다(제7장 참조). 비난은 고의성과 어떤 행동 조치나 행동하지 않음의 조합으로 트라우마 사건이 발생한 경우에만 적절하다.

Galovski와 Resick(2008)은 운전 기록이 모범적인 63세 장거리 트럭 운전사가 은퇴 17개월을 남기고 있었는데, 심각한 사고를 당했던 사례를 제시했다. 사고 후 그는 직장으로 돌아갈 수 없었고, 트럭 운전은커녕 차에 탑승하는 것도 간신히 견딜 수 있었다. 그가 받은 한정된 장애 수당은 일하거나 은퇴했을 때 벌어들이는 수입을 대체하지 못했고, 그는 스테이션 왜건이 중앙 분리대에서 거꾸러져 자신의 트럭을 들이받은 사고 4개월 후 치료에 동의했다. 그는 방향을 틀었으나 충돌을 피할 수 없었다. 16세 소녀가 운전했고, 그녀를 포함한 나머지 6명의 가족이 전원 사망했다. 유일한 생존자는 아기뿐이었다. 모두가 자고 있었다고 여겨졌다. 트럭 운전사의 주요 교착점은 "내가 이 가족을 죽였다. 그 아기는 자신의 가족을 모를 것이다."였다. 그는 CPT+A에 일찍 반응했고, 6회기 후 증상이 사라졌다. 그는 7회기에서 치료를 마친 후 직장으로 돌아갈 수 있었고, 다시 가족과 더 가까워졌다.

우리 중 한 명은 청소년기에 화재로 오빠가 사망한 내담자와 관련된 사건을 감독했다. 내담자의 오빠는 가족 소유의 잔디 깎는 기계에 가스가 충분한지 확인하기 위해 가스탱크에 라이터를 댔고, 그 탱크는 폭발했다. 그는 불길에 휩싸여 집안으로 뛰어들었고, 집에 불을 냈으며 죽었다. 내담자는 "내가 더 똑똑했더라면 오빠는 죽지 않았을 것이다."라고 말하며 그를 구해 주었어야 했다고 생각했다. 사건의 맥락은 그녀가 신문 배달을 마치고 집으로 막 들어섰을 때, 집에 불이 났음을 발견했고 돕기 위해 최선을 다했다는 것이다. 그녀는 도움을 요청했고, 다른 형제를 집에서 데리고 나오고 불을 끄기 위해 물과 소화기를 사용하려고 했으며, 숨을 쉴 수 없게 되었을 때에서야 집에서 빠져나왔다. 이 사례는 모든 트라우마 사건의 맥락을 면밀히 검토하고, 그러한 사건의 예방 가능성(또는 아님)을 결정하는 것의 중요성을 보여 준다.

뇌 손상, 낮은 지능 또는 노화/치매가 있는 내담자의 트라우마

우리의 연구 및 임상 프로그램에 참여한 많은 내담자는 발달적 어려움, 유기적 뇌 손상, 작업 또는 교통 사고, 치매 등 다양한 요인에서 발생하는 인지장애를 가지고 있다. 또한 전투 중 트라우마성 뇌 손상을 입은 많은 현역 및 퇴역 군인이 PTSD의 임상치료를 위해 참석한다. CPT 연구는 인지장애가 있는 내담자의 대다수가 CPT의 전체 프로토콜에 잘 반응함을 나타내기 때문에, 치료사는 이러한 내담자가 현재의 연습에 대한 기본적인 이해에 어려움을 가지기 전에는 원래 워크시트를 사용할 것을 권장한다. 어려움을 가지는 시점에서 치료사는 다음에서 설명하고 이 장의 끝에서 제공하는 워크시트의 수정본 중 하나로 전환하는 것이 도움이 될 수 있다.

내담자가 글을 읽을 수는 있으나 원래의 도전질문지 워크시트([유인물 7-2] 참조)를 사용하는 데 어려움이 있는 경우, 이 시트를 5개의 질문으로 단축한 수정된 도전질문지 워크시트([유인물 13-1] 참조)를 사용할 것을 권장한다. 워크시트 수정본에서 모든 내담자는 원래의 워크시트 질문 1 버전대로 질문하는데, 이는 신념에 대한 증거와 반대되는 증거에 초점을 맞추고 있다. 이 정보는 이후 질문에 대한 발판을 마련하는 데 도움이 된다. 그런 다음 내담자에게 원래 워크시트(맥락 질문)의 질문 3, 6, 10 중에서 선택하도록 한다. 내담자는 종종 다른 두 질문보다 이 질문 중 하나를 더 쉽게 이해할 수 있기 때문이다. 마지막으로, 내담자에게 나머지 질문 중 다른 질문보다 더 이해하기 쉽다고 생각하는 세 가지 질문을 선택하도록 한다.

도전질문지 워크시트 수정본을 사용하고 난 다음, 원래 계획된 시간대로 문제 사고 패턴 워크시트를 소개한다. 그런 다음 치료사는 내담자가 신념 도전하기 워크시트 수정본([유인물 8-1]의 수정본 [유인물 13-2], D칸에 수정된 도전하는 질문 워크시트에서 선택된 것과 동일한 5개 항목을 사용)을 다룰 수 있는지 확인해야 한다. 신념 도전하기 워크시트 수정본조차 너무 어렵다면, 치료사는 도전질문지 워크시트와 신념 도전하기 워크시트의 측면을 결합한 신념 도전하기 워크시트 간소화 버전([유인물 13-3] 참조)을 사용할 수 있다. 나머지 치료는 원래의 신념 도전하기 워크시트를 대신하여 간소화 버전의 신념 도전하기 워크시트를 사용해야 한다. 인지장애가 있는 내담자는 새로운 워크시트를 배울 때 약간의 혼란을 겪을 수 있지만, 일반적으로 이런 혼란은 센터와 집에서 더 많이 연습할수록 줄어든다. 다시 말하지만, 내담자가 혼란스러울 뿐만 아니라 원본 워크시트의 기본적인 목적을 이해하지 못하는 경우에만 수정/간소화 버전을 사용하는 것을 권장한다. 마지막으로, 수정/간소화 버전의 워크시트는 개인 또는 집단 치료와 CPT 또는 CPT+A에서 사용할 수 있다. 내담자가 자신의 성공적인 워크시트를 기억할 수 있도록 매일 읽기를 권장해야 한다. 또한 거울, 냉장고 또는 휴대전화에 대안적인 생각을 게시할 수도 있다.

비애가 뒤얽힌 PTSD

때때로 주요 트라우마는 내담자와 가까운 사람의 폭력적인 죽음이거나, 그 죽음이 내담자의 트라우마 사건에 더해지거나 일부일 수 있다. 비애는 PTSD 증상과 너무 얽혀서 내담자가 슬픔에 대한 반응과 죽은 사람이 사라졌다는 사실을 받아들일 필요성을 피하기 위해 분노와 같은 PTSD 반응의 일부를 버리길 꺼릴 수 있다. 특히 퇴역군인들이 "PTSD를 포기하면 내 친구가 정말 죽었거나 헛되이 죽었다는 뜻이다."라고 말하는 것을 듣는 것이 드문 일이 아니다. 때때로 사람들은 그 사람을 기억의 최전선에 두는 침습적인 증상이 없다면 죽은 사람을 잊게 될까 두려워한다.

일반적으로 이러한 교착점은 내담자에게 사망한 사람의 사망과 관련되지 않은 다른 기억에 대해 질문하고, 그 사람이 어떻게 죽었는지보다 어떻게 살았는지 기억하는 것이 더 낫지 않은지 묻는 방식으로 없앨 수 있다. 내담자는 이러한 교착점을 교착점일지에 추가하고 이를 교착점일 일어날 때, 또는 종종 트라우마 사건의 동화에 관한 작업을 하고 난 이후에 작업할 수 있다. 치료사는 내담자가 그 사람이 그토록 중요하다면 왜 내담자가 그 사람을 잊는 것을 두려워하는지, 내담자가 그 사람을 기억할 무언가가 있는지를 물어볼 수 있다. 물론, 상대방이 내담자에게 무엇을 원할 것인지, 만일 서로의 상황이 바뀐다면 상대방이 원하는 것이 무엇일 수 있는지를 묻는 것은 항상 도움이 된다. "당신의 친구는 당신이 비참한 삶을 살기를 원할까요, 아니면 두 사람 모두를 위해 당신이 잘 살기 원할까요?" 또는 "죽은 것이 당신이라면, 당신은 그녀에게 무엇을 원할 것 같습니까? 그녀가 남은 평생 고통받기를 원할 것인가요?"

PTSD와 복합성 비애의 차이점 중 하나는 PTSD의 회피 수준, 즉 트라우마를 기억하지 않으려는 시도이다. 반면, 복합성 비애의 경우는 거의 강박적인 반추이다. 복합성 비애에 시달리는 사람들은 희생자를 위한 사당을 짓고, 몇 년 동안 희생자의 방에 있는 그 어떤 것도 바꾸지 않거나, 어떻게 죽음을 막을 수 있었는지 생각하는 데 많은 시간을 할애한다. PTSD가 있는 사람들도 어떻게 죽음을 막을 수 있었는지 궁금해하지만, 이 반추는 PTSD에서 회피 기능의 역할을 한다. 이는 내담자가 실제로 죽음을 받아들이고 슬퍼하는 것을 막는다. 분노와 죄책감은 종종 슬픔보다 감정으로 받아들일 만하며, 비애와 슬픔은 다른 자연스러운 감정보다 오래 지속될 수 있기에 내담자에게 훨씬 더 위협적일 수 있다. 또 사람들은 고인을 다시 살려내고, 고인과의 관계를 바꾸거나, 고인을 마지막으로 보았을 때 말했던 것이나, 하지 않았던 것을 바꾸기 위해 할 수 있는 일이 없기 때문에 무력감을 느낄 수 있다. 이 모든 것은 워크시트와 소크라테스식 대화로 다룰 수 있는 교착점일 수 있다.

때때로 비애와 애도와 관련된 주제가 해결해야 할 문제가 된다. 과거에 사람들은 검은 옷, 검은 완장 또는 기타 애도를 표시하는 것을 착용했으며, 때로는 그 기간도 길었다. 일부 사람들은 적절한 애도에 대한 엄격한 지침을 따르기를 원하지 않았을 수도 있지만, 상실에 대한 인정을 받았으며 보통은 오랜 지지를 받았다. 현대 사회는 사별을 과정으로 인식하지 않고 종종 한마디도 없이 거의 곧바로 직장으로 돌아올 것을 기대하거나, 동료와 친구가 무엇을 말해야 하는지 또는 어떻게 지속적인 지원을 제공하는지에 대한 지식이 부족하기 때문에, 내담자는 종종 그들이 무엇을 하고 느끼는지와는 상관없이 그들은 '잘못하고 있는 것'이라고 생각한다. 슬픔이나 상실을 느껴야 하는 정해진 기간은 없다. 사실, 사망한 사람이 행한 생전의 대우(예: 학대) 때문에, 또는 고인이 큰 고통을 겪었기 때문에 사망이 안도감으로 여겨질 때, 슬픔을 느낄 필요가 전혀 없을 수도 있다. 이 시점에서 슬픔이 병적인 것으로 전환되는 어떤 규칙이나 규범은 없다. 만일 내담자가 "잘못하고 있는 것"(너무 슬픔이 적다든지, 너무 길다든지, 너무 많다든지)이라는 교착점을 가지고 있다면, 비애와 애도에 대한 문제의 예([유인물 13-4] 참조)가 도움이 될 수 있다. 치료사와 내담자는 유인물을 살펴보고, 거기에서 제시하는 진술 중 내담자가 믿는 것이 있는지 보고 이를 교착점 일지에 추가할 수 있다.

청소년기의 트라우마 그리고 다른 발달 기간에 미치는 영향

청소년 대상으로 진행된 CPT의 유일한 연구 중 하나는 수감된 남성 청소년을 대상으로 한 것이다(Ahrens & Rexford, 2002). 이 소규모 연구(각 집단에 19명의 참가자 포함)는 압축(8회기)형태의 집단 CPT+A를 대기자 명단 조건과 비교했다. Ahrens와 Rexford는 트라우마 충격진술문을 제외시키고, 다섯 가지 주제를 결합하여 프로토콜을 단축했다. 작은 표본과 단축된 프로토콜에도 불구하고, PTSD 자가보고 점수는 치료 집단에서 50% 감소한 반면, 대기자 명단 집단에서는 변화가 없었다. PTSD와 우울증 모두에서 집단과 시간 사이에 중요한 상호작용이 있었다.

반대의 접근 방식을 취하고 24~45회기 동안 연구비를 지원받은 PTSD 치료에 대한 독일의 동향에 따라, Matulis, Resick, Rosner와 Steil(2014)은 독일 정신건강 시스템에 더 쉽게 보급될 수 있는 청소년용으로 수정한 버전을 설계했다. 그들은 12회의 CPT+A 회기뿐만 아니라 4주간의 준비 및 계획(치료 계약, 비상 계획 목표), 4주간의 감정 조절 훈련(CPT+A 이후) 그리고 발달 과업에 대한 3회기를 포함하는 30회기의 치료의 예비시험을 진행했다. 어린 시절의 성적 학대 또는 신체적 학대로 PTSD를 겪고 있는 12명의 청소년 환자(여성 10명, 남성 2명)를 대상으로 예비시험 연구를 진행했다. 그 결과는 매우 유망했다. PTSD 점수에는 치료 전부터 후, 그리고 후속 치료까지의 효과 크기가 컸고, 우울증, 해리 및 정서 조절 장애의 효과 크기는 중간에서 큰 정도였다. 두 명의 내담자가 치료를 중단했다. PTSD 증상의 악화는 없었다. 이 연구 저자들은 현재 청소년을 대상으로 RCT를 실시하고 있다.

Matulis 등(2014)은 개별화, 교육/진로 관련의 결정 및 친밀한 관계의 형성을 포함하는 청소년은 고유한 발달과제를 가지고 있다고 지적한다. 이러한 모든 발달과제는 청소년이 재희생(성인보다 청소년에게 더 빈번함)뿐만 아니라 PTSD 또는 기존 PTSD의 악화 위험에 놓이게 한다. 그러나 모든 발달 기간이 PTSD의 영향을 받을 수 있으므로 CPT에서는 항상 발달 단계를 고려해야 한다.

20대 내담자(또는 나이가 더 많은 내담자)가 청소년처럼 행동할 수 있으며, 실제로 청소년기에 트라우마를 입었을 경우 치료사를 밀어내려고 할 수 있다. 그들은 치료사에게 싸움을 걸거나 자신을 실망시킨 부모의 역할을 맡기려고 할 수 있다. 연습과제를 거부하거나 마음 읽기를 함으로써 치료사를 시험하려고 할 수 있다. 20대와 30대의 사람들은 일반적으로 직장에서 일하고, 자신의 가족을 만들기 시작하며, 부모와 화해(사춘기에 그랬던 것처럼 부모를 '멍청이'라고 가정하기보다)하기 시작해야 한다. 또한 명확한 정체감을 가져야 하며, 25세 이후에는 완전한 두뇌 발달(특히 전두엽 피질과 편도체)과 합리적으로 성숙한 실행 기능을 달성했어야 한다. 청소년기의 트라우마가 이 영역에서 내담자의 발달을 방해했을 때, CPT의 임무는 PTSD 증상을 완화하는 것뿐만 아니라 내담자가 전형적인 발달 궤도를 회복하도록 돕는 것이다.

트라우마의 시간과 내담자가 치료를 위해 오는 시간 사이에 차이가 있을 수 있다. 치료사는 내담자의 인지적·정서적·사회적 발달이 계속되었거나, 이러한 영역에서 내담자 기술이 자신의 연대순의 연령과 일치한다고 가정해서는 안 된다. 발달은 가장 초기 트라우마의 나이에서 간헐적으로 이뤄졌거나 완전히 중단되었을 수 있다. 내담자는 어린아이의 발달 수준을 반영하는, '둘 중 하나'의 범주적 사고를 나타낼 수 있다. 이러한 트라우마의 영향에도 불구하고 일부 내담자는 자신의 교육이나 일을 구분하여 노력을 쏟았을 수 있지만, 사회적 기술이나 관계에서 성공의 질은 나쁠 수 있다. 정서적 성장이 저해되었을 경우 내담자는 반항하거나 상당히 짜증을 낼지도 모른다.

현재 60~70대이지만 PTSD가 삶의 일부이기 때문에 PTSD가 없는 자신의 정체성이 무엇인지 모르는 일부 베트남전 참전 퇴역군인을 위해, 우리는 'PTSD에서 은퇴하기'라는 개념을 도입했다. 그들은 PTSD가 없는 또래의 다른 사람들과 똑같은 발달 과제를 가지고 있다. 즉, 자신이 무엇을 할 것인지, '일' 정체성 없이는 어떤 사람이 될 것인지를 결정하는 것이다. 직장을 유지하고 회피의 고기능 형태로서 극도로 바쁘게 지내왔던 사람들조차도 은퇴 후 PTSD 증상이 다시 나타날 수 있다.

노인의 경우에 동료가 사망하고 인생을 돌아보는 과정을 거치면서 PTSD 증상이 재발할 수 있다. 제2차 세계대전 참전 용사들이 약 70년 동안 억제하고 비효과적으로 관리해 왔던 PTSD 치료를 찾는 것을 보았다. 치매가 나타나기 시작할 때 새로운 사고방식을 배우는 것이 어려울 수 있으므로, CPT 치료사는 매일 성공적인 워크시트를 다시 읽거나, 종이카드나 메모지에 보다 균형적인 자기 진술문을 작성하는 과제를 부여할 수 있다. 카드나 메모를 가지고 다니면서 이를 장기적인 죄책감 사고나 다른 교착점을 대체하기 원하는 새로운 사고를 기억하기 위해 사용할 수 있다. 앞에서 제시한 수정본 또는 간소화 워크시트도 유용할 수 있다.

[유인물 13-1]

도전질문지 워크시트 수정본

날짜: ____________ 내담자: ______________________________________

다음은 교착점 또는 문제가 되는 신념/교착점에 도전하는 질문의 목록입니다. 모든 질문이 당신이 도전하기로 선택한 신념에 적절하지는 않습니다. 다음에서 도전하기로 선택한 신념에 대해 가능한 한 많은 질문에 답하세요.

신념:

이 교착점의 증거와 반증은 무엇입니까?

지지하는 증거:

반대하는 증거:

이제 다음의 세 가지 질문 중 하나를 선택하세요.

- 당신의 교착점은 어떤 방식으로 모든 정보를 포함하지 않습니까?
- 어떤 점에서 당신의 교착점은 이야기의 한 부분에만 초점을 맞추고 있습니까?
- 어떤 점에서 이 교착점은 이야기의 관련 없는 부분에 초점을 맞추고 있습니까?

『Cognitive Processing Therapy for PTSD: A Comprehensive Manual』(Resick, Monson, & Chard)에서 발췌.

이제 다음의 질문 중 세 가지를 선택하세요(가장 잘 이해하는 세 가지 질문).

- 당신의 교착점은 습관입니까, 아니면 사실에 근거합니까?
- 당신의 교착점에 전부 또는 전무의 언어가 포함되어 있습니까?
- 당신의 교착점에 '항상' '영원히' '절대로' '필요하다' '해야 한다' '반드시' '할 수 없다' '매번'과 같은 과장된 단어나 문구가 포함됩니까?
- 이 교착점은 어디서 왔습니까? 이 교착점의 정보 출처는 신뢰할 만합니까?
- 당신의 교착점은 가능한 것과 가능성이 있는 것을 어떻게 혼돈하고 있습니까?
- 어떤 점에서 당신의 교착점은 사실보다 감정에 근거하고 있습니까?

[유인물 13-2]

신념 도전하기 워크시트 수정본

A. 상황	B. 사고/교착점	D. 도전하는 사고	E. 문제 패턴	F. 대안적 사고
불쾌한 감정을 유발하는 사건, 사고 또는 신념을 기술하십시오.	A칸의 상황과 관련된 사고/교착점을 적으십시오. 이 사고/교착점에 대한 당신의 신념을 0~100%로 평가하십시오. (이 사고를 얼마나 믿습니까?)	B칸의 자동적 사고를 검토하기 위해 **도전하는 질문**을 사용합니다. 이 사고가 균형이 있고 사실인지, 또는 극단적인지 생각해 보십시오.	**문제 사고 패턴 워크시트**를 사용하여 이것이 문제 사고 패턴 중 하나인지 판단해 보십시오.	B칸의 사고를 대신해서 어떻게 다르게 말할 수 있습니까? 이 사고 대신 어떻게 다르게 이 사건을 해석할 수 있습니까? 대안적 사고에 대한 신념을 0~100%로 평가하십시오.
	C. 감정 당신의 감정을 명시하고(슬픔, 분노 등), 각 감정을 얼마나 강하게 느끼는지 0~100%로 평가하십시오.	증거? 반대하는 증거? **다음의 세 가지 질문 중 하나:** 모든 정보를 포함하지 않는가? 한 부분에만 초점을 맞추는가? 관련 없는 부분에 초점을 맞추는가? **다음의 세 질문 중:** 습관 또는 사실? 전부 또는 전무? 극단적이거나 과장되었는가? 출처는 신뢰할 만한가? 가능성을 가능성이 있는 것과 혼동하는가? 감정 또는 사실에 기반을 두는가?	속단하기: 과장하거나 최소화하기: 중요한 부분 무시하기: 지나치게 단순화하기: 과잉일반화하기: 마음읽기: 감정적 추론:	**G: 오래된 생각/교착점 재평가** B칸의 사고/교착점을 지금 얼마나 믿는지 0~100%로 재평가해 보십시오. **H. 감정** 지금 어떻게 느낍니까? 이를 0~100%로 평가하십시오.

[유인물 13-3]

신념 도전하기 워크시트 간소화 버전

날짜: ____________ 내담자: ____

교착점 여기에 당신의 교착점 하나를 나열하고, 당신이 이것을 얼마나 믿는지 평가합니다(0~100%).	도전하는 질문하기 다음의 다섯 가지 질문을 사용하여 당신의 교착점에 도전합니다.	새로운 신념 미래에 자신에게 뭐라고 말할 수 있습니까? 그리고 그것을 얼마나 믿습니까(0~100%)?
____%	교착점의 증거? 교착점에 반하는 증거? 이 교착점은 모든 정보를 포함하고 있는가? 이 교착점은 극단적이거나 과장되었는가? 이 교착점은 모든 사실보다는 감정에 기반을 두고 있는가?	____%

[유인물 13-4]

비애와 애도에 대한 문제의 예

1. 시간이 지남에 따라 비애와 애도는 꾸준히 줄어들기 때문에 나에게 문제가 있다.

2. 플래시백이나 악몽이 멈춘다면, 나는 고인을 잊을 것이다.

3. 모든 상실은 같은 유형의 비애와 애도를 가져와야 한다.

4. 죄책감이나 분노에 매달린다면, 나는 그 사람이 죽었다는 사실을 받아들이고 슬퍼할 필요가 없다.

5. 누군가의 죽음에서 회복하는 가장 좋은 방법은 그 사람에 대해 생각하지 않고 삶을 살아가는 것이다.

6. 비애는 애도하는 사람에게 감정적으로 영향을 주지만, 다른 방식으로 개입해서는 안 된다.

7. 내가 그 사람의 죽음에 대해 강렬하게 느끼지 못한다면 잘못 슬퍼하고 있다는 의미이다.

8. 내가 잃은 사람들의 죽음을 생각하기를 그만두면 이것은 그들이 헛되이 죽었다는 뜻이거나, 아니면 나와 다른 사람들이 그들을 잊을 것이라는 뜻이다.

---

9. 계속 슬퍼하는 것이 사람의 죽음을 기리는 것이다.

10. 갑작스럽고, 예상치 못한 또는 폭력적인 죽음으로 누군가를 잃는 것은 예상된 죽음으로 누군가를 읽는 것과 똑같다.

11. 비애는 1년 만에 끝난다.

12. 시간은 모든 상처를 치유한다.

제14장

다양성과 문화에 걸친 수정

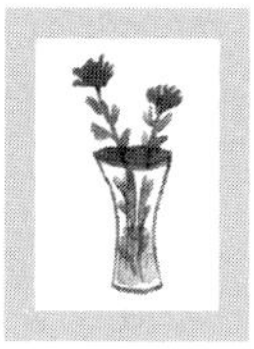

문화는 한 사람이 동일시하는 집단이나 집단들 그리고 그 집단들이 지지하는 가치로 구성된다. 우리는 특정 문화(가족의 인종/민족, 지역/국가, 종교적 관점에 따라)에서 태어나거나 문화(예: 군사 문화, 다른 종교, 종교 내 종파) 속으로, 또는 밖으로 이동할 수 있다. 일부 문화의 신념은 유연하지만 일부는 매우 경직되어 있다. 그러나 문화 대부분은 현대화, 다른 집단의 영향, 심지어 인터넷의 출현으로 시간이 지남에 따라 변해 왔다. 내담자가 특정 문화적 신념을 강력하게 동일시할 때 이 문화가 트라우마 생존자를 어떻게 대하는지와 사람들이 왜 트라우마를 경험을 가지는지에 대한 신념에 따라, 트라우마에서 회복하는 데에 긍정적이거나 부정적인 영향을 미칠 수 있다. 그러나 다른 신념과 마찬가지로 특정 문화나 하위 문화의 신념은 왜곡될 수 있고, 따라서 트라우마에서의 회복을 방해할 수 있다는 점을 명심해야 한다. 앞선 장에서 군사 문화와 성별 차이를 다뤘으므로, 이 장에서는 인종/민족, 성적 지향/정체성 그리고 종교/영성에 초점을 맞추고, 특히 다른 언어 및 문화에 대해 맞춰 조정된 CPT에 초점을 맞춘다.

치료사는 자신에게 해당되지 않는 인종/민족 집단, 성적 지향이나 종교와 관련된 주제를 논의하는 것을 피해서는 안 된다. 이러한 주제는 트라우마 사건이 왜 발생했는지, 또는 내담자가 트라우마 사건에 어떻게 반응했는지, 그리고 어떤 교착점이 발달했는지에서 중요한 역할을 할 수 있다. 독서, 워크숍, 지속적인 수업 활동 등을 통해 문화적 역량을 개발하는 것은 치료사의 의무이다. 특정 문화 또는 하위 문화 배경의 특정 내담자가 무언가를 말하는 사실은 전체 집단에 대한 사실이 아니다. 가장 좋은 접근 방식은 이러한 문제를 매우 솔직한 방식으로 다루고 명료화 질문을 하는 것이다.

예를 들어, 치료사가 현역군인이나 퇴역군인을 치료하기 위해 군대에 가 볼 필요는 없다. 단순히 군사 문화, 현역군인 또는 퇴역군인 내담자가 믿도록 훈련받은 것은 무엇이었는지, 그리고 내담자의 트라우마 사건 당시의 일반적인 프로토콜이나 참여 규칙은 무엇이었는지 질문하면 된다. 마찬가지로 치료사는 몇몇 내담자와 공유하고 있다고 가정되는 상황일지라도, 특정 종교/도덕적 신념 구조에 대해 질문해야 한다. 내담자들은 다양한 수준의 정통성을 가지고 있으며, 이는 종교적 성향이나 치료사의 관행에 대한 일반적인 진술과 일치할 수도 그렇지 않을 수도 있다. 치료사가 명료화 질문을 더 많이 해야 할 필요가 있고, 일들이 어떻게 '되어야 하는지'에 대해 가정하지 않게 하므로, 같은 경험을 하지 않았던 것이 심지어 더 유리할 수도 있다. 어떤 치료든지 시작할 때에는 치료사와 내담자의 문화적 차이가 분명할 때 내담자가 함께 작업하는 것을 편하게 느끼는지 반드시 물어야 한다. 또한 치료사는 자신이 무언가를 오해하는 경우 수정해 달라고 요청해야 하며, 어떤 주제라도 열린 대화를 하려고 노력해야 한다.

인종/민족 및 성적 지향의 다양성

현재 인종/민족 또는 성적 지향과 관련한 CPT 적용의 다양성에 관한 연구는 거의 없다. 교차 문화적 적응에 관한 연구는 조금 더 있으나(이 장의 뒷부분에서 논의), CPT가 개발된 서구 문화에서 수행된 연구와 비교하면 그 수가 적다. Lester, Artz, Resick과 Young-Xu(2010)는 Resick 등(2002, 2008)을 합친 연구에서 여성 유럽계 미국인 및 아프리카계 미국인 내담자에서 중도 탈락률과 결과를 조사했다. 이 연구자들은 아프리카계 미국인 내담자가 치료를 중단할 가능성이 더 크지만 치료-목적의 분석에서 동일하게 잘 수행했으며, 치료를 중단한 유럽계 미국인보다 더 많이 개선되었음을 발견했다. 이들은 치료를 받는 것에 대한 문화적 메시지와 낙인이 아프리카계 미국인 내담자가 가능한 한 최단 시간에 최대한 많은 것을 성취하도록 동기를 부여했을 수 있다고 추측했다.

성적 지향과 관련하여 현재까지 CPT를 사용한 사례 연구는 단 한 건뿐이다(Kaysen et al., 2005). 이 사례는 동성애 혐오성 비방 그리고 그 사건과 그의 성적 지향 간의 분명한 관계를 포함하는 한 게이 남성의 폭행과 관련된다. 그는 사건 직후 치료를 받았으며, 급성 스트레스 장애를 가지고 있다고 진단받았다. 치료사는 CPT+A를 진행했고, 트라우마 진술문을 작성에 관한 내담자의 두려움은 치료사의 비난에 대한 두려움과 관련된 추가적인 교착점을 드러냈다. 그의 교착점은 일반적으로 폭행과 관련된 교착점(예: "모든 낯선 사람은 위험하다.")이었지만, 또한 자신이 동성애자라는 사실에 대한 자기 비난도 포함했다(즉, "모든 게이 남자는 난잡하다." "내가 게이이기 때문에 그런 일을 당해 마땅하다."). 이 내담자의 PTSD 증상이 개선되었고, 치료가 끝날 무렵 급성 스트레스 장애 또는 PTSD에 대한 기준을 충족하지 않았으며, 그의 기능도 개선되었다. 후속 평가에서도 개선이 지속되고 있음을 보여 주었다.

종교와 도덕성

일부 치료사는 종교적 및 도덕적 문제를 치료과정에 통합하는 것을 꺼린다. 그러나 우리는 트라우마 사건이 종종 상당한 실존적 문제를 일으키고 많은 내담자의 PTSD의 핵심이 될 수 있기 때문에 PTSD 치료사가 이러한 주제를 피할 수 있다고는 생각하지 않는다. 치료사가 내담자와 다른 종교적 신념을 가지고 있더라도(또는 종교적 내담자를 대하는 불가지론자나 무신론자라더라도) 회복을 촉진하기 위해 내담자 중심의 태도를 유지할 수 있다. 우리는 종교를 CPT에서 고려해야 할 큰 문화적 신념의 일부로 여기고, 종교는 많은 내담자의 문화에서 중요한 부분을 차지할 수 있다. 내담자는 종교에서의 어떤 갈등이나 관련된 교착점이 없는 한 치료에서 종교 문제를 제기하지 않을 것이다. 자신의 종교나 회중에서 위로와 지원을 받는 내담자는 지나가는 말로 잠시 이를 언급할 수는 있으나, 이런 경우는 일반적으로 치료과정에서 문제가 되지 않는다.

종교와 도덕이 외상 후에 회복 불능으로 이어지는 신념과 교차할 수 있는 몇 가지 방식이 있다. 종교적인 사람이 PTSD가 있는 경우, 동화된 교착점은 종종 몇몇 종교에서 직접 가르는, 정의로운 세계관 신념에 얽혀 있다(예: "왜 나야?" 또는 "왜 내가 아니야?" 또는 "왜 내 친구/친척이 죽었는가?"). 특정 종교에서 정의로운 세계관 신념을 직접 가르치는 게 아니더라도, 내담자는 암묵적으로 이런 신념을 고수할 수 있다. 종교적/도덕적 영역의 동화된 교착점 외에도 일부 내담자는 트라우마의 결과로 이 영역에서 과수용된 교착점을 가지고 있다. 예를 들어, 트라우마 사건의 결과로 내담자는 "어떻게 하나님은 내게 이런 일이 일어나게 할 수 있었을까?"라고 묻게 되거나, 심지어 자신의 종교적 신념을 부인하게 될 수 있다. 내담자가 특정 종교에 귀속하지 않거나 무신론자라도 트라우마 사건은 일부 평론가들이 '도덕적 상해'라고 설명했던 위배, 즉 내담자가 기존에 가지던 도덕적 또는 윤리적 규범에 대한 위배로 해석될 수 있다(예: "나는 임무 중에 사람을 죽였다. 그러므로 나는 살인자이다."). 종교적 및 도덕적 문제는 내담자 또는 가해자에 대해 내담자 또는 타인의 용서를 강요하도록 시도하는 것이 포함될 수 있다.

정의로운 세계관 신념은 종교 단체뿐만 아니라 부모, 교사, 형법 제도 및 기타 권위 있는 사람이나 단체에 의해 전해진다. 실제로 인간으로서 우리는 규칙을 따르면 좋은 일이 일어나고 규칙을 어기면 처벌받을 것이라 믿고 싶다. 이 믿음을 가르치는 것에는 사회적인 이득이 있다. 불행히도, 어떤 사람들은 세상이 완벽하거나 질서 정연하지 않다는 것을 깨닫기에 충분히 복잡하고 정교한 생각을 하지 못하거나, 트라우마 사건에 직면하면서 이처럼 더 단순한 설명으로 되돌아간다. 현실에서 정의는 열망과 확률로 더 정확하게 설명된다(예: "규칙을 따르면 나쁜 일이 발생할 위험이 줄어든다."). 사람들이 정의로운 세계관 신념을 강력하게 고수하면 역추론을 하게 될 가능성이 커진다. 즉, 자신에게 나쁜 일이 발생하면 나쁜 일을 한 것에 대해 벌을 받고 있다고 결론을 내릴 수 있다(또는 어떤 경우에서는 자신이 나쁘게 태어났다고 믿을 수도 있다). 자신이 무엇을 잘못했는지 판단할 수 없다면, 결국 상황이나 신의 존재의 불공평함을 욕하는 상황에 처하게 된다.

실제로 항상 좋은 행동은 보상을 받고 나쁜 행동은 벌을 받는다고 보장하는 종교는 거의 없다(적어도 현시점에). 이를 믿는 내담자는 자신의 종교에 대한 왜곡된 견해를 가지고 있거나 잘못된 부모나 종교 지도자에게 배웠을 수 있다. 다른 직업과 마찬가지로, 종교 지도자가 종교의 교리에 대해 교육을 받거나 이를 준수하는 정도는 다양하다. 치료사는 내담자와 이러한 문제를 논의할 때 종교 자체와 각 종사자의 해석을 확실히 구분해야 한다. 치료사가 스스로 연구하여, 또는 성직자와의 자문을 통해 종교의 교리를 확인할 수 있다. 여기서 핵심 원칙은 모든 종교 종파에는 정설의 수준이 있다는 것이다.

신이 어떻게 다른 사람의 악의적 행동(예: 강간, 폭행, 전투)을 포함하는 사건이 발생하도록 놔둘 수 있는지 이해하지 못한다면, '자유 의지' 개념이 매우 유용할 수 있다. 대부분의 서구 종교는 자유 의지의 개념 또는 행동이나 비행하는 선택 개념을 고수한다. 만일 신이 개인에게 선택할 수 있는 자유 의지를 준다면, 내담자를 처벌하기 위해 다른 사람이 자유 의지를 빼앗겼다는 결론이 나오지는 않는다. 또한 가해자는 총을 쏘거나 폭행 또는 강간을 할 자유 의지가 있었다. 자유 의지는 신이 내담자가 바르게 행동하거나 비행하도록 강요하지 않은 것처럼, 다른 사람의 행동도 개입하거나 막지 않음을 의미한다. 더욱이 다른 사람의 행동과 선택이 관련되지 않더라도 신이 나쁜 사람들을 처벌하기 위해 자연 사건, 사고 또는 질병을 사용하지 않는다는 증거는 많이 조사하지 않아도 찾아볼 수 있다. 이러한 사건이 유아나 아동, 또는 훌륭하고 배려한다고 알고 있는 사람들에게 일어나는 것을 볼 때, 그 시점에서 우리는 "하나님은 알 수 없는 방식으로 움직이신다."라는 생각으로 돌아갈 수 있다. 그러나 이는 또한 하나님이 일상생활에 개입하지 않으시고, 하나님의 개념이 위로와 공동체, 도덕적 안내를 위해 사용되어야 한다는 것일 수 있다.

내담자가 숙명론을 믿고 자유 의지가 없다고 확신하는 경우, 치료사는 트라우마 사건이 발생하도록 이미 결정되어 있다면, 내담자가 왜 PTSD를 겪는지에 대해 내담자와 함께 생각해 볼 수 있다. 트라우마 사건의 발생과 내담자의 규정된 운명 사이에는 충돌이 없어야 한다. 이것은 내담자가 자신의 운명을 받아들이는 데 문제를 일으킬 수 있는 다른 숨어 있는 신념에 대한 의문을 제기한다. 그렇지 않다면, 이런 내담자는 트라우마 사건 이후에 일어나도록 예정된 자연스러운 감정을 경험해야 할 수 있다.

내담자는 때때로 치료과정에서 자기 또는 타인의 용서 개념을 제기할 것이다. 이러한 문제가 내담자에게 위안이 되거나 편안한 개념이라면 문제를 제기할 가능성은 적다. 그보다 일반적으로 용서의 개념에 약간의 불편함이나 갈등이 있기에 언급한다. 자기 용서와 관련하여, 내담자가 용서를 구할 것이 있는지를 판단하기 위해 먼저 트라우마 사건의 맥락적 세부 사항을 판단하는 것이 중요하다. PTSD가 있는 사람들이 트라우마 사건에 대해 자신을 비난하는 것이 거의 자명하기 때문에, 이것이 그들이 결과를 의도했다는 의미는 아니다. 따라서 비난과 죄책감의 대상이 부적절할 수 있다. 범죄 피해자는 그저 피해자이다. 일어난 일을 정당화할 수 있도록 그들이 했을 수 있는 일은 아무것도 없다. 그들이 '더럽다.'거나 '더렵혀졌다.'라고 느낀다고 해서 용서가 필요한 어떤 잘못을 했다는 의미는 아니다. 이것은 감정적 추론의 한 예가 될 수 있을 것이다. 마찬가지로, 전쟁에서 누군가를 죽이는 것은 살인과 다르다. 그 사람은 당시에 일어난 일 외에 다른 선택권이 없었을 수 있으므로, 의도, 당시 가능했던 선택 사항 등을 규명하기 위해 소크라테스식 대화가 필요하다.

트라우마 상황을 명료화한 후 내담자가 무고한 사람에게 해를 입히고 그 당시에 다른 선택 가능한 사안들이 있었으며 이 과정에서 고의로 선택했다는 사실이 확인되면, 자기 용서나 자기 연민의 자리가 있을 수 있다. 전쟁에서 민간인을 우연히 죽이는 것(예: 누군가 총격에 휩싸임)은 그저 사고이다. 잔학 행위(예: 여성 또는 아동 강간, 고문)를 저지르는 것은 분명히 의도된 해이다. 이 경우에 죄책감은 잔학 행위나 범죄를 저지른 것에 대한 적절한 반응이며, 내담자는 그 사실을 받아들이고 회개하며 자기 용서(또는 내담자가 종교가 있다면, 교회 또는 기타 예배 장소 내에서의 용서)를 구해야 할 수도 있다. 그럼에도 치료사는 사람에게 변화 가능성이 있음을 인식하도록 돕기 위해, 내담자가 그 당시 어떤 사람이었고 현재 그들의 가치는 무엇인지 맥락화하도록 돕는 소크라테스식 대화에서 의문을 제기해야 한다. 이러한 내담자들에게 정말로 사이코패스인 사람들은 의도적이고 해로운 행동과 자신의 정체성 간의 어떤 긴장을 경험한 적이 없기 때문에, PTSD를 겪을 가능성이 적음을 상기시키는 것이 도움이 될 수 있다. 이 모든 것을 철저히 다루고 나면, 스스로 내린 자책이라는 종신형 넘어 배상 또는 지역사회 서비스 형태의 행동적 조치로 이동할 수 있도록 도움을 줄 수 있다.

용서의 개념이 시기상조이거나 다른 사람에 의해 강요될 때 트라우마 사건을 저지른 다른 사람을 용서한다는 개념이 가끔 제기된다. 트라우마 사건이 내담자의 잘못이 아니라는 개념을 성공적으로 수용하기 위해서는 가해자가 해를 의도했고 사건에 대한 책임이 있음을 인정하는 것이 포함된다. 자연스럽고 의로운 분노가 자연스럽게 진행되도록 놔두기 전에 이를 배제하는 것이 가족이나 기관에 위안을 가져다줄 수도 있으나, 이는 트라우마 사건에서 나오는 자연스러운 감정을 피하는 것과 같은 문제를 가져온다. 가해자가 용서를 구했는지 내담자에게 물어보는 것이 도움이 될 수 있다. 대부분의 종교는 회개하지 않는 사람을 용서하지 않는다. 가해자가 용서를 구하지 않았다면 내담자는 용서할 것이 없다. 트라우마 사건의 가해자가 용서를 구했더라도 내담자는 그를 용서해 줄 의무가 없다. 누군가가 무언가를 한 이유를 이해하는 것은 그 사람을 용서하는 것과 같지 않으며, 이는 일부 트라우마 생존자들에게 바람직한 경로일 수 있다. 이런 경우 치료사는 내담자가 가해자를 다른 용서의 출처(예: 가해자의 행동에 영향을 받는 더 큰 지역사회나 성직자들)에 의뢰하도록 제안할 수 있다. 요약하면, 용서하는 내담자의 목적은 가해자나 다른 사람들이 안도감을 느끼도록 하는 게 아니라 자신에게 마음의 평화를 주는 것이어야 한다. 만일 다른 사람이 용서를 강요하면, 이는 내담자에게 좌절과 죄책감을 가져다줄 뿐이며 궁극적으로는 효과가 없다. 용서는 PTSD에서 회복하기 위한 필수 조건이 아니다.

다른 언어/문화에 대한 CPT 적용

원본 CPT 지침서(또는 그 일부)는 12개 언어로 번역되었다. 이러한 번역본 중 일부는 게시되었고, 일부는 온라인으로 제공된다.

출판된 언어

핀란드어(Ylikomi & Verta, 2008)

히브리어(Resick & Derby, 2012)

독일어(Konig, Resick, Karl, & Rosner, 2012)

일본어(환자 자가 진단 전용)(Ito, Kashimura, & Horikoshi, 2012)

한국어(Seongjik Lee, 2014)

미출판(https://cptforptsd.com/dptj에서 이용 가능)

아랍어

중국어(번체 및 간체 문자 모두)

프랑스어

이라크 설명서(영어, 간소화 및 문화적으로 적절하게 수정, 고문에 중점을 두고 작성)

아이슬란드어(워크시트 양식만 해당)

일본어

쿠르드어

스페인어

이 책을 처음 쓸 때, 우리는 서구화된 국가와 개발도상국에서 CPT를 진행한 미국 치료사/연구자들뿐 아니라 다른 나라의 동료들과도 연락했다. 그들 대부분은 항상 문자적 번역이 의미가 통하는 것은 아니었기 때문에 주요 수정이 필요했던 부분은 특정 단어나 개념의 번역이라고 말했다. 실제로 일부 개발도상국에서의 수정은 서면의 번역을 훨씬 뛰어넘어야 했다. 가장 눈에 띄는 사례는 제2장에서 언급했던, RCT가 진행된 콩고 민주 공화국이었다(Bass et al., 2013). 참가자들이 전쟁으로 폐허가 된 국가에서 살며 완전한 문맹이고 종이가 부족했기 때문에, 워크시트의 개념은 간소화되고, 구두로 가르치며, 기억되도록 해야 했다. 더욱이 콩고에는 정신건강 전문가가 부족하기 때문에, RCT 훈련을 받은 치료사들은 중학교 교육을 받은 정도였고, CPT뿐 아니라 치료 기술도 배워야 했다. 연구자들은 훈련에 2주가 걸렸으며 모든 개념에 역할극과 연습이 가장 도움이 된다는 것을 발견했다.

캄보디아에서 '교착점(Stuck Point)'라는 용어는 '너무 많이 생각하다'를 의미하는 '쿳 카라은(Kut Caraeun)'이 되었다(Clemens, 2016년 1월 개인적 교신). 이라크에서 존중(esteem)의 개념은 '존경(respect)'이 되었고, 친밀감(intimacy)은 '배려하는(caring)'이 되었다. 쿠르드어에는 전자의 단어들이 없기 때문이었다(Kaysen et al., 2013). 문맹률이 높은 국가에서는 그림과 보다 단순화된 언어가 사용되었다. 그러나 독일, 덴마크, 아이슬란드, 홍콩, 이스라엘 및 일본의 동료들은 프로토콜을 원래 프로토콜과 거의 동일하게 유지하거나 약간만 변경했다. 예를 들어, 일본에 있는 몇몇 동료들은 특히 청소년 내담자에게 연습과제에서 더 많은 예를 제공하는 것이 중요하다고 말했다. 지금까지 일본의 첫 30개 시범 사례들에서 참가자들은 연습과제를 하고 진술문 작성을 좋아했다. 지금까지 중도 탈락한 사람은 단 한 명뿐이다(Horishaki, 2015년 7월 개인적 교신).

이스라엘에서는 사생활이 보호되고 안전하다고 느낀 센터에서 트라우마 진술문을 작성하도록 권장했다(Derby, 2016년 1월 개인적 교신). 이스라엘에서 RCT를 준비하면서 우리 팀은 이스라엘이 미국보다 더 집단주의적 문화이고 다양한 수준의 종교적 정통성을 가지고 있다는 문화적 차이를 발견했다. 이스라엘의 두 프로젝트는 문화와 치료 모두에 영향을 미치는 지속되고 있는 테러리즘을 고려했다. Derby는 이스라엘 환자들이 연습과제를 잘 완료하지 못했으나, 러시아 이민자들은 그렇지 않았다고 말했다. 전반적으로 이외 다른 연구자들이 전한 기본적인 메시지는 CPT의 '핵심'은 유지되었으나, 전반적으로 개념과 워크시트의 단순화를 통한 언어 및 문화 차이를 고려한 수정이 일반적이라는 것이다.

CPT를 다른 문화에 적용하는 과정에 관한 몇 편의 글이 있다. Kaysen 등(2013)은 이라크에서 훈련받지 않은 치료사와 내담자 모두를 위한 CPT 적용의 반복적인 과정을 설명했다. 치료받은 가장 빈번한 유형의 트라우마는 고문이었다. CPT 프로토콜은 언어 차이를 제외하고 수정할 필요가 없었지만, 치료사는 각 치료 단계에서 훨씬 더 많은 연습이 필요했다. Bolton 등(2014)의 쿠르드족의 우울증과 PTSD에 대한 BATD와 CPT를 비교한 연구(제2장 참조)에서 언급된 주요 문화적 장애물은 정신건강치료에 대한 낙인이 가족의 평판에 대한 지역사회의 인식과 내담자의 결혼능력에 영향을 미칠 수 있다는 것이었다. 또한 콩고에서 같은 집단에 실시된 연구에서와 마찬가지로, 문맹률이 높고 훈련된 치료사가 거의 없었기 때문에 프로토콜을 이 인구에 맞게 수정해야 했다.

Schulz와 Huber 등(2006)은 전쟁 트라우마 복구 프로젝트의 일환으로 미국의 보스니아 및 아프가니스탄 난민을 위한 CPT의 적용에 관하여 글을 썼다. 또한 그들은 통역사를 통한 치료 진행의 문제에 대해서도 논의했다. 통역사가 자신을 치료사로서 개입시키지 않으면서 치료사의 말을 통역하는 것이 중요했다. 치료사는 통역사가 아닌 내담자를 바라보았고 치료사는 회기가 끝난 후 통역사에게 보고를 들었다. 내담자들이 치료에 참석하기 위해 오는 것을 너무 두려워했기 때문에 내담자의 집에서 치료가 이루어졌다. 가정 기반 치료는 효과적이었지만 문화적으로 적절한 친교의 역할을 했을 수 있는 다도(tea ceremonies) 시간이 포함되는 경우가 종종 있었으며, 이는 치료의 맥락에서 보면 회피 역할을 했을 수도 있다. 모든 참가자는 여러 번의 트라우마를 입었고 대부분은 가족 구성원이 죽었다.

Marques 등(2016)은 라틴계 및 비라틴계 내담자의 트라우마 충격진술문에서 역기능적 사고(교착점)를 비교하는 연구를 진행했다. 대부분의 주제는 유사하지만, 라틴계 사람들이 가정폭력을 최소화하고, 가족 역할 의무를 논의하며, 종교를 강조하는 것으로 보이는 언급을 하는 것을 발견했다. 라틴계는 라틴계가 아닌 사람들보다 교착점이 더 적게 만들었고, 따라서 이 연구는 치료사가 이 사람들이 개념을 이해하고, 교착점 도움 시트([유인물 6-4] 참조), '치료사를 위한 교착점 안내서'(p. 152 참조)와 같은 것을 예제로 사용할 수 있도록 라틴계 내담자들과 작업을 해야 할 필요를 나타낼 수 있다.

또 다른 중요한 점은 내담자가 계속 교착되게 할 수 있는 특성한 문화 내의 신념을 치료사가 인식해야 한다는 것이다. CPT의 기초 발판은 견고한 것처럼 보이지만, 인지, 교착점 그리고 기본 가정들은 장소와 문화에 따라 다르다. 소크라테스식 대화는 가장 엄격한 문화에서도 내담자에게 도전하는 데 성공적으로 사용되었으며, 치료사는 문화가 시간이 지남에 따라 변하거나 문화적 신념이 교착점으로 지나치게 일반화될 수 있음을 염두에 두어야 한다. 내담자가 자신의 문화에 부여한 교착점이 실제로 강력한 문화적 신념인지, 아니면 가족에게 배워 왔거나 내담자가 스스로 가정한 왜곡인지를 판단하기 위해 지역 전문가의 도움을 받아야 한다. 문화적 교착점은 핵심 신념일 수 있다. 따라서 이 관점을 다른 시각에서 조사하기 위해 신중한 소크라테스식 대화와 여러 워크시트가 필요할 수 있다. 그러나 우리는 특정 신념이 내담자 문화의 일부이기 때문에 그에 대해 할 수 있는 게 아무것도 없다는 치료사의 말을 들어 왔다. 이것들은 문화에 고정된 것이 아니라 오히려 치료사 교착점일 수 있다.

때때로 다른 문화권의 내담자와 함께 일하는 치료사는 CPT 프로토콜을 개발된 그대로 시도하기 전에 CPT 프로토콜을 바꾸어야 할 필요가 있다고 생각한다. 다시 말하지만, 이것은 이 부분에 대한 치료사의 가정(또는 교착점)일 수 있다. 어쨌든 프로토콜을 변경하면, 그것은 더는 근거 기반 치료의 CPT가 아니게 된다. 우리는 다른 문화에서 CPT를 사용할 계획인 치료사나 연구자에게 처음 이것이 개발된 대로 시도할 것을 조언한다. 그런 다음, 기술을 개발하고 결과를 볼 시간이 있었을 때 워크시트의 문구나 지침을 변경할지 결정할 수 있다. 예를 들어, 내담자가 새롭고 균형 잡힌 생각을 통합할 수 있도록 매일 수정된 신념 도전하기 워크시트를 읽도록 지시할 수 있다. 지역사회에서 PTSD가 어떻게 여겨지는지, 그리고 회복 모델에 대한 믿음이 있는지를 판단하기 위해 지역 이해 관계자와 협의하는 것도 중요하다. 첫 번째 단계는 PTSD가 비정상 상황에 대한 정상적인 반응이라는 것, 그리고 사람들이 이 장애를 회복할 수 있음을 지역사회에 교육하는 것이 될 수 있다. 수치심과 낙인을 제거하는 것이 사람들을 치료에 참여시키기 위한 중요한 첫 단계일 수 있다.

참고문헌

Ahrens, J., & Rexford, L. (2002). Cognitive processing therapy for incarcerated adolescents with PTSD. *Journal of Aggression, Maltreatment and Trauma, 6*, 201-216.

American Psychiatric Association. (1980). *Diagnostic and statistical manual of mental disorders* (3rd ed.). Washington, DC: Author.

American Psychiatric Association. (2000). *Diagnostic and statistical manual of mental disorders* (4th ed., text rev.). Washington, DC: Author.

American Psychiatric Association. (2013). *Diagnostic and statistical manual of mental disorders* (5th ed.). Arlington, VA: Author.

Anderson, H., & Goolishian, H. (1992). The client is the expert: A not-knowing approach to therapy. In S. McNamee & K. J. Gergen (Eds.), *Therapy as social construction* (pp. 25-39). London: Sage.

Asamsama, H. O., Dickstein, B. D., & Chard, K. M. (2015). Do scores on the Beck Depression Inventory-II predict outcome in cognitive processing therapy? *Psychological Trauma: Theory, Research, Practice and Policy, 7*, 437-441.

Barlow, D. H., & Craske, M. G. (1994). *Mastery of your anxiety and panic: II*. Albany, NY: Graywind.

Bass, J. K., Annan, J., McIvor Murray, S., Kaysen, D., Griffiths, S., Cetinoglu, T., …… Bolton, P. A. (2013). Controlled trial of psychotherapy for Congolese survivors of sexual violence. *New England Journal of Medicine, 368*(23), 2182-2191.

Beck, A. T., & Greenberg, R. L. (1984). *Cognitive therapy in the treatment of depression*. New York: Springer.

Beck, A. T., Rush, A. J., Shaw, B. F., & Emery, G. (1979). *Cognitive therapy of depression*. New York: Guilford Press.

Beck, A. T., Steer, R. A., & Brown, G. K. (1996). *Beck Depression Inventory-II*. San Antonio, TX: Psychological Corporation.

Bishop, W., & Fish, J. M. (1999). Questions as interventions: Perceptions of Socratic, solution focused, and diagnostic questioning styles. *Journal of Rational-Emotive and Cognitive-*

Behavior Therapy, 12(2), 115-140.

Bohus, M., & Steil, R. (in progress). *RELEASE study*. Grant funded by the German Federal Ministry of Education and Research (No. 01KR1303B).

Bolten, H. (2001). Reason in practice. *Philosophy of Management, 3*(1), 21-34.

Bolton, P., Bass, J. K., Zangana, G. A. S, Kamal, T., Murray, S. M., Kaysen, D., …… Rosenblum, M. (2014). A randomized controlled trial of mental health interventions for survivors of systematic violence in Kurdistan, Northern Iraq. *BMC Psychiatry, 14*, 2-15.

Briere, J. (1995). *The Trauma Symptom Inventory(TSI): Professional manual*. Odessa, FL: Psychological Assessment Resources.

Brownmiller, S. (1975). *Against our will*. New York: Simon & Schuster.

Bryan, C. J., Clemans, T. A., Hernandez, A. M., Mintz, J., Peterson, A. L., Yarvis, J. S., …… STRONG STAR Consortium. (2016). Evaluating potential iatrogenic suicide risk in trauma-focused group cognitive behavioral therapy for the treatment of PTSD in active duty military personnel. *Depression and Anxiety, 33*(6), 549-557.

Bryant, R. A., Mastrodomenico, J., Felmingham, K. L., Hopwood, S., Kenny, L., Kandris, E., Cahill, C., & Creamer, M. (2008). Treatment of acute stress disorder: A randomized controlled trial. *Archives of General Psychiatry, 65*, 659-667.

Burgess, A. W., & Holmstrom, L. L. (1976). Coping behavior of the rape victim. *American Journal of Psychiatry, 133*, 413-418.

Butollo, W., Karl, R., Konig, J., & Rosner, R. (2015). A randomized controlled clinical trial of dialogical exposure therapy vs. cognitive processing therapy for adult outpatients suffering from PTSD after type I trauma in adulthood. *Psychotherapy and Psychosomatics, 85*, 16-26.

Chard, K. M. (2005). An evaluation of cognitive processing therapy for the treatment of posttraumatic stress disorder related to childhood sexual abuse. *Journal of Consulting and Clinical Psychology, 73*(5), 965-971.

Chard, K. M., Ricksecker, E. G., Healy, E. T., Karlin, B. E., & Resick, P. A. (2012). Dissemination and experience with cognitive processing therapy. *Journal of Rehabilitation Research and Development, 49*(5), 667-678.

Chard, K. M., Schumm, J. A., Owens, G. P., & Cottingham, S. M. (2010). A comparison of OEF and OIF veterans and Vietnam veterans receiving cognitive processing therapy. *Journal of Traumatic Stress, 23*(1), 25-32.

Chard, K. M., Schuster, J. L., & Resick, P. A. (2012). Cognitive processing therapy. In J. G. Beck & D. M. Sloan (Eds.), *The Oxford handbook of traumatic stress disorders* (pp. 439-448). New York: Oxford University Press.

Clark, L. A. (1993). *SNAP-Schedule for Nonadaptive and Adaptive Personality: Manual for administration, scoring, and interpretation*. Minneapolis: University of Minnesota Press.

Clarke, S. B., Rizvi, S. L., & Resick, P. A. (2008). Borderline personality characteristics and treatment outcome in cognitive-behavioral treatments for PTSD in female rape victims. *Behavior Therapy, 39*, 72-78.

Derogatis, L. R. (1977). *SCL-90-R: Administration, scoring and procedures manual-II*. Towson, MD: Clinical Psychometric Research.

Dickstein, B. D., Walter, K. H., Schumm, J. A., & Chard, K. M. (2013). Comparing response to cognitive processing therapy in military veterans with subthreshold and threshold posttraumatic stress disorder. *Journal of Traumatic Stress, 26*, 703-709.

Dondanville, K. A., Blankenship, A. E., Molino, A., Resick, P. A., Wachen, J. S., Mintz, J. …… STRONG STAR Consortium. (2016). Qualitative examination of cognitive change during PTSD treatment for active duty service members. *Behaviour Research and Therapy, 79*, 1-6.

Edinger, J., & Carney, C. (2008). *Overcoming insomnia: A cognitive-behavioral therapy approach therapist guide*. Oxford, UK: Oxford University Press.

Elder, L., & Paul, R. (1998). The role of Socratic questioning in thinking, teaching, and learning. *The Clearing House, 71*, 297-301.

Falsetti, S. A., Resnick, H. S., & Davis, J. L. (2008). Multiple channel exposure therapy for women with PTSD and comorbid panic attacks. *Cognitive Behaviour Therapy, 37*, 117-130.

Foa, E. B., Cashman, L., Jaycox, L., & Perry, K. (1997). The validation of a self-report measure of posttraumatic stress disorder: The Posttraumatic Diagnostic Scale. *Psychological Assessment, 9*(4), 445-451.

Foa, E. B., Hearst-Ikeda, D., & Perry, K. J. (1995). Evaluation of a brief cognitive-behavioral program for the prevention of chronic PTSD in recent assault victims. *Journal of Consulting and Clinical Psychology, 63*, 948-955.

Foa, E. B., & Kozak, M. J. (1986). Emotional processing of fear: Exposure to corrective information. *Psychological Bulletin, 99*, 2-35.

Foa, E. B., Rothbaum, B., Riggs, D., & Murdock, T. (1991). Treatment of posttraumatic stress disorder in rape victims: A comparison between cognitive-behavioral procedures and counseling. *Journal of Consulting and Clinical Psychology, 59*(5), 715-723.

Foa, E. B., Zoellner, L. A., & Feeny, N. C. (2006). An evaluation of three brief programs for facilitating recovery after assault. *Journal of Traumatic Stress, 19*, 29-43.

Forbes, D., Lloyd, D., Nixon, R. D., Elliott, P., Varker, T., Perry, D. …… Creamer, M. (2012). A multisite randomized controlled effectiveness trial of cognitive processing therapy for military-related posttraumatic stress disorder. *Journal of Anxiety Disorders, 26*(3), 442-452.

Gallagher, M., & Resick, P. A. (2012). Mechanisms of change in cognitive processing therapy and prolonged exposure therapy for posttraumatic stress disorder: Preliminary evidence for the differential effects of hopelessness and habituation. *Cognitive Therapy and Research, 36*(6), 750-755.

Galovski, T. E., Blain, L. M., Chappuis, C., & Fletcher, T. (2013). Sex differences in recovery from PTSD in male and female interpersonal assault survivors. *Behaviour Research and Therapy, 51*(6), 247-255.

Galovski, T. E., Blain, L. M., Mott, J. M., Elwood, L., & Houle, T. (2012). Manualized therapy for PTSD: Flexing the structure of cognitive processing therapy. *Journal of Consulting and Clinical Psychology, 80*, 968-981.

Galovski, T. E., Harik, J. M., Blain, L. M., Elwood, L., Gloth, C., & Fletcher, T. (2016). Augmenting CPT to improve sleep impairment in PTSD: A randomized clinical trial. *Journal of Consulting and Clinical Psychology, 84*(2), 167-177.

Galovski, T. E., Monson, C., Bruce, S. E., & Resick, P. A. (2009). Does cognitive-behavioral therapy for PTSD improve perceived health and sleep impairment? *Journal of Traumatic Stress, 22*(3), 197-204.

Galovski, T. E., & Resick, P. A. (2008). Cognitive processing therapy for posttraumatic stress disorder secondary to a motor vehicle accident: A single-subject report. *Cognitive and Behavioral Practice, 15*, 287-295.

Galovski, T. E., Sobel, A., Phipps, K., & Resick, P. A. (2005). Trauma recovery: Beyond the treatment of symptoms of PTSD and other Axis I psychopathology. In T. A. Corales (Ed.), *Trends in posttraumatic stress disorder research* (pp. 207-227). Hauppauge, NY: Nova Science.

Garner, D. M. (1991). *Eating Disorder Inventory-2: Professional manual*. Odessa, FL: Psychological Assessment Resources.

Gilman, R., Schumm, J. A., & Chard, K. M. (2011). Hope as a change mechanism in the treatment of posttraumatic stress disorder. *Psychological Trauma: Theory, Research, Practice, and Policy, 4*, 270-277.

Gradus, J. L., Suvak, M. K., Wisco, B. E., Marx, B. P., & Resick, P. A. (2013). Treatment of posttraumatic stress disorder reduces suicidal ideation. *Depression and Anxiety, 30*, 1046-1053.

Grady, D. (2013, June 5). Therapy for rape victims shows promise in Congo. Retrieved from *www.nytimes.com/2013/06/06/health/therapy-for-rape-victims-shows-promise.html*

Griffin, M. G., Resick, P. A., & Galovski, T. (2012). Does physiologic response to loud tones change following cognitive-behavioral treatment for posttraumatic stress disorder? *Journal of Traumatic Stress, 25*, 25-32.

Haagen, J. F. G., Smid, G. E., Knipscheer, J. W., & Kleber, R. J. (2015). The efficacy of recommended treatments for veterans with PTSD: A metaregression analysis. *Clinical Psychology Review, 40*, 184-194.

Haines, S. (1999). *The survivor's guide to sex: How to have an empowered sex life after child sexual abuse*. San Francisco: Cleis Press.

Hariri, A. R., Bookheimer, S. Y., & Mazziotta, J. C. (2000). Modulating emotional responses: Effects of a neocortical network on the limbic system. *NeuroReport, 11*(1), 43-48.

Hariri, A. R., Mattay, V. S., Tessitore, A., Fera, F., & Weinberger, D. R. (2003). Neocortical modulation of the amygdala response to fearful stimuli. *Biological Psychiatry, 53*(6), 494-501.

Hinton, D. E., Pham, T., Tran, M., Safren, S. A., Otto, M. W., & Pollack, M. H. (2004). CBT for Vietnam refugees with treatment-resistant PTSD and panic attacks: A pilot study. *Journal of Traumatic Stress, 17*, 429-433.

Hollon, S. D., & Garber, J. (1988). Cognitive therapy. In L. Y Abramson (Ed.), *Social cognition and clinical psychology: A synthesis* (pp. 204-253). New York: Guilford Press.

Horowitz, M. D., Wilner, N., & Alvarez, W. (1979). Impact of Event Scale: A measure of subjective stress. *Psychosomatic Medicine, 41*, 209-218.

Ito, M., Kashimura, M., & Horikoshi, M. (2012). 伊藤正哉.樫村正美.堀越勝, 2012, こころを癒すノート:トラウマの認知処理療法自習帳, 創元社 (*The healing notebook for a wounded heart: Cognitive processing therapy workbook for trauma survivors*). Osaka, Japan: Sogensha.

Iverson, K. M., Gradus, J. L., Resick, P. A., Suvak, M. K., Smith, K. F., & Monson, C. M. (2011). Cognitive-behavioral therapy for PTSD and depression symptoms reduces risk for future intimate partner violence among interpersonal trauma survivors. *Journal of Consulting and Clinical Psychology, 79*, 193-202.

Iverson, K. M., King, M. W., Cunningham, K. C., & Resick, P. A. (2015). Rape survivors' trauma-related beliefs before and after cognitive processing therapy: Associations with PTSD and depression symptoms. *Behaviour Research and Therapy, 66*, 49-55.

Janoff-Bulman, R. (1989). Assumptive worlds and the stress of traumatic events: Applications of the schema construct. *Social Cognition*, 7, 113-136.

Janoff-Bulman, R. (1992). *Shattered assumptions: Towards a new psychology of trauma*. New York: Free Press.

Jayawickreme, N., Cahill, S. P., Riggs, D. S., Rauch, S. A. M., Resick, P. A., Rothbaum, B. O., & Foa, E. B. (2014). Primum non nocere (first do no harm): Symptom worsening and improvement in female assault victims after prolonged exposure for PTSD. *Depression and Anxiety, 31*(5), 412-419.

Johnson, S. B., Blum, R. W., & Giedd, J. N. (2009) Adolescent maturity and the brain: The promise and pitfalls of neuroscience research in adolescent health policy. *Journal of*

Adolescent Health, 45, 216-221.

Kaysen, D., Lindgren, K., Zangana, G. A. S., Murray, L., Bass, J., & Bolton, P. (2013). Adaptation of cognitive processing therapy for treatment of torture victims: Experience in Kurdistan, Iraq. *Psychological Trauma: Theory, Research, Practice, and Policy, 5*(2), 184-192.

Kaysen, D., Lostutter, T. W., & Goines, M. A. (2005). Cognitive processing therapy for acute stress disorder resulting from an anti-gay assault. *Cognitive and Behavioral Practice, 12*(3), 278-289.

Kaysen, D., Schumm, J., Petersen, E. R., Seim, R. W., Bedard-Gilligan, M., & Chard, K. (2014). Cognitive processing therapy for veterans with comorbid PTSD and alcohol use disorders. *Addictive Behaviors, 39*(2), 420-427.

Kennerley, H. (1996). Cognitive therapy of dissociative symptoms associated with trauma. *British Journal of Clinical Psychology, 35*, 325-340.

Kessler, R. C., Sonnega, A., Bromet, E., Hughes, M., & Nelson, C. B. (1995). Posttraumatic stress disorder in the National Comorbidity Survey. *Archives of General Psychiatry, 52*, 1048-1060.

Kilpatrick, D. G., Resick, P. A., & Veronen, L. J. (1981). Effects of a rape experience: A longitudinal study. *Journal of Social Issues, 37*, 105-122.

Kilpatrick, D. G., Veronen, L. J., & Resick, P. A. (1979). Assessment of the aftermath of rape: Changing patterns of fear. *Journal of Behavioral Assessment, 1*, 133-147.

Kilpatrick, D. G., Veronen, L. J., & Resick, P. A. (1982). Psychological sequelae to rape: Assessment and treatment strategies. In D. M. Doleys, R. L. Meredith, & A. R. Ciminero (Eds.), *Behavioral medicine: Assessment and treatment strategies* (pp. 473-497). New York: Plenum Press.

Konig, J., Resick, P. A., Karl, R., & Rosner, R (2012). *Posttraumatische belastungsstorung: Ein manual zur cognitive processing therapy*. Gottingen, Germany: Hogrefe.

Kroenke, K., Spitzer, R. L., & Williams, J. B. (2001). The PHQ-9: Validity of a brief depression severity measure. *Journal of General Internal Medicine, 16*, 606-613.

Lang, P. J. (1977). Imagery in therapy: An information processing analysis of fear. *Behavior Therapy, 8*, 862-886.

Lejuez, C. W., Hopko, D. R., Acierno, R., Daughters, S. B., & Pagoto, S. L. (2011). Ten year revision of the brief behavioral activation treatment for depression: Revised treatment manual. *Behavior Modification, 35*, 111-161.

Lejuez, C. W., Hopko, D. R., & Hopko, S. D. (2001). A brief behavioral activation treatment for depression: Treatment manual. *Behavior Modification, 25*, 255-286.

Lerner, M. J. (1980). *The belief in a just world: A fundamental delusion*. New York: Plenum Press.

Lester, K., Artz, C., Resick, P. A., & Young-Xu, Y. (2010). Impact of race on early treatment termination and outcomes in posttraumatic stress disorder treatment. *Journal of Consulting and Clinical Psychology, 78*(4), 480-489.

Lewinsohn, P. M. (1974). Clinical and theoretical aspects of depression. In K. S. Calhoun, H. E. Adams, & K. M. Mitchell (Eds.), *Innovative treatment methods in psychopathology* (pp. 63-120). New York: Wiley.

Liberzon, I., & Sripada, C. S. (2008). The functional neuroanatomy of PTSD: A critical review. *Progress in Brain Research, 167*, 151-169.

Lloyd, D., Couineau, A.-L., Hawkins, K., Kartal, D., Nixon, R. D. V., & Forbes, D. P. (2015). Preliminary outcomes of implementing cognitive processing therapy for posttraumatic stress disorder across a national veterans' treatment service. *Journal of Clinical Psychiatry, 76*(11), e1405-1409.

Mahoney, M. J. (1981). Psychotherapy and the human change process. In J. H. Harvey & M. M. Parks (Eds.), *Psychotherapy research and behavior change* (pp. 73-122). Washington, DC: American Psychological Association.

Mahoney, M. J., & Lyddon, W. J. (1988). Recent developments in cognitive approaches to counseling and psychotherapy. *Counseling Psychologist, 16*, 190-234.

Maieritsch, K. P., Smith, T. L., Hessinger, J. D., Ahearn, E. P., Eickhoff, J. C., & Zhao, Q. (2016). Randomized controlled equivalence trial comparing videoconference and in person delivery of cognitive processing therapy for PTSD. *Journal of Telemedicine and Telecare, 22*(4), 238-243.

Marques, L., Eustis, E. H., Dixon, L., Valentine, S. E., Borba, C. P. C., Simon, N., …… Wiltsey-Stirman, S. (2016). Delivering cognitive processing therapy in a community health setting: The Influence of Latino culture and community violence on posttraumatic cognitions. *Psychological Trauma: Theory, Research, Practice, and Policy, 8*(1), 98-106.

Matulis, S., Resick, P. A., Rosner, R., & Steil, R. (2014). Developmentally adapted cognitive processing therapy for adolescents suffering from posttraumatic stress disorder after childhood sexual or physical abuse: A pilot study. *Clinical Child Family Psycholological Review, 17*, 173-190.

McCann, I. L., & Pearlman, L. A. (1990). *Psychological trauma and the adult survivor: Theory, therapy, and transformation*. New York: Brunner/Mazel.

McCann, I. L., Sakheim, D. K., & Abrahamson, D. J. (1988). Trauma and victimization: A model of psychological adaptation. *Counseling Psychologist, 16*, 531-594.

Meichenbaum, D., & Cameron, R. (1983). Stress inoculation training: Toward a general paradigm for training coping skills. In D. Meichenbaum & M. E. Jare (Eds.), *Stress reduction and prevention* (pp. 115-154). New York: Plenum Press.

Milad, M. R., Pitman, R. K., Ellis, C. B., Gold, A. L., Shin, L. M., Sasko, N. B. …… Rauch, S. L.

(2009). Neurobiological basis of failure to recall extinction memory in posttraumatic stress disorder. *Biological Psychiatry, 66*, 1075-1082.

Mitchell, K. S., Wells, S. Y., Mendes, A., & Resick, P. A. (2012). Treatment improves symptoms shared by PTSD and disordered eating. *Journal of Traumatic Stress, 25*, 535-542.

Monson, C. M., & Friedman, S. J. (2012). *Cognitive-behavioral conjoint therapy for PTSD: Harnessing the healing power of relationships*. New York: Guilford Press.

Monson, C. M., Friedman, M. J., & La Bash, H. A. J. (2014). A psychological history of PTSD. In M. J. Friedman, T. M. Keane, & P. A. Resick (Eds.), *Handbook of PTSD: Science and practice* (2nd ed., pp. 60-78). New York: Guilford Press.

Monson, C. M., Macdonald, A., Vorstenbosch, V., Shnaider, P., Goldstein, E. S. R., Ferrier-Auerbach, A. G., & Mocciola, K. E. (2012). Changes in social adjustment with cognitive processing therapy: Effects of treatment and association with PTSD symptom change. *Journal of Traumatic Stress, 25*(5), 519-526.

Monson, C. M., Rodriguez, B. F., & Warner, R. (2005). Cognitive-behavioral therapy for PTSD in the real world: Do interpersonal relationships make a real difference? *Journal of Clinical Psychology, 61*, 751-761.

Monson, C. M. & Shnaider, P. (2014). *Treating PTSD with cognitive-behavioral therapies: Interventions that work*. Washington, DC: American Psychological Association.

Monson, C. M., Schnurr, P. P., Resick, P. A., Friedman, M. J., Young-Xu, Y., & Stevens, S. P. (2006). Cognitive processing therapy for veterans with military-related posttraumatic stress disorder. *Journal of Consulting and Clinical Psychology, 74*(5), 898-907.

Morland, L. A., Hynes, A. K., Mackintosh, M., Resick, P. A., & Chard, K. M. (2011). Group cognitive processing therapy delivered to veterans via telehealth: A pilot cohort. *Journal of Traumatic Stress, 24*(4), 465-469.

Morland, L. A., Mackintosh, M. A., Rosen, C. S., Willis, E., Resick, P. A., Chard, K. M., & Frueh, B. C. (2015). Telemedicine versus in-person delivery of cognitive processing therapy for women with posttraumatic stress disorder: A randomized noninferiority trial. *Depression and Anxiety, 32*(11), 811-820.

Mowrer, O. H. (1960). *Learning theory and behavior*. New York: Wiley.

Nixon, R. D. (2012). Cognitive processing therapy versus supportive counseling for acute stress disorder following assault: A randomized pilot trial. *Behavior Therapy, 43*(4), 825-836.

O'Donnell, M. L., Alkemade, N., Nickerson, A., Creamer, M., McFarlane, A. C., Silove, D., …… Forbes, D. (2014). Impact of the diagnostic changes to post-traumatic stress disorder for DSM-5 and the proposed changes to ICD-11. *British Journal of Psychiatry, 205*(3), 230-235.

Owens, G. P., Pike, J. L., & Chard, K. M. (2001). Treatment effects of cognitive processing therapy on cognitive distortions of female child sexual abuse survivors. *Behavior Therapy, 32*, 413-424.

Padesky, C. A. (1996). *Guided discovery using Socratic dialogue*. Newport Beach, CA: Center for Cognitive Therapy.

Paul, R., & Elder, E. (2006). *The thinker's guide to the art of Socratic questioning*. Dillon Beach, CA: Foundation for Critical Thinking Press.

Paykel, E. S. (1974). Recent life events and clinical depression. In E. K. Gunderson & R. H. Babe (Eds.), *Life stress and illness*. Springfield, IL: Charles C Thomas.

Piaget, J. (1971). *Psychology and epistemology; Towards a theory of knowledge*. New York: Viking Press.

Price, J. L., MacDonald, H. Z., Adair, K. C., Koerner, N., & Monson, C. M. (2016). Changing beliefs about trauma: A qualitative study of cognitive processing therapy. *Behavioural and Cognitive Psychotherapy, 44*(2), 156-167.

Price, M., Gros, D. F., Strachan, M., Ruggiero, K. J., & Acierno, R. (2013). The role of social support in exposure therapy for Operation Iraqi Freedom/Operation Enduring Freedom veterans: A preliminary investigation. Psychological Trauma: Theory, *Research, Practice, and Policy, 5*, 93-100.

Pruiksma, K. E., Molino, A., Taylor, D. J., Resick, P. A., & Peterson, A. L. (2016). Case study of cognitive behavioral therapy for comorbid PTSD, insomnia, and nightmares. In C. Martin, V. R. Preedy, & V. B. Patel (Eds.), *Comprehensive guide to post-traumatic stress disorders* (pp. 2249-2258). New York: Springer.

Pruiksma, K. E., Taylor, D. J., Wachen, J. S., Mintz, J., Young-McCaughan, S., Peterson, A. …… STRONG STAR Consortium. (2016). Residual sleep disturbances following PTSD treatment active duty military personnel. *Psychological Trauma: Theory, Research, and Practice*.

Rauch, S. L., Whalen, P. J., Shin, L. M., McInerney, S. C., Macklin, M. L., Lasko, N. B.…… Pitman, R. K. (2000). Exaggerated amygdala response to masked facial stimuli in posttraumatic stress disorder: A functional MRI study. *Biological Psychiatry, 47*, 769-776.

Resick, P. A. (2001). *Cognitive processing therapy: Generic version*. Unpublished manuscript, University of Missouri, Saint Louis, MO.

Resick, P. A., Bovin, M. J., Calloway, A. L., Dick, A., King, M. W., Mitchell, K. S., …… Wolf, E. J. (2012). A critical evaluation of the complex PTSD literature: Implications for DSM-5. *Journal of Traumatic Stress, 25*, 241-251.

Resick, P. A., & Derby, D. S. (2012). אופקיםחדשים-טיפולבתסמונתפוסטטראומטיתבעזרתעיבוד קוגניטיבי[*New horizons: Treating post traumatic stress disorder using cognitive processing therapy*]. Tel Aviv: Galil Press.

Resick, P. A., Galovski, T. E., Uhlmansiek, M. O., Scher, C. D., Clum, G., & Young-Xu, Y.

(2008). A randomized clinical trial to dismantle components of cognitive processing therapy for posttraumatic stress disorder in female victims of interpersonal violence. *Journal of Consulting and Clinical Psychology, 76*(2), 243-258.

Resick. P. A., Wachen, J. S., Dondanville, K. A., LoSavio, S. T., Young-McCaughan, S., Yarvis, J. S., …… Mintz, J. (2021). Variable-length Cognitive Processing Therapy for posttraumatic stress disorder in active duty military: Outcomes and predictors. *Behaviour Research and Therapy, 141*(5-6), 103846.

Resick, P. A., Jordan, C. G., Girelli, S. A., Hutter, C. K., & Marhoeder-Dvorak, S. (1988). A comparative outcome study of group behavior therapy for sexual assault victims. *Behavior Therapy, 19*, 385-401.

Resick, P. A., Monson, C. M., & Chard, K. M. (2007). *Cognitive processing therapy, veteran/military version: Therapist's manual*. Washington, DC: Department of Veterans Affairs. (Revised in 2008, 2010, 2014)

Resick, P. A., Monson, C. M., & Rizvi, S. L. (2013). Posttraumatic stress disorder. In W. E. Craighead, D. J. Miklowitz, & L. W. Craighead (Eds.), *Psychopathology: History, diagnosis, and empirical foundations* (2nd ed., pp. 244-284). Hoboken, NJ: Wiley.

Resick, P. A., Nishith, P., Weaver, T. L., Astin, M. C., & Feuer, C. A. (2002). A comparison of cognitive processing therapy, prolonged exposure and a waiting condition for the treatment of posttraumatic stress disorder in female rape victims. *Journal of Consulting and Clinical Psychology, 70*(4), 867-879.

Resick, P. A., & Schnicke, M. K. (1992). Cognitive processing therapy for sexual assault victims. *Journal of Consulting and Clinical Psychology, 60*(5), 748-756.

Resick, P. A., & Schnicke, M. K. (1993). *Cognitive processing therapy for rape victims: A treatment manual*. Newbury Park, CA: Sage.

Resick, P. A., Schnicke, M. K., & Markway, B. G. (1991, November). *Personal Beliefs and Reactions Scale: The relation between cognitive content and posttraumatic stress disorder*. Paper presented at the 25th Annual Convention of the Association for Advancement of Behavior Therapy, New York.

Resick, P. A., Suvak, M. K., Johnides, B. D., Mitchell, K. S., & Iverson, K. M. (2012). The impact of dissociation on PTSD treatment with cognitive processing therapy. *Depression and Anxiety, 29*(8), 718-730.

Resick, P. A., Suvak, M. K., & Wells, S. Y. (2014). The impact of childhood abuse among women with assault-related PTSD receiving short-term cognitive-behavioral therapy. *Journal of Traumatic Stress, 27*, 558-567.

Resick, P. A., Wachen, J. S., Mintz, J., Young-McCaughan, S., Roache, J. D., Borah, A. M.……

Peterson, A. L. (2015). A randomized clinical trial of group cognitive processing therapy compared with group present-centered therapy for PTSD among active duty military personnel. *Journal of Consulting and Climical Psychology, 83*(6), 1058-1068.

Resick, P. A., Wachen, J. S., & Peterson, A. L. (in progress). *Variable length cognitive processing therapy for combat-related PTSD*. Grant funded by the Department of Defense (Nos. W81XWH-13-2-0012 and W81XWH-13-2-0014).

Resick, P. A., Williams, L. F., Suvak, M. K., Monson, C. M., & Gradus, J. L. (2012). Long-term outcomes of cognitive-behavioral treatments for posttraumatic stress disorder among female rape survivors. *Journal of Consulting and Clinical Psychology, 80*(2), 201-210.

Rutter, J. G., Friedberg, R. D., VandeCreek, L., & Jackson, T. L. (1999). *Innovations in clinical practice: A source book*. Sarasota, FL: Professional Resource Press.

Schnurr, P. P., Friedman, M. J., Engel, C. C., Foa, E. B., Shea, T., Chow, B. K.…… Bernardy, N. (2007). Cognitive-behavioral therapy for posttraumatic stress disorder in women: A randomized controlled trial. *Journal of the American Medical Association, 297*, 820-830.

Schulz, P. M., Huber, L. C., & Resick, P. A. (2006). Practical adaptations of cognitive processing therapy with Bosnian refugees: Implications for adapting practice to a multicultural clientele. *Cognitive and Behavioral Practice, 13*(4), 310-321.

Schulz, P. M., Resick, P. A., Huber, L. C., & Griffin, M. G. (2006). The effectiveness of cognitive processing therapy for PTSD with refugees in a community setting. *Cognitive and Behavioral Practice, 13*, 322-331.

Schumm, J. A., Dickstein, B. D., Walter, K. H., Owens, G. P., & Chard, K. M. (2015). Changes in posttraumatic cognitions predict changes in posttraumatic stress disorder symptoms during cognitive processing therapy. *Journal of Consulting and Clinical Psychology, 83*, 1161-1166.

Seligman, M. E. P. (1971). Phobias and preparedness. *Behavior Therapy, 2*, 307-21.

Shalev, A. Y., Ankri, Y., Israeli-Shalev Y., Peleg, T., Adessky, R., & Freedman, S. (2012). Prevention of posttraumatic stress disorder by early treatment: Results from the Jerusalem trauma outreach and prevention study. *Archives of General Psychiatry, 69*, 166-176.

Shin, L. M., Orr, S. P., Carson, M. A., Rauch, S. L., Macklin, M. L., Lasko, N. B.…… Pitman, R. K. (2004). Regional cerebral blood flow in the amygdala and medial prefrontal cortex during traumatic imagery in male and female Vietnam veterans with PTSD. *Archives of General Psychiatry, 61*(2), 168-176.

Shin, L. M., Rauch, S. L., & Pitman, R. K. (2006). Amygdala, medial prefrontal cortex, and hippocampal function in PTSD. *Annals of the New York Academy of Sciences, 1071*, 67-79.

Shin, L. M., Whalen, P. J., Pitman, R. K., Bush, G., Macklin, M. L., Lasko, N. B., …… Rauch, S. L. (2001). An fMRI study of anterior cingulate function in posttraumatic stress disorder.

Biological Psychiatry, 50, 932-942.

Shnaider, P., Vorrstenbosch, V., Macdonald, A., Wells, S. Y., Monson, C. M., & Resick, P. A. (2014). Associations between functioning and PTSD symptom clusters in a dismantling trial of cognitive processing therapy in female interpersonal violence survivors. *Journal of Traumatic Stress, 27*, 526-534.

Sobel, A. A., Resick, P. A., & Rabalais, A. E. (2009). The effect of cognitive processing therapy on cognitions: Impact Statement coding. *Journal of Traumatic Stress. 22*, 205-211.

Stein, D. J., Koenen, K. C., Friedman, M. J., Hill, E., McLaughlin, K. A., Petukhova, M.······ Kessler, R. C. (2013). Dissociation in posttraumatic stress disorder: Evidence from the World Mental Health Surveys. *Biological Psychiatry, 73*, 302-312.

Suris, A., Link-Malcolm, J., Chard, K., Ahn, C., & North, C. (2013). A randomized clinical trial of cognitive processing therapy for veterans with PTSD related to military sexual trauma. *Journal of Traumatic Stress, 26*(1), 28-37.

Tarrier, N., Sommerfield, C., & Pilgrim, H. (1999). Relatives' expressed emotion (EE) and PTSD treatment outcome. *Psychological Medicine, 29*, 801-811.

Taylor, D. J., & Pruiksma, K. E. (2014). Cognitive and behavioural therapy for insomnia (CBTI) in psychiatric populations: A systematic review. *International Review of Psychiatry, 26*, 205-213.

Thase, M. E., & Beck, A. T. (1993). An overview of cognitive therapy. In J. H. Wright, M. E. Thase, A. T. Beck, & J. W. Ludgate (Eds.), *Cognitive therapy with inpatients: Developing a cognitive milieu* (pp. 3-34). New York: Guilford Press.

Thrasher, S., Power, M., Morant, N., Marks, I., & Dalgleish, T. (2010). Social support moderates outcomes in a randomized controlled trial of exposure therapy and (or) cognitive restructuring for chronic posttraumatic stress disorder. *Canadian Journal of Psychiatry/Revue Canadienne de Psychiatrie, 55*, 187-190.

Voelkel, E., Pukay-Martin, N. D., Walter, K. H., & Chard, K. M. (2015). Effectiveness of cognitive processing therapy for male and female U.S. veterans with and without military sexual trauma. *Journal of Traumatic Stress, 28*, 174-182.

Wachen, J. S., Dondanville, K. A., Pruiksma, K. A., Molino, A., Carson, C. S., Blankenship, A. E., ······ Resick, P. A. (2016). Implementing cognitive processing therapy for posttraumatic stress disorder with active duty U.S. military personnel: Special considerations and case examples. *Cognitive and Behavioral Practice, 23*(2), 133-147.

Wachen, J. S., Jimenez, S., Smith, K., & Resick, P. A. (2014). Long-term functional outcomes of women receiving cognitive processing therapy and prolonged exposure. *Psychological Trauma: Theory, Research, Practice and Policy, 27*, 526-534.

Walter, K. H., Bolte, T. A., Owens, G. P., & Chard, K. M. (2012). The impact of personality disorders on treatment outcome for veterans in a posttraumatic stress disorder residential treatment program. *Cognitive Therapy and Research, 36*, 576-584.

Walter, K. H., Buckley, A. B., Simpson, J. M., & Chard, K. M. (2014). Residential PTSD treatment for female veterans with military sexual trauma: Does a history of childhood sexual abuse influence outcome? *Journal of Interpersonal Violence, 6*, 971-986.

Walter, K. H., Dickstein, B. D., Barnes, S. M., & Chard, K. M. (2014). Comparing effectiveness of CPT to CPT-C among U.S. veterans in an interdisciplinary residential PTSD/TBI treatment program. *Journal of Traumatic Stress, 27*, 438-445.

Watts, B. V., Schnurr, P. P., Mayo, L., Young-Xu, Y., Weeks, W. B., & Friedman, M. J. (2013). Meta-analysis of the efficacy of treatments for posttraumatic stress disorder. *Journal of Clinical Psychiatry, 74*, 541-550.

Weathers, F. W., Litz, B. T., Herman, D. S., Huska, J. A., & Keane, T. M. (1993, October). *The PTSD Checklist (PCL): Reliability, validity, and diagnostic utility*. Paper presented at the the International Society for Traumatic Stress Studies, San Antonio, TX.

Weathers, F. W., Litz, B. T., Keane, T. M., Palmieri, P. A., Marx, B. P., & Schnurr, P. P. (2013). *The PTSD Checklist for DSM-5 (PCL-5)*. Available from the National Center for PTSD at www.ptsd.va.gov

Weathers, F. W., Marx, B. P., Friedman, M. J., & Schnurr, P. P. (2014). Posttraumatic stress disorder in DSM-5: New criteria, new measures, and implications for assessment. *Psychological Injury and Law, 7*, 93-107.

Weissman, M. M., & Paykel, C. S. (1974). *The depressed woman: A study of social relationships*. Chicago: University of Chicago Press.

World Health Organization. (1992). *ICD-10 classifications of mental and behavioural disorders: Clinical descriptions and diagnostic guidelines*. Geneva: Author.

Wright, J. H., Basco, M. R., & Thase, M. E. (2006). *Learning cognitive behavioral therapy: An illustrated guide*. Washington, DC: American Psychiatric Publishing.

Ylikomi, R., & Virta, V. (2008). *Raiskaustrauman Hoito: Opas CPT-Menetelmän Käyttöön*. Jyväskylä, Finland: PS-Kustannus.

찾아보기

인명

내용

저자 소개

Patricia A. Resick, PhD, ABPP

Duke University의 정신과 및 행동과학 교수이다. 1988년 University of Missouri-St에서 인지처리치료(CPT)를 개발했으며, 외상 회복 센터를 설립하고 기증 교수로 재직했다. 또한 국제 외상 스트레스 연구학회(ISTSS), 행동 및 인지치료협회(ABCT) 회장을 역임했다. 그녀는 ISTSS에서 외상 스트레스 분야의 탁월한 과학적 업적으로 Robert S. Laufer 기념상, VA 심리학 지도자 연합의 리더십상, ABCT의 교육/훈련 개인의 탁월한 공헌상, 미국 심리학회 56부(트라우마 심리학)의 평생 공로상을 받았다.

Candice M. Monson, PhD

캐나다 온타리오주 토론토에 있는 Ryerson University의 심리학 교수이다. 미국 및 캐나다 심리학협회의 펠로우이며, 캐나다 심리학회로부터 올해의 외상 스트레스 심리학자상, ISTSS 및 Canadian Council of Professional Psychology Programs에서 전문 교육 우수상을 수상했다. 또한 CPT와 PTSD에 대한 인지행동 결합치료를 포함한 외상후 스트레스장애(PTSD) 치료 개발, 테스트 및 보급과 함께 트라우마의 대인관계 요인에 대한 연구로 잘 알려져 있다.

Kathleen M. Chard, PhD

신시내티 재향군인회(VA.) 의료센터 연구 부국장이자 University of Cincinnati의 정신과 및 행동신경과학 교수이다. VA CPT 시행 이사이며, 미국 전역의 VA 임상의에게 CPT를 보급하는 일을 감독하고 있다. 또한 Journal of Traumatic Stress의 부편집장이자 ISTSS의 이사이다. VA로부터 임상 관리 리더십의 우수성을 인정받아 Mark Wolcott 상을 수상했다. 그리고 United Service Organization의 Heroes of Military Medicine 상을 받았다. 민간인과 재향군인을 위한 근거 기반 치료의 보급 및 임상 실행에 대한 연구로 잘 알려져 있으며, CPT for Sexual Abuse 매뉴얼 개발자이다.

역자 소개

이성직(Lee Seongjik)

미국 University of Kentucky 상담심리학 박사

전 서울상담심리대학원대학교 교수

현 연세대학교 심리학과 겸임교수

한국상담학회 산하 심리치료상담학회 회장

〈저서 및 역서〉

부모교육 및 상담(공저, 학지사, 2022)

ADHD 전문가를 위한 치료 지침서(학지사, 2020)

인지적 관점에서 보는 불안장애와 공포증(공역, 학지사, 2022)

〈논문〉

ADHD 성향과 대학생활적응과의 관계(공동, 상담학연구, 2017)

성인기 ADHD 진단 전후의 경험에 대한 연구: 해석현상학적 분석(상담학연구, 2017)

College students with ADHD traits and their language styles(공동, Journal of Attention Disorders, 2015)

외상후 스트레스장애
인지처리치료 매뉴얼
Cognitive Processing Therapy for PTSD: A Comprehensive Manual

2023년 2월 10일 1판 1쇄 인쇄
2023년 2월 20일 1판 1쇄 발행

지은이 • Patricia A. Resick · Candice M. Monson · Kathleen M. Chard
옮긴이 • 이성직
펴낸이 • 김진환
펴낸곳 • (주)학지사
04031 서울특별시 마포구 양화로 15길 20 마인드월드빌딩
대표전화 • 02-330-5114 팩스 • 02-324-2345
등록번호 • 제313-2006-000265호

홈페이지 • http://www.hakjisa.co.kr
페이스북 • https://www.facebook.com/hakjisabook

ISBN 978-89-997-2846-4 93180

정가 23,000원

역자와의 협약으로 인지는 생략합니다.
파본은 구입처에서 교환해 드립니다.